教育部、国家语委中国语言资源保护工程项目“湖南汉语方言调查·株洲”（YB1904A012）
湖南省社科基金重大项目“湖南方言口传文化采辑及语料库建设研究”（20ZDAJ011）
中国博士后科学基金面上资助一等项目“汉语体范畴的泛时比较研究”（2021M700116）
共同资助

株洲方言

ZHUZHOU DIALECT

陈山青　朱福妹　王小军　等　著

湘潭大学出版社
XIANGTAN UNIVERSITY PRESS

株洲市解放街　　2019年，吴凯摄

株洲市徐家桥步行街　　2023年，罗争浪摄

株洲市炎帝广场炎帝塑像

2019年,陈山青摄

株洲市秋瑾故居秋瑾像

2022年,陈山青摄

发音人王曦勤　　2019年，尹好好摄

发音人张阳　　2019年，陈山青摄

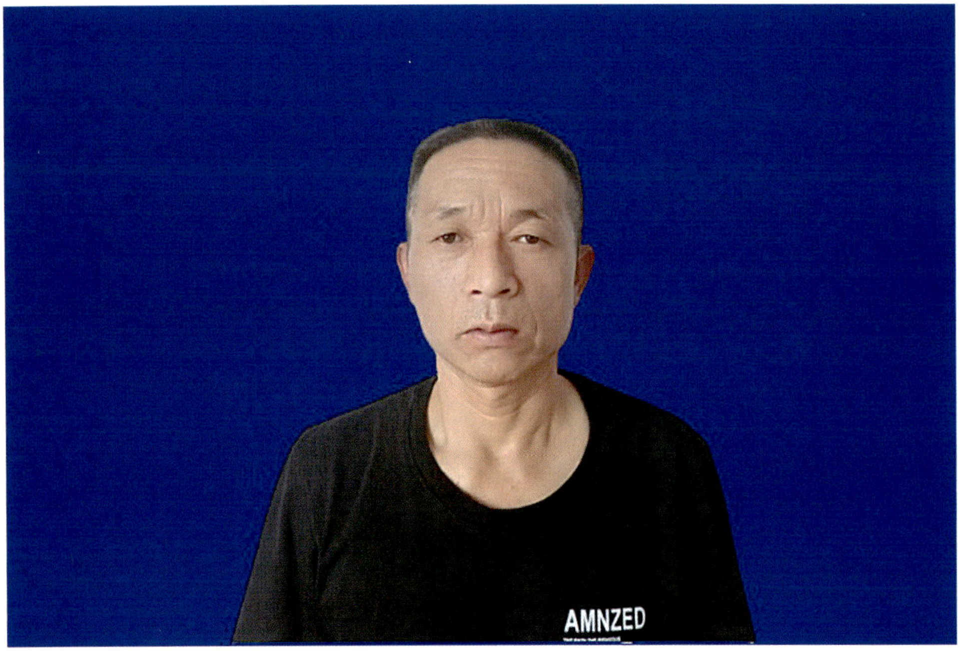

发音人刘利民　　2023年，刘睿摄

发音人（左起）：邱桂南、陈立新、曹恒祺　　2019年，尹好好摄

纸笔调查现场，左二为发音人何敏捷　　2019年，吴凯摄

纸笔调查现场　　2019年，吴凯摄

摄录调查(试镜)现场,前排(左起):何敏捷、黄熙涵、郭翠娥　　2019年,陈山青摄

摄录调查现场,左为黄熙涵　　2019年,陈山青摄

调查组部分成员和发音人何敏捷合影　　2019 年，吴凯摄

调查组部分成员合影　　2019 年，尹好好摄

正月元宵舞龙之龙头　　2019年，罗争浪摄

烟熏腊肉　　2019年，罗争浪摄

前　言

《株洲方言》为教育部、国家语委中国语言资源保护工程项目“湖南汉语方言调查·株洲”（YB1904A012），湖南省社科基金重大项目“湖南方言口传文化采辑及语料库建设研究”（20ZDAJ011）和中国博士后科学基金第70批面上资助一等项目“汉语体范畴的泛时比较研究”（2021M700116）的阶段性成果。其中，前两项主持人为陈山青，后一项主持人为朱福妹。本书所调查记录的是湖南省株洲市区方言，属湘语长益片长株潭小片，代表点设在芦淞区建宁街道徐家桥社区，这一带为株洲市老城区。书稿主体部分为语保工程株洲方言点调查内容，在此基础之上增加了220个语法例句以及43分钟的长篇话语等自然语料，其中，220个语法例句中的体貌范畴部分所占比重较大，是调查的重点。所有语料均来自田野调查，具有原创性。

株洲方言纸笔调查和音视频摄录调查主要集中于2019年7—11月和2022年10—12月两个时段完成，但其后的补充调查、材料转写复核以及研究整理工作则至今从未间断过。五年来，项目负责人陈山青基于在株洲居住30余年和会讲株洲话的优势，带领课题组全体成员对所有第一手田野调查语料进行了多次检查和核听，尤其是音标的复核，更是多达二十余遍。

本书为株洲方言语料调查实录，由众多成员共同参与完成（名单见后记），属株洲方言研究首部著作。全书共39.4万字，主体内容包括六个章节：概说，语音（含老派、青派音系以及单字各1000个），词汇（1200条），语法（270句），长篇话语（时长2小时39分37秒），口头文化（时长27分39秒）。其中，单字、词汇和语法例句均标注了国际音标；所有口头文化以及长篇话语中《老城记忆》小节都进行了方言、国际音标和普通话翻译三项转写，总时长达51分06秒。进行普通话转写时尊重语言事实，力求翻译准确，特别注意虚词的翻译，有的句子采用直译法，以便能更为直观地捕捉到方言的特色；语序方面，与普通话不一致的，则在不影响语义理解的前提下，尽量不做调整，以保持自然口语语序的原貌，由此挖掘到株洲方言中一些“隐藏”得较深且未曾发现的语法现象。譬如：

来自言说动词的“喊”具有替代系词功能，如：感觉到自家现在也喊上有老下有小感觉到自己现在也是上有老下有小（的人）；知晓义动词“晓得”语法化为能愿动词，如：那都只晓得跳舞唱歌，那就不要花本钱的那都只能（去）跳舞唱歌，那么就不用花本钱的；“箇”类前置话题标记“箇、箇只、箇些”（“箇”的本字为“个”）等非常发达，如：让一屋的箇农村人，就下找得箇屋里箇富豪千金小姐让全家的这农村人，然后都找了那（富裕）家庭里那富豪千金小姐|……箇合泰，就是在箇只徐家桥的箇只港边的上游……这合泰，就在这个徐家桥的这个港边的上游|水还是清，一直到八一年，箇些水都是清澈透底水还是清（的），一直到八一年，这水都是清澈见底；“是”可充当副词、连词词内成分，具有后缀性质，如：整个市场就是只有四百多米长整个市场就只有四百多米长|所以是自从那次以后嘞，就再也不敢碰车所以自从那次以后呢，就再也不敢碰车；被动介词有“得、逮到”等，如：他得那只女的踩咖一脚他被那个女的踩了一脚|回来嘞一晓得，逮到我爸爸又要打一顿回来呢一旦知道了，又要被我爸爸打一顿；存在双“过”字句和三标记处置句，如：箇只事我告诉过你妈妈过这件事我告诉过你妈妈|先把火车票把他买咖他啰先把火车票把它给买了吧。单用的“他”为代词型处置标记，等等。

绝大部分语料配有音视频材料，具体参见“中国语言资源保护工程采录展示平台”（网址：https://www.zhongguoyuyan.cn/index）。

鉴于株洲方言自然语料转写的难度之大，总量之多，本书粗疏错漏之处在所难免，敬请读者批评指正。

目　录

第一章　概　说

一、株洲地理人口

株洲市为湖南省辖地级市，属于长株潭城市群核心城市，长江中游城市群城市之一。位于湖南省东部，湘江下游，介于东经 112°57′—114°07′，北纬 26°03′—28°01′之间。市域东界江西省萍乡市、莲花县、永新县及井冈山市，南连本省衡阳、郴州两市，西接湘潭市，北与长沙市毗邻。株洲市在 1949 年 8 月解放之时还只是一个小镇，仅有七千多人口。新中国成立后，株洲成为全国首批重点建设的八个工业城市之一，是中国的老工业基地。由于京广铁路和沪昆铁路在此交汇，株洲市成为中国重要的“十字型”铁路枢纽，被誉为“火车拉来的城市”。

株洲地区位于罗霄山脉西麓，南岭山脉至江汉平原的倾斜地段上，总体地势东南高、西北低。北中部地形岭谷相间，盆地呈带状分布；东南部均为山地，平原沿湘江两岸分布。境内河流属湘江水系，湘江干流纵贯市区，流程 88 千米，主要支流有洣水和渌水。株洲属中亚热带季风湿润气候，气候温和，四季分明。

株洲市下辖天元、荷塘、芦淞、石峰、渌口（原株洲县）5 个区，攸县、茶陵、炎陵（原酃县）3 个县，代管醴陵 1 个县级市，总面积 11262 平方千米，常住人口 387.11 万人（2022 年数据）。境内少数民族有 46 个，常住人口

2.3 万人，占全市总人口的 0.56%，无少数民族语言分布。

二、株洲历史沿革

在远古时代，株洲地区就有先民生息繁衍，炎陵县鹿原陂安葬着中华民族的始祖炎帝神农氏。春秋战国时期株洲地属楚国。秦始皇二十四年（前 223 年），秦灭楚，株洲属黔中郡。西汉高祖五年（前 202 年），建长沙国，株洲为长沙国领地。东汉建安十九年（214 年），孙权置建宁县，筑县城于今株洲市庆云山解放街一带，属长沙郡，乃株洲建县之始。三国东吴宝鼎元年（266 年），建宁县治为槠洲。隋开皇九年（589 年），隋灭陈，废建宁县，划入湘潭县。唐武德四年（621 年），复置建宁县，属南云州（州治在今攸县县治）。贞观元年（627 年），废南云州，取消建宁县，县域划归湘潭、醴陵两县。民国二十三年（1934 年），设湘潭县株洲镇。1949 年，中国人民解放军进入株洲，成立湘潭县株洲区人民政府。1951 年，由湘潭县析置县级株洲市，属长沙专区。1953 年，株洲改为省辖市。1956 年，株洲升格为地级市。1983 年，株洲市实行市管县体制，将原湘潭地区的攸县、茶陵县、醴陵县、酃县（今炎陵县）划归株洲市管辖，辖区人口 308.12 万人。1997 年，撤销东区、南区、北区、郊区，调整设立荷塘区、芦淞区、石峰区和天元区。2018 年，国务院正式批复同意撤销株洲县，设立株洲市渌口区。

株洲市古称“建宁”，后又名“槠洲”①。五代时“株田”已较为著名，而株洲、株田相距数里，“株”字可能取自“株田”之“株”，“洲”字取自古人以湘水两岸为洲之“洲”，由此连缀而成“株洲”地名。一说因地多槠木，且“槠”“株”同音，故又名“槠洲”。自南宋绍熙元年（公元 1190 年）起正式定名“株洲”后，“株洲”之名沿用至今。②

---

① “槠洲”一说最早见于南宋人文集。

② 株洲地理人口、历史沿革主要参考株洲市人民政府网站数据及百度百科“株洲市”词条。

三、株洲方言概况

株洲地区所使用的方言有湘语、赣语和客家话。

株洲市区方言属湘语长益片。听感上，原主城区话（含天元、荷塘、芦淞、石峰 4 区）跟长沙话较为接近。从声韵调系统看，声母都是 23 个，音类组合也完全相同，都包括双唇音[p]组（含唇齿音），舌尖中音[t]组，舌尖前音[ts]组，舌叶音[tʃ]组，舌面前音[tɕ]组，舌根音[k]组，以及零声母[Ø]；① 声调都是 6 个，且音调格局和调形调值相同，为阴平[33]、阳平[13]、上声[41]、阴去[45]、阳去[21]、入声[24]。不过韵母数目上，株洲话比长沙话要多，因为株洲话中存在丰富的文白异读（见第二章“语音·音系”小节）。具体到语音、词汇、语法方面，则都有一些区别，例如（均为老派说法）：庄组字的“装/庄、窗”，株洲话念舌尖音[tsoŋ^{33}]、[tsʰoŋ^{33}]，长沙话念舌叶音[tʃuãn^{33}]、[tʃʰuãn^{33}]；株洲话的“去”念舌面音[tɕʰiɛ^{45}]，也念舌根音[kʰɤ^{45}]，长沙话只念舌根音[kʰɤ^{45}]；株洲话人称代词复数后缀用“人[in^{13}]”或“们[mən$^{\cdot 13}$]”，如“我人/我们、你人/你们、他人/他们”，长沙话跟普通话一样，只用“们”；相当于普通话“子”缀的成分，株洲话不少用“唧[tɕi$^{\cdot 33/\cdot 45}$]”（有[.33][.45]两个轻声调），长沙话也跟普通话相同，一般用“子[tsɿ$^{\cdot 33}$]”，分别如“细伢唧/小孩子”“一下唧/一下子”；相当于普通话“被”的介词，株洲话常用“得[tæ^{24}]/逮到[tai^{41}tɑu$^{\cdot 45}$]”等，长沙话常用“捞[lau^{33}]”，如“那本书得/逮到/捞老二撕烂哒那本书被老二撕烂了”。从这些用例可知，较之于老派长沙话，老派株洲话保留得要相对好一些。相较于老派，株洲、长沙青派之间的差异就要小得多。2018 年才撤县设立的渌口区，其口音整体上与原主城区有较为明显的不同，特别是靠南的朱亭、龙潭等镇，当然，靠近主城区的渌口镇（原株洲县县城所在地），口音则跟市区相对接近一些。还要提到的是，

① 长沙方言声母可参看《长沙方言的舌叶音声母及其演化》（陈山青、李莉亚、李欢，2023）一文。

从第二章的音系和单字看，老、青派株洲话之间的韵母差异较大，原因是青派受到长沙话和普通话的双重影响。

株洲地区所辖醴陵市、攸县、茶陵县主要讲赣语，其间杂有客家话，炎陵县则主要讲客家话，人数占到一半以上，少半讲赣语。醴陵市属宜浏片赣语，攸县、茶陵县、炎陵县属吉茶片赣语。炎陵县、茶陵县、攸县和醴陵市的客家话归属湘东片，其中，前三者属炎茶小片，后者属平浏小片。

四、调查点及发音人

本书调查记录的是湖南省株洲市区方言，简称“株洲方言”，属湘语长益片长株潭小片。调查代表点设在株洲市老城区——芦淞区建宁街道徐家桥社区，其中，口头文化调查兼及邻近街道。

主要发音人简介如下：

姓名	性别	出生年月	文化程度	职业	出生地
何敏捷	男	1961年10月	高中	中学职工	芦淞区建宁街道
王曦勤	女	1956年4月	高中	自由职业	芦淞区建宁街道
郭翠娥	女	1961年3月	高中	厂矿职工	芦淞区建宁街道
黄熙涵	男	1989年5月	大专	公司职员	芦淞区建宁街道
张　阳	女	1988年10月	大专	公司职员	芦淞区建宁街道
曹恒祺	男	1947年8月	小学	司　机	芦淞区建宁街道
刘利民	男	1973年6月	初中	个体户	芦淞区建宁街道
陈立新	女	1966年10月	中专	国企职工	芦淞区贺家土街道
邱桂南	女	1956年11月	中专	自由职业	芦淞区庆云街道

五、本书体例

1. 本书采用国际音标注音。所有发音包括音变、轻声等都只记实际读音，不注本音。声母送气符号用上标[h]表示，如：拖[t^ho^{33}]。轻声符号在上标调

值前加圆点标示，如：的[ti·33]结构助词。为保证全书体例的一致性，话语中的轻声音节在歌谣、戏曲唱词中也加注轻声符号。音系中的白读音用单下划线标示，文读音用双下划线标示，如：想[çioŋ41]|想[çiaŋ41]；单字中的白读音排前，文读音排后，分别用小字“白、文”标示，如：星[çiã33]白|星[çin33]文。书中例字需单独注释的用小字附后解释，如“尔[n̩41]你”。省合长音在字的右上角加波浪线“~”标示，音标则用长音符号“ː”标注，如：冇~[mauː21]没有。①

2. 用字使用现行规范汉字。有本字的用本字，如“困”(不用繁体“睏”)；本字不明的用方言同音字，在右上角加等号“=”标示，如：烈=[liæ24]累；无方言同音字代替的用方框“□”加注国际音标，如：□[ʃo45]差。另外，本书使用了少数繁体字和异体字，如“並中古汉语声母、鍺中古汉语韵母、啝语气词‘啊’、箇这、圞圆”等，它们是音韵学、方言学中具有特殊含义的专用字，无法用其他字替代。还有，株洲话不区分定语、状语标记，用的是同一个结构助词“的[ti·33]”，故方言转写都用“的”，普通话转写则用两个不同的结构助词“的”“地”来对译，如：“结婚啝么子的我们也慢慢的越来越西化哒结婚啊什么的我们也慢慢地越来越西化了。”

3. 词条有多种说法的，按常用度由高到低排序，如：耳子[ai41tsɿ·33]木耳|木耳[mo24ai41]。

4. 语法、长篇话语、口头文化中的方言说法都用宋体，普通话翻译都用楷体。

① 省合长音是指后音节的声韵调省略，时值和意义保留并合入到前音节而使其读音延长的省略合并型长音（概念可参看《汨罗湘语的省合长音》一文，陈山青，2015），如“冇~[mauː21]没有”由“冇得[mau21tei·33]没有”省合“得”而成。

第二章　语　音

一、音系

（一）老派音系

1. **声母**（23个，包括零声母在内）

p八兵爬	p^h派片判	m麦明摸	f飞蜂灰	
t多甜毒	t^h讨天托			l脑老连
ts早张茶	ts^h寸贼抽		s三山双	z日人染
tʃ追抓决	tʃ^{h}缺戮折		ʃ谢雪血	
tɕ酒准全	tɕ^{h}春清吃	ȵ年泥义	ɕ书县谢	
k高古共	k^h开客跪	ŋ熬牙安	x好海活	
ø问软月				

说明：

（1）[l]有[l][n]两个自由变体，多数情况下读[l]，少数情况下读[n]，如“脑、老、烂、懒”等。有时[l]的发音又介于[l][n]之间。

（2）[ts　ts^h　s]组部分字发音舌位稍后，带舌叶音色彩，分别如“财、柴、只、杂、竹、争”，“插、车、铲”，以及“蛇、射”等。

（3）“世、使、十”等字的声母记为[s]，实际可自由变读[ʃ]。

（4）舌叶音声母[tʃ　tʃ^{h}　ʃ]的主动调音部位主要是舌叶，不过发音时也会连带到舌面，听感上带舌面音色彩。

（5）[tɕ　tɕ^{h}　ɕ]组部分字带舌叶音色彩，如“脚[tɕio^{24}]、春[tɕ^{h}yn^{33}]、想[ɕioŋ^{41}]白”等。

2. **韵母**（50个，包括自成音节的[m̩][n̩]在内）

ɿ资词师纸	i米戏急被	u过苦五谷	y猪雨橘局
ᴀ蛇射斜那	iᴀ写姐吃夜		
ɑ牙尺鸭辣	iɑ假野爷甲	uɑ瓜瓦刮袜	
æ北色白虱	iæ憋业灭锡	uæ绝雪决国	yæ热月越
ɛ豆走偷袋	iɛ写贴别节	uɛ雪	yɛ热月越
ɤ儿折拆失	iu票庙	uɤ国	
o歌坐郭壳	io药脚弱角		
ai开鞋二靴	iai爹提黏	uai快怪歪外	
ei赔对飞罪		uei鬼桂卫骨	
ɑu宝饱毛敲	iɑu笑桥叫腰		
əɯ六绿州凑	iəɯ油流酒袖		
ã南山颜间	iã病星饼亲	uã万顽关晚	
õ半短官权	iĩ盐年灯棉		yõ远然院专
ẽi生			
ən深寸灯东	in心星兄用	uən滚温问公	yn春云准顺
əŋ从工送红			
oŋ床讲党王	ioŋ响姜两让		
ɑŋ冷硬争生	iɑŋ样像想两	uɑŋ往筐广黄	
m̩姆姆妈：妈妈			
n̩尔你嗯			

说明：

（1）止摄部分字的韵母有[ʅ][ʮ]两个自由变体。读单字和词语时一般发[ʅ]，在话语中情况相反，多发[ʮ]（前拼舌叶声母[ʃ]），如“是、只”。

（2）[u]的圆唇度不及标准音，是介于[u][ɯ]之间的一种发音。[u]前拼[p pʰ]时，比标准音的开口度略大，近[ɷ]。

（3）合口呼、撮口呼零声母音节前的同部位元音带摩擦，如“鱼[y13]、月[yæ24]白”，其中，[y]的发音比标准音稍开。

（4）[o]的发音比标准音稍闭。

（5）[ᴀ o]前拼舌叶音[tʃ ʃ]时，元音前有很弱的[i]介音，如“学[ʃo24]、谢[ʃᴀ45]白”。

（6）[ɑ]的实际发音位置比标准音稍前。

（7）有些[ei]韵字的主元音[e]的实际发音接近[ɛ]。

（8）[ɑu iɑu]中主元音[ɑ]的开口度比标准音稍小，[u]有时唇形不够圆，发音接近[ɯ]，如“道[tɑu45]”。

（9）[yɵ̃]中[ɵ]的开口度比标准音稍大，接近[ɛ]。

（10）有些[oŋ]韵字中的主元音实际带鼻化色彩，近[õ]，如“党[toŋ41]”。

（11）有些[ɑŋ]韵字中的主元音[ɑ]，相较于标准音，开口度稍小，发音位置稍前，且带鼻化色彩，如“硬[ŋɑŋ21]白”。

3. 声调（6 个）

阴平	33	东该灯通开天
阳平	13	门龙牛铜皮糖
上声	41	懂古苦讨买老
阴去	45	冻怪痛快寸去
阳去	21	动近路硬洞地
入声	24	谷百哭切六白

说明：

（1）阴平[33]的最高点比标准3度略高，但还没有到达上声的起点4度，调尾稍升。

（2）阳平[13]的中段稍凹。

（3）上声[41]的最高点比标准4度稍高，有的变体可达5度。

（4）阴去[45]的最高点比标准5度要高，呈现假声特征。

（5）阳去[21]的最高点比标准2度要高，接近3度。

4. 轻声和变调

株洲方言轻声音节的调值有三种（多为词语的末尾音节）：

第一种：轻声调值[.33]

（1）"唧"。例如：公唧（爷爷）、猪崽唧（猪崽）、点啊⁼唧（一点儿）、一下唧（一会儿）、夜边唧（傍晚）。另外，"唧"也有读轻声[.45]调的，如：婶唧（叔母）、老妹唧（老姑娘）、伢唧（男孩）。

（2）"子"。例如：桃子、梨子（梨）、谷子（稻谷）、绿豆子（绿豆）、番[$pã^{33}$]杞子（辣椒）、腌菜子（干菜）、茶叶子（茶叶）、驼子（驼背的人）、眼珠子（眼珠）、贼牯子（贼）、老鼠子（老鼠）、蝴蝶子（蝴蝶）、沙婆子（沙子）、被窝单子（床单）、明年子（明年）。

（3）后缀"里[.33]"。例如：坳里（山谷）、乡里（乡下）、肚里（里面）、箇里（这里）、日里（白天）、夜里（夜晚）。

（4）后缀"头[.33]"。例如：日头（太阳）、上头（上面）、枕头、额头、犁头（犁）、石头。

（5）其他轻声[.33]。例如：家伙（东西）、喉咙、屁股、礼拜日（星期天）、有年纪（年轻）。

第二种：轻声调值[.45]

（1）重叠名词的末尾音节读[.45]。例如：姑姑、爸爸、叔叔、舅舅、毛毛（婴儿）。

（2）“脑”（本调[41]）、“卜”（本调[21]）等轻声音节读[.45]。例如：大指脑（大拇指）、食指脑（食指）、萝卜、红萝卜（胡萝卜）。

第三种：轻声调值[.21]

例如：番[fã^{33}]茄[.21]、腥泥巴[.21]（烂泥）、蜘蛛[.21]子（蜘蛛）、跳蚤[.21]子（跳蚤）、蟆拐[.21]子（青蛙）。

株洲方言的变调主要有“一”和“不”的变读：

“一”的本调为入声[24]，在语流中多变读为[41]，如“一碗饭”“一本好厚的书”“一千块钱”“一高兴”；少数情况下不变调，仍读[24]，如“一张地图”“一下唧（一下儿）”。“不”的本调为阴去[45]，在语流中多变读为[24]，如“不吃烟（不抽烟）”“不想吃”“不晓得（不知道）”“答不答应”；少数情况下不变调，仍读[45]，如“进不去”“不得来（不会来）”。

（二）青派音系

1. 声母（23 个，包括零声母在内）

p 八爬病	pʰ 派片破	m 麦明摸	f 飞蜂灰	
t 多甜毒	tʰ 讨天桶			l 脑老蓝
ts 资早张	tsʰ 刺抽车		s 丝三山	
tʃ 抓装纸	tʃʰ 窗尺缺		ʃ 双十雪	ʒ 任人热
tɕ 酒柱船	tɕʰ 气清春	ȵ 年泥牛	ɕ 想书顺	
k 个高共	kʰ 开苦糠	ŋ 熬矮安	x 好活黑	
∅ 问月用				

说明：

（1）[l]有[l][n]两个自由变体，多数情况下读[l]，少数情况下读[n]，如“脑、老、烂、懒”。

（2）一些记为[ts　tsʰ　s]和[tɕ　tɕʰ　ɕ]声母的字，实际发音带舌叶音色彩，分别如“照[tsɑu^{45}]、扎[tsɑ^{24}]”和“骑[tɕi^{13}]、书[ɕy^{33}]”。

2. **韵母**（42 个，包括自成音节的[m̩][n̩]在内）

ɿ 资师丝刺	i 米戏急七	u 苦五骨谷	y 猪雨出橘
ʅ 试十直尺			
ᴀ 抓那家哒了	iᴀ 吃	uᴀ 刮刷	
ɑ 茶嫁鸭辣	iɑ 假嫁黏爷	uɑ 瓜瓦挖挂	
	iɛ 写接贴节	uɛ 靴绝决雪	yɛ 月越
ɤ 二热北色		uɤ 国	
o 歌坐盒活	io 药雀脚学		
ai 开排鞋大		uai 快块外怪	
ei 赔对飞币		uei 鬼贵卫吹	
ɑu 宝道敲浮	iɑu 笑桥叫票		
əu 豆走六绿	iəu 油酒流曲		
ã 南山颜讲		uã 官关晚万	
	iæ̃ 响娘想让	uæ̃ 赚床双装	
õ 半短团乱	iẽ 盐年选变		
ən 深寸灯硬	in 心新病兄	uən 滚困问翁	yn 春顺云荣
	ioŋ 拥		yɛn 权劝软圆
ɑŋ 糖方伤黄		uɑŋ 王网筐光	
m̩ 姆姆妈：妈妈			
n̩ 尔你嗯			

说明：

（1）[ʅ]只与舌叶[tʃ]组声母相拼，实为与声母同部位的舌叶元音，因无舌叶元音符号，现借舌尖元音[ʅ]来标记。

（2）[u]前拼[p p^h]时，比标准音的开口度略大，近[ɷ]。

（3）部分撮口呼零声母音节前的同部位元音带摩擦，如“鱼[y^{13}]、越[$yɛ^{24}$]”。

（4）[ɑ]的唇形较圆，接近同部位的圆唇元音[ɒ]。

（5）[o]的开口度比标准音稍小。

（6）[o]拼舌叶音[ʃ]时，其前实际有很弱的[i]介音，如“学[ʃo²⁴]”。

（7）鼻化韵[ã]部分字主元音 a 的实际发音比标准音偏后；有的带弱前鼻韵尾，近[ãn]，如“讲[kã⁴¹]”。

（8）有的[in]韵字中的主元音实际发音带鼻化色彩，近[ĩn]，如“新[ɕin³³]、明[min¹³]”；有的发音部位偏后，带[ŋ]尾色彩，如“浸[tɕʰin⁴⁵]、柄[pin⁴¹]”。[ən]也存在后种情况，实际发音偏后，接近[əŋ]，如“针[tsən³³]”。

（9）[ɑŋ　uɑŋ]中主元音[ɑ]的发音部位比标准音略前，且有些字带鼻化色彩，近似[ã]，如“糖[tɑŋ¹³]”；后鼻韵尾[ŋ]的鼻音色彩稍淡。

3. 声调（6 个）

阴平	33	东灯风通开春
阳平	13	门龙油铜糖红
上声	41	懂古鬼苦草有
阴去	45	冻怪痛快寸去
阳去	21	动近路硬饭树
入声	24	谷哭拍六毒白

说明：

（1）阴平[33]的调尾略升。

（2）阳平[13]的最高点比标准 3 度稍低，中段略凹。

（3）阴去[45]的最高点比标准 5 度要高，呈现假声特征。

（4）阳去[21]的最高点比标准 2 度要高，接近 3 度。

（5）入声[24]的中段稍凹。有些入声字的发音与阳平调[13]较为接近，如“鸭[ŋɑ²⁴]”。

二、单字

编 号	单 字	音韵地位	老派音	青派音
0001	多	果开一平歌端	to^{33}	to^{33}
0002	拖	果开一平歌透	$t^{h}o^{33}$	$t^{h}o^{33}$
0003	大~小	果开一去歌定	tai^{21}	tai^{21}
0004	锣	果开一平歌来	lo^{13}	lo^{13}
0005	左	果开一上歌精	tso^{41}	tso^{41}
0006	歌	果开一平歌见	ko^{33}	ko^{33}
0007	个	果开一去歌见	ko^{45}	ko^{45}
0008	可	果开一上歌溪	$k^{h}o^{41}$	$k^{h}o^{41}$
0009	鹅	果开一平歌疑	ŋo[13]	o^{13}
0010	饿	果开一去歌疑	ŋo[21]	o^{21}
0011	河	果开一平歌匣	xo^{13}	xo^{13}
0012	茄	果开三平戈群	tʃuᴀ[13]	tɕiɛ[13]
0013	破	果合一去戈滂	$p^{h}o^{45}$	$p^{h}o^{45}$
0014	婆	果合一平戈並	po^{13}	po^{13}
0015	磨动	果合一平戈明	mo^{13}	mo^{13}
0016	磨名	果合一去戈明	mo^{21}	mo^{21}
0017	躲	果合一上戈端	to^{41}	to^{41}
0018	螺	果合一平戈来	lo^{13}	lo^{13}
0019	坐	果合一上戈从	tso^{21}	tso^{21}
0020	锁	果合一上戈心	so^{41}	so^{41}

续表

编 号	单 字	音韵地位	老派音	青派音
0021	果	果合一上戈见	ko^{41}	ko^{41}
0022	过~来	果合一去戈见	ku^{45}	ko^{45}
0023	课	果合一去戈溪	k^ho^{45}	k^ho^{45}
0024	火	果合一上戈晓	xo^{41}	xo^{41}
0025	货	果合一去戈晓	xo^{45}	xo^{45}
0026	祸	果合一上戈匣	xo^{21}	xo^{21} 白 xo^{45} 文
0027	靴	果合三平戈晓	$ʃuai^{33}$	$ʃuɛ^{33}$
0028	把量	假开二上麻帮	$pɑ^{41}$	$pɑ^{41}$
0029	爬	假开二平麻並	$pɑ^{13}$	$pɑ^{13}$
0030	马	假开二上麻明	$mɑ^{41}$	$mɑ^{41}$
0031	骂	假开二去麻明	$mɑ^{21}$	$mɑ^{21}$
0032	茶	假开二平麻澄	$tsɑ^{13}$	$tsɑ^{13}$
0033	沙	假开二平麻生	$sɑ^{33}$	$sɑ^{33}$
0034	假真~	假开二上麻见	$tɕiɑ^{41}$	$tɕiɑ^{41}$
0035	嫁	假开二去麻见	$kɑ^{45}$	$kɑ^{45}$ 白 $tɕiɑ^{45}$ 文
0036	牙	假开二平麻疑	$ŋɑ^{13}$	$ŋɑ^{13}$
0037	虾	假开二平麻晓	$xɑ^{33}$	$xɑ^{33}$ 白 $ɕiɑ^{33}$ 文
0038	下方位	假开二上麻匣	$xɑ^{21}$	$ɕiɑ^{21}$
0039	夏春~	假开二去麻匣	$ɕiɑ^{21}$	$ɕiɑ^{21}$

续表

编号	单字	音韵地位	老派音	青派音
0040	哑	假开二上麻影	ŋɑ^{41}	ŋɑ^{41}
0041	姐	假开三上麻精	tɕiᴀ^{41}	tɕiɛ^{41}
0042	借	假开三去麻精	tɕiᴀ^{45}	tɕiɛ^{45}
0043	写	假开三上麻心	ɕiᴀ^{41} 白 ɕiɛ^{41} 文	ɕiɛ^{41}
0044	斜	假开三平麻邪	ʃᴀ^{13}	ɕiɛ^{13}
0045	谢	假开三去麻邪	ʃᴀ^{45} 白 ɕiɛ^{45} 文	ɕiɛ^{45}
0046	车～辆	假开三平麻昌	ts^{h}ɑ^{33}	ts^{h}ɤ^{33}
0047	蛇	假开三平麻船	sᴀ^{13}	sɤ^{13}
0048	射	假开三去麻船	sᴀ^{45}	sɤ^{45}
0049	爷父亲	假开三平麻以	iɑ^{13}	iɑ^{13}
0050	野	假开三上麻以	iɑ^{41}	iɛ^{41}
0051	夜	假开三去麻以	iᴀ^{21}	iɛ^{21}
0052	瓜	假合二平麻见	kuɑ^{33}	kuɑ^{33}
0053	瓦名	假合二上麻疑	uɑ^{41}	uɑ^{41}
0054	花	假合二平麻晓	fɑ^{33} 开～ fɑ^{21}～钱	fɑ^{33}
0055	化	假合二去麻晓	fɑ^{45}	fɑ^{45}
0056	华中～	假合二平麻匣	fɑ^{13}	fɑ^{13}
0057	谱家～	遇合一上模帮	p^{h}u^{41}	p^{h}u^{41}
0058	布	遇合一去模帮	pu^{45}	pu^{45}

续表

编 号	单 字	音韵地位	老派音	青派音
0059	铺动	遇合一平模滂	p^{h}u^{33}	p^{h}u^{33}
0060	簿账～	遇合一上模並	pu^{21}	pu^{45}
0061	步	遇合一去模並	pu^{21}	pu^{21}
0062	赌	遇合一上模端	təɯ^{41}	təu^{41}
0063	土	遇合一上模透	t^{h}əɯ^{41}	t^{h}əu^{41}
0064	图	遇合一平模定	təɯ^{13}	təu^{13}
0065	杜	遇合一上模定	təɯ^{45}	təu^{45}
0066	奴	遇合一平模泥	ləɯ^{13}	ləu^{13}
0067	路	遇合一去模来	ləɯ^{21}	ləu^{21}
0068	租	遇合一平模精	tsəɯ^{33}	tsəu^{33}
0069	做	遇合一去模精	tsəɯ^{45}	tsəu^{45}
0070	错对～	遇合一去模清	ts^{h}o^{45}	ts^{h}o^{45}
0071	箍～桶	遇合一平模见	ku^{33}	ku^{33}
0072	古	遇合一上模见	ku^{41}	ku^{41}
0073	苦	遇合一上模溪	k^{h}u^{41}	k^{h}u^{41}
0074	裤	遇合一去模溪	k^{h}u^{45}	k^{h}u^{45}
0075	吴	遇合一平模疑	u^{13}	u^{13}
0076	五	遇合一上模疑	u^{41}	u^{41}
0077	虎	遇合一上模晓	fu^{41}	fu^{41}
0078	壶	遇合一平模匣	fu^{13}	fu^{13}
0079	户	遇合一上模匣	fu^{21}	fu^{21}

续表

编 号	单　字	音韵地位	老派音	青派音
0080	乌	遇合一平模影	u^{33}	u^{33}
0081	女	遇合三上鱼泥	$ȵy^{41}$	$ȵy^{41}$
0082	吕	遇合三上鱼来	lei^{41}	lei^{41}
0083	徐	遇合三平鱼邪	$tɕi^{13}$ 白 $ɕy^{13}$ 文	$ɕy^{13}$
0084	猪	遇合三平鱼知	$tɕy^{33}$	$tɕy^{33}$
0085	除	遇合三平鱼澄	$tɕy^{13}$	$tɕy^{13}$
0086	初	遇合三平鱼初	$ts^hɘɯ^{33}$	$ts^hɘu^{33}$
0087	锄	遇合三平鱼崇	$tsɘɯ^{13}$	$tsɘu^{13}$
0088	所	遇合三上鱼生	so^{41}	so^{41}
0089	书	遇合三平鱼书	$ɕy^{33}$	$ɕy^{33}$
0090	鼠	遇合三上鱼书	$ɕy^{41}$	$ɕy^{41}$
0091	如	遇合三平鱼日	y^{13}	y^{13}
0092	举	遇合三上鱼见	$tɕy^{41}$	$tɕy^{41}$
0093	锯名	遇合三去鱼见	$kɛ^{45}$	$tɕy^{45}$
0094	去	遇合三去鱼溪	$tɕ^hiɛ^{45}$	$k^hɤ^{45}$ 白 $tɕ^hy^{45}$ 文
0095	渠～道	遇合三平鱼群	$tɕy^{13}$	$tɕy^{13}$
0096	鱼	遇合三平鱼疑	y^{13}	y^{13}
0097	许	遇合三上鱼晓	$ɕy^{41}$	$ɕy^{41}$
0098	余剩～，多～	遇合三平鱼以	y^{13}	y^{13}
0099	府	遇合三上虞非	fu^{41}	fu^{41}

续表

编 号	单 字	音韵地位	老派音	青派音
0100	付	遇合三去虞非	fu^{45}	fu^{45}
0101	父	遇合三上虞奉	fu^{45}	fu^{45}
0102	武	遇合三上虞微	u^{41}	u^{41}
0103	雾	遇合三去虞微	u^{45}	u^{45}
0104	取	遇合三上虞清	tɕʰi^{41}	tɕʰi^{41} 白 tɕʰy^{41} 文
0105	柱	遇合三上虞澄	tɕy^{21}	tɕy^{21}
0106	住	遇合三去虞澄	tɕy^{21}	tɕy^{21}
0107	数动	遇合三上虞生	səɯ^{41}	səu^{41}
0108	数名	遇合三去虞生	səɯ^{45}	səu^{45}
0109	主	遇合三上虞章	tɕy^{41}	tɕy^{41}
0110	输	遇合三平虞书	ɕy^{33}	ɕy^{33}
0111	竖	遇合三上虞禅	ɕy^{45}	ɕy^{45}
0112	树	遇合三去虞禅	ɕy^{21}	ɕy^{21}
0113	句	遇合三去虞见	tɕy^{45}	tɕy^{45}
0114	区地～	遇合三平虞溪	tɕʰy^{33}	tɕʰy^{33}
0115	遇	遇合三去虞疑	y^{45}	y^{45}
0116	雨	遇合三上虞云	y^{41}	y^{41}
0117	芋	遇合三去虞云	y^{21}	y^{21}
0118	裕	遇合三去虞以	iəɯ^{24}	y^{45}
0119	胎	蟹开一平咍透	tʰai^{33}	tʰai^{33}
0120	台戏～	蟹开一平咍定	tai^{13}	tai^{13}

续表

编 号	单 字	音韵地位	老派音	青派音
0121	袋	蟹开一去咍定	$tɛ^{21}$	tai^{21}
0122	来	蟹开一平咍来	lai^{13}	lai^{13}
0123	菜	蟹开一去咍清	$ts^{h}ai^{45}$	$ts^{h}ai^{45}$
0124	财	蟹开一平咍从	$tsai^{13}$	$tsai^{13}$
0125	该	蟹开一平咍见	kai^{33}	kai^{33}
0126	改	蟹开一上咍见	kai^{41}	kai^{41}
0127	开	蟹开一平咍溪	$k^{h}ai^{33}$	$k^{h}ai^{33}$
0128	海	蟹开一上咍晓	xai^{41}	xai^{41}
0129	爱	蟹开一去咍影	$ŋai^{45}$	$ŋai^{45}$
0130	贝	蟹开一去泰帮	pei^{45}	pei^{45}
0131	带动	蟹开一去泰端	tai^{45}	tai^{45}
0132	盖动	蟹开一去泰见	kai^{45}	kai^{45}
0133	害	蟹开一去泰匣	xai^{21}	xai^{21}
0134	拜	蟹开二去皆帮	pai^{45}	pai^{45}
0135	排	蟹开二平皆並	pai^{13}	pai^{13}
0136	埋	蟹开二平皆明	mai^{13}	mai^{13}
0137	戒	蟹开二去皆见	kai^{45}	kai^{45}
0138	摆	蟹开二上佳帮	pai^{41}	pai^{41}
0139	派	蟹开二去佳滂	$p^{h}ai^{45}$	$p^{h}ai^{45}$
0140	牌	蟹开二平佳並	pai^{13}	pai^{13}
0141	买	蟹开二上佳明	mai^{41}	mai^{41}

续表

编 号	单 字	音韵地位	老派音	青派音
0142	卖	蟹开二去佳明	mai^{41}	mai^{45}
0143	柴	蟹开二平佳崇	$tsai^{13}$	$tsai^{13}$
0144	晒	蟹开二去佳生	sai^{45}	sai^{45}
0145	街	蟹开二平佳见	kai^{33}	kai^{33}
0146	解～开	蟹开二上佳见	kai^{41}	kai^{41}
0147	鞋	蟹开二平佳匣	xai^{13}	xai^{13}
0148	蟹	蟹开二上佳匣	xai^{41}	ɕiɛ^{45}
0149	矮	蟹开二上佳影	ŋai^{41}	ŋai^{41}
0150	败	蟹开二去夬並	pai^{45}	pai^{45}
0151	币	蟹开三去祭並	pei^{45}	pei^{45}
0152	制～造	蟹开三去祭章	tsɿ^{45}	tʃʅ^{45}
0153	世	蟹开三去祭书	sɿ^{45}	ʃʅ^{45}
0154	艺	蟹开三去祭疑	i^{45}	i^{45}
0155	米	蟹开四上齐明	mi^{41}	mi^{41}
0156	低	蟹开四平齐端	ti^{33}	ti^{33}
0157	梯	蟹开四平齐透	t^hi^{33}	t^hi^{33}
0158	剃	蟹开四去齐透	t^hi^{45}	t^hi^{45}
0159	弟	蟹开四上齐定	ti^{21}	ti^{21} 白 ti^{45} 文
0160	递	蟹开四去齐定	ti^{21} 白 ti^{45} 文	ti^{45}
0161	泥	蟹开四平齐泥	ȵi^{13}	ȵi^{13}

续表

编 号	单 字	音韵地位	老派音	青派音
0162	犁	蟹开四平齐来	li^{13}	li^{13}
0163	西	蟹开四平齐心	$ɕi^{33}$	$ɕi^{33}$
0164	洗	蟹开四上齐心	$ɕi^{41}$	$ɕi^{41}$
0165	鸡	蟹开四平齐见	$tɕi^{33}$	$tɕi^{33}$
0166	溪	蟹开四平齐溪	$ɕi^{33}$	$ɕi^{33}$
0167	契	蟹开四去齐溪	$tɕ^{h}i^{45}$	$tɕ^{h}i^{45}$
0168	系联～	蟹开四去齐匣	$ɕi^{45}$	$ɕi^{45}$
0169	杯	蟹合一平灰帮	pei^{33}	pei^{33}
0170	配	蟹合一去灰滂	$p^{h}ei^{45}$	$p^{h}ei^{45}$
0171	赔	蟹合一平灰並	pei^{13}	pei^{13}
0172	背～诵	蟹合一去灰並	pei^{21}	pei^{21}
0173	煤	蟹合一平灰明	mei^{13}	mei^{13}
0174	妹	蟹合一去灰明	mei^{21}	mei^{21} 白 mei^{45} 文
0175	对	蟹合一去灰端	tei^{45}	tei^{45}
0176	雷	蟹合一平灰来	lei^{13}	lei^{13}
0177	罪	蟹合一上灰从	$tsei^{21}$	$tsei^{21}$
0178	碎	蟹合一去灰心	sei^{45}	sei^{45}
0179	灰	蟹合一平灰晓	fei^{33}	fei^{33}
0180	回	蟹合一平灰匣	fei^{13}	fei^{13}
0181	外	蟹合一去泰疑	uai^{21}	uai^{21}
0182	会开～	蟹合一去泰匣	fei^{21}	fei^{21}

续表

编 号	单 字	音韵地位	老派音	青派音
0183	怪	蟹合二去皆见	kuai^{45}	kuai^{45}
0184	块	蟹合一去皆溪	kʰuai^{41}	kʰuai^{41}
0185	怀	蟹合二平皆匣	fai^{13}	fai^{13}
0186	坏	蟹合二去皆匣	fai^{21}	fai^{21}
0187	拐	蟹合二上佳见	kuai^{41}	kuai^{41}
0188	挂	蟹合二去佳见	kuɑ^{45}	kuɑ^{45}
0189	歪	蟹合二平佳晓	uai^{33}	uai^{33}
0190	画	蟹合二去佳匣	fɑ^{21}	fɑ^{21}
0191	快	蟹合二去夬溪	kʰuai^{45}	kʰuai^{45}
0192	话	蟹合二去夬匣	fɑ^{21}	fɑ^{21}
0193	岁	蟹合三去祭心	sei^{45}	sei^{45}
0194	卫	蟹合三去祭云	uei^{45}	uei^{45}
0195	肺	蟹合三去废敷	fei^{45}	fei^{45}
0196	桂	蟹合四去齐见	kuei^{45}	kuei^{45}
0197	碑	止开三平支帮	pei^{33}	pei^{33}
0198	皮	止开三平支並	pi^{13}	pi^{13}
0199	被~子	止开三上支並	pi^{21} 白 pei^{21} 文	pei^{21}
0200	紫	止开三上支精	tsɿ^{41}	tsɿ^{41}
0201	刺	止开三去支清	tsʰɿ^{45}	tsʰɿ^{45}
0202	知	止开三平支知	tsɿ^{33}	tsɿ^{33}
0203	池	止开三平支澄	tsɿ^{13}	tsɿ^{13}

续表

编号	单　字	音韵地位	老派音	青派音
0204	纸	止开三上支章	tsɿ^{41}	tʃʅ^{41}
0205	儿	止开三平支日	ai^{13} 白 ɤ^{13} 文	ɤ^{13}
0206	寄	止开三去支见	tɕi^{45}	tɕi^{45}
0207	骑	止开三平支群	tɕi^{13}	tɕi^{13}
0208	蚁	止开三上支疑	ȵiĩ^{45}	i$^{\cdot 41}$
0209	义	止开三去支疑	ȵi^{21}	i^{45}
0210	戏	止开三去支晓	tɕ^{h}i^{45}	ɕi^{45}
0211	移	止开三平支以	i^{13}	i^{13}
0212	比	止开三上脂帮	pi^{41}	pi^{41}
0213	屁	止开三去脂滂	p^{h}i^{45}	p^{h}i^{45}
0214	鼻	止开三去脂並	pi^{24}	pi^{24}
0215	眉	止开三平脂明	mei^{13}	mei^{13}
0216	地	止开三去脂定	ti^{21}	ti^{21}
0217	梨	止开三平脂来	li^{13}	li^{13}
0218	资	止开三平脂精	tsɿ^{33}	tsɿ^{33}
0219	死	止开三上脂心	sɿ^{41}	sɿ^{41}
0220	四	止开三去脂心	sɿ^{45}	sɿ^{45}
0221	迟	止开三平脂澄	tsɿ^{13}	tsɿ^{13}
0222	师	止开三平脂生	sɿ^{33}	sɿ^{33}
0223	指	止开三上脂章	tsɿ^{41}	tsɿ^{41}
0224	二	止开三去脂日	ai^{21}	ɤ^{21}

续表

编 号	单 字	音韵地位	老派音	青派音
0225	饥～饿	止开三平脂见	tɕi^{33}	tɕi^{33}
0226	器	止开三去脂溪	tɕʰi^{45}	tɕʰi^{45}
0227	姨	止开三平脂以	i^{13}	i^{13}
0228	李	止开三上之来	li^{41}	li^{41}
0229	子	止开三上之精	tsɿ^{41}	tsɿ^{41}
0230	字	止开三去之从	tsɿ^{21}	tsɿ^{21}
0231	丝	止开三平之心	sɿ^{33}	sɿ^{33}
0232	祠	止开三平之邪	tsɿ^{13}	tsɿ^{13}
0233	寺	止开三去之邪	sɿ^{45}	sɿ^{45}
0234	治	止开三去之澄	tsɿ^{45}	tsɿ^{45}
0235	柿	止开三上之崇	sɿ^{21}	ʃʅ^{21}
0236	事	止开三去之崇	sɿ^{21}	ʃʅ^{21}
0237	使	止开三上之生	sɿ^{41}	ʃʅ^{41}
0238	试	止开三去之书	sɿ^{45}	ʃʅ^{45}
0239	时	止开三平之禅	sɿ^{13}	ʃʅ^{13}
0240	市	止开三上之禅	sɿ^{21}	ʃʅ^{21}
0241	耳	止开三上之日	ai^{41}	ɤ^{41}
0242	记	止开三去之见	tɕi^{45}	tɕi^{45}
0243	棋	止开三平之群	tɕi^{13}	tɕi^{13}
0244	喜	止开三上之晓	ɕi^{41}	ɕi^{41}
0245	意	止开三去之影	i^{45}	i^{45}

续表

编 号	单 字	音韵地位	老派音	青派音
0246	几~个	止开三上微见	tɕi^{41}	tɕi^{41}
0247	气	止开三去微溪	tɕ^{h}i^{45}	tɕ^{h}i^{45}
0248	希	止开三平微晓	ɕi^{33}	ɕi^{33}
0249	衣	止开三平微影	i^{33}	i^{33}
0250	嘴	止合三上支精	tɕi^{41}	tsei^{41}
0251	随	止合三平支邪	sei^{13}	sei^{13}
0252	吹	止合三平支昌	tɕ^{h}y^{33}	tʃ^{h}uei^{33}
0253	垂	止合三平支禅	tʃuei^{13}	tʃuei^{13}
0254	规	止合三平支见	kuei^{33}	kuei^{33}
0255	亏	止合三平支溪	k^{h}uei^{33}	k^{h}uei^{33}
0256	跪	止合三上支群	k^{h}uei^{41}	k^{h}uei^{41}
0257	危	止合三平支疑	uei^{13}	uei^{13}
0258	类	止合三去脂来	lei^{45}	lei^{45}
0259	醉	止合三去脂精	tsei^{45}	tsei^{45}
0260	追	止合三平脂知	tʃuei^{33}	tʃuei^{33}
0261	锤	止合三平脂澄	tɕy^{13}	tʃuei^{13}
0262	水	止合三上脂书	ɕy^{41}	ʃuei^{41}
0263	龟	止合三平脂见	kuei^{33}	kuei^{33}
0264	季	止合三去脂见	tɕi^{45}	tɕi^{45}
0265	柜	止合三去脂群	tɕy^{21} 白 kuei^{21} 文	kuei^{21}
0266	位	止合三去脂云	uei^{21}	uei^{21}

续表

编 号	单 字	音韵地位	老派音	青派音
0267	飞	止合三平微非	fei^{33}	fei^{33}
0268	费	止合三去微敷	fei^{45}	fei^{45}
0269	肥	止合三平微奉	fei^{13}	fei^{13}
0270	尾	止合三上微微	uei^{41}	uei^{41}
0271	味	止合三去微微	uei^{21}	uei^{21}
0272	鬼	止合三上微见	$kuei^{41}$	$kuei^{41}$
0273	贵	止合三去微见	$kuei^{45}$	$kuei^{45}$
0274	围	止合三平微云	uei^{13}	uei^{13}
0275	胃	止合三去微云	uei^{45}	uei^{45}
0276	宝	效开一上豪帮	pau^{41}	pau^{41}
0277	抱	效开一上豪並	pau^{21}	pau^{21}
0278	毛	效开一平豪明	mau^{13}	mau^{13}
0279	帽	效开一去豪明	mau^{21}	mau^{21}
0280	刀	效开一平豪端	tau^{33}	tau^{33}
0281	讨	效开一上豪透	t^hau^{41}	t^hau^{41}
0282	桃	效开一平豪定	tau^{13}	tau^{13}
0283	道	效开一上豪定	tau^{21}	tau^{45}
0284	脑	效开一上豪泥	lau^{41}	lau^{41}
0285	老	效开一上豪来	lau^{41}	lau^{41}
0286	早	效开一上豪精	$tsau^{41}$	$tsau^{41}$
0287	灶	效开一去豪精	$tsau^{45}$	$tsau^{45}$

续表

编 号	单 字	音韵地位	老派音	青派音
0288	草	效开一上豪清	ts^{h}ɑu^{41}	ts^{h}ɑu^{41}
0289	糙	效开一去豪清	ts^{h}ɑu^{45}	ts^{h}ɑu^{33}
0290	造	效开一上豪从	ts^{h}ɑu^{45}	ts^{h}ɑu^{45}
0291	嫂	效开一上豪心	sɑu^{41}	sɑu^{41}
0292	高	效开一平豪见	kɑu^{33}	kɑu^{33}
0293	靠	效开一去豪溪	k^{h}ɑu^{45}	k^{h}ɑu^{45}
0294	熬	效开一平豪疑	ŋɑu^{13}	ŋɑu^{13}
0295	好～坏	效开一上豪晓	xɑu^{41}	xɑu^{41}
0296	号名	效开一去豪匣	xɑu^{21}	xɑu^{21}
0297	包	效开二平肴帮	pɑu^{33}	pɑu^{33}
0298	饱	效开二上肴帮	pɑu^{41}	pɑu^{41}
0299	炮	效开二去肴滂	p^{h}ɑu^{45}	p^{h}ɑu^{45}
0300	猫	效开二平肴明	mɑu^{33}	mɑu^{33}
0301	闹	效开二去肴泥	lɑu^{21}	lɑu^{21}
0302	罩	效开二去肴知	tsɑu^{45}	tsɑu^{45}
0303	抓用手～牌	效开二平肴庄	tʃuᴀ^{33}	tʃuᴀ^{33}
0304	找～零钱	效开二上肴庄	tsɑu^{41}	tsɑu^{41}
0305	抄	效开二平肴初	ts^{h}ɑu^{33}	ts^{h}ɑu^{33}
0306	交	效开二平肴见	tɕiɑu^{33}	tɕiɑu^{33}
0307	敲	效开二平肴溪	k^{h}ɑu^{33}	k^{h}ɑu^{33}
0308	孝	效开二去肴晓	ɕiɑu^{45}	ɕiɑu^{45}

续表

编 号	单 字	音韵地位	老派音	青派音
0309	校学～	效开二去肴匣	ɕiau^{45}	ɕiau^{45}
0310	表手～	效开三上宵帮	piau^{41}	piau^{41}
0311	票	效开三去宵滂	pʰiu^{45}	pʰiau^{45}
0312	庙	效开三去宵明	miu^{21}	miau^{21}
0313	焦	效开三平宵精	tɕiau^{33}	tɕiau^{33}
0314	小	效开三上宵心	ɕiau^{41}	ɕiau^{41}
0315	笑	效开三去宵心	ɕiau^{45}	ɕiau^{45}
0316	朝～代	效开三平宵澄	tsau^{13}	tsau^{13}
0317	照	效开三去宵章	tsau^{45}	tsau^{45}
0318	烧	效开三平宵书	sau^{33}	sau^{33}
0319	绕～线	效开三去宵日	iau^{41}	ʒau^{41}
0320	桥	效开三平宵群	tɕiau^{13}	tɕiau^{13}
0321	轿	效开三去宵群	tɕiau^{21}	tɕiau^{21} 白 tɕiau^{45} 文
0322	腰	效开三平宵影	iau^{33}	iau^{33}
0323	要重～	效开三去宵影	iau^{45}	iau^{45}
0324	摇	效开三平宵以	iau^{13}	iau^{13}
0325	鸟	效开四上萧端	ȵiau^{41}	ȵiau^{41}
0326	钓	效开四去萧端	tiau^{45}	tiau^{45}
0327	条	效开四平萧定	tiau^{13}	tiau^{13}
0328	料	效开四去萧来	liau^{21}	liau^{21}
0329	箫	效开四平萧心	ɕiau^{33}	ɕiau^{33}

续表

编 号	单　字	音韵地位	老派音	青派音
0330	叫	效开四去萧见	$tɕiau^{45}$	$tɕiau^{45}$
0331	母丈~，舅~	流开一上侯明	mo^{41}	mo^{41}
0332	抖	流开一上侯端	$tɛ^{41}$	$təu^{41}$
0333	偷	流开一平侯透	$t^hɛ^{33}$	$t^həu^{33}$
0334	头	流开一平侯定	$tɛ^{13}$	$təu^{13}$
0335	豆	流开一去侯定	$tɛ^{21}$	$təu^{21}$
0336	楼	流开一平侯来	$lɛ^{13}$	$ləu^{13}$
0337	走	流开一上侯精	$tsɛ^{41}$	$tsəu^{41}$
0338	凑	流开一去侯清	$ts^həɯ^{45}$	$ts^həu^{45}$
0339	钩	流开一平侯见	$kɛ^{33}$	$kəu^{33}$
0340	狗	流开一上侯见	$kɛ^{41}$	$kəu^{41}$
0341	够	流开一去侯见	$kɛ^{45}$	$kəu^{45}$
0342	口	流开一上侯溪	$k^hɛ^{41}$	$k^həu^{41}$
0343	藕	流开一上侯疑	$ŋɛ^{41}$	$ŋəu^{41}$
0344	后前~	流开一上侯匣	$xɛ^{21}$	$xəu^{21}$
0345	厚	流开一上侯匣	$xɛ^{21}$	$xəu^{21}$
0346	富	流开三去尤非	fu^{45}	fu^{45}
0347	副	流开三去尤敷	fu^{45}	fu^{45}
0348	浮	流开三平尤奉	pau^{13}	pau^{13} 白 $fəu^{13}$ 文
0349	妇	流开三上尤奉	fu^{21}	fu^{45}
0350	流	流开三平尤来	$liəɯ^{13}$	$liəu^{13}$

续表

编 号	单 字	音韵地位	老派音	青派音
0351	酒	流开三上尤精	tɕiəɯ^{41}	tɕiəu^{41}
0352	修	流开三平尤心	ɕiəɯ^{33}	ɕiəu^{33}
0353	袖	流开三去尤邪	ɕiəɯ^{45}	ɕiəu^{45}
0354	抽	流开三平尤彻	tsʰəɯ^{33}	tsʰəu^{33}
0355	绸	流开三平尤澄	tsəɯ^{13}	tsəu^{13}
0356	愁	流开三平尤崇	tsəɯ^{13}	tsəu^{13}
0357	瘦	流开三去尤生	sɛ^{45}	səu^{45}
0358	州	流开三平尤章	tsəɯ^{33}	tsəu^{33}
0359	臭香~	流开三去尤昌	tsʰəɯ^{45}	tsʰəu^{45}
0360	手	流开三上尤书	səɯ^{41}	səu^{41}
0361	寿	流开三去尤禅	səɯ^{21}	səu^{21}
0362	九	流开三上尤见	tɕiəɯ^{41}	tɕiəu^{41}
0363	球	流开三平尤群	tɕiəɯ^{13}	tɕiəu^{13}
0364	舅	流开三上尤群	tɕiəɯ^{21}	tɕiəu^{21} 白 tɕiəu^{45} 文
0365	旧	流开三去尤群	tɕiəɯ^{21}	tɕiəu^{21}
0366	牛	流开三平尤疑	ȵiəɯ^{13}	ȵiəu^{13}
0367	休	流开三平尤晓	ɕiəɯ^{33}	ɕiəu^{33}
0368	优	流开三平尤影	iəɯ^{33}	iəu^{33}
0369	有	流开三上尤云	iəɯ^{41}	iəu^{41}
0370	右	流开三去尤云	iəɯ^{21}	iəu^{21}
0371	油	流开三平尤以	iəɯ^{13}	iəu^{13}

续表

编 号	单 字	音韵地位	老派音	青派音
0372	丢	流开三平幽端	tiəɯ^{33}	tiəu^{33}
0373	幼	流开三去幽影	iəɯ^{45}	iəu^{45}
0374	贪	咸开一平覃透	t^{h}ã^{33}	t^{h}ã^{33}
0375	潭	咸开一平覃定	toŋ^{13}	tã^{13}
0376	南	咸开一平覃泥	lã^{13}	lã^{13}
0377	蚕	咸开一平覃从	tsoŋ^{13}	tsã^{13}
0378	感	咸开一上覃见	kɵ̃^{41}	kã^{41}
0379	含～一口水	咸开一平覃匣	xã^{13}	xã^{13}
0380	暗	咸开一去覃影	ŋɵ̃^{45}	ŋã^{45}
0381	搭	咸开一入合端	tɑ^{24}	tɑ^{24}
0382	踏	咸开一入合透	t^{h}ɑ^{24}	t^{h}ɑ^{45}
0383	拉	咸开一入合来	lɑ^{33}	lɑ^{33}
0384	杂	咸开一入合从	tsɑ^{24}	tsɑ^{24}
0385	鸽	咸开一入合见	ko^{24}	ko^{24}
0386	盒	咸开一入合匣	xo^{24}	xo^{24}
0387	胆	咸开一上谈端	tɵ̃^{41}	tã^{41}
0388	毯	咸开一上谈透	t^{h}ã^{41}	t^{h}ã^{41}
0389	淡	咸开一上谈定	tã^{21}	tã^{21}
0390	蓝	咸开一平谈来	lã^{13}	lã^{13}
0391	三	咸开一平谈心	sã^{33}	sã^{33}
0392	甘	咸开一平谈见	kɵ̃^{33}	kã^{33}

续表

编 号	单 字	音韵地位	老派音	青派音
0393	敢	咸开一上谈见	kɵ̃^{41}	kã^{41}
0394	喊	咸开一上谈晓	xã^{41}	xã^{41}
0395	塔	咸开一入盍透	t^{h}ɑ^{24}	t^{h}ɑ^{24}
0396	蜡	咸开一入盍来	lɑ^{24}	lɑ^{24}
0397	赚	咸开二去咸澄	tsã^{21}	tʃuæ̃^{21}
0398	杉~木	咸开二平咸生	sᴀ^{33}	sã^{33}
0399	减	咸开二上咸见	kã^{41}	kã^{41}
0400	咸~淡	咸开二平咸匣	xɵ̃^{13}	xã^{13}
0401	插	咸开二入洽初	ts^{h}ɑ^{24}	ts^{h}ɑ^{24}
0402	闸	咸开二入洽崇	tsɑ^{24}	tsɑ^{24}
0403	夹~子	咸开二入洽见	kɑ^{24}	kɑ^{24}
0404	衫	咸开二平衔生	sã^{33}	sã^{33}
0405	监	咸开二平衔见	kã^{45}	kã^{45}
0406	岩	咸开二平衔疑	ŋai^{13}	iẽ^{13}
0407	甲	咸开二入狎见	tɕiɑ^{24}	tɕiɑ^{24}
0408	鸭	咸开二入狎影	ŋɑ^{24}	ŋɑ^{24}
0409	黏~液	咸开三平盐泥	ȵiai^{13}	ȵiɑ^{21}
0410	尖	咸开三平盐精	tɕiĩ^{33}	tɕiẽ^{33}
0411	签~名	咸开三平盐清	tɕ^{h}iĩ^{33}	tɕ^{h}iẽ^{33}
0412	占~领	咸开三去盐章	tsɵ̃^{45}	tsã^{45}
0413	染	咸开三上盐日	ɵ̃^{41}	yɛn^{41}

续表

编号	单　字	音韵地位	老派音	青派音
0414	钳	咸开三平盐群	tɕiĩ^{13}	tɕiẽ^{13}
0415	验	咸开三去盐疑	ȵiĩ^{45}	iẽ^{45}
0416	险	咸开三上盐晓	ɕiĩ^{41}	ɕiẽ^{41}
0417	厌	咸开三去盐影	iĩ^{45}	iẽ^{45}
0418	炎	咸开三平盐云	iĩ^{13}	iẽ^{13}
0419	盐	咸开三平盐以	iĩ^{13}	iẽ^{13}
0420	接	咸开三入叶精	tɕiɛ^{24}	tɕiɛ^{24}
0421	折～叠	山开三入薛章	tsæ^{24}	tsɤ^{24}
0422	叶树～	咸开三入叶以	iɛ^{24}	iɛ^{24}
0423	剑	咸开三去严见	tɕiĩ^{45}	tɕiẽ^{45}
0424	欠	咸开三去严溪	tɕʰiĩ^{45}	tɕʰiẽ^{45}
0425	严	咸开三平严疑	ȵiĩ^{13}	iẽ^{13}
0426	业	咸开三入业疑	iæ^{24}	iɛ^{24}
0427	点	咸开四上添端	tiĩ^{41}	tiẽ^{41}
0428	店	咸开四去添端	tiĩ^{45}	tiẽ^{45}
0429	添	咸开四平添透	tʰiĩ^{33}	tʰiẽ^{33}
0430	甜	咸开四平添定	tiĩ^{13}	tiẽ^{13}
0431	念	咸开四去添泥	ȵiĩ^{21}	ȵiẽ^{21}
0432	嫌	咸开四平添匣	ɕiĩ^{13}	ɕiẽ^{13}
0433	跌	咸开四入帖端	tʰiɛ^{41}	tʰiɛ^{41} 白 tiɛ^{24} 文
0434	贴	咸开四入帖透	tʰiɛ^{24}	tʰiɛ^{24}

续表

编 号	单 字	音韵地位	老派音	青派音
0435	碟	咸开四入帖定	$tiæ^{24}$	$tiɛ^{24}$
0436	协	咸开四入帖匣	$ɕiɛ^{24}$	$ɕiɛ^{24}$
0437	犯	咸合三上凡奉	$fã^{21}$	$fã^{21}$
0438	法	咸合三入乏非	$fɑ^{24}$	$fɑ^{24}$
0439	品	深开三上侵滂	p^hin^{41}	p^hin^{41}
0440	林	深开三平侵来	lin^{13}	lin^{13}
0441	浸	深开三去侵精	$tɕ^hin^{45}$	$tɕ^hin^{45}$
0442	心	深开三平侵心	$ɕin^{33}$	$ɕin^{33}$
0443	寻	深开三平侵邪	$tɕin^{13}$	$tɕin^{13}$ 白 $ɕyn^{13}$ 文
0444	沉	深开三平侵澄	$tsən^{13}$	$tsən^{13}$
0445	参人～	深开三平侵生	$sən^{33}$	$sən^{33}$
0446	针	深开三平侵章	$tsən^{33}$	$tsən^{33}$
0447	深	深开三平侵书	$sən^{33}$	$sən^{33}$
0448	任责～	深开三去侵日	in^{45}	$ʒən^{45}$
0449	金	深开三平侵见	$tɕin^{33}$	$tɕin^{33}$
0450	琴	深开三平侵群	$tɕin^{13}$	$tɕin^{13}$
0451	音	深开三平侵影	$iã^{33}$ 白 in^{33} 文	in^{33}
0452	立	深开三入缉来	li^{24}	li^{24}
0453	集	深开三入缉从	$tɕi^{24}$	$tɕi^{24}$
0454	习	深开三入缉邪	$ɕi^{24}$	$ɕi^{24}$

续表

编 号	单 字	音韵地位	老派音	青派音
0455	汁	深开三入缉章	$tsɿ^{24}$	$tʃʅ^{24}$
0456	十	深开三入缉禅	$sɿ^{24}$	$ʃʅ^{24}$
0457	入	深开三入缉日	y^{24}	y^{24}
0458	急	深开三入缉见	$tɕi^{24}$	$tɕi^{24}$
0459	及	深开三入缉群	$tɕi^{24}$	$tɕi^{24}$
0460	吸	深开三入缉晓	$ɕi^{24}$	$ɕi^{24}$ 白 $ɕi^{33}$ 文
0461	单简～	山开一平寒端	$tɵ̃^{33}$ 白 $tã^{33}$ 文	$tã^{33}$
0462	炭	山开一去寒透	$t^hã^{45}$	$t^hã^{45}$
0463	弹～琴	山开一平寒定	$tã^{13}$	$tã^{13}$
0464	难～易	山开一平寒泥	$lã^{13}$	$lã^{13}$
0465	兰	山开一平寒来	$lã^{13}$	$lã^{13}$
0466	懒	山开一上寒来	$lã^{41}$	$lã^{41}$
0467	烂	山开一去寒来	$lã^{21}$	$lã^{21}$
0468	伞	山开一上寒心	$sã^{41}$	$sã^{41}$
0469	肝	山开一平寒见	$kɵ̃^{33}$	$kã^{33}$
0470	看～见	山开一去寒溪	$k^hɵ̃^{45}$	$k^hã^{45}$
0471	岸	山开一去寒疑	$ŋɵ̃^{21}$	$ŋã^{21}$
0472	汉	山开一去寒晓	$xɵ̃^{45}$	$xã^{45}$
0473	汗	山开一去寒匣	$xɵ̃^{21}$	$xã^{21}$
0474	安	山开一平寒影	$ŋɵ̃^{33}$	$ŋã^{33}$

续表

编 号	单 字	音韵地位	老派音	青派音
0475	达	山开一入曷定	$tɑ^{24}$	$tɑ^{24}$
0476	辣	山开一入曷来	$lɑ^{24}$	$lɑ^{24}$
0477	擦	山开一入曷清	$ts^hɑ^{24}$	$ts^hɑ^{24}$
0478	割	山开一入曷见	ko^{24}	$kɤ^{45}$
0479	渴	山开一入曷溪	k^ho^{24}	k^ho^{41}
0480	扮	山开二去山帮	$p\tilde{ɵ}^{45}$	$p\tilde{a}^{45}$
0481	办	山开二去山並	$p\tilde{a}^{21}$	$p\tilde{a}^{21}$
0482	铲	山开二上山初	$ts^h\tilde{a}^{41}$	$ts^h\tilde{a}^{41}$
0483	山	山开二平山生	$s\tilde{a}^{33}$	$s\tilde{a}^{33}$
0484	产～妇	山开二上山生	$ts^h\tilde{a}^{41}$	$ts^h\tilde{a}^{41}$
0485	间房～，一～房	山开二平山见	$k\tilde{a}^{33}$	$k\tilde{a}^{33}$
0486	眼	山开二上山疑	$ŋ\tilde{a}^{41}$	$ŋ\tilde{a}^{41}$
0487	限	山开二上山匣	$x\tilde{a}^{45}$	$x\tilde{a}^{45}$
0488	八	山开二入黠帮	$pɑ^{24}$	$pɑ^{24}$
0489	扎	山开二入黠庄	$tsɑ^{24}$	$tsɑ^{24}$
0490	杀	山开二入黠生	$sɑ^{24}$	$sɑ^{24}$
0491	班	山开二平删帮	$p\tilde{ɵ}^{33}$	$p\tilde{a}^{33}$
0492	板	山开二上删帮	$p\tilde{a}^{41}$	$p\tilde{a}^{41}$
0493	慢	山开二去删明	$m\tilde{a}^{21}$	$m\tilde{a}^{21}$
0494	奸	山开二平删见	$k\tilde{ɵ}^{33}$	$k\tilde{a}^{33}$
0495	颜	山开二平删疑	$ŋ\tilde{a}^{13}$	$ŋ\tilde{a}^{13}$ 白 $i\tilde{e}^{13}$ 文

续表

编号	单字	音韵地位	老派音	青派音
0496	瞎	山开二入鎋晓	xɑ^{24}	xɑ^{24}
0497	变	山开三去仙帮	piĩ^{45}	piẽ^{45}
0498	骗欺～	山开三去仙滂	p^{h}iĩ^{45}	p^{h}iẽ^{45}
0499	便方～	山开三去仙並	piĩ^{21}	piẽ^{21} 白 piẽ^{45} 文
0500	棉	山开三平仙明	miĩ^{13}	miẽ^{13}
0501	面～孔	山开三去仙明	miĩ^{21}	miẽ^{21} 白 miẽ^{45} 文
0502	连	山开三平仙来	liĩ^{13}	liẽ^{13}
0503	剪	山开三上仙精	tɕiĩ^{41}	tɕiẽ^{41}
0504	浅	山开三上仙清	tɕ^{h}iã^{41}	tɕ^{h}iẽ^{41}
0505	钱	山开三平仙从	tɕiĩ^{13}	tɕiẽ^{13}
0506	鲜	山开三平仙心	ɕiĩ^{33}	ɕiẽ^{33}
0507	线	山开三去仙心	ɕiĩ^{45}	ɕiẽ^{45}
0508	缠	山开三平仙澄	tsẽ^{13}	tsã^{13}
0509	战	山开三去仙章	tsẽ^{45}	tsã^{45}
0510	扇名	山开三去仙书	sẽ^{45}	sã^{45}
0511	善	山开三上仙禅	sẽ^{45}	sã^{45}
0512	件	山开三上仙群	tɕiĩ^{21}	tɕiẽ^{21}
0513	延	山开三平仙以	iĩ^{13}	iẽ^{13}
0514	别～人	山开三入薛帮	p^{h}iɛ^{45}	piɛ^{24}
0515	灭	山开三入薛明	miæ^{24}	miɛ^{24}

续表

编 号	单 字	音韵地位	老派音	青派音
0516	列	山开三入薛来	liæ^{24} 白 liɛ^{24} 文	liɛ^{24}
0517	撤	山开三入薛彻	tsʰæ^{24}	tsʰɤ^{24}
0518	舌	山开三入薛船	sæ^{24}	sɤ^{24}
0519	设	山开三入薛书	sæ^{24}	sɤ^{24}
0520	热	山开三入薛日	yæ^{24} 白 iɛ^{24} 文 yɛ^{24} 文	ʒɤ^{24}
0521	杰	山开三入薛群	tɕʰiɛ^{24}	tɕiɛ^{24}
0522	孽	山开三入薛疑	ȵiɛ^{24}	ȵiɛ^{24}
0523	建	山开三去元见	tɕiĩ^{45}	tɕiẽ^{45}
0524	健	山开三去元群	tɕiĩ^{21} 白 tɕiĩ^{45} 文	tɕiẽ^{45}
0525	言	山开三平元疑	ȵiĩ^{13}	iẽ^{13}
0526	歇	山开三入月晓	ɕiɛ^{24}	ɕiɛ^{24}
0527	扁	山开四上先帮	piĩ^{41}	piẽ^{41}
0528	片	山开四去先滂	pʰiĩ^{45}	pʰiẽ^{45}
0529	面~条	山开四去先明	miĩ^{21}	miẽ^{21}
0530	典	山开四上先端	tiĩ^{41}	tiẽ^{41}
0531	天	山开四平先透	tʰiĩ^{33}	tʰiẽ^{33}
0532	田	山开四平先定	tiĩ^{13}	tiẽ^{13}
0533	垫	山开四去先定	tiĩ^{21}	tiẽ^{21}

续表

编 号	单 字	音韵地位	老派音	青派音
0534	年	山开四平先泥	ȵiĩ^{13}	ȵiẽ^{13}
0535	莲	山开四平先来	liĩ^{13}	liẽ^{13}
0536	前	山开四平先从	tɕiĩ^{13}	tɕiẽ^{13}
0537	先	山开四平先心	ɕiĩ^{33}	ɕiẽ^{33}
0538	肩	山开四平先见	tɕiĩ^{33}	tɕiẽ^{33}
0539	见	山开四去先见	tɕiĩ^{45}	tɕiẽ^{45}
0540	牵	山开四平先溪	tɕʰiĩ^{33}	tɕʰiẽ^{33}
0541	显	山开四上先晓	ɕiĩ^{41}	ɕiẽ^{41}
0542	现	山开四去先匣	ɕiĩ^{21}	ɕiẽ^{21} 白 ɕiẽ^{45} 文
0543	烟	山开四平先影	iĩ^{33}	iẽ^{33}
0544	憋	山开四入屑帮	piæ^{33}	piɛ^{33}
0545	篾	山开四入屑明	miæ^{24}	miɛ^{24}
0546	铁	山开四入屑透	tʰiæ^{24} 白 tʰiɛ^{24} 文	tʰiɛ^{24}
0547	捏	山开四入屑泥	ȵiɛ^{24}	ȵiɛ^{24}
0548	节	山开四入屑精	tɕiɛ^{24}	tɕiɛ^{24}
0549	切动	山开四入屑清	tɕʰiɛ^{24}	tɕʰiɛ^{24}
0550	截	山开四入屑从	tɕiɛ^{24}	tɕiɛ^{24}
0551	结	山开四入屑见	tɕiɛ^{24}	tɕiɛ^{24}
0552	搬	山合一平桓帮	pẽ^{33}	põ^{33}
0553	半	山合一去桓帮	pẽ^{45}	põ^{45}

续表

编号	单字	音韵地位	老派音	青派音
0554	判	山合一去桓滂	$\text{p}^{h}\tilde{\text{ɵ}}^{45}$	$\text{p}^{h}\tilde{\text{o}}^{45}$
0555	盘	山合一平桓並	$\text{p}\tilde{\text{ɵ}}^{13}$	$\text{p}\tilde{\text{o}}^{13}$
0556	满	山合一上桓明	$\text{m}\tilde{\text{ɵ}}^{41}$	$\text{m}\tilde{\text{o}}^{41}$
0557	端~午	山合一平桓端	$\text{t}\tilde{\text{ɵ}}^{33}$	$\text{t}\tilde{\text{o}}^{33}$
0558	短	山合一上桓端	$\text{t}\tilde{\text{ɵ}}^{41}$	$\text{t}\tilde{\text{o}}^{41}$
0559	断绳~了	山合一上桓定	$\text{t}\tilde{\text{ɵ}}^{21}$	$\text{t}\tilde{\text{o}}^{21}$ 白 $\text{t}\tilde{\text{o}}^{45}$ 文
0560	暖	山合一上桓泥	$\text{l}\tilde{\text{ɵ}}^{41}$	$\text{l}\tilde{\text{o}}^{41}$
0561	乱	山合一去桓来	$\text{l}\tilde{\text{ɵ}}^{21}$	$\text{l}\tilde{\text{o}}^{21}$
0562	酸	山合一平桓心	$\text{s}\tilde{\text{ɵ}}^{33}$	$\text{s}\tilde{\text{o}}^{33}$
0563	算	山合一去桓心	$\text{s}\tilde{\text{ɵ}}^{45}$	$\text{s}\tilde{\text{o}}^{45}$
0564	官	山合一平桓见	$\text{k}\tilde{\text{ɵ}}^{33}$	$\text{ku}\tilde{\text{a}}^{33}$
0565	宽	山合一平桓溪	$\text{k}^{h}\tilde{\text{ɵ}}^{33}$	$\text{k}^{h}\tilde{\text{o}}^{33}$
0566	欢	山合一平桓晓	$\text{x}\tilde{\text{ɵ}}^{33}$	$\text{x}\tilde{\text{o}}^{33}$
0567	完	山合一平桓匣	$\tilde{\text{ɵ}}^{13}$	$\text{u}\tilde{\text{a}}^{13}$
0568	换	山合一去桓匣	$\text{x}\tilde{\text{ɵ}}^{21}$	$\text{x}\tilde{\text{o}}^{21}$
0569	碗	山合一上桓影	$\tilde{\text{ɵ}}^{41}$	$\tilde{\text{o}}^{41}$
0570	拨	山合一入末帮	pɑ^{24}	pɑ^{24}
0571	泼	山合一入末滂	$\text{p}^{h}\text{o}^{24}$	$\text{p}^{h}\text{o}^{24}$
0572	末	山合一入末明	mo^{24}	mo^{24}
0573	脱	山合一入末透	$\text{t}^{h}\text{o}^{24}$	$\text{t}^{h}\text{o}^{24}$
0574	夺	山合一入末定	to^{24}	to^{24}

续表

编号	单 字	音韵地位	老派音	青派音
0575	阔	山合一入末溪	k^ho^{24}	k^ho^{45}
0576	活	山合一入末匣	xo^{24}	xo^{24}
0577	顽~皮，~固	山合二平山疑	$uã^{13}$	$uã^{13}$
0578	滑	山合二入黠匣	$uɑ^{24}$	$fɑ^{13}$
0579	挖	山合二入黠影	$uɑ^{24}$	$uɑ^{33}$
0580	闩	山合二平删生	$sɵ̃^{33}$	$ʃuæ̃^{33}$
0581	关~门	山合二平删见	$kɵ̃^{33}$ 白 $kuã^{33}$ 文	$kuã^{33}$
0582	惯	山合二去删见	$kɵ̃^{45}$	$kuã^{45}$
0583	还动	山合二平删匣	$xɵ̃^{13}$	$fã^{13}$
0584	还副	山合二平删匣	xai^{13}	xai^{13}
0585	弯	山合二平删影	$ɵ̃^{33}$	$uã^{33}$
0586	刷	山合二入鎋生	$sɑ^{24}$	$ʃuᴀ^{24}$
0587	刮	山合二入鎋见	$kuɑ^{24}$	$kuᴀ^{24}$
0588	全	山合三平仙从	$tɕiĩ^{13}$	$tɕyɛn^{13}$
0589	选	山合三上仙心	$ɕiĩ^{41}$	$ɕiẽ^{41}$ 白 $ɕyɛn^{41}$ 文
0590	转~眼，~送	山合三上仙知	$tsɵ̃^{41}$	$tɕyɛn^{41}$
0591	传~下来	山合三平仙澄	$tsɵ̃^{13}$	$tɕyɛn^{13}$
0592	传~记	山合三去仙澄	$tsɵ̃^{21}$	$tɕyɛn^{45}$
0593	砖	山合三平仙章	$tsɵ̃^{33}$	$tɕyɛn^{33}$
0594	船	山合三平仙船	$tsɵ̃^{13}$	$tɕyɛn^{13}$

续表

编号	单字	音韵地位	老派音	青派音
0595	软	山合三上仙日	$\tilde{ɵ}^{41}$	$yɛn^{41}$
0596	卷~起	山合三上仙见	$ts\tilde{ɵ}^{41}$	$tɕyɛn^{41}$
0597	圈圆~	山合三平仙溪	$ts^h\tilde{ɵ}^{33}$	$tɕ^hyɛn^{33}$
0598	权	山合三平仙群	$ts\tilde{ɵ}^{13}$	$tɕyɛn^{13}$
0599	圆	山合三平仙云	$\tilde{ɵ}^{13}$	$yɛn^{13}$
0600	院	山合三去仙云	$\tilde{ɵ}^{45}$ 白 $y\tilde{ɵ}^{45}$ 文	$yɛn^{45}$
0601	铅~笔	山合三平仙以	$tɕ^hi\tilde{ɪ}^{33}$	$tɕ^hi\tilde{ɛ}^{33}$
0602	绝	山合三入薛从	$tʃuæ^{24}$	$tʃuɛ^{24}$
0603	雪	山合三入薛心	$ʃuæ^{24}$	$ʃuɛ^{24}$
0604	反	山合三上元非	$f\tilde{a}^{41}$	$f\tilde{a}^{41}$
0605	翻	山合三平元敷	$x\tilde{ɵ}^{33}$	$f\tilde{a}^{33}$
0606	饭	山合三去元奉	$f\tilde{a}^{21}$	$f\tilde{a}^{21}$
0607	晚	山合三上元微	$u\tilde{a}^{41}$	$u\tilde{a}^{41}$
0608	万麻将牌	山合三去元微	$u\tilde{a}^{21}$	$u\tilde{a}^{21}$ 白 $u\tilde{a}^{45}$ 文
0609	劝	山合三去元溪	$ts^h\tilde{ɵ}^{45}$	$tɕ^hyɛn^{45}$
0610	原	山合三平元疑	$\tilde{ɵ}^{13}$	$yɛn^{13}$
0611	冤	山合三平元影	$\tilde{ɵ}^{33}$	$yɛn^{33}$
0612	园	山合三平元云	$\tilde{ɵ}^{13}$	$yɛn^{13}$
0613	远	山合三上元云	$\tilde{ɵ}^{41}$ 白 $y\tilde{ɵ}^{41}$ 文	$yɛn^{41}$

续表

编　号	单　字	音韵地位	老派音	青派音
0614	发头～	山合三入月非	fɑ^{24}	fɑ^{24}
0615	罚	山合三入月奉	fɑ^{24}	fɑ^{24}
0616	袜	山合三入月微	uɑ^{24}	uɑ^{24}
0617	月	山合三入月疑	yæ^{24} 白 yɛ^{24} 文	yɛ^{24}
0618	越	山合三入月云	yæ^{24} 白 yɛ^{24} 文	yɛ^{24}
0619	县	山合四去先匣	ɕiĩ^{21}	ɕiẽ^{21}
0620	决	山合四入屑见	tʃuæ^{24}	tʃuɛ^{24}
0621	缺	山合四入屑溪	tʃʰuæ^{24}	tʃʰuɛ^{24}
0622	血	山合四入屑晓	ʃuæ^{24}	ʃuɛ^{24}
0623	吞	臻开一平痕透	tʰɑŋ^{33}	tʰən^{33}
0624	根	臻开一平痕见	kən^{33}	kən^{33}
0625	恨	臻开一去痕匣	xən^{45}	xən^{45}
0626	恩	臻开一平痕影	ŋən^{33}	ŋən^{33}
0627	贫	臻开三平真並	pin^{13}	pin^{13}
0628	民	臻开三平真明	min^{13}	min^{13}
0629	邻	臻开三平真来	liã^{13}	lin^{13}
0630	进	臻开三去真精	tɕin^{45}	tɕin^{45}
0631	亲～人	臻开三平真清	tɕʰiã^{33}	tɕʰin^{33}
0632	新	臻开三平真心	ɕin^{33}	ɕin^{33}
0633	镇	臻开三去真知	tsən^{45}	tsən^{45}

续表

编 号	单 字	音韵地位	老派音	青派音
0634	陈	臻开三平真澄	tsən^{13}	tsən^{13}
0635	震	臻开三去真章	tsən^{45}	tsən^{45}
0636	神	臻开三平真船	sən^{13}	sən^{13}
0637	身	臻开三平真书	sən^{33}	sən^{33}
0638	辰	臻开三平真禅	sən^{13}	tsən^{13}
0639	人	臻开三平真日	in^{13}	ʒən^{13}
0640	认	臻开三去真日	in^{21}	ʒən^{21}
0641	紧	臻开三上真见	tɕin^{41}	tɕin^{41}
0642	银	臻开三平真疑	ȵin^{13}	in^{13}
0643	印	臻开三去真影	in^{45}	in^{45}
0644	引	臻开三上真以	in^{41}	in^{41}
0645	笔	臻开三入质帮	pi^{24}	pi^{24}
0646	匹	臻开三入质滂	pi^{24}	p^{h}i^{33}
0647	密	臻开三入质明	mi^{24}	mi^{24}
0648	栗	臻开三入质来	liæ^{45} 白 li^{24} 文	li^{45}
0649	七	臻开三入质清	tɕ^{h}i^{24}	tɕ^{h}i^{24}
0650	侄	臻开三入质澄	tsɿ^{24}	tʃʅ^{24}
0651	虱	臻开三入质生	sæ^{24}	ʃʅ^{24}
0652	实	臻开三入质船	sɿ^{24}	ʃʅ^{24}
0653	失	臻开三入质书	sæ^{24}	ʃʅ^{24}

续表

编号	单字	音韵地位	老派音	青派音
0654	日	臻开三入质日	ȵi^{24} 白 zʅ^{24} 文	ʒʅ^{24}
0655	吉	臻开三入质见	tɕi^{24}	tɕi^{24}
0656	一	臻开三入质影	i^{24}	i^{24}
0657	筋	臻开三平殷见	tɕin^{33}	tɕin^{33}
0658	劲有～	臻开三去殷见	tɕin^{45}	tɕin^{45}
0659	勤	臻开三平殷群	tɕin^{13}	tɕin^{13}
0660	近	臻开三上殷群	tɕin^{21}	tɕin^{21}
0661	隐	臻开三上殷影	in^{41}	in^{41}
0662	本	臻合一上魂帮	pən^{41}	pən^{41}
0663	盆	臻合一平魂並	pən^{13}	pən^{13}
0664	门	臻合一平魂明	mən^{13}	mən^{13}
0665	墩	臻合一平魂端	tən^{33}	tən^{33}
0666	嫩	臻合一去魂泥	lən^{21}	lən^{21}
0667	村	臻合一平魂清	ts^{h}ən^{33}	ts^{h}ən^{33}
0668	寸	臻合一去魂清	ts^{h}ən^{45}	ts^{h}ən^{45}
0669	蹲	臻合一平魂从	tsən^{33}	tsən^{33}
0670	孙～子	臻合一平魂心	sən^{33}	sən^{33}
0671	滚	臻合一上魂见	kuən^{41}	kuən^{41}
0672	困	臻合一去魂溪	k^{h}uən^{45}	k^{h}uən^{45}
0673	婚	臻合一平魂晓	fən^{33}	fən^{33}
0674	魂	臻合一平魂匣	fən^{13}	fən^{13}

续表

编 号	单 字	音韵地位	老派音	青派音
0675	温	臻合一平魂影	$uən^{33}$	$uən^{33}$
0676	卒棋子	臻合一入没精	$tsei^{24}$	$tsəu^{24}$
0677	骨	臻合一入没见	$kuei^{24}$	ku^{24}
0678	轮	臻合三平谆来	$lən^{13}$	$lən^{13}$
0679	俊	臻合三去谆精	$tsən^{45}$	$tɕyn^{45}$
0680	笋	臻合三上谆心	$sən^{41}$	$sən^{41}$
0681	准	臻合三上谆章	$tɕyn^{41}$	$tɕyn^{41}$
0682	春	臻合三平谆昌	$tɕ^{h}yn^{33}$	$tɕ^{h}yn^{33}$
0683	唇	臻合三平谆船	$tsən^{13}$	$tsən^{13}$
0684	顺	臻合三去谆船	$ɕyn^{21}$	$ɕyn^{21}$
0685	纯	臻合三平谆禅	$ɕyn^{13}$	$ɕyn^{13}$
0686	闰	臻合三去谆日	yn^{21}	yn^{21} 白 yn^{45} 文
0687	均	臻合三平谆见	$tɕyn^{33}$	$tɕyn^{33}$
0688	匀	臻合三平谆以	yn^{13}	yn^{13}
0689	律	臻合三入术来	li^{24}	li^{24}
0690	出	臻合三入术昌	$tɕ^{h}y^{24}$	$tɕ^{h}y^{24}$
0691	橘	臻合三入术见	$tɕy^{24}$	$tɕy^{24}$
0692	分动	臻合三平文非	$fən^{33}$	$fən^{33}$
0693	粉	臻合三上文非	$fən^{41}$	$fən^{41}$
0694	粪	臻合三去文非	$fən^{45}$	$fən^{45}$
0695	坟	臻合三平文奉	$fən^{13}$	$fən^{13}$

续表

编号	单字	音韵地位	老派音	青派音
0696	蚊	臻合三平文微	$mən^{33}$	$mən^{33}$
0697	问	臻合三去文微	$uən^{21}$	$uən^{21}$
0698	军	臻合三平文见	$tɕyn^{33}$	$tɕyn^{33}$
0699	裙	臻合三平文群	$tɕyn^{13}$	$tɕyn^{13}$
0700	熏	臻合三平文晓	$ɕyn^{33}$	$ɕyn^{33}$
0701	云~彩	臻合三平文云	yn^{13}	yn^{13}
0702	运	臻合三去文云	$uən^{21}$ 白 yn^{45} 文	yn^{21} 白 yn^{45} 文
0703	佛~像	臻合三入物奉	fu^{24}	fo^{13}
0704	物	臻合三入物微	u^{24}	u^{24}
0705	帮	宕开一平唐帮	$poŋ^{33}$	$paŋ^{33}$
0706	忙	宕开一平唐明	$moŋ^{13}$	$maŋ^{13}$
0707	党	宕开一上唐端	$toŋ^{41}$	$taŋ^{41}$
0708	汤	宕开一平唐透	$t^hoŋ^{33}$	$t^haŋ^{33}$
0709	糖	宕开一平唐定	$toŋ^{13}$	$taŋ^{13}$
0710	浪	宕开一去唐来	$loŋ^{21}$	$laŋ^{45}$
0711	仓	宕开一平唐清	$ts^hoŋ^{33}$	$ts^hɑŋ^{33}$
0712	钢名	宕开一平唐见	$koŋ^{33}$	$kaŋ^{33}$
0713	糠	宕开一平唐溪	$k^hoŋ^{33}$	$k^haŋ^{33}$
0714	薄形	宕开一入铎並	p^ho^{45}	po^{24}
0715	摸	宕开一入铎明	mo^{33}	mo^{33}
0716	托	宕开一入铎透	t^ho^{24}	t^ho^{24}

续表

编 号	单 字	音韵地位	老派音	青派音
0717	落	宕开一入铎来	lo^{24}	lo^{24}
0718	作	宕开一入铎精	tso^{24}	tso^{24}
0719	索	宕开一入铎心	so^{24}	so^{41}
0720	各	宕开一入铎见	ko^{24}	ko^{24}
0721	鹤	宕开一入铎匣	xo^{24}	xo^{45}
0722	恶形，入声	宕开一入铎影	o^{24}	o^{24}
0723	娘	宕开三平阳泥	ȵioŋ^{13}	ȵiæ̃^{13}
0724	两斤～	宕开三上阳来	lioŋ^{41}	liæ̃^{41}
0725	亮	宕开三去阳来	lioŋ^{21}	liæ̃^{21} 白 liæ̃^{45} 文
0726	浆	宕开三平阳精	tɕioŋ^{33}	tɕiæ̃^{33}
0727	抢	宕开三上阳清	tɕʰioŋ^{41}	tɕʰiæ̃^{41}
0728	匠	宕开三去阳从	tɕioŋ^{21}	tɕiæ̃^{21}
0729	想	宕开三上阳心	ɕioŋ^{41} 白 ɕiɑŋ^{41} 文	ɕiæ̃^{41}
0730	像	宕开三上阳邪	tɕioŋ^{21}～爸爸 ɕioŋ^{45} 主席～	tɕiæ̃^{21}～爸爸 ɕiæ̃^{45} 主席～
0731	张量	宕开三平阳知	tsoŋ^{33}	tsɑŋ^{33}
0732	长～短	宕开三平阳澄	tsoŋ^{13}	tsɑŋ^{13}
0733	装	宕开三平阳庄	tsoŋ^{33}	tʃuæ̃^{33}
0734	壮	宕开三去阳庄	tsoŋ^{45}	tʃuæ̃^{45}
0735	疮	宕开三平阳初	tsʰoŋ^{33}	tʃʰuæ̃^{33}

续表

编号	单字	音韵地位	老派音	青派音
0736	床	宕开三平阳崇	tsoŋ^{13}	tʃuæ̃^{13}
0737	霜	宕开三平阳生	soŋ^{33}	ʃuæ̃^{33}
0738	章	宕开三平阳章	tsoŋ^{33}	tsɑŋ^{33}
0739	厂	宕开三上阳昌	ts^{h}oŋ^{41}	ts^{h}ɑŋ^{41}
0740	唱	宕开三去阳昌	ts^{h}oŋ^{45}	ts^{h}ɑŋ^{45}
0741	伤	宕开三平阳书	soŋ^{33}	sɑŋ^{33}
0742	尝	宕开三平阳禅	soŋ^{13}	tsɑŋ^{13}
0743	上～去	宕开三上阳禅	soŋ^{21}	sɑŋ^{21}
0744	让	宕开三去阳日	ioŋ^{21}	ȵiæ̃^{21}
0745	姜生～	宕开三平阳见	tɕioŋ^{33}	tɕiæ̃^{33}
0746	响	宕开三上阳晓	ɕioŋ^{41}	ɕiæ̃^{41}
0747	向	宕开三去阳晓	ɕioŋ^{21}～他学习 ɕioŋ^{45} 姓～	ɕiæ̃^{45}
0748	秧	宕开三平阳影	ioŋ^{33}	iæ̃^{33}
0749	痒	宕开三上阳以	ioŋ^{41}	iæ̃^{41}
0750	样	宕开三去阳以	ioŋ^{21}	iæ̃^{21}
0751	雀	宕开三入药精	tɕ^{h}io^{24}	tɕ^{h}io^{24}
0752	削	宕开三入药心	ʃo^{24}	ʃo^{24}
0753	着火～了	宕开三入药知	tso^{24}	tso^{24}
0754	勺	宕开三入药禅	so^{45}	sɑu^{13}
0755	弱	宕开三入药日	io^{24}	ʒo^{24}
0756	脚	宕开三入药见	tɕio^{24}	tɕio^{24}

续表

编 号	单 字	音韵地位	老派音	青派音
0757	约	宕开三入药影	io^{24}	io^{24}
0758	药	宕开三入药以	io^{24}	io^{24}
0759	光~线	宕合一平唐见	koŋ^{33}	kuaŋ^{33}
0760	慌	宕合一平唐晓	xoŋ^{33}	faŋ^{33}
0761	黄	宕合一平唐匣	oŋ^{13} 白 uaŋ^{13} 白 faŋ^{13} 文	faŋ^{13}
0762	郭	宕合一入铎见	ko^{24}	ko^{24}
0763	霍	宕合一入铎晓	xo^{24}	xo^{45}
0764	方	宕合三平阳非	xoŋ^{33}	faŋ^{33}
0765	放	宕合三去阳非	xoŋ^{45}	faŋ^{45}
0766	纺	宕合三上阳敷	xoŋ^{41}	faŋ^{41}
0767	房	宕合三平阳奉	xoŋ^{13}	faŋ^{13}
0768	防	宕合三平阳奉	xoŋ^{13}	faŋ^{13}
0769	网	宕合三上阳微	oŋ^{41}	uaŋ^{41}
0770	筐	宕合三平阳溪	kʰoŋ^{33} 白 kʰuaŋ^{33} 文	kʰuaŋ^{33}
0771	狂	宕合三平阳群	kʰoŋ^{13}	kuaŋ^{13}
0772	王	宕合三平阳云	oŋ^{13}	uaŋ^{13}
0773	旺	宕合三去阳云	oŋ^{45}	uaŋ^{45}
0774	缚	宕合三入药奉	fu^{21}	fu^{45}
0775	绑	江开二上江帮	poŋ^{41}	paŋ^{41}

续表

编 号	单 字	音韵地位	老派音	青派音
0776	胖	江开二去江滂	$p^hoŋ^{45}$	$p^hɑŋ^{45}$
0777	棒	江开二上江並	$poŋ^{45}$	$pɑŋ^{45}$
0778	桩	江开二平江知	$tsoŋ^{33}$	$tʃuæ̃^{33}$
0779	撞	江开二去江澄	$ts^hoŋ^{41}$	$tʃuæ̃^{21}$
0780	窗	江开二平江初	$ts^hoŋ^{33}$	$tʃ^huæ̃^{33}$
0781	双	江开二平江生	$soŋ^{33}$	$ʃuæ̃^{33}$
0782	江	江开二平江见	$tɕioŋ^{33}$	$tɕiæ̃^{33}$
0783	讲	江开二上江见	$koŋ^{41}$	$kã^{41}$
0784	降投~	江开二平江匣	$tɕioŋ^{13}$	$ɕiæ̃^{13}$
0785	项	江开二上江匣	$ɕioŋ^{45}$	$ɕiæ̃^{45}$
0786	剥	江开二入觉帮	po^{24}	po^{24}
0787	桌	江开二入觉知	tso^{24}	tso^{24}
0788	镯	江开二入觉崇	tso^{24}	tso^{24}
0789	角	江开二入觉见	ko^{24} 白 $tɕio^{24}$ 文	ko^{24} 白 $tɕio^{24}$ 文
0790	壳	江开二入觉溪	k^ho^{24}	k^ho^{24}
0791	学	江开二入觉匣	$ʃo^{24}$	$ʃo^{24}$
0792	握	江开二入觉影	o^{24}	o^{45}
0793	朋	曾开一平登並	$pən^{13}$	$pən^{13}$
0794	灯	曾开一平登端	$tiĩ^{33}$ 白 $tən^{33}$ 文	$tən^{33}$
0795	等	曾开一上登端	$tiĩ^{41}$	$tən^{41}$

续表

编 号	单 字	音韵地位	老派音	青派音
0796	凳	曾开一去登端	tĩ^{45}	tən^{45}
0797	藤	曾开一平登定	tən^{13}	tən^{13}
0798	能	曾开一平登泥	lən^{13}	lən^{13}
0799	层	曾开一平登从	tsən^{13}	tsən^{13}
0800	僧	曾开一平登心	tsən^{33}	sən^{33}
0801	肯	曾开一上登溪	kʰĩ^{41} 白 kʰən^{41} 文	kʰən^{41}
0802	北	曾开一入德帮	pæ^{24}	pɤ^{24}
0803	墨	曾开一入德明	mæ^{24}	mɤ^{24}
0804	得	曾开一入德端	tæ^{24}	tɤ^{24}
0805	特	曾开一入德定	tʰæ^{24}	tʰɤ^{24}
0806	贼	曾开一入德从	tsʰæ^{45}	tsei^{13}
0807	塞	曾开一入德心	sæ^{24}	sɤ^{24}
0808	刻	曾开一入德溪	kʰæ^{24}	kʰɤ^{24}
0809	黑	曾开一入德晓	xæ^{24}	xɤ^{24}
0810	冰	曾开三平蒸帮	piã^{33}	pin^{33}
0811	证	曾开三去蒸章	tsən^{45}	tsən^{45}
0812	秤	曾开三去蒸昌	tsʰən^{45}	tsʰən^{45}
0813	绳	曾开三平蒸船	sən^{13}	sən^{13}
0814	剩	曾开三去蒸船	sən^{21}	sən^{21}
0815	升	曾开三平蒸书	sən^{33}	sən^{33}
0816	兴高～	曾开三去蒸晓	ɕin^{45}	ɕin^{45}

续表

编号	单　字	音韵地位	老派音	青派音
0817	蝇	曾开三平蒸以	in^{33}	in^{33}
0818	逼	曾开三入职帮	pi^{24}	pi^{24}
0819	力	曾开三入职来	li^{24}	li^{24}
0820	息	曾开三入职心	ɕi^{24}	ɕi^{24}
0821	直	曾开三入职澄	ts^{h}ɿ^{45} 白 tsɿ^{24} 文	tʃʅ^{24}
0822	侧	曾开三入职庄	tsæ^{24}	ts^{h}ɤ^{24}
0823	测	曾开三入职初	ts^{h}æ^{24}	ts^{h}ɤ^{24}
0824	色	曾开三入职生	sæ^{24}	sɤ^{24}
0825	织	曾开三入职章	tsɿ^{24}	tʃʅ^{24}
0826	食	曾开三入职船	sɿ^{24}	ʃʅ^{24}
0827	式	曾开三入职书	sɿ^{45}	ʃʅ^{45}
0828	极	曾开三入职群	tɕi^{24}	tɕi^{24}
0829	国	曾合一入德见	kuæ^{24} 白 kuɤ^{24} 文	kuɤ^{24}
0830	或	曾合一入德匣	xo^{24}	xo^{45}
0831	猛	梗开二上庚明	mən^{41}	mən^{41}
0832	打	梗开二上庚端	tɑ^{41}	tɑ^{41}
0833	冷	梗开二上庚来	lɑŋ^{41}	lən^{41}
0834	生	梗开二平庚生	sɑŋ^{33} 白 sɛ̃i^{33} 白 sən^{33} 文	sən^{33}

续表

编 号	单 字	音韵地位	老派音	青派音
0835	省～长	梗开二上庚生	saŋ^{41} 白 sən^{41} 文	sən^{41}
0836	更三～，打～	梗开二平庚见	kaŋ^{33}	kən^{33}
0837	梗	梗开二上庚见	kaŋ^{41}	kən^{41}
0838	坑	梗开二平庚溪	k^{h}aŋ^{33}	k^{h}ən^{33}
0839	硬	梗开二去庚疑	ŋaŋ^{21}	ŋən^{21}
0840	行～为，～走	梗开二平庚匣	ɕin^{13}	ɕin^{13}
0841	百	梗开二入陌帮	pæ^{24}	pɤ^{24}
0842	拍	梗开二入陌滂	p^{h}æ^{24}	p^{h}ɤ^{24}
0843	白	梗开二入陌並	pæ^{24}	pɤ^{24}
0844	拆	梗开二入陌彻	ts^{h}æ^{24}	ts^{h}ɤ^{24}
0845	择	梗开二入陌澄	ts^{h}ɑ^{45}	ts^{h}ɑ^{45} 白 tsɤ^{24} 文
0846	窄	梗开二入陌庄	tsæ^{24}	tsɤ^{24}
0847	格	梗开二入陌见	kæ^{24}	kɤ^{24}
0848	客	梗开二入陌溪	k^{h}æ^{24}	k^{h}ɤ^{24}
0849	额	梗开二入陌疑	ŋæ^{24}	ɤ^{13}
0850	棚	梗开二平耕並	pən^{13}	pən^{13}
0851	争	梗开二平耕庄	tsaŋ^{33}	tsən^{33}
0852	耕	梗开二平耕见	kən^{33}	kən^{33}
0853	麦	梗开二入麦明	mæ^{24}	mɤ^{24}
0854	摘	梗开二入麦知	tsɑ^{24}	tsɤ^{24}

续表

编号	单　字	音韵地位	老派音	青派音
0855	策	梗开二入麦初	ts^{h}æ^{24}	ts^{h}ɣ^{24} 白 ts^{h}ɣ^{45} 文
0856	隔	梗开二入麦见	kæ^{24}	kɣ^{24}
0857	兵	梗开三平庚帮	piã^{33}	pin^{33}
0858	柄	梗开三去庚帮	pin^{41}	pin^{41}
0859	平	梗开三平庚並	piã^{13}	pin^{13}
0860	病	梗开三去庚並	piã^{21}	pin^{21}
0861	明	梗开三平庚明	miã^{13} 白 min^{13} 文	min^{13}
0862	命	梗开三去庚明	miã^{21} 白 min^{21} 文	min^{21}
0863	镜	梗开三去庚见	tɕin^{45}	tɕin^{45}
0864	庆	梗开三去庚溪	tɕ^{h}in^{45}	tɕ^{h}in^{45}
0865	迎	梗开三平庚疑	in^{13}	in^{13}
0866	影	梗开三上庚影	iã^{41} 白 in^{41} 文	in^{41}
0867	剧戏～	梗开三入陌群	tɕy^{45}	tɕy^{45}
0868	饼	梗开三上清帮	piã^{41}	pin^{41}
0869	名	梗开三平清明	miã^{13}	min^{13}
0870	领	梗开三上清来	liã^{41}	lin^{41}
0871	井	梗开三上清精	tɕiã^{41}	tɕin^{41}
0872	清	梗开三平清清	tɕ^{h}iã^{33}	tɕ^{h}in^{33}

续表

编 号	单 字	音韵地位	老派音	青派音
0873	静	梗开三上清从	$tɕin^{21}$	$tɕin^{21}$ 白 $tɕin^{45}$ 文
0874	姓	梗开三去清心	$ɕin^{45}$	$ɕin^{45}$
0875	贞	梗开三平清知	$tsən^{33}$	$tsən^{33}$
0876	程	梗开三平清澄	$tsən^{13}$	$tsən^{13}$
0877	整	梗开三上清章	$tsən^{41}$	$tsən^{41}$
0878	正~反	梗开三去清章	$tsən^{45}$	$tsən^{45}$
0879	声	梗开三平清书	$sɑŋ^{33}$	$sən^{33}$
0880	城	梗开三平清禅	$tsən^{13}$	$tsən^{13}$
0881	轻	梗开三平清溪	$tɕ^{h}iã^{33}$	$tɕ^{h}in^{33}$
0882	赢	梗开三平清以	$iã^{13}$	in^{13}
0883	积	梗开三入昔精	$tɕi^{24}$	$tɕi^{24}$
0884	惜	梗开三入昔心	$ɕi^{24}$	$ɕi^{24}$
0885	席	梗开三入昔邪	$ɕi^{24}$	$ɕi^{24}$
0886	尺	梗开三入昔昌	$ts^{h}ɑ^{24}$	$tʃ^{h}ʅ^{24}$
0887	石	梗开三入昔禅	$sɑ^{45}$	$ʃʅ^{24}$
0888	益	梗开三入昔影	i^{24}	i^{45}
0889	瓶	梗开四平青並	$piã^{13}$	pin^{13}
0890	钉名	梗开四平青端	$tiã^{33}$	tin^{33}
0891	顶	梗开四上青端	tin^{41}	tin^{41}
0892	厅	梗开四平青透	$t^{h}in^{33}$	$t^{h}in^{33}$
0893	听~见	梗开四平青透	$t^{h}iã^{45}$	$t^{h}in^{45}$

续表

编 号	单 字	音韵地位	老派音	青派音
0894	停	梗开四平青定	tin^{13}	tin^{13}
0895	挺	梗开四上青定	t^hin^{41}	t^hin^{41}
0896	定	梗开四去青定	tin^{21}	tin^{21}
0897	零	梗开四平青来	$liã^{13}$ 白 lin^{13} 文	lin^{13}
0898	青	梗开四平青清	$tɕ^hiã^{33}$	$tɕ^hin^{33}$
0899	星	梗开四平青心	$ɕiã^{33}$ 白 $ɕin^{33}$ 文	$ɕin^{33}$
0900	经	梗开四平青见	$tɕiã^{33}$	$tɕin^{33}$
0901	形	梗开四平青匣	$ɕin^{13}$	$ɕin^{13}$
0902	壁	梗开四入锡帮	$piæ^{24}$	pi^{24}
0903	劈	梗开四入锡滂	$p^hiæ^{24}$	p^hi^{33}
0904	踢	梗开四入锡透	t^hi^{24}	t^hi^{24}
0905	笛	梗开四入锡定	ti^{24}	ti^{24}
0906	历农~	梗开四入锡来	li^{24}	li^{24}
0907	锡	梗开四入锡心	$ɕiæ^{24}$ 白 $ɕi^{24}$ 文	$ɕi^{24}$ 白 $ɕi^{33}$ 文
0908	击	梗开四入锡见	$tɕi^{24}$	$tɕi^{24}$
0909	吃	梗开四入锡溪	$tɕ^hiᴀ^{24}$	$tɕ^hiᴀ^{24}$
0910	横~竖	梗合二平庚匣	$fɑŋ^{13}$ 白 $fən^{13}$ 文	$fən^{13}$
0911	划计~	梗合二入麦匣	$fɑ^{21}$	$fɑ^{45}$

续表

编 号	单 字	音韵地位	老派音	青派音
0912	兄	梗合三平庚晓	ɕin^{33}	ɕin^{33}
0913	荣	梗合三平庚云	in^{13}	in^{13}
0914	永	梗合三上庚云	yn^{41}	yn^{41}
0915	营	梗合三平清以	in^{13}	in^{13}
0916	蓬~松	通合一平东並	$\text{p}^{\text{h}}\text{ɑŋ}^{33}$	pən^{13}
0917	东	通合一平东端	tən^{33}	tən^{33}
0918	懂	通合一上东端	tən^{41}	tən^{41}
0919	冻	通合一去东端	tən^{45}	tən^{45}
0920	通	通合一平东透	$\text{t}^{\text{h}}\text{ən}^{33}$	$\text{t}^{\text{h}}\text{ən}^{33}$
0921	桶	通合一上东透	$\text{t}^{\text{h}}\text{ən}^{41}$	$\text{t}^{\text{h}}\text{ən}^{41}$
0922	痛	通合一去东透	$\text{t}^{\text{h}}\text{ən}^{45}$	$\text{t}^{\text{h}}\text{ən}^{45}$
0923	铜	通合一平东定	tən^{13}	tən^{13}
0924	动	通合一上东定	tən^{21}	tən^{21}
0925	洞	通合一去东定	tən^{21}	tən^{21}
0926	聋	通合一平东来	lɑŋ^{33}	lən^{33}
0927	弄	通合一去东来	lən^{45}	lən^{45}
0928	粽	通合一去东精	tsən^{45}	tsən^{45}
0929	葱	通合一平东清	$\text{ts}^{\text{h}}\text{ən}^{33}$	$\text{ts}^{\text{h}}\text{ən}^{33}$
0930	送	通合一去东心	səŋ^{45} 白 sən^{45} 文	sən^{45}
0931	公	通合一平东见	kuən^{33}	kən^{33}
0932	孔	通合一上东溪	$\text{k}^{\text{h}}\text{ən}^{41}$	$\text{k}^{\text{h}}\text{ən}^{41}$

续表

编号	单　字	音韵地位	老派音	青派音
0933	烘~干	通合一平东晓	$xən^{33}$	$xən^{33}$
0934	红	通合一平东匣	$fəŋ^{13}$ 白 $fən^{13}$ 文	$xən^{13}$
0935	翁	通合一平东影	$ən^{33}$	$uən^{33}$
0936	木	通合一入屋明	mo^{24}	mo^{24}
0937	读	通合一入屋定	$t^həɯ^{45}$	$təu^{24}$
0938	鹿	通合一入屋来	$ləɯ^{24}$	$ləu^{45}$
0939	族	通合一入屋从	$ts^həɯ^{24}$	$tsəu^{24}$
0940	谷稻~	通合一入屋见	ku^{24}	ku^{24}
0941	哭	通合一入屋溪	k^hu^{24}	k^hu^{24}
0942	屋	通合一入屋影	u^{24}	u^{24}
0943	冬~至	通合一平冬端	$tən^{33}$	$tən^{33}$
0944	统	通合一去冬透	$t^hən^{33}$ 白 $t^hən^{41}$ 文	$t^hən^{41}$
0945	脓	通合一平冬泥	$lən^{13}$	$lən^{13}$
0946	松~紧	通合一平冬心	$sən^{33}$	$sən^{33}$
0947	宋	通合一去冬心	$sən^{45}$	$sən^{45}$
0948	毒	通合一入沃定	$təɯ^{24}$	$təu^{24}$
0949	风	通合三平东非	$fən^{33}$	$fən^{33}$
0950	丰	通合三平东敷	$fən^{33}$	$fən^{33}$
0951	凤	通合三去东奉	$fən^{45}$	$fən^{45}$

续表

编 号	单 字	音韵地位	老派音	青派音
0952	梦	通合三去东明	mən^{21}	mən^{21} 白 mən^{45} 文
0953	中当～	通合三平东知	tsən^{33}	tsən^{33}
0954	虫	通合三平东澄	tsən^{13}	tsən^{13}
0955	终	通合三平东章	tsən^{33}	tsən^{33}
0956	充	通合三平东昌	ts^{h}ən^{33}	ts^{h}ən^{33}
0957	宫	通合三平东见	kuən^{33}	kən^{33}
0958	穷	通合三平东群	tɕin^{13}	tɕin^{13}
0959	熊	通合三平东云	ɕin^{13}	ɕin^{13}
0960	雄	通合三平东云	ɕin^{13}	ɕin^{13}
0961	福	通合三入屋非	fu^{24}	fu^{24}
0962	服	通合三入屋奉	fu^{24}	fu^{24}
0963	目	通合三入屋明	mo^{24}	mo^{24}
0964	六	通合三入屋来	ləɯ^{24}	ləu^{24}
0965	宿住～，～舍	通合三入屋心	səɯ^{24}	səu^{24}
0966	竹	通合三入屋知	tsəɯ^{24}	tsəu^{24}
0967	畜～牲	通合三入屋彻	ts^{h}əɯ^{24}	ts^{h}əu^{24}
0968	缩	通合三入屋生	səɯ^{24}	so^{24}
0969	粥	通合三入屋章	tsəɯ^{24}	tsəu^{24} 白 tsəu^{33} 文
0970	叔	通合三入屋书	səɯ^{24}	səu^{24}
0971	熟	通合三入屋禅	səɯ^{24}	səu^{24}

续表

编号	单字	音韵地位	老派音	青派音
0972	肉	通合三入屋日	ȵiəɯ^{24}	ʒəu^{24}
0973	菊	通合三入屋见	tɕy^{24}	tɕy^{24}
0974	育	通合三入屋以	iəɯ^{24}	y^{45}
0975	封	通合三平钟非	fən^{33}	fən^{33}
0976	蜂	通合三平钟敷	fən^{33}	fən^{33}
0977	缝一条～	通合三去钟奉	fən^{21}	fən^{21}
0978	浓	通合三平钟泥	lən^{13}	lən^{13}
0979	龙	通合三平钟来	lən^{13}	lən^{13}
0980	松～树	通合三平钟邪	sən^{33}	sən^{33}
0981	重轻～	通合三上钟澄	tsən^{21}	tsən^{21}
0982	肿	通合三上钟章	tsən^{41}	tsən^{41}
0983	种～树	通合三去钟章	tsən^{45}	tsən^{45}
0984	冲	通合三平钟昌	ts^{h}ən^{33}	ts^{h}ən^{33}～刺 ts^{h}ən^{45} 脾气～
0985	恭	通合三平钟见	kuən^{33}	kən^{33}
0986	共	通合三去钟群	kuən^{21} 白 kuən^{45} 文	kən^{45}
0987	凶吉～	通合三平钟晓	ɕin^{33}	ɕin^{33}
0988	拥	通合三上钟影	in^{41}	in^{33} 白 ioŋ^{33} 文
0989	容	通合三平钟以	in^{13}	ʒən^{13} 白 ʒoŋ^{13} 文

续表

编 号	单 字	音韵地位	老派音	青派音
0990	用	通合三去钟以	in^{21}	in^{21}
0991	绿	通合三入烛来	$lәɯ^{24}$	$lәu^{24}$
0992	足	通合三入烛精	$tsәɯ^{24}$	$tsәu^{24}$
0993	烛	通合三入烛章	$tsәɯ^{24}$	$tsәu^{24}$
0994	赎	通合三入烛船	$sәɯ^{24}$	$sәu^{24}$
0995	属	通合三入烛禅	$sәɯ^{24}$	$sәu^{24}$
0996	褥	通合三入烛日	$iәɯ^{24}$	$ʒu^{41}$
0997	曲～折，歌～	通合三入烛溪	$tɕ^{h}iәɯ^{24}$	$tɕ^{h}iәu^{24}$ 白 $tɕ^{h}y^{41}$ 文 $tɕ^{h}y^{33}$ 文
0998	局	通合三入烛群	$tɕy^{24}$	$tɕy^{24}$
0999	玉	通合三入烛疑	y^{45}	y^{45}
1000	浴	通合三入烛以	$iәɯ^{24}$	y^{45}

第三章 词 汇

一、天文地理

编 号	普通话	方 言
0001	太阳～下山了	日头 ȵi^{24}tɛ$^{\cdot 33}$
0002	月亮～出来了	月亮 yæ^{24}lioŋ^{45}
0003	星星	星星 ɕiã^{33}ɕiã^{33}
0004	云	云 yn^{13}
0005	风	风 fən^{33}
0006	台风	台风 tai^{13}fən^{33}
0007	闪电名词	扯法兴$^{=}$ ts^{h}ɑ^{41}fɑ^{24}ɕin^{33}
0008	雷	雷 lei^{13}
0009	雨	雨 y^{41}
0010	下雨	落雨 lo^{24}y^{41}
0011	淋衣服被雨～湿了	□tsai^{21}
0012	晒～粮食	晒 sai^{45}
0013	雪	雪 ʃuæ^{24}
0014	冰	冰 piã^{33}

续表

编 号	普通话	方 言
0015	冰雹	冰雹 piã^{33}pʰɑu^{45}
0016	霜	霜 soŋ^{33}
0017	雾	雾 u^{45}
0018	露	露水 ləɯ^{21}ɕy^{41}
0019	虹统称	虹 kɵ̃^{45}
0020	日食	日食 ȵi^{24}sɿ^{24}
0021	月食	月食 yæ^{24}sɿ^{24}
0022	天气	天气 tʰiã^{33}tɕʰi^{45}
0023	晴天～	晴 tɕiã^{13}
0024	阴天～	阴 in^{33}
0025	旱天～	干旱 kɵ̃^{33}xɵ̃^{45}
0026	涝天～	涨水 tsoŋ^{41}ɕy^{41}
0027	天亮	天光 tʰiĩ^{33}koŋ^{33}
0028	水田	田 tiĩ^{13}
0029	旱地浇不上水的耕地	旱地 xɵ̃^{45}ti^{21}
0030	田埂	田埂子 tiĩ^{13}kuən^{45}tsɿ$^{\cdot 33}$
0031	路野外的	路 ləɯ^{21}
0032	山	山 sã^{33}
0033	山谷	坳里 ŋɑu^{45}li$^{\cdot 33}$
0034	江大的河	江 tɕioŋ^{33}
0035	溪小的河	圳里 tɕyn^{45}li$^{\cdot 33}$
0036	水沟儿较小的水道	沟 kɛ^{33}
0037	湖	湖 fu^{13}
0038	池塘	塘 toŋ^{13}

续表

编 号	普通话	方 言
0039	水坑儿地面上有积水的小洼儿	坑里 k^{h}oŋ^{33}li$^{\cdot 33}$
0040	洪水	大水 tai^{21}ɕy^{41}
0041	淹被水~了	淹 ŋã^{33}
0042	河岸	岸边 ŋẽ^{21}pĩ^{33}
0043	坝拦河修筑拦水的	坝 pɑ^{45}
0044	地震	地震 ti^{21}tsən^{45}
0045	窟窿小的	眼 ŋã^{41}
0046	缝儿统称	坼 ts^{h}ɑ^{24}
0047	石头统称	石头 sɑ^{45}tɛ$^{\cdot 21}$
0048	土统称	土 t^{h}əɯ^{41}
0049	泥湿的	腥泥巴 ɕiã^{45}ȵi^{13}pɑ$^{\cdot 21}$
0050	水泥旧称	洋灰 ioŋ^{13}fei^{33}
0051	沙子	沙婆子 sɑ^{33}po^{13}tsɿ$^{\cdot 33}$
0052	砖整块的	砖 tsẽ^{33}
0053	瓦整块的	瓦 uɑ^{41}
0054	煤	煤 mei^{13}
0055	煤油	煤油 mei^{13}iəɯ^{13}
0056	炭木~	火屎子 xo^{41}sɿ$^{\cdot 21}$tsɿ$^{\cdot 33}$
0057	灰烧成的	灰 fei^{33}
0058	灰尘桌面上的	灰 fei^{33}
0059	火	火 xo^{41}
0060	烟烧火形成的	烟 ĩ^{33}
0061	失火	起火 tɕ^{h}i^{41}xo^{41}
0062	水	水 ɕy^{41}

续表

编 号	普通话	方 言
0063	凉水	冷水 lɑŋ^{41}ɕy^{41}
0064	热水如洗脸的热水，不是指喝的开水	热水 yæ^{24}ɕy^{41}
0065	开水喝的	开水 k^{h}ai^{33}ɕy^{41}
0066	磁铁	吸铁 ɕi^{24}t^{h}iɛ^{24}

二、时间方位

编 号	普通话	方 言
0067	时候吃饭的～	时唧 sɿ^{13}tɕi$^{\cdot 33}$
0068	什么时候	几时唧 tɕi^{41}sɿ^{13}tɕi$^{\cdot 33}$
0069	现在	箇时唧 ko^{24}sɿ^{13}tɕi$^{\cdot 33}$
0070	以前十年～	以前 i^{41}tɕiĩ^{13}
0071	以后十年～	以后 i^{41}xɛ^{21}
0072	一辈子	一世 i^{41}sɿ^{45}
0073	今年	该年子 kɛ^{33}ȵiĩ^{13}tsɿ$^{\cdot 33}$
0074	明年	明年子 miã^{13}ȵiĩ^{13}tsɿ$^{\cdot 33}$
0075	后年	后年子 xɛ^{21}ȵiĩ^{13}tsɿ$^{\cdot 33}$
0076	去年	旧年子 tɕiəɯ^{21}ȵiĩ^{13}tsɿ$^{\cdot 33}$
0077	前年	前年子 tɕiĩ^{13}ȵiĩ^{13}tsɿ$^{\cdot 33}$
0078	往年过去的年份	往年 oŋ^{41}ȵiĩ^{13}
0079	年初	年头 ȵiĩ^{13}tɛ^{13}
0080	年底	年下 ȵiĩ^{13}xɑ^{21}
0081	今天	该日 kɛ^{33}i$^{\cdot 33}$
0082	明天	明日 miã^{13}i$^{\cdot 33}$

续表

编号	普通话	方言
0083	后天	后日 xɛ^{21}i$^{\cdot 33}$
0084	大后天	大后日 tai^{21}xɛ^{21}i$^{\cdot 33}$
0085	昨天	昨日 tso^{13}i$^{\cdot 33}$
0086	前天	前日 tɕiĩ^{13}i$^{\cdot 33}$
0087	大前天	大前日 tai^{21}tɕiĩ^{13}i$^{\cdot 33}$
0088	整天	整日 tsən^{41}i$^{\cdot 33}$
0089	每天	每日 mei^{41}i$^{\cdot 33}$
0090	早晨	早上 tsɑu^{41}soŋ^{21}
0091	上午	上昼 soŋ^{21}tsəɯ^{24}
0092	中午	中昼 tsən^{33}tsəɯ^{24}
0093	下午	下昼 xɑ^{21}tsəɯ^{24}
0094	傍晚	夜边唧 iᴀ^{21}piĩ^{33}tɕi$^{\cdot 33}$
0095	白天	日里 ȵi^{24}li$^{\cdot 33}$
0096	夜晚与白天相对，统称	夜里 iᴀ^{21}li$^{\cdot 33}$
0097	半夜	半夜唧 pə̃^{45}iᴀ^{21}tɕi$^{\cdot 33}$
0098	正月农历	正月唧 tsən^{33}yæ^{24}tɕi$^{\cdot 33}$
0099	大年初一农历	大年初一 tai^{21}ȵiĩ^{13}tsʰəɯ^{33}i^{24}
0100	元宵节	元宵节 ə̃^{13}ɕiɑu^{33}tɕiɛ^{24}
0101	清明	清明 tɕʰiã^{33}miã^{13}
0102	端午	端午 tə̃^{33}u^{41}
0103	七月十五农历，节日名	七月半 tɕʰi^{24}yæ^{24}pə̃^{45}
0104	中秋	中秋 tsən^{33}tɕʰiəɯ^{33}
0105	冬至	冬至 tən^{33}tsɿ^{45}
0106	腊月农历十二月	老历十二月 lɑu^{41}li^{24}sɿ^{24}ai^{21}yæ^{24}

续表

编 号	普通话	方 言
0107	除夕农历	年夜里 ȵiĩ^{13}iᴀ^{21}li$^{\cdot 33}$
0108	历书	黄历（又称皇历）xoŋ^{13}li^{24}
0109	阴历	老历 lɑu^{41}li^{24}
0110	阳历	阳历 ioŋ^{13}li^{24}
0111	星期天	礼拜日 li^{41}pai^{45}ȵi$^{\cdot 33}$
0112	地方	垱上 toŋ^{45}soŋ^{21}
0113	什么地方	哪只垱 lai^{41}tsɑ^{24}toŋ^{45}
0114	家里	屋里 u^{24}li$^{\cdot 33}$
0115	城里	街上 kai^{33}soŋ^{21}
0116	乡下	乡里 ɕioŋ^{33}li$^{\cdot 33}$
0117	上面从～滚下来	上头 soŋ^{21}tɛ$^{\cdot 33}$
0118	下面从～爬上去	下头 xɑ^{21}tɛ$^{\cdot 33}$
0119	左边	左手边 tso^{41}səɯ^{41}piĩ^{33}
0120	右边	右手边 iəɯ^{21}səɯ^{41}piĩ^{33}
0121	中间排队排在～	中间 tsən^{33}kã^{33}
0122	前面排队排在～	前头 tɕiĩ^{13}tɛ^{13}
0123	后面排队排在～	后头 xɛ^{21}tɛ^{13}
0124	末尾排队排在～	最后头 tsei^{45}xɛ^{21}tɛ^{13}
0125	对面	对门 tei^{45}mən^{13}
0126	面前	门口 mən^{13}k^{h}ɛ^{41}
0127	背后	背后 pei^{45}xei^{21}
0128	里面躲在～	肚里 təɯ^{21}li$^{\cdot 33}$
0129	外面衣服晒在～	外前 uai^{21}tɕin$^{\cdot 33}$
0130	旁边	边上 piĩ^{33}soŋ^{21}

续表

编号	普通话	方言
0131	上碗在桌子～	高头 kɑu^{33}tɛ^{13}
0132	下凳子在桌子～	底下 ti^{41}xɑ^{21}
0133	边儿桌子的～	边上 pĩ^{33}soŋ^{21}
0134	角儿桌子的～	角上 ko^{24}soŋ^{21}
0135	上去他～了	上去 soŋ^{21}tɕ^{h}iɛ^{45}
0136	下来他～了	下来 xɑ^{21}lai^{13}
0137	进去他～了	进去 tɕin^{45}tɕ^{h}iɛ^{45}
0138	出来他～了	出来 tɕ^{h}y^{24}lai^{13}
0139	出去他～了	出去 tɕ^{h}y^{24}tɕ^{h}iɛ^{45}
0140	回来他～了	回来 fei^{13}lai^{13}
0141	起来天冷～了	起来 tɕ^{h}i^{41}lai^{13}

三、植物

编号	普通话	方言
0142	树	树 ɕy^{21}
0143	木头	木料 mo^{24}liɑu^{21}
0144	松树统称	松树 sən^{33}ɕy^{21}
0145	柏树统称	柏树 pæ^{24}ɕy^{21}
0146	杉树	杉树 sɑ^{33}ɕy^{21}
0147	柳树	柳树 liəɯ^{41}ɕy^{21}
0148	竹子统称	竹子 tsəɯ^{24}tsɿ$^{·33}$
0149	笋	笋子 sən^{41}tsɿ$^{·33}$
0150	叶子	叶子 iɛ^{24}tsɿ$^{·33}$

续表

编 号	普通话	方 言
0151	花	花 $fɑ^{33}$
0152	花蕾花骨朵	花苞 $fɑ^{33}pɑu^{33}$
0153	梅花	梅花 $mei^{13}fɑ^{33}$
0154	牡丹	牡丹 $mo^{41}tã^{33}$
0155	荷花	荷花 $xo^{13}fɑ^{33}$
0156	草	草 $ts^{h}ɑu^{41}$
0157	藤	藤 $tən^{13}$
0158	刺名词	艻 $læ^{24}$
0159	水果	水果 $çy^{41}ko^{41}$
0160	苹果	苹果 $piã^{13}ko^{41}$
0161	桃子	桃子 $tɑu^{13}tsɿ^{\cdot 33}$
0162	梨	梨子 $li^{13}tsɿ^{\cdot 33}$
0163	李子	李子 $li^{41}tsɿ^{\cdot 33}$
0164	杏	杏子 $çin^{45}tsɿ^{\cdot 33}$
0165	橘子	橘子 $tçy^{24}tsɿ^{\cdot 33}$
0166	柚子	柚子 $iəɯ^{45}tsɿ^{\cdot 33}$
0167	柿子	柿子 $sɿ^{21}tsɿ^{\cdot 33}$
0168	石榴	石榴 $sɿ^{24}liəɯ^{41}$
0169	枣	枣子 $tsɑu^{41}tsɿ^{\cdot 33}$
0170	栗子	板栗 $pã^{41}li^{45}$
0171	核桃	核桃 $xæ^{24}tɑu^{13}$
0172	银杏白果	银杏 $ȵin^{13}çin^{45}$
0173	甘蔗	甘蔗 $kã^{33}tsɑ^{45}$

续表

编 号	普通话	方 言
0174	木耳	耳子 ai^{41}tsɿ$^{\cdot 33}$ 木耳 mo^{24}ai^{41}
0175	蘑菇野生的	菌子 tɕyn^{21}tsɿ$^{\cdot 33}$
0176	香菇	菌子 tɕyn^{21}tsɿ$^{\cdot 33}$
0177	稻子指植物	禾 o^{13}
0178	稻谷指籽实（脱粒后是大米）	谷 ku^{24}
0179	稻草脱粒后的	秆 kə̃^{41}
0180	大麦指植物	麦子 mæ^{24}tsɿ$^{\cdot 33}$
0181	小麦指植物	小麦 ɕiɑu^{41}mæ^{24}
0182	麦秸脱粒后的	麦秆子 mæ^{24}kə̃^{41}tsɿ$^{\cdot 33}$
0183	谷子指植物（籽实脱粒后是小米）	小米 ɕiɑu^{41}mi^{41}
0184	高粱指植物	高粱 kɑu^{33}lioŋ^{13}
0185	玉米指成株的植物	玉米 y^{45}mi^{41}
0186	棉花指植物	棉花 miĩ^{13}fɑ^{33}
0187	油菜油料作物，不是蔬菜	油菜 iəɯ^{13}tsʰai^{45}
0188	芝麻	芝麻 tsɿ^{33}mɑ^{13}
0189	向日葵指植物	葵花 kuei^{13}fɑ^{33}
0190	蚕豆	蚕豆 tsã^{13}tɛ^{21}
0191	豌豆	豌豆子 uã^{33}tɛ^{21}tsɿ$^{\cdot 33}$
0192	花生指果实，注意婉称	花生 fɑ^{33}ɕiĩ^{33}
0193	黄豆	黄豆子 oŋ^{13}tɛ^{21}tsɿ$^{\cdot 33}$
0194	绿豆	绿豆子 ləɯ^{24}tɛ^{21}tsɿ$^{\cdot 33}$
0195	豇豆长条形的	豆角 tɛ^{21}ko^{24}
0196	大白菜东北～	白菜 pæ^{24}tsʰai^{45}

续表

编号	普通话	方言
0197	包心菜卷心菜，圆白菜，球形的	包菜 pɑu^{33}tsʰai^{45}
0198	菠菜	菠菜 po^{33}tsʰai^{45}
0199	芹菜	富菜 fu^{45}tsʰai^{45}
0200	莴笋	莴笋 o^{33}sən^{41}
0201	韭菜	韭菜 tɕiəɯ^{41}tsʰai^{45}
0202	香菜芫荽	芫荽菜 iĩ^{13}ɕi^{33}tsʰai^{45}
0203	葱	葱 tsʰən^{33}
0204	蒜	大蒜 tai^{21}sẽ^{45}
0205	姜	姜 tɕioŋ^{33}
0206	洋葱	洋葱 ioŋ^{13}tsʰən^{33}
0207	辣椒统称	番杞子 pã^{33}tɕi^{21}tsɿ$^{\cdot33}$ 番椒 pã^{33}tɕiɑu^{33}
0208	茄子统称	茄子 tʃuai^{13}tsɿ$^{\cdot33}$
0209	西红柿	番茄 fã^{33}tʃuai$^{\cdot21}$
0210	萝卜统称	萝卜 lo^{13}pu$^{\cdot45}$
0211	胡萝卜	红萝卜 xən^{13}lo^{13}pu$^{\cdot45}$
0212	黄瓜	黄瓜 oŋ^{13}kuɑ^{33}
0213	丝瓜无棱的	丝瓜 sɿ^{33}kuɑ^{33}
0214	南瓜扁圆形或梨形，成熟时赤褐色	南瓜 lã^{13}kuɑ^{33}
0215	荸荠	慈姑子 tsɿ^{13}ku^{45}tsɿ$^{\cdot33}$ 荸荠 po^{13}tɕi^{45}
0216	红薯统称	红薯 fən^{13}ɕy^{21}
0217	马铃薯	马铃薯 mɑ^{41}liã^{13}ɕy^{21} 土豆 tʰəɯ^{41}tɛ^{21}

续表

编号	普通话	方言
0218	芋头	芋头 y^{21}tɛ^{13}
0219	山药圆柱形的	淮山 fai^{13}sã^{33}
0220	藕	藕 ŋɛ^{41}

四、动物

编号	普通话	方言
0221	老虎	老虎 lɑu^{41}fu^{41}
0222	猴子	猴子 xɛ^{13}tsɿ$^{\cdot 33}$
0223	蛇统称	蛇 sᴀ^{13}
0224	老鼠家里的	老鼠子 lɑu^{41}ɕy$^{\cdot 45}$tsɿ$^{\cdot 33}$
0225	蝙蝠	檐老鼠 iĩ^{13}lɑu^{41}ɕy$^{\cdot 45}$
0226	鸟儿飞鸟，统称	鸟 ȵiɑu^{41}
0227	麻雀	麻雀 ma^{13}tɕʰio^{24}
0228	喜鹊	喜鹊 ɕi^{41}tɕʰio^{24}
0229	乌鸦	乌鸦 u^{33}iᴀ^{33}
0230	鸽子	鸽子 ko^{24}tsɿ$^{\cdot 33}$
0231	翅膀鸟的，统称	翼胛 iɛ^{24}kɑ^{45}
0232	爪子鸟的，统称	爪子 tʃuai^{41}tsɿ$^{\cdot 33}$
0233	尾巴	尾巴 uei^{41}pɑ$^{\cdot 33}$
0234	窝鸟的	窠 kʰo^{33}
0235	虫子统称	虫齷齷 tsən^{13}ŋɑ^{45}ŋɑ^{45}
0236	蝴蝶统称	蝴蝶子 fu^{13}tʰiɛ^{24}tsɿ$^{\cdot 33}$
0237	蜻蜓统称	洋咪咪 ioŋ^{13}mi^{45}mi^{45}

续表

编 号	普通话	方 言
0238	蜜蜂	蜜蜂子 mi^{24}fən^{33}tsɿ$^{\cdot 33}$
0239	蜂蜜	蜜糖 mi^{24}toŋ^{13}
0240	知了统称	知丫子 tsɿ^{33}ŋɑ^{33}tsɿ$^{\cdot 33}$
0241	蚂蚁	蚂蚁子 ma^{41}ȵi^{45}tsɿ$^{\cdot 33}$
0242	蚯蚓	蛐线子 tsʰəɯ^{24}ɕiĩ^{45}tsɿ$^{\cdot 33}$
0243	蚕	蚕子 tsoŋ^{13}tsɿ$^{\cdot 33}$
0244	蜘蛛会结网的	蜘蛛子 tsɿ^{24}tɕy^{21}tsɿ$^{\cdot 33}$
0245	蚊子统称	蚊子 mən^{33}tsɿ$^{\cdot 33}$
0246	苍蝇统称	饭蚊子 fã^{21}mən^{33}tsɿ$^{\cdot 33}$
0247	跳蚤咬人的	跳蚤子 tʰiɑu^{45}tsɑu$^{\cdot 21}$tsɿ$^{\cdot 33}$
0248	虱子	虱子 sæ^{24}tsɿ$^{\cdot 33}$
0249	鱼	鱼 y^{13}
0250	鲤鱼	鲤鱼 li^{41}y^{13}
0251	鳙鱼胖头鱼	鲢鳖子 liĩ^{13}piɛ^{24}tsɿ$^{\cdot 33}$
0252	鲫鱼	鲫鱼嫩子 tɕi^{24}y^{13}lən^{45}tsɿ$^{\cdot 33}$
0253	甲鱼	脚鱼 tɕio^{24}y^{13}
0254	鳞鱼的	鳞 lin^{13}
0255	虾统称	虾公子 xɑ^{33}kən^{33}tsɿ$^{\cdot 33}$ 虾子 xɑ^{33}tsɿ$^{\cdot 33}$
0256	螃蟹统称	螃蟹 põ^{13}xai^{41}
0257	青蛙统称	蟆拐子 mɑ^{13}kuai$^{\cdot 21}$tsɿ$^{\cdot 33}$
0258	癞蛤蟆表皮多疙瘩	癞蟆拐 lai^{21}mɑ^{13}kuai$^{\cdot 21}$
0259	马	马 mɑ^{41}
0260	驴	叫驴子 tɕiɑu^{45}li^{13}tsɿ$^{\cdot 33}$

续表

编 号	普通话	方 言
0261	骡	骡子 lo^{13}tsɿ$^{\cdot 33}$
0262	牛	牛 ȵiəɯ^{13}
0263	公牛统称	公牛 kən^{33}ȵiəɯ^{13}
0264	母牛统称	牛婆子 ȵiəɯ^{13}po^{13}tsɿ$^{\cdot 33}$
0265	放牛	看牛 kʰõ^{45}ȵiəɯ^{13}
0266	羊	羊 ioŋ^{13}
0267	猪	猪 tɕy^{33}
0268	种猪配种用的公猪	脚猪子 tɕio^{24}tɕy^{33}tsɿ$^{\cdot 33}$
0269	公猪成年的，已阉的	肉猪 iəɯ^{24}tɕy^{33}
0270	母猪成年的，未阉的	猪婆子 tɕy^{33}po^{13}tsɿ$^{\cdot 33}$
0271	猪崽	猪崽唧 tɕy^{33}tsai^{41}tɕi$^{\cdot 33}$
0272	猪圈	猪栏屋 tɕy^{33}lã^{13}u^{24}
0273	养猪	蓄猪 tɕʰiəɯ^{24}tɕy^{33}
0274	猫	猫 mɑu^{33}
0275	公猫	猫公子 mɑu^{33}kən^{33}tsɿ$^{\cdot 33}$
0276	母猫	猫婆子 mɑu^{33}po^{13}tsɿ$^{\cdot 33}$
0277	狗统称	狗 kɛ^{41}
0278	公狗	狗公子 kɛ^{41}kən^{33}tsɿ$^{\cdot 33}$
0279	母狗	狗婆子 kɛ^{41}po^{13}tsɿ$^{\cdot 33}$
0280	叫狗～	齴 ŋɑ^{45}
0281	兔子	兔子 tʰəɯ^{45}tsɿ$^{\cdot 33}$
0282	鸡	鸡 tɕi^{33}
0283	公鸡成年的，未阉的	雄鸡子 ɕin^{13}tɕi^{33}tsɿ$^{\cdot 33}$ 叫鸡 tɕiɑu^{45}tɕi^{33}

续表

编 号	普通话	方 言
0284	母鸡已下过蛋的	鸡婆子 $tɕi^{33}po^{13}tsɿ^{\cdot 33}$
0285	叫公鸡～（即打鸣儿）	叫 $tɕiɑu^{45}$
0286	下鸡～蛋	生 $sɑŋ^{33}$
0287	孵～小鸡	抱 $pɑu^{21}$
0288	鸭	鸭 $ŋɑ^{24}$
0289	鹅	鹅 $ŋo^{13}$
0290	阉～公的猪	阉 $ŋã^{33}$
0291	阉～母的猪	阉 $ŋã^{33}$
0292	阉～鸡	阉 $ŋã^{33}$
0293	喂～猪	喂 y^{45}
0294	杀猪统称，注意婉称	杀猪 $sɑ^{24}tɕy^{33}$
0295	杀～鱼	破 $p^{h}o^{45}$

五、房舍器具

编 号	普通话	方 言
0296	村庄一个～	村里 $ts^{h}ən^{33}li^{\cdot 33}$
0297	胡同统称：一条～	巷子 $xã^{21}tsɿ^{\cdot 33}$
0298	街道	街 kai^{33}
0299	盖房子	起屋 $tɕ^{h}i^{41}u^{24}$
0300	房子整座的，不包括院子	屋 u^{24}
0301	屋子房子里分隔而成的，统称	房 $xoŋ^{13}$
0302	卧室	困屋 $k^{h}uən^{45}u^{24}$
0303	茅屋茅草等盖的	茅屋 $mɑu^{13}u^{24}$

续表

编 号	普通话	方 言
0304	厨房	灶屋 tsɑu^{45}u^{24}
0305	灶统称	灶 tsɑu^{45}
0306	锅统称	锅子 ko^{33}tsɿ$^{·33}$
0307	饭锅煮饭的	炉锅 ləɯ^{13}ko^{33}
0308	菜锅炒菜的	菜锅子 tsʰai^{45}ko^{33}tsɿ$^{·33}$
0309	厕所旧式的，统称	茅司 mɑu^{13}sɿ^{33}
0310	檩左右方向的	檩子 liã^{41}tsɿ$^{·33}$
0311	柱子	柱子 tɕy^{21}tsɿ$^{·33}$
0312	大门	大门 tai^{21}mən^{13}
0313	门槛儿	门槛 mən^{13}kʰã^{41}
0314	窗旧式的	窗子 tsʰoŋ^{33}tsɿ$^{·33}$
0315	梯子可移动的	楼梯 lɛ^{13}tʰi^{33}
0316	扫帚统称	扫把 sɑu^{45}po^{41}
0317	扫地	扫地 sɑu^{45}ti^{21}
0318	垃圾	垃圾 lɑ^{24}tɕi^{33}
0319	家具统称	家具 tɕiᴀ^{33}tɕy^{45}
0320	东西我的～	家伙 tɕiᴀ^{33}xo$^{·33}$
0321	炕土、砖砌的，睡觉用	炕 kʰõ^{45}
0322	床木制的，睡觉用	床 tsoŋ^{13}
0323	枕头	枕头 tsən^{41}tɛ$^{·33}$
0324	被子	被窝 pi^{21}o^{33}
0325	棉絮	棉絮 miĩ^{13}ɕi^{45}
0326	床单	被窝单子 pi^{21}o^{33}tã^{33}tsɿ$^{·33}$ 被单 pi^{21}tã^{33}

续表

编 号	普通话	方 言
0327	褥子	垫絮 tiĩ^{21}ɕi^{45}
0328	席子	席子 ɕi^{24}tsɿ$^{\cdot33}$
0329	蚊帐	帐子 tsoŋ^{45}tsɿ$^{\cdot33}$
0330	桌子统称	桌子 tso^{24}tsɿ$^{\cdot33}$
0331	柜子统称	柜子 tɕy^{21}tsɿ$^{\cdot33}$
0332	抽屉桌子的	屉子 tʰi^{45}tsɿ$^{\cdot33}$
0333	案子长条形的	案板 ŋã^{45}pã^{41}
0334	椅子统称	靠背凳 kʰɑu^{45}pei^{45}tiĩ^{45} 靠凳 kʰɑu^{45}tiĩ^{45}
0335	凳子统称	凳子 tiĩ^{45}tsɿ$^{\cdot33}$
0336	马桶有盖的	马桶 mɑ^{41}tʰən^{41}
0337	菜刀	菜刀 tsʰai^{45}tɑu^{33}
0338	瓢舀水的	勺子 so^{45}tsɿ$^{\cdot33}$
0339	缸	缸 koŋ^{33}
0340	坛子装酒的～	坛子 toŋ^{13}tsɿ$^{\cdot33}$
0341	瓶子装酒的～	瓶子 piã^{13}tsɿ$^{\cdot33}$
0342	盖子杯子的～	盖子 kai^{45}tsɿ$^{\cdot33}$
0343	碗统称	碗 ɵ̃^{41}
0344	筷子	筷子 kʰuai^{45}tsɿ$^{\cdot33}$
0345	汤匙	调羹 tiɑu^{13}kən^{33}
0346	柴火统称	柴 tsai^{13}
0347	火柴	洋火 ioŋ^{13}xo^{41} 火柴 xo^{41}tsai^{13}
0348	锁	锁 so^{41}

续表

编号	普通话	方言
0349	钥匙	钥匙 io^{24}sɿ$^{·33}$
0350	暖水瓶	开水瓶 k^{h}ai^{33}ɕy^{41}piã^{13}
0351	脸盆	脸盆 liĩ^{41}pən^{13}
0352	洗脸水	洗脸水 ɕi^{41}liĩ^{41}ɕy^{41}
0353	毛巾洗脸用	手巾 səɯ^{41}tɕin^{33}
0354	手绢	细手巾 ɕi^{45}səɯ^{41}tɕin^{33}
0355	肥皂洗衣服用	肥皂 fei^{13}tsɑu^{41}
0356	梳子旧式的，不是篦子	梳子 səɯ^{33}tsɿ$^{·33}$
0357	缝衣针	针 tsən^{33}
0358	剪子	剪刀 tɕiĩ^{41}tɑu^{33}
0359	蜡烛	蜡烛 lɑ^{24}tsəɯ^{41}
0360	手电筒	手电 səɯ^{41}tiĩ^{45}
0361	雨伞挡雨的，统称	伞 sã^{41}
0362	自行车	线车子 ɕiĩ^{45}ts^{h}ɑ^{33}tsɿ$^{·33}$ 单车 tã^{33}ts^{h}ɑ^{33}

六、服饰饮食

编号	普通话	方言
0363	衣服统称	衣 i^{33}
0364	穿～衣服	穿 ts^{h}ẽ^{33}
0365	脱～衣服	脱 t^{h}o^{24}
0366	系～鞋带	系 tɕi^{45}
0367	衬衫	衬衫 ts^{h}ən^{45}sã^{33}

续表

编号	普通话	方言
0368	背心带两条杠的，内衣	背心 pei^{45}ɕin^{33}
0369	毛衣	绳子衣 sən^{13}tsɿ$^{\cdot 24}$i^{33}
0370	棉衣	袄子 ŋɑu^{41}tsɿ$^{\cdot 33}$
0371	袖子	袖子 ɕiəɯ^{45}tsɿ$^{\cdot 33}$
0372	口袋衣服上的	袄袋 ŋɑu^{41}tai^{21}
0373	裤子	裤 k^{h}u^{45}
0374	短裤外穿的	西装短裤 ɕi^{33}tsoŋ^{33}tõ^{41}k^{h}u^{45}
0375	裤腿	裤脚 k^{h}u^{45}tɕio^{24}
0376	帽子统称	帽子 mɑu^{21}tsɿ$^{\cdot 33}$
0377	鞋子	鞋子 xai^{13}tsɿ$^{\cdot 33}$
0378	袜子	袜子 uɑ^{24}tsɿ$^{\cdot 33}$
0379	围巾	围巾 uei^{13}tɕin^{33}
0380	围裙	兜兜 təɯ^{33}təɯ^{33} 围裙 uei^{13}tɕyn^{13}
0381	尿布	片子 p^{h}iĩ^{45}tsɿ$^{\cdot 33}$
0382	扣子	扣子 k^{h}ɛ^{45}tsɿ$^{\cdot 33}$
0383	扣～扣子	扣 k^{h}ɛ^{45}
0384	戒指	戒指 kai^{45}tsɿ^{41}
0385	手镯	镯子 tso^{24}tsɿ$^{\cdot 33}$
0386	理发	剃头 t^{h}i^{45}tɛ^{13}
0387	梳头	梳头 səɯ^{33}tɛ^{13}
0388	米饭	饭 fã^{21}
0389	稀饭用米熬的，统称	粥 tsəɯ^{24}
0390	面粉麦子磨的，统称	灰面 fei^{33}miĩ^{21}

续表

编号	普通话	方言
0391	面条统称	面 miĩ²¹
0392	面儿玉米~，辣椒~	粉 fən⁴¹
0393	馒头无馅的，统称	馒头 mə̃¹³tɛ¹³
0394	包子	包子 pɑu³³tsɿ·³³
0395	饺子	饺子 tɕiɑu⁴¹tsɿ·³³
0396	馄饨	馄饨 fən¹³tən³³
0397	馅儿	芯 ɕin³³
0398	油条长条形的，旧称	油条 iəɯ¹³tiɑu¹³
0399	豆浆	豆浆 tɛ²¹tɕioŋ³³
0400	豆腐脑	豆腐脑 tɛ²¹fu²¹lɑu·⁴¹
0401	元宵食品	汤圆 tʰoŋ³³ə̃¹³
0402	粽子	粽子 tsən⁴⁵tsɿ·³³
0403	年糕用黏性大的米或米粉做的	年糕 ȵiĩ¹³kɑu³³
0404	点心统称	换茶 xə̃²¹tsɑ¹³
0405	菜吃饭时吃的，统称	菜 tsʰai⁴⁵
0406	干菜统称	腌菜子 iĩ³³tsʰai⁴⁵tsɿ·³³
0407	豆腐	豆腐 tɛ²¹fu²¹
0408	猪血当菜的	猪血 tɕy³³ʃuæ²⁴
0409	猪蹄当菜的	猪脚 tɕy³³tɕio²⁴
0410	猪舌头当菜的，注意婉称	舌子 sæ²⁴tsɿ·³³
0411	猪肝当菜的，注意婉称	肝 kə̃³³
0412	下水猪牛羊的内脏	下水 xɑ²¹ɕy⁴¹
0413	鸡蛋	蛋 tã²¹ 蛋啵⁼啵⁼ tã²¹po⁴⁵po⁴⁵

续表

编 号	普通话	方 言
0414	松花蛋	皮蛋 pi^{13}tã^{21}
0415	猪油	猪油 tɕy^{33}iəɯ^{13}
0416	香油	麻油 mɑ^{13}iəɯ^{13}
0417	酱油	酱油 tɕioŋ^{45}iəɯ^{13}
0418	盐名词	盐 iĩ^{13}
0419	醋注意婉称	醋 ts^{h}əɯ^{45}
0420	香烟	烟 iĩ^{33}
0421	旱烟	旱烟 xɵ̃^{45}iĩ^{33}
0422	白酒	酒 tɕiəɯ^{41}
0423	黄酒	黄酒 xoŋ^{13}tɕiəɯ^{41}
0424	江米酒酒酿，醪糟	甜酒 tiĩ^{13}tɕiəɯ^{41}
0425	茶叶	茶叶子 tsɑ^{13}iɛ^{24}tsɿ$^{\cdot 33}$
0426	沏～茶	泡 p^{h}ɑu^{45}
0427	冰棍儿	冰棒 piã^{33}poŋ^{45}
0428	做饭统称	搞饭 kɑu^{41}fã^{21}
0429	炒菜统称，和做饭相对	炒菜 ts^{h}ɑu^{41}ts^{h}ai^{45}
0430	煮～带壳的鸡蛋	煮 tɕy^{41}
0431	煎～鸡蛋	煎 tɕiĩ^{33}
0432	炸～油条	炸 tsɑ^{45}
0433	蒸～鱼	蒸 tsən^{33}
0434	揉～面做馒头等	和 xo^{13}
0435	擀～面，～皮儿	擀 kɵ̃^{41}
0436	吃早饭	吃早饭 tɕ^{h}iᴀ^{24}tsɑu^{41}fã^{21}
0437	吃午饭	吃中饭 tɕ^{h}iᴀ^{24}tsən^{33}fã^{21}

续表

编 号	普通话	方　言
0438	吃晚饭	吃夜饭 tɕ^{h}iᴀ^{24}iᴀ^{21}fã^{21}
0439	吃～饭	吃 tɕ^{h}iᴀ^{24}
0440	喝～酒	吃 tɕ^{h}iᴀ^{24}
0441	喝～茶	吃 tɕ^{h}iᴀ^{24}
0442	抽～烟	吃 tɕ^{h}iᴀ^{24}
0443	盛～饭	装 tsoŋ^{33}
0444	夹用筷子～菜	夹 kɑ^{24}
0445	斟～酒	倒 tɑu^{45}
0446	渴口～	干 kẽ^{33}
0447	饿肚子～	饥 tɕi^{33}
0448	噎吃饭～着了	哽 kã^{41}

七、身体医疗

编 号	普通话	方　言
0449	头人的，统称	脑壳 lɑu^{41}k^{h}o^{24}
0450	头发	头发 tɛ^{13}fɑ^{24}
0451	辫子	辫子 piĩ^{21}tsɿ$^{\cdot 33}$
0452	旋	转 tsẽ^{45}
0453	额头	额头 ŋæ^{24}tɛ$^{\cdot 33}$ 天门子 t^{h}iĩ^{33}mən^{13}tsɿ$^{\cdot 33}$
0454	相貌	样子 ioŋ^{21}tsɿ$^{\cdot 33}$
0455	脸洗～	脸 liĩ^{41}
0456	眼睛	眼睛 ŋã^{41}tɕin$^{\cdot 45}$

续表

编 号	普通话	方 言
0457	眼珠统称	眼珠子 ŋã^{41}tɕy^{33}tsɿ$^{\cdot 33}$
0458	眼泪哭的时候流出来的	眼泪水 ŋã^{41}li^{45}ɕy^{41}
0459	眉毛	眉毛 mi^{13}mɑu^{33}
0460	耳朵	耳朵 ai^{41}to$^{\cdot 45}$
0461	鼻子	鼻子 p^{h}i^{45}tsɿ$^{\cdot 33}$
0462	鼻涕统称	鼻涕脓 p^{h}i^{45}ti^{45}lən^{13}
0463	擤～鼻涕	笋$^{=}$ sən^{41}
0464	嘴巴人的，统称	嘴巴 tɕi^{41}pɑ$^{\cdot 33}$
0465	嘴唇	嘴巴皮 tɕi^{41}pɑ$^{\cdot 33}$pi^{13}
0466	口水～流出来	馋水子 tsã^{13}ɕy^{41}tsɿ$^{\cdot 33}$
0467	舌头	舌子 sæ^{24}tsɿ$^{\cdot 33}$
0468	牙齿	牙齿 ŋɑ^{13}ts^{h}ɿ^{41}
0469	下巴	下巴 xɑ^{21}pɑ$^{\cdot 33}$
0470	胡子嘴周围的	胡子 fu^{13}tsɿ$^{\cdot 33}$
0471	脖子	颈根子 tɕiã^{41}kən^{33}tsɿ$^{\cdot 33}$
0472	喉咙	喉咙 xɛ^{13}lən^{33}
0473	肩膀	肩胛 tɕiĩ^{33}kɑ^{45}
0474	胳膊	手把子 səɯ^{41}pɑ^{45}tsɿ$^{\cdot 33}$
0475	手只指手；包括臂：他的～摔断了	手 səɯ^{41}
0476	左手	左手 tso^{41}səɯ^{41}
0477	右手	右手 iəɯ^{21}səɯ^{41}
0478	拳头	拳头 tʃuei^{13}tɛ$^{\cdot 33}$
0479	手指	指脑子 tsɿ^{24}lɑu^{45}tsɿ$^{\cdot 33}$
0480	大拇指	大指脑 tai^{21}tsɿ^{41}lɑu$^{\cdot 45}$

续表

编 号	普通话	方　言
0481	食指	食指脑 sɿ^{24}tsɿ^{41}lau$^{\cdot 45}$
0482	中指	中指脑 tsən^{33}tsɿ^{41}lau$^{\cdot 45}$
0483	无名指	无名指 u^{13}min^{13}tsɿ^{41}
0484	小拇指	晚指脑 mã^{41}tsɿ^{41}lau$^{\cdot 45}$
0485	指甲	指甲子 tsɿ^{24}ka^{45}tsɿ$^{\cdot 33}$
0486	腿	脚 tɕio^{24}
0487	脚只指脚；包括小腿；包括小腿和大腿：他的～压断了	脚 tɕio^{24}
0488	膝盖指部位	膝头牯 tɕ^{h}i^{24}tɛ$^{\cdot 21}$ku^{33}
0489	背名词	背 pei^{45}
0490	肚子腹部	肚子 təɯ^{41}tsɿ$^{\cdot 33}$
0491	肚脐	肚脐眼 təɯ^{21}tɕi^{45}ŋã^{41}
0492	乳房女性的	奶唧 lai^{41}tɕi$^{\cdot 45}$
0493	屁股	屁股 p^{h}i^{45}ku$^{\cdot 33}$
0494	肛门	屁眼 p^{h}i^{45}ŋã^{41}
0495	阴茎成人的	卵唧 lɵ̃^{41}tɕi$^{\cdot 45}$
0496	女阴成人的	鳖 piɛ^{24} 鳖唧 piɛ^{24}tɕi$^{\cdot 45}$
0497	肏动词	入 ȵiæ^{45}
0498	精液	精水子 tɕiã^{33}ɕy^{41}tsɿ$^{\cdot 33}$
0499	来月经注意婉称	来月经 lai^{13}yæ^{24}tɕin^{33}
0500	拉屎	屙屎 o^{33}sɿ^{41}
0501	撒尿	屙尿 o^{33}ȵiau^{21}
0502	放屁	打屁 ta^{41}p^{h}i^{45}

续表

编 号	普通话	方 言
0503	相当于“他妈的”的口头禅	你妈的屄 li^{41}mɑ^{33}ti$^{\cdot 33}$pi^{33}
0504	病了	病咖哒 piã^{21}kᴀ$^{\cdot 33}$tᴀ$^{\cdot 21}$
0505	着凉	冻哒 tən^{45}tᴀ$^{\cdot 21}$
0506	咳嗽	嗛kʰɑŋ^{41}
0507	发烧	发烧 fɑ^{24}sɑu^{33}
0508	发抖	发请⁼ fɑ^{24}tɕʰin^{41}
0509	肚子疼	肚子疼 təɯ^{41}tsɿ$^{\cdot 33}$tʰən^{45}
0510	拉肚子	泻肚子 ɕiɛ^{24}təɯ^{41}tsɿ$^{\cdot 33}$ 屙肚子 o^{33}təɯ^{41}tsɿ$^{\cdot 33}$
0511	患疟疾	打摆子 tɑ^{41}pai^{41}tsɿ$^{\cdot 33}$
0512	中暑	中哒了暑 tsən^{45}tᴀ$^{\cdot 21}$ɕy^{41}
0513	肿	肿 tsən^{41}
0514	化脓	灌脓 kõ^{45}lən^{13}
0515	疤好了的	烂疤子 lã^{21}pɑ^{33}tsɿ$^{\cdot 33}$
0516	癣	癣 ɕiĩ^{41}
0517	痣凸起的	痣 tsɿ^{45}
0518	疙瘩蚊子咬后形成的	坨 to^{13}
0519	狐臭	狐皮膀fu^{13}pi^{13}lɑu^{33}
0520	看病	看病 kʰõ^{45}piã^{21}
0521	诊脉	摸脉 mo^{33}mæ^{24}
0522	针灸	扎银针 tsɑ^{24}ȵin^{13}tsən^{33}
0523	打针	打针 tɑ^{41}tsən^{33}
0524	打吊针	吊水 tiɑu^{45}ɕy^{41}
0525	吃药统称	吃药 tɕʰiᴀ^{24}io^{24}

续表

编　号	普通话	方　言
0526	汤药	中药 tsən^{33}io^{24}
0527	病轻了	好过些哒 xɑu^{41}ku^{45}ɕiɛ^{33}tA$^{\cdot 21}$

八、婚丧信仰

编　号	普通话	方　言
0528	说媒	话媒 uɑ^{21}mei^{13}
0529	媒人	媒人 mei^{13}in^{13}
0530	相亲	相亲 ɕioŋ^{33}tɕʰin^{33} 看对象 kʰõ^{45}tei^{45}ɕioŋ^{45}
0531	订婚	订婚 tiã^{21}fən^{33}
0532	嫁妆	嫁妆 kɑ^{45}tsoŋ^{33}
0533	结婚统称	做酒 tsəɯ^{45}tɕiəɯ^{41}
0534	娶妻子男子～，动宾	讨堂客 tʰɑu^{41}toŋ^{13}kʰæ^{24}
0535	出嫁女子～	嫁人 kɑ^{45}in^{13}
0536	拜堂	拜堂 pai^{45}toŋ^{13}
0537	新郎	新郎官 ɕin^{33}loŋ^{13}kõ^{33}
0538	新娘子	新娘子 ɕin^{33}ȵioŋ^{13}tsɿ$^{\cdot 33}$
0539	孕妇	驮肚婆 to^{13}tɛ^{21}po^{13}
0540	怀孕	驮肚 to^{13}tɛ^{21}
0541	害喜妊娠反应	打哇$^{=}$ tɑ^{41}uɑ^{41}
0542	分娩	生崽 sã^{33}tsai^{41}
0543	流产	流咖哒流了 liəɯ^{13}kA$^{\cdot 33}$tA$^{\cdot 21}$
0544	双胞胎	双胞胎 soŋ^{33}pɑu^{33}tʰai^{33}

续表

编　号	普通话	方　言
0545	坐月子	坐月子 tso^{21}yæ^{24}tsɿ$^{·33}$
0546	吃奶	吃奶 tɕʰiᴀ^{24}lai^{41}
0547	断奶	隔奶 kæ^{24}lai^{41}
0548	满月	满月 mõ^{41}yæ^{24}
0549	生日统称	生日 sã^{33}i^{24}
0550	做寿	做寿 tsəɯ^{45}səɯ^{21}
0551	死统称	死 sɿ^{41}
0552	死婉称，最常用的几种，指老人：他～了	老 lɑu^{41} 去 tɕʰiɛ^{45}
0553	自杀	寻短 tɕin^{13}tõ^{41}
0554	咽气	落气 lo^{24}tɕʰi^{45}
0555	入殓	入棺 y^{24}kõ^{33}
0556	棺材	料 liɑu^{21} 棺材 kõ^{33}tsai^{13}
0557	出殡	上山 soŋ^{21}sã^{33}
0558	灵位	灵牌子 lin^{13}pai^{13}tsɿ$^{·33}$
0559	坟墓单个的，老人的	坟 fən^{13}
0560	上坟	拜坟 pai^{45}fən^{13}
0561	纸钱	钱纸 tɕiĩ^{13}tsɿ^{41}
0562	老天爷	天老爷 tʰiĩ^{33}lɑu^{41}iɛ^{13}
0563	菩萨统称	菩萨 po^{13}sɑ^{24}
0564	观音	观音 kõ^{33}in^{33}
0565	灶神口头的叫法，其中如有方言亲属称谓要释义	灶神 tsɑu^{45}sən^{13}

续表

编 号	普通话	方　言
0566	寺庙	庙里 miu^{21}li$^{\cdot 33}$
0567	祠堂	祠堂 tsɿ^{13}toŋ^{13}
0568	和尚	和尚 xo^{13}soŋ^{21}
0569	尼姑	尼姑 ȵi^{13}ku^{33}
0570	道士	道师 tɑu^{21}sɿ^{33}
0571	算命统称	算八字 sə̃^{45}pɑ^{24}tsɿ^{21}
0572	运气	运程 yn^{21}tsən^{13}
0573	保佑	保佑 pɑu^{41}iəɯ^{45}

九、人品称谓

编 号	普通话	方　言
0574	人一个～	人 in^{13}
0575	男人成年的，统称	男的 lã^{13}ti$^{\cdot 33}$
0576	女人三四十岁已婚的，统称	堂客们 toŋ^{13}k^{h}æ^{24}mən$^{\cdot 33}$
0577	单身汉	光棍 koŋ^{33}kuən^{45}
0578	老姑娘	老妹唧 lɑu^{41}mei^{21}tɕi$^{\cdot 45}$
0579	婴儿	毛毛 mɑu^{13}mɑu$^{\cdot 45}$
0580	小孩三四岁的，统称	细伢唧 ɕi^{45}ŋɑ^{13}tɕi$^{\cdot 45}$
0581	男孩统称：外面有个～在哭	伢唧 ŋɑ^{13}tɕi$^{\cdot 45}$
0582	女孩统称：外面有个～在哭	妹唧 mei^{21}tɕi$^{\cdot 45}$
0583	老人七八十岁的，统称	老人家 lɑu^{41}ȵin^{13}kᴀ^{33}
0584	亲戚统称	亲戚 tɕ^{h}iã^{33}tɕ^{h}i^{24}
0585	朋友统称	耍玩得好的 sɑ^{41}tei$^{\cdot 33}$xɑu^{41}ti$^{\cdot 33}$

续表

编 号	普通话	方 言
0586	邻居统称	屋门口的 u^{24}mən^{21}kʰɛ^{41}ti$^{·33}$
0587	客人	客 kʰæ^{24}
0588	农民	乡里的 ɕioŋ^{33}li^{41}ti$^{·33}$
0589	商人	做生意的 tsəɯ^{45}sẽi^{33}i^{45}ti$^{·33}$
0590	手艺人统称	做工夫的 tsəɯ^{45}kən^{33}fu^{21}ti$^{·33}$
0591	泥水匠	泥匠 ȵi^{13}tɕioŋ^{21}
0592	木匠	木匠 mo^{24}tɕioŋ^{21}
0593	裁缝	裁缝 tsai^{13}xən$^{·33}$
0594	理发师	剃脑的 tʰi^{45}lɑu^{41}ti$^{·33}$
0595	厨师	大师傅 tai^{21}sɿ^{33}fu^{21}
0596	师傅	师傅 sɿ^{33}fu^{21}
0597	徒弟	徒弟 tɛ^{13}ti^{21}
0598	乞丐统称，非贬称（无统称则记成年男的）	叫花子 kɑu^{45}fɑ^{33}tsɿ$^{·33}$
0599	妓女	妓女 tɕi^{21}ȵy^{41}
0600	流氓	二流子 ai^{21}liəɯ^{13}tsɿ$^{·33}$
0601	贼	贼牯子 tsʰæ^{45}ku^{33}tsɿ$^{·33}$
0602	瞎子统称，非贬称（无统称则记成年男的）	瞎子 xɑ^{24}tsɿ$^{·33}$
0603	聋子统称，非贬称（无统称则记成年男的）	聋子 lɑŋ^{33}tsɿ$^{·33}$
0604	哑巴统称，非贬称（无统称则记成年男的）	哑巴 ŋɑ^{41}pɑ$^{·33}$
0605	驼子统称，非贬称（无统称则记成年男的）	驼子 to^{13}tsɿ$^{·33}$
0606	瘸子统称，非贬称（无统称则记成年男的）	跰子 pai^{33}tsɿ$^{·33}$
0607	疯子统称，非贬称（无统称则记成年男的）	癫子 tiĩ^{33}tsɿ$^{·33}$
0608	傻子统称，非贬称（无统称则记成年男的）	宝 pɑu^{41}
0609	笨蛋蠢的人	宝 pɑu^{41}

续表

编　号	普通话	方　言
0610	爷爷呼称，最通用的	公唧 kuən^{33}tɕi$^{\cdot 33}$
0611	奶奶呼称，最通用的	娭唧 ŋai^{33}tɕi$^{\cdot 33}$
0612	外祖父叙称	外公 uai^{21}kən^{33}
0613	外祖母叙称	外婆 uai^{21}po^{13}
0614	父母合称	爷娘 iɑ^{13}ȵioŋ$^{\cdot 33}$
0615	父亲叙称	爷 iɑ^{13}
0616	母亲叙称	姆妈 m̩^{41}mɑ^{33}
0617	爸爸呼称，最通用的	爷 iɑ^{13}
0618	妈妈呼称，最通用的	姆妈 m̩^{41}mɑ^{33}
0619	继父叙称	后爷子 xɛ^{21}iɑ^{13}tsɿ$^{\cdot 33}$
0620	继母叙称	后娘子 xɛ^{21}ȵioŋ^{13}tsɿ$^{\cdot 33}$
0621	岳父叙称	岳老子 io^{24}lɑu^{41}tsɿ$^{\cdot 33}$
0622	岳母叙称	岳母娘 io^{24}mo^{41}ȵioŋ^{13}
0623	公公叙称	家爷 kɑ^{33}iɑ^{13}
0624	婆婆叙称	家娘 kɑ^{33}ȵioŋ^{13}
0625	伯父呼称，统称	伯伯 pæ^{24}pæ$^{\cdot 45}$
0626	伯母呼称，统称	伯妈 pæ^{24}mɑ^{33}
0627	叔父呼称，统称	叔叔 səɯ^{24}səɯ$^{\cdot 45}$
0628	排行最小的叔父呼称，如“幺叔”	晚叔叔 mã^{41}səɯ^{24}səɯ$^{\cdot 45}$
0629	叔母呼称，统称	婶唧 sən^{41}tɕi$^{\cdot 45}$ 婶婶 sən^{41}sən^{41}
0630	姑呼称，统称（无统称则记分称：比父大，比父小；已婚，未婚）	姑姑 ku^{33}ku$^{\cdot 45}$
0631	姑父呼称，统称	姑爹 ku^{33}tiai^{33} 姑爷子 ku^{33}iɑ^{13}tsɿ$^{\cdot 33}$

续表

编号	普通话	方言
0632	舅舅呼称	舅舅 tɕiəɯ^{21}tɕiəɯ$^{\cdot 45}$
0633	舅妈呼称	舅妈 tɕiəɯ^{21}mɑ^{33}
0634	姨呼称，统称（无统称则记分称：比母大，比母小；已婚，未婚）	姨 i^{13}
0635	姨父呼称，统称	姨爷子 i^{13}iɑ^{13}tsɿ$^{\cdot 33}$
0636	弟兄合称	兄弟 ɕin^{33}ti^{21}
0637	姊妹合称，可包括男性	姊妹 tsɿ^{41}mei^{21}
0638	哥哥呼称，统称	哥哥 ko^{33}ko^{33}
0639	嫂子呼称，统称	嫂子 sɑu^{41}tsɿ$^{\cdot 33}$
0640	弟弟叙称	老弟 lɑu^{41}ti^{21}
0641	弟媳叙称	老弟嫂 lɑu^{41}ti^{21}sɑu^{41}
0642	姐姐呼称，统称	姐姐 tɕiᴀ^{41}tɕiᴀ$^{\cdot 45}$
0643	姐夫呼称	姐夫 tɕiᴀ^{41}fu^{33}
0644	妹妹叙称	老妹 lɑu^{41}mei^{21}
0645	妹夫叙称	妹夫 mei^{21}fu^{33}
0646	堂兄弟叙称，统称	堂兄弟 toŋ^{13}ɕin^{33}ti^{21}
0647	表兄弟叙称，统称	表兄弟 piɑu^{41}ɕin^{33}ti^{21}
0648	妯娌弟兄妻子的合称	妯娌 ts^{h}əɯ^{24}li^{33}
0649	连襟姊妹丈夫的关系，叙称	姨父班子 i^{13}fu^{21}pã^{33}tsɿ$^{\cdot 33}$
0650	儿子叙称：我的～	崽 tsai^{41}
0651	儿媳妇叙称：我的～	媳妇 ɕi^{24}fu^{21}
0652	女儿叙称：我的～	妹唧 mei^{21}tɕi$^{\cdot 45}$
0653	女婿叙称：我的～	郎 loŋ^{13}
0654	孙子儿子之子	孙伢子 sən^{33}ŋɑ^{13}tsɿ$^{\cdot 33}$

续表

编号	普通话	方言
0655	重孙子儿子之孙	曾孙 $tɕiĩ^{13}sən^{33}$
0656	侄子弟兄之子	侄儿子 $tsɿ^{24}ai^{13}tsɿ^{\cdot33}$
0657	外甥姐妹之子	外侄儿子 $uai^{21}tsɿ^{24}ai^{13}tsɿ^{\cdot33}$
0658	外孙女儿之子	外孙伢子 $uai^{21}sən^{33}ŋɑ^{13}tsɿ^{\cdot33}$
0659	夫妻合称	两公婆 $lioŋ^{41}kuən^{33}po^{13}$
0660	丈夫叙称，最通用的，非贬称：她的～	老公 $lɑu^{41}kuən^{33}$
0661	妻子叙称，最通用的，非贬称：他的～	堂客 $toŋ^{13}k^hæ^{24}$
0662	名字	号 $xɑu^{21}$ 名字 $miã^{13}tsɿ^{21}$
0663	绰号	小名 $ɕiɑu^{41}miã^{13}$

十、农工商文

编号	普通话	方言
0664	干活儿统称：在地里～	做事 $tsəɯ^{45}sɿ^{21}$
0665	事情一件～	事 $sɿ^{21}$
0666	插秧	插秧 $ts^hɑ^{24}ioŋ^{33}$
0667	割稻	杀禾 $sɑ^{24}o^{13}$
0668	种菜	作菜 $tso^{24}ts^hai^{45}$
0669	犁名词	犁头 $li^{13}tɛ^{\cdot33}$
0670	锄头	锄头 $tsɛ^{13}tɛ^{\cdot33}$
0671	镰刀	弯刀 $\tilde{ɵ}^{33}tɑu^{33}$
0672	把儿刀～	把子 $pɑ^{45}tsɿ^{\cdot33}$
0673	扁担	挑肩 $t^hiɑu^{33}tɕiĩ^{33}$

续表

编号	普通话	方言
0674	箩筐	箩 lo^{13}
0675	筛子统称	筛子 sai^{33}tsɿ$^{\cdot 33}$
0676	簸箕农具，有梁的	箢箕 ɵ̃^{33}tɕi^{33}
0677	簸箕簸米用	簸箕 po^{21}tɕi^{33}
0678	独轮车	土车子 tʰəɯ^{41}tsʰɑ^{33}tsɿ$^{\cdot 33}$
0679	轮子旧式的，如独轮车上的	盘 pɵ̃^{13}
0680	碓整体	碓 tei^{45}
0681	臼	碓缸 tei^{45}koŋ^{33}
0682	磨名词	磨子 mo^{21}tsɿ$^{\cdot 33}$
0683	年成	收成 səɯ^{33}tsən^{13}
0684	走江湖统称	闯江湖 tsʰoŋ^{41}tɕioŋ^{33}fu^{13}
0685	打工	做事 tsəɯ^{45}sɿ^{21}
0686	斧子	开山子 kʰai^{33}sã^{33}tsɿ$^{\cdot 33}$
0687	钳子	钳子 tɕiĩ^{13}tsɿ$^{\cdot 33}$
0688	螺丝刀	起子 tɕʰi^{41}tsɿ$^{\cdot 33}$
0689	锤子	锤子 tɕy^{13}tsɿ$^{\cdot 33}$
0690	钉子	钉子 tiã^{33}tsɿ$^{\cdot 33}$
0691	绳子	绳子 sən^{13}tsɿ$^{\cdot 33}$
0692	棍子	棍子 kuən^{45}tsɿ$^{\cdot 33}$
0693	做买卖	做生意 tsəɯ^{45}sẽi^{33}i^{45}
0694	商店	店子 tiĩ^{45}tsɿ$^{\cdot 33}$
0695	饭馆	饭店 fã^{21}tiĩ^{45}
0696	旅馆旧称	旅社 li^{41}sɑ^{45}
0697	贵	贵 kuei^{45}

续表

编号	普通话	方言
0698	便宜	便宜 piã^{13}i^{21}
0699	合算	划得来 fa^{13}tei$^{·33}$lai^{13}
0700	折扣	少一点 sɑu^{41}i^{41}tiĩ^{41} 打折 tɑ^{41}tsæ^{24}
0701	亏本	亏咖哒亏了 k^{h}uei^{33}kᴀ$^{·33}$tᴀ$^{·21}$
0702	钱统称	钱 tɕiĩ^{13}
0703	零钱	零钱 liã^{13}tɕiĩ^{13}
0704	硬币	银壳子 ȵin^{13}k^{h}o^{24}tsɿ$^{·33}$
0705	本钱	本 pən^{41}
0706	工钱	工钱 kuən^{33}tɕiĩ^{13}
0707	路费	路费 ləɯ^{21}fei^{45}
0708	花～钱	花 fɑ^{21}
0709	赚卖一斤能～一毛钱	赚 tsã^{21}
0710	挣打工～了一千块钱	弄 lən^{45}
0711	欠～他十块钱	欠 tɕ^{h}iĩ^{45}
0712	算盘	算盘子 sõ^{45}põ^{13}tsɿ$^{·33}$
0713	秤统称	秤 ts^{h}ən^{45}
0714	称用杆秤～	称 ts^{h}ən^{33}
0715	赶集	赶场 kõ^{41}tsoŋ^{13}
0716	集市	场上 tsoŋ^{13}soŋ^{21}
0717	庙会	庙会 miu^{21}fei^{21}
0718	学校	学校 ʃo^{24}ɕiɑu^{45}
0719	教室	教室 tɕiɑu^{45}sɿ^{24}
0720	上学	读书 t^{h}əɯ^{45}ɕy^{33}
0721	放学	散学 sã^{45}ʃo^{24}

续表

编号	普通话	方言
0722	考试	考试 kʰɑu^{41}sɿ^{45}
0723	书包	书包 ɕy^{33}pɑu^{33}
0724	本子	本子 pən^{41}tsɿ$^{·33}$
0725	铅笔	铅笔 tɕʰiĩ^{33}pi^{24}
0726	钢笔	钢笔 koŋ^{33}pi^{24}
0727	圆珠笔	圆珠笔 õ^{13}tɕy^{33}pi^{24}
0728	毛笔	毛笔 mɑu^{13}pi^{24}
0729	墨	墨 mæ^{24}
0730	砚台	墨台 mæ^{24}tai^{13}
0731	信一封～	信 ɕin^{45}
0732	连环画	图书 təɯ^{13}ɕy^{33}
0733	捉迷藏	躲扮$^{=}$唧 to^{41}pã^{45}tɕi$^{·33}$
0734	跳绳	跳绳 tʰiɑu^{45}sən^{13}
0735	毽子	燕子 iĩ^{45}tsɿ$^{·33}$
0736	风筝	风筝 fən^{33}tsən^{33}
0737	舞狮	耍狮子 sɑ^{41}sɿ^{33}tsɿ$^{·33}$
0738	鞭炮统称	炮竹 pʰɑu^{45}tsəɯ^{24}
0739	唱歌	唱歌 tsʰoŋ^{45}ko^{33}
0740	演戏	演戏 iĩ^{41}tɕʰi^{45}
0741	锣鼓统称	锣鼓钉子 lo^{13}ku^{41}tiã^{33}tsɿ$^{·33}$
0742	二胡	二胡 ai^{21}fu^{13}
0743	笛子	笛子 ti^{24}tsɿ$^{·33}$
0744	划拳	划拳 fɑ^{21}tsõ^{13}
0745	下棋	下棋 xɑ^{21}tɕi^{13}

续表

编 号	普通话	方 言
0746	打扑克	打牌 tɑ^{41}pai^{13}
0747	打麻将	打麻将 tɑ^{41}mɑ^{13}tɕioŋ^{45}
0748	变魔术	耍魔术 sɑ^{41}mo^{13}ɕy^{45}
0749	讲故事	讲传 koŋ^{41}tsɵ̃^{21}
0750	猜谜语	猜谜子 ts^{h}ai^{33}mi^{21}tsɿ$^{\cdot 33}$
0751	玩儿游玩：到城里～	耍 sɑ^{41}
0752	串门儿	走人家 tsɛ^{41}in^{13}kᴀ^{33} 去别个屋里耍下 tɕ^{h}iɛ^{45}piɛ^{24}ko^{45}u^{24}li$^{\cdot 33}$sɑ^{41}xɑ^{21}
0753	走亲戚	走人家 tsɛ^{41}in^{13}kᴀ^{33}

十一、动作行为

编 号	普通话	方 言
0754	看～电视	看 k^{h}ɵ̃^{45}
0755	听用耳朵～	听 t^{h}iɑ̃^{45}
0756	闻嗅：用鼻子～	嗅 ɕin^{45} 闻 uən^{13}
0757	吸～气	吸 ɕi^{24}
0758	睁～眼	睁 tsoŋ^{33}
0759	闭～眼	眯 mi^{45}
0760	眨～眼	眨 tsɑ^{24}
0761	张～嘴	丫 ŋɑ^{33}
0762	闭～嘴	眯 mi^{45}

续表

编 号	普通话	方 言
0763	咬狗～人	齩 ŋɑ^{45}
0764	嚼把肉～碎	嚼 tɕ^{h}io^{45}
0765	咽～下去	吞 t^{h}ən^{33}
0766	舔人用舌头～	舔 t^{h}iã^{41}
0767	含～在嘴里	含 xã^{13}
0768	亲嘴	打啵 tɑ^{41}po^{45}
0769	吮吸用嘴唇聚拢吸取液体，如吃奶时	津 tɕin^{33}
0770	吐上声，把果核儿～掉	吐 t^{h}ɛ^{41}
0771	吐去声，呕吐：喝酒喝～了	呕 ŋɛ^{41}
0772	打喷嚏	打哈啾 tɑ^{41}xɑ^{45}tɕ^{h}io$^{\cdot 21}$
0773	拿用手把苹果～过来	拿 lɑ^{33}
0774	给他～我一个苹果	把 pɑ^{41}
0775	摸～头	摸 mo^{33}
0776	伸～手	抻 ts^{h}ən^{33}
0777	挠～痒痒	抠 k^{h}ɛ^{33}
0778	掐用拇指和食指的指甲～皮肉	掐 k^{h}ɑ^{24}
0779	拧～螺丝	㪉tɕiəɯ^{45}
0780	拧～毛巾	㪉tɕiəɯ^{45}
0781	捻用拇指和食指来回～碎	捻 ȵiĩ^{41}
0782	掰把橘子～开，把馒头～开	搣 miɛ^{24}
0783	剥～花生	搣 miɛ^{24}
0784	撕把纸～了	扯 ts^{h}ɑ^{41}
0785	折把树枝～断	敠 tʃ^{h}uei^{41}
0786	拔～萝卜	扯 ts^{h}ɑ^{41}

续表

编 号	普通话	方 言
0787	摘～花	摘 $tsɑ^{24}$
0788	站站立：～起来	站 $ts\tilde{a}^{45}$
0789	倚斜靠：～在墙上	靠 $k^{h}ɑu^{45}$
0790	蹲～下	蹲 $tsən^{33}$
0791	坐～下	坐 tso^{21}
0792	跳青蛙～起来	蹦 $pən^{45}$
0793	迈跨过高物：从门槛上～过去	𠀋 $kɑ^{21}$
0794	踩脚～在牛粪上	踩 $ts^{h}ai^{41}$
0795	翘～腿	跷 $tɕ^{h}iɑu^{33}$
0796	弯～腰	弯 $\tilde{ɵ}^{33}$
0797	挺～胸	挺 $t^{h}i\tilde{a}^{41}$
0798	趴～着睡	伏 $p^{h}u^{45}$
0799	爬小孩在地上～	爬 $pɑ^{13}$
0800	走慢慢儿～	走 $tsɛ^{41}$
0801	跑慢慢儿走，别～	鹏 $pən^{13}$
0802	逃逃跑：小偷～走了	鹏 $pən^{13}$
0803	追追赶：～小偷	追 $tʃuei^{33}$
0804	抓～小偷	抓 $tʃuᴀ^{33}$
0805	抱把小孩～在怀里	抱 $pɑu^{21}$
0806	背～孩子	背 pei^{33}
0807	搀～老人	扶 fu^{13}
0808	推几个人一起～汽车	捶 $ts^{h}ən^{41}$
0809	摔跌：小孩～倒了	绊 $p\tilde{a}^{45}$
0810	撞人～到电线杆上	撞 $tsoŋ^{21}$

续表

编 号	普通话	方 言
0811	挡你～住我了，我看不见	挡 $to\eta^{41}$
0812	躲躲藏：他～在床底下	躲 to^{41}
0813	藏藏放，收藏：钱～在枕头下面	偋 $p\alpha\eta^{45}$
0814	放把碗～在桌子上	放 $xo\eta^{45}$
0815	摞把砖～起来	拸 to^{21}
0816	埋～在地下	埋 mai^{13}
0817	盖把茶杯～上	盖 kai^{45}
0818	压用石头～住	扎 $\eta\alpha^{24}$
0819	摁用手指按：～图钉	摁 $\eta\mathrm{ə}n^{45}$
0820	捅用棍子～鸟窝	戳 $ts^{h}o^{45}$
0821	插把香～到香炉里	插 $ts^{h}\alpha^{24}$
0822	戳～个洞	攢$ts\tilde{\mathrm{e}}^{41}$
0823	砍～树	砍 $k^{h}\tilde{a}^{41}$
0824	剁把肉～碎做馅儿	剁 to^{45}
0825	削～苹果	削 $\int o^{24}$
0826	裂木板～开了	开坼 $k^{h}ai^{33}ts^{h}\alpha^{24}$
0827	皱皮～起来	皱 $ts\mathrm{ə}\mathrm{ɯ}^{45}$
0828	腐烂死鱼～了	臭 $ts^{h}\mathrm{ə}\mathrm{ɯ}^{45}$
0829	擦用毛巾～手	淬 $ts^{h}ei^{45}$
0830	倒把碗里的剩饭～掉	倾 $k^{h}u\alpha\eta^{33}$
0831	扔丢弃：这个东西坏了，～了它	丢 $ti\mathrm{ə}\mathrm{ɯ}^{33}$
0832	扔投掷：比一比谁～得远	射 $s\mathrm{A}^{45}$
0833	掉掉落，坠落：树上～下一个梨	跌 $ti\varepsilon^{24}$
0834	滴水～下来	滴 $ti\mathrm{æ}^{24}$

续表

编 号	普通话	方 言
0835	丢丢失：钥匙～了	失 $s\gamma^{24}$
0836	找寻找：钥匙～到了	寻 $tɕin^{13}$
0837	捡～到十块钱	捡 $tɕi\tilde{ɪ}^{41}$
0838	提用手把篮子～起来	提 $tiai^{13}$
0839	挑～担	担 $t\tilde{a}^{33}$
0840	扛 káng，把锄头～在肩上	肩 $tɕi\tilde{ɪ}^{33}$
0841	抬～轿	抬 tai^{13}
0842	举～旗子	扟 $tən^{41}$
0843	撑～伞	扟 $tən^{41}$
0844	撬把门～开	撬 $tɕiɑu^{21}$
0845	挑挑选，选择：你自己～一个	择 $ts^hɑ^{45}$
0846	收拾～东西	捡场 $tɕi\tilde{ɪ}^{41}tsoŋ^{13}$
0847	挽～袖子	扎 $tsɑ^{24}$
0848	涮把杯子～一下	濯 $tsɑu^{21}$
0849	洗～衣服	搓 ts^ho^{33}
0850	捞～鱼	捞 $lɑu^{13}$
0851	拴～牛	拴 $s\tilde{ɵ}^{33}$
0852	捆～起来	捆 $k^huən^{41}$
0853	解～绳子	解 kai^{41}
0854	挪～桌子	移 i^{13}
0855	端～碗	端 $t\tilde{ɵ}^{33}$
0856	摔碗～碎了	打 $tɑ^{41}$
0857	掺～水	掺 $ts^h\tilde{a}^{33}$
0858	烧～柴	烧 $sɑu^{33}$

续表

编 号	普通话	方 言
0859	拆～房子	拆 tsʰɑ^{24}
0860	转～圈儿	转 tsə̃^{45}
0861	捶用拳头～	捶 tɕy^{13}
0862	打统称：他～了我一下	打 tɑ^{41}
0863	打架动手：两个人在～	打架 tɑ^{41}tɕiᴀ^{45}
0864	休息	歇下气 ɕiɛ^{24}xɑ^{21}tɕʰi^{45}
0865	打哈欠	打哈吟 tɑ^{41}xɑ^{33}in^{13}
0866	打瞌睡	促瞌困 tsʰei^{24}kʰo^{24}kʰuən^{45}
0867	睡他已经～了	困 kʰuən^{45}
0868	打呼噜	打鼾 tɑ^{41}xə̃^{33}
0869	做梦	做梦 tsəɯ^{45}mən^{21}
0870	起床	起头 tɕʰi^{41}tɛ^{13}
0871	刷牙	涮口 sã^{45}kʰɛ^{41}
0872	洗澡	洗澡 ɕi^{41}tsɑu^{41}
0873	想思索：让我～一下	想 ɕioŋ^{41}
0874	想想念：我很～他	想 ɕioŋ^{41}
0875	打算我～开个店	打算 tɑ^{41}sə̃^{45}
0876	记得	记得 tɕi^{45}tæ^{24}
0877	忘记	不记得 pu^{24}tɕi^{45}tæ^{24}
0878	怕害怕：你别～	怕 pʰɑ^{45}
0879	相信我～你	相信 ɕioŋ^{33}ɕin^{45}
0880	发愁	脑壳痛 lɑu^{41}kʰo^{33}tʰən^{45}
0881	小心过马路要～	好生点 xɑu^{41}sã^{33}tiĩ^{41}
0882	喜欢～看电视	喜欢 ɕi^{41}xə̃^{33}

续表

编号	普通话	方言
0883	讨厌～这个人	讨嫌 tʰɑu^{41}ɕiĩ^{13}
0884	舒服凉风吹来很～	几好过的 tɕi^{41}xɑu^{41}ku^{45}ti$^{·33}$
0885	难受生理的	连不好过 ȵiĩ^{13}pu^{45}xɑu^{41}ku^{45}
0886	难过心理的	连不好过 ȵiĩ^{13}pu^{45}xɑu^{41}ku^{45}
0887	高兴	笑咧哒 ɕiɑu^{45}liɛ^{45}tᴀ$^{·21}$
0888	生气	发脾气 fɑ^{24}pi^{13}tɕʰi^{45}
0889	责怪	怪 kuai^{45}
0890	后悔	后悔 xɛ^{21}fei^{41}
0891	忌妒	绽眼哒 tsã^{45}ŋã^{21}tᴀ$^{·21}$
0892	害羞	怕丑 pʰɑ^{45}tsʰəɯ^{41}
0893	丢脸	丢□tiəɯ^{33}kəɯ^{24}
0894	欺负	吃住 tɕʰiᴀ^{24}tɕy^{21}
0895	装～病	装 tsoŋ^{33}
0896	疼～小孩儿	疼 tʰən^{45}
0897	要我～这个	要 iɑu^{45}
0898	有我～一个孩子	有 iəɯ^{41}
0899	没有他～孩子	冇得 mɑu^{21}tiɛ^{24}
0900	是我～老师	是 sɿ^{21}
0901	不是他～老师	不是 pu^{24}sɿ^{21}
0902	在他～家	在 tsai^{21}
0903	不在他～家	冇在 mɑu^{21}tsai^{21}
0904	知道我～这件事	晓得 ɕiɑu^{41}tiɛ^{24}
0905	不知道我～这件事	不晓得 pu^{24}ɕiɑu^{41}tiɛ^{24}
0906	懂我～英语	懂 tən^{41}

续表

编号	普通话	方言
0907	不懂我～英语	不懂 pu^{24}tən^{41}
0908	会我～开车	晓得 ɕiɑu^{41}tiɛ^{24}
0909	不会我～开车	不晓得 pu^{24}ɕiɑu^{41}tiɛ^{24}
0910	认识我～他	认得 in^{21}tiɛ^{24}
0911	不认识我～他	不认得 pu^{24}in^{21}tiɛ^{24}
0912	行应答语	要得 iɑu^{45}tiɛ^{24} 好啰 xɑu^{41}lo$^{\cdot 33}$
0913	不行应答语	要不得 iɑu^{45}pu^{45}tiɛ^{24} 不行 pu^{24}ɕin^{13}
0914	肯～来	肯 k^{h}ã^{41}
0915	应该～去	要 iɑu^{45}
0916	可以～去	可以 k^{h}o^{41}i^{41}
0917	说～话	讲 koŋ^{41}
0918	话说～	话 fɑ^{21}
0919	聊天儿	打讲 tɑ^{41}koŋ^{41}
0920	叫～他一声儿	喊 xã^{41}
0921	吆喝大声喊	用劲喊 in^{21}tɕin^{45}xã^{41}
0922	哭小孩～	丫 ŋɑ^{33}
0923	骂当面～人	骂 mɑ^{21}
0924	吵架动嘴：两个人在～	扯皮 ts^{h}ɑ^{41}pi^{13}
0925	骗～人	白 pæ^{24}
0926	哄～小孩	呵 xo^{33}
0927	撒谎	扯白 ts^{h}ɑ^{41}pæ^{24}
0928	吹牛	入卵谈 ȵiæ^{45}lõ^{41}tã$^{\cdot 13}$

续表

编号	普通话	方言
0929	拍马屁	摸螺拐 mo^{33}lo^{13}kuai^{41}
0930	开玩笑	入卵谈 ȵiæ^{45}lə̃^{41}tã$^{\cdot 13}$
0931	告诉～他	话现 uɑ^{21}ɕiĩ^{45}
0932	谢谢致谢语	谢谢 ʃᴀ^{45}ʃᴀ^{45}
0933	对不起致歉语	对不住 tei^{45}pu^{45}tɕy^{21}
0934	再见告别语	再见 tsai^{45}tɕiĩ^{45}

十二、性质状态

编号	普通话	方言
0935	大苹果～	大 tai^{21}
0936	小苹果～	细 ɕi^{45}
0937	粗绳子～	粗 tsʰəɯ^{33}
0938	细绳子～	细 ɕi^{45}
0939	长线～	长 tsoŋ^{13}
0940	短线～	短 tə̃^{41}
0941	长时间～	久 tɕiəɯ^{41}
0942	短时间～	不要好久 pu^{24}iɑu^{45}xɑu^{41}tɕiəɯ^{41}
0943	宽路～	宽 kʰə̃^{33}
0944	宽敞房子～	敞 tsʰoŋ^{41} 大 tai^{21}
0945	窄路～	点唧宽 tiã^{45}tɕi$^{\cdot 33}$kʰə̃^{33}
0946	高飞机飞得～	高 kɑu^{33}

续表

编号	普通话	方言
0947	低鸟飞得～	点唧高 tiã^{45}tɕi$^{\cdot 33}$kɑu^{33}
0948	高他比我～	高 kɑu^{33}
0949	矮他比我～	矮 ŋai^{41}
0950	远路～	远 ə̃^{41}
0951	近路～	近 tɕin^{21}
0952	深水～	深 sən^{33}
0953	浅水～	浅 tɕ^{h}iã^{41}
0954	清水～	清 tɕ^{h}iã^{33}
0955	浑水～	浑 fən^{33}
0956	圆	圞 lə̃^{13}
0957	扁	瘪 piɛ^{41}
0958	方	方 xoŋ^{33}
0959	尖	尖 tɕiĩ^{33}
0960	平	平 piã^{13}
0961	肥～肉	肥 fei^{13}
0962	瘦～肉	精 tɕiã^{33}
0963	肥形容猪等动物	壮 tsoŋ^{45}
0964	胖形容人	胖 p^{h}oŋ^{45}
0965	瘦形容人、动物	瘦 sɛ^{45}
0966	黑黑板的颜色	黑 xæ^{24}
0967	白雪的颜色	白 pæ^{24}
0968	红国旗的主颜色，统称	红 fən^{13}
0969	黄国旗上五星的颜色	黄 oŋ^{13}
0970	蓝蓝天的颜色	蓝 lã^{13}

续表

编号	普通话	方言
0971	绿绿叶的颜色	绿 ləɯ^{24}
0972	紫紫药水的颜色	紫 tsɿ^{41}
0973	灰草木灰的颜色	灰 fei^{33}
0974	多东西～	多 to^{33}
0975	少东西～	少 sɑu^{41}
0976	重担子～	重 tsən^{21}
0977	轻担子～	轻 tɕ^{h}iã^{33}
0978	直线～	直 ts^{h}ɿ^{45}
0979	陡坡～，楼梯～	陡 tɛ^{41}
0980	弯弯曲：这条路是～的	弯 ɵ̃^{33}
0981	歪帽子戴～了	劣$^{=}$liɛ^{45}
0982	厚木板～	厚 xɛ^{21}
0983	薄木板～	薄 p^{h}o^{45}
0984	稠稀饭～	酽 ȵiĩ^{21}
0985	稀稀饭～	清 tɕ^{h}iã^{33}
0986	密菜种得～	密 mi^{24}
0987	稀稀疏：菜种得～	稀 ɕi^{33}
0988	亮指光线，明亮	亮 lioŋ^{21}
0989	黑指光线，完全看不见	黑 xæ^{24}
0990	热天气	热 yæ^{24}
0991	暖和天气	暖和 lɵ̃^{41}xo$^{·41}$
0992	凉天气	凉 lioŋ^{13}
0993	冷天气	冷 lɑŋ^{41}
0994	热～水	热 yæ^{24}

续表

编 号	普通话	方 言
0995	凉～水	冷 lɑŋ^{41}
0996	干干燥：衣服晒～了	干 kə̃^{33}
0997	湿潮湿：衣服淋～了	湿 sʅ^{24}
0998	干净衣服～	干净 kə̃^{33}tɕin^{21}
0999	脏肮脏，不干净，统称：衣服～	邋遢 lɑ^{24}t^{h}ᴀ$^{\cdot 45}$
1000	快锋利：刀子～	快 k^{h}uai^{45}
1001	钝刀～	不快 pu^{24}k^{h}uai^{45}
1002	快坐车比走路～	快 k^{h}uai^{45}
1003	慢走路比坐车～	慢 mã^{21}
1004	早来得～	早 tsɑu^{41}
1005	晚来～了	晏 ŋã^{45}
1006	晚天色～	黑 xæ^{24}
1007	松捆得～	松 sən^{33}
1008	紧捆得～	紧 tɕin^{41}
1009	容易这道题～	易得 i^{21}tiɛ^{24}
1010	难这道题～	难 lã^{13}
1011	新衣服～	新 ɕin^{33}
1012	旧衣服～	旧 tɕiəɯ^{21}
1013	老人～	老 lɑu^{41}
1014	年轻人～	冇年纪 mɑu^{21}ȵiĩ^{13}tɕi$^{\cdot 33}$
1015	软糖～	软 ə̃^{41}
1016	硬骨头～	硬 ŋɑŋ^{21}
1017	烂肉煮得～	融 in^{13}
1018	糊饭烧～了	烧咖哒糊了 sɑu^{33}kᴀ$^{\cdot 33}$tᴀ$^{\cdot 21}$

续表

编 号	普通话	方 言
1019	结实家具～	经事 tɕin^{33}sɿ^{21}
1020	破衣服～	烂 lã^{21}
1021	富他家很～	有钱 iəɯ^{41}tɕiĩ^{13}
1022	穷他家很～	穷 tɕin^{13}
1023	忙最近很～	忙 moŋ^{13}
1024	闲最近比较～	得空 tæ^{24}k^{h}ən^{45}
1025	累走路走得很～	烈$^{=}$liæ^{24}
1026	疼摔～了	疼 t^{h}ən^{45}
1027	痒皮肤～	痒 ioŋ^{41}
1028	热闹看戏的地方很～	热闹 yæ^{24}lɑu^{21}
1029	熟悉这个地方我很～	熟悉 səɯ^{24}ɕi$^{\cdot 24}$
1030	陌生这个地方我很～	生 sɑŋ^{33}
1031	味道尝尝～	味 uei^{21}
1032	气味闻闻～	味 uei^{21}
1033	咸菜～	咸 xã^{13}
1034	淡菜～	淡 tã^{21}
1035	酸	酸 sɵ̃^{33}
1036	甜	甜 tiĩ^{13}
1037	苦	苦 k^{h}u^{41}
1038	辣	辣 lɑ^{24}
1039	鲜鱼汤～	透鲜 t^{h}əɯ^{45}ɕiĩ^{33}
1040	香	香 ɕioŋ^{33}
1041	臭	臭 ts^{h}əɯ^{45}
1042	馊饭～	馊 sɛ^{33}
1043	腥鱼～	腥 ɕiã^{45}

续表

编 号	普通话	方 言
1044	好人～	好 xɑu^{41}
1045	坏人～	坏 fai^{21}
1046	差东西质量～	□ʃo^{45}
1047	对账算～了	对 tei^{45}
1048	错账算～了	错 ts^{h}o^{45}
1049	漂亮形容年轻女性的长相：她很～	好看 xɑu^{41}k^{h}ɵ̃^{45}
1050	丑形容人的长相：猪八戒很～	□ʃo^{45}
1051	勤快	勤快 tɕin^{13}k^{h}uai^{45}
1052	懒	懒 lã^{41}
1053	乖	听话 t^{h}iã^{45}fɑ^{21}
1054	顽皮	逆 ȵiɛ^{24}
1055	老实	老实 lɑu^{41}sɿ^{24}
1056	傻痴呆	宝 pɑu^{41}
1057	笨蠢	宝 pɑu^{41}
1058	大方不吝啬	大方 tai^{21}xoŋ^{33}
1059	小气吝啬	抠 k^{h}əɯ^{24}
1060	直爽性格～	直 tsɿ^{24}
1061	犟脾气～	咬$^{=}$ŋɑu^{41}

十三、数量

编 号	普通话	方 言
1062	一～二三四五……，下同	一 i^{24}
1063	二	二 ai^{21}

续表

编 号	普通话	方 言
1064	三	三 sã^{33}
1065	四	四 sɿ^{45}
1066	五	五 u^{41}
1067	六	六 ləɯ^{24}
1068	七	七 tɕ^{h}i^{24}
1069	八	八 pɑ^{24}
1070	九	九 tɕiəɯ^{41}
1071	十	十 ʃʅ^{45} 炮 p^{h}ɑu^{45}
1072	二十有无合音	二十 ai^{21}ʃʅ^{45}
1073	三十有无合音	三十 sã^{33}ʃʅ^{45}
1074	一百	一百 i^{24}pæ^{24}
1075	一千	一千 i^{24}tɕ^{h}iĩ^{33}
1076	一万	一万 i^{24}uã^{21}
1077	一百零五	一百零五 i^{24}pæ^{24}liã^{13}u^{41}
1078	一百五十	一百五十 i^{24}pæ^{24}u^{41}ʃʅ^{45}
1079	第一～，第二	第一 ti^{21}i^{24}
1080	二两重量	二两 ai^{21}lioŋ^{41}
1081	几个你有～孩子？	几只 tɕi^{41}tsɑ^{24}
1082	俩你们～	两个 lioŋ^{41}ko^{45}
1083	仨你们～	三个 sã^{33}ko^{45}
1084	个把	个把 ko^{45}pɑ$^{\cdot 33}$
1085	个一～人	个 ko^{45}
1086	匹一～马	匹 pi^{13}
1087	头一～牛	头 tɛ^{13}

续表

编号	普通话	方言
1088	头一～猪	头 $tɛ^{13}$
1089	只一～狗	只 $tsɑ^{24}$
1090	只一～鸡	只 $tsɑ^{24}$
1091	只一～蚊子	只 $tsɑ^{24}$
1092	条一～鱼	条 $tiɑu^{13}$
1093	条一～蛇	条 $tiɑu^{13}$
1094	张一～嘴	张 $tsoŋ^{33}$
1095	张一～桌子	张 $tsoŋ^{33}$
1096	床一～被子	床 $tsoŋ^{13}$
1097	领一～席子	张 $tsoŋ^{33}$
1098	双一～鞋	双 $soŋ^{33}$
1099	把一～刀	把 $pɑ^{41}$
1100	把一～锁	把 $pɑ^{41}$
1101	根一～绳子	根 $kĩ^{33}$
1102	支一～毛笔	支 $tsɿ^{33}$
1103	副一～眼镜	副 fu^{45}
1104	面一～镜子	只 $tsɑ^{24}$
1105	块一～香皂	坨 to^{13}
1106	辆一～车	部 pu^{21}
1107	座一～房子	栋 $tən^{45}$
1108	座一～桥	座 tso^{21}
1109	条一～河	条 $tiɑu^{13}$
1110	条一～路	条 $tiɑu^{13}$
1111	棵一～树	只 $tsɑ^{24}$

续表

编 号	普通话	方 言
1112	朵一～花	朵 to^{41}
1113	颗一～珠子	粒 li^{45}
1114	粒一～米	粒 li^{45}
1115	顿一～饭	餐 tsʰã^{33}
1116	剂一～中药	副 fu^{45}
1117	股一～香味	股 ku^{41}
1118	行一～字	行 xɵ̃^{13}
1119	块一～钱	块 kʰuai^{41}
1120	毛角：一～钱	毛 mɑu^{13}
1121	件一～事情	只 tsɑ^{24}
1122	点儿一～东西	点啊$^{=}$唧 tĩ^{45}ŋei^{45}tɕi$^{\cdot 33}$
1123	些一～东西	些 ɕiᴀ^{33}
1124	下打一～，动量，不是时量	下 xɑ^{21}
1125	会儿坐了一～	一下唧 i^{24}xɑ^{21}tɕi$^{\cdot 33}$
1126	顿打一～	餐 tsʰã^{33}
1127	阵下了一～雨	阵 tsən^{21}
1128	趟去了一～	趟 tʰoŋ^{45}

十四、代副介连词

编 号	普通话	方 言
1129	我～姓王	我 ŋo^{41}
1130	你～也姓王	你 li^{41}
1131	您尊称	尔倆家 n̩^{41}lã^{13}kᴀ^{33}

续表

编号	普通话	方言
1132	他～姓张	他 t^{h}ɑ^{33}
1133	我们不包括听话人：你们别去，～去	我人 o^{41}in^{13}
1134	咱们包括听话人：他们不去，～去吧	我人 o^{41}in^{13}
1135	你们～去	你人 li^{41}in^{13}
1136	他们～去	他人 t^{h}ɑ^{33}in^{13}
1137	大家～一起干	大家 tai^{21}kᴀ^{33}
1138	自己我～做的	自家 tsɿ^{21}kᴀ^{33}
1139	别人这是～的	别个 p^{h}iɛ^{45}ko^{45}
1140	我爸～今年八十岁	我爷 ŋo^{41}iᴀ^{13}
1141	你爸～在家吗？	你爷 li^{41}iᴀ^{13}
1142	他爸～去世了	他爷 t^{h}ɑ^{33}iᴀ^{13}
1143	这个我要～，不要那个	箇只 ko^{24}tsɑ^{24}
1144	那个我要这个，不要～	那只 lᴀ^{24}tsɑ^{24}
1145	哪个你要～杯子？	哪只 lai^{41}tsɑ^{24}
1146	谁你找～？	哪个 lai^{41}ko^{45}
1147	这里在～，不在那里	箇里 ko^{24}li$^{·33}$
1148	那里在这里，不在～	那里 lᴀ^{24}li$^{·33}$
1149	哪里你到～去？	哪里 lai^{41}li$^{·33}$
1150	这样事情是～的，不是那样的	箇样 kai^{24}ioŋ^{21}
1151	那样事情是这样的，不是～的	那样 lᴀ^{24}ioŋ^{21}
1152	怎样什么样：你要～的？	何什 o^{13}sɿ^{41}
1153	这么～贵啊	箇什 ko^{24}sɿ^{45} 箇 ko^{24}
1154	怎么这个字～写？	何什 o^{13}sɿ^{41}

续表

编 号	普通话	方 言
1155	什么这个是～字？	啥里 sᴀ^{21}li$^{\cdot 33}$
1156	什么你找～？	啥里 sᴀ^{21}li$^{\cdot 33}$
1157	为什么你～不去？	何什 o^{13}sɿ^{41}
1158	干什么你在～？	做啥里 tsəɯ^{45}sᴀ^{21}li$^{\cdot 33}$
1159	多少这个村有～人？	好多 xɑu^{41}to^{33}
1160	很今天～热	好 xɑu^{41}
1161	非常比上条程度深：今天～热	格外 kæ^{24}uai^{21}
1162	更今天比昨天～热	还 xai^{13}
1163	太这个东西～贵，买不起	太 tʰai^{45}
1164	最弟兄三个中他～高	最 tsei^{45}
1165	都大家～来了	下 xɑ^{21}
1166	一共～多少钱？	一共 i^{24}kuən^{21}
1167	一起我和你～去	同伴 tən^{13}põ^{21}
1168	只我～去过一趟	只 tʃʅ^{24}
1169	刚这双鞋我穿着～好	严 ŋã^{13}
1170	刚我～到	严严 ŋã^{13}ŋã^{13}
1171	才你怎么～来啊？	才 tsai^{13}
1172	就我吃了饭～去	就 tɕiəɯ^{21}
1173	经常我～去	专门 tsõ^{33}mən^{13}
1174	又他～来了	又 iəɯ^{21}
1175	还他～没回家	还 xai^{13}
1176	再你明天～来	再 tsai^{45}
1177	也我～去；我～是老师	也 iᴀ^{41}
1178	反正不用急，～还来得及	反正 fã^{41}tsən^{45}

续表

编 号	普通话	方 言
1179	没有昨天我～去	冇 $mɑu^{21}$
1180	不明天我～去	不 pu^{24}
1181	别你～去	莫 mo^{24}
1182	甭不用，不必：你～客气	莫 mo^{24}
1183	快天～亮了	就要 $tɕiəɯ^{21}iɑu^{45}$
1184	差点儿～摔倒了	差点唧 $ts^hɑ^{33}tiã^{45}tɕi^{·33}$
1185	宁可～买贵的	宁愿 $ȵin^{13}ŋẽ^{45}$
1186	故意～打破的	故意 $ku^{45}i^{45}$
1187	随便～弄一下	随便 $sei^{13}pĩ^{45}$
1188	白～跑一趟	白 $pæ^{24}$
1189	肯定～是他干的	肯定 $k^hən^{41}tin^{21}$
1190	可能～是他干的	怕 $p^hɑ^{45}$
1191	一边～走，～说	边 $piã^{33}$
1192	和我～他都姓王	跟 $kĩ^{33}$
1193	和我昨天～他去城里了	跟 $kĩ^{33}$
1194	对他～我很好	对 tei^{45}
1195	往～东走	往 $oŋ^{21}$
1196	向～他借一本书	跟 $kĩ^{33}$
1197	按～他的要求做	按 $ŋẽ^{45}$
1198	替～他写信	帮 $pẽ^{33}$
1199	如果～忙你就别来了	要是 $iɑu^{45}sɿ^{21}$
1200	不管～怎么劝他都不听	随 sei^{13}

第四章　语　法

一、语法 50 例句

0001　小张昨天钓了一条大鱼，可我没有钓到鱼。

细张昨日钓哒只大鱼，我就冇钓到鱼。

ɕi^{45}tsoŋ^{33}tso^{24}i$^{\cdot 33}$tiɑu^{45}tᴀ$^{\cdot 21}$tsɑ^{24}tai^{21}y^{13}，ŋo^{41}tɕiəɯ^{21}mɑu^{21}tiɑu^{45}tɑu^{45}y^{13}。

0002　a. 你平时抽烟吧？b. 没呢，我不抽烟的。

a. 你平时吃烟啵①？b. 冇哎，我不吃烟的。

a. li^{41}piã^{13}sɿ^{13}tɕʰiᴀ^{24}iĩ^{33}po$^{\cdot 45}$？b. mɑu^{21}ei$^{\cdot 33}$，ŋo^{41}pu^{24}tɕʰiᴀ^{24}iĩ^{33}ti$^{\cdot 33}$。

0003　a. 你告诉他这件事了吧？b. 嗯/是呢，我告诉他了。

a. 你话现②他箇只事哒啵？b. 嗯啰，我话现他哒。

a. li^{41}uɑ^{21}ɕiĩ^{45}tʰɑ^{33}ko^{24}tsɑ^{24}sɿ^{21}tᴀ$^{\cdot 21}$po$^{\cdot 45}$？

b. n̩^{21}lo$^{\cdot 33}$，ŋo^{41}uɑ^{21}ɕiĩ^{45}tʰɑ^{33}tᴀ$^{\cdot 21}$。

0004　你吃米饭还是吃馒头呢？

你吃饭还是吃馒头嘞？

li^{41}tɕʰiᴀ^{24}fã^{21}xai^{13}ʃʅ^{21}tɕʰiᴀ^{24}mõ^{13}tɛ^{13}lei$^{\cdot 45}$？

---

① “啵[po$^{\cdot 45}$]吧；呢；不是” 是否定词 “不[pu^{45}]” 和语气词 “啰[lo$^{\cdot 45}$]” 的合音。

② “你[li^{41}]” 有时也读[ȵi^{41}]；“话现” 对译 “告诉”。

0005　你到底答应不答应他呢？

你到底答不答应他哦？

li^{41}tau^{45}ti^{41}ta^{24}pu^{24}ta^{24}in^{45}t^{h}a^{33}o$^{\cdot 21}$？

0006　a. 叫小强一起去电影院看《刘三姐》吧。

b. 他看过这部电影了。

a. 喊细强一路去①电影院看《刘三姐》嘞。

b. 他看过箇只电影哒。

a. xã^{41}ɕi^{45}tɕioŋ^{13}i^{24}ləɯ^{21}tɕ^{h}iɛ^{45}tiĩ^{45}in^{41}yɵ̃^{45}k^{h}ã^{45}liəɯ^{13}sã^{33}tɕiᴀ^{41}sã$^{\cdot 33}$。

b. t^{h}a^{33}k^{h}ɵ̃^{45}ku$^{\cdot 45}$ko^{24}tsa^{24}tiĩ^{45}in^{41}tᴀ$^{\cdot 21}$。

0007　你把碗洗一下吧。

你去把碗洗下啰。

li^{41}tɕ^{h}iɛ^{45}pa^{41}ɵ̃^{41}ɕi^{41}xa^{21}lo$^{\cdot 33}$。

0008　他把橘子剥了皮了，但是没吃。

他把橘子搣咖皮哒，就是冇吃。

t^{h}a^{33}pa^{41}tɕy^{24}tsɿ$^{\cdot 33}$miɛ^{24}kᴀ$^{\cdot 33}$pi^{13}tᴀ$^{\cdot 21}$，tɕiəɯ^{21}ʃʅ^{21}mau^{21}tɕ^{h}iᴀ^{24}。

0009　他们把教室都装上了空调了。

他人把教室里下装咖空调哒。

t^{h}a^{33}in^{13}pa^{41}tɕiau^{45}ʃʅ^{24}li$^{\cdot 33}$xa^{21}tsoŋ^{33}kᴀ$^{\cdot 33}$k^{h}uən^{33}tiau^{13}tᴀ$^{\cdot 21}$。

0010　帽子被风吹走了。

帽子□风吹咖哒。

mau^{21}tsɿ$^{\cdot 33}$laŋ^{33}fən^{33}tɕ^{h}y^{33}kᴀ$^{\cdot 33}$tᴀ$^{\cdot 21}$。

0011　张明被坏人抢走了一个包了，人也差点儿被坏人打伤了。

张明让坏人抢咖只包哒，人也差点唧让坏人②打伤哒。

tsoŋ^{33}min^{13}ioŋ^{21}fai^{21}in^{13}tɕ^{h}ioŋ^{41}kᴀ$^{\cdot 33}$tsa^{24}pau^{33}tᴀ$^{\cdot 21}$，ȵin^{13}iɛ^{41}ts^{h}ᴀ^{33}tiã^{45}

① “去[tɕ^{h}iɛ^{45}]”有时也读[k^{h}ɤ^{45}]。

② 被动标记“让”后不能直接加动词，即施事“坏人”不能空缺，必须出现。其他几个被动标记如“得、逮到、被”同此。另外，此句“差点唧”中的“唧”为小称标记。

tɕi$^{\cdot 33}$ioŋ^{21}fai^{21}in^{13}tɑ^{41}soŋ^{33}tA$^{\cdot 21}$。

0012　快要下雨了，你们别出去了。

就要落雨哒，你人莫出去哒。

tɕiəɯ^{21}iɑu^{45}lo^{24}y^{41}tA$^{\cdot 21}$，li^{41}in^{13}mo^{24}tɕ^{h}y^{24}tɕ^{h}iɛ^{45}tA$^{\cdot 21}$。

0013　这条毛巾脏死了，把它扔了吧。

箇只手巾邋遢死哒，丢咖他①啰。

kai^{24}tsɑ^{24}səɯ^{41}tɕin^{33}lɑ^{24}t^{h}A$^{\cdot 45}$sɿ^{41}tA$^{\cdot 21}$，tiəɯ^{33}kA$^{\cdot 33}$t^{h}ɑ^{33}lo$^{\cdot 33}$。

0014　我们是在车站买的车票。

我人是在车站买的车票。

ŋo^{41}in^{13}ʃʅ^{21}tsai^{21}ts^{h}ɑ^{33}tsã^{21}mai^{41}ti$^{\cdot 33}$ts^{h}ɑ^{33}p^{h}iɑu^{45}。

0015　墙上贴了/着一张地图。

墙壁上贴得一张地图。

tɕioŋ^{13}piæ^{24}ʃoŋ$^{\cdot 21}$t^{h}iæ^{24}tei$^{\cdot 33}$i^{24}tsoŋ^{33}ti^{21}tɛ^{13}。

0016　床上躺着一个老人。

铺上困哒一只老人家。

p^{h}u^{33}ʃoŋ$^{\cdot 21}$k^{h}uən^{45}tA$^{\cdot 21}$i^{41}tsɑ^{24}lɑu^{41}in^{13}kA^{33}。

0017　河里游着好多小鱼。

河里有好多细鱼崽唧在箇里游。②

xo^{13}li$^{\cdot 33}$iəɯ^{41}xɑu^{41}to^{33}ɕi^{45}y^{13}tsai^{41}tɕi$^{\cdot 45}$tsai^{21}ko^{24}li$^{\cdot 33}$iəɯ^{13}。

0018　前面走来了一个胖胖的小男孩。

前头来得只□胖的③细伢唧。

tɕiĩ^{13}tɛ$^{\cdot 33}$lai^{13}tei$^{\cdot 33}$tsɑ^{24}lei^{33}p^{h}oŋ^{45}ti$^{\cdot 33}$ɕi^{45}ŋɑ^{13}tɕi$^{\cdot 45}$。

---

① “他”为代词型处置标记，来源于第三人称代词“他”的回指功能的拓展。

② 此句对译：河里有好多小鱼儿在游（着）。“河里游着好多小鱼”的语序在株洲话里不合法。另“在箇里”为进行体标记，相当于普通话副词“在”，由介词结构“在箇里在这里”语法化而来。0023 句中的“在箇里”同此。

③ “□[lei^{33}]胖的很胖的”为“BA 的”式状态形容词。

0019 他家一下子就死了三头猪。

他屋里一下唧就死咖三只猪。

tʰɑ^{33}u^{24}li$^{\cdot 33}$i^{24}xɑ^{21}tɕi$^{\cdot 45}$tɕiəɯ^{21}sɿ^{41}kᴀ$^{\cdot 21}$sã^{33}tsɑ^{24}tɕy^{33}。

0020 这辆汽车是去广州的。

箇部车子是去广州的。

kai^{24}pu^{21}tsʰɑ^{33}tsɿ$^{\cdot 33}$ʃʅ^{21}tɕʰiɛ^{45}koŋ^{41}tsəɯ^{33}ti$^{\cdot 21}$。

0021 学生们坐汽车坐了两整天了。

学生他人/箇蒲学生坐车子坐咖两天哒。①

ʃo^{24}sən^{33}tʰɑ^{33}in^{13}/ko^{24}pu^{13}ʃo^{24}sən^{33}tso^{21}tsʰɑ^{33}tsɿ$^{\cdot 33}$tso^{21}kᴀ$^{\cdot 33}$lioŋ^{41}tʰiɪ̃^{33}tᴀ$^{\cdot 21}$。

0022 你尝尝他做的点心再走吧。

你试下他做的换茶再走嘫。

li^{41}ʃʅ^{45}xɑ^{21}tʰɑ^{33}tsəɯ^{45}ti$^{\cdot 33}$xẽ^{21}tsɑ^{13}tsai^{45}tsɛ^{41}sã$^{\cdot 33}$。

0023 a. 你在唱什么呢？b. 我没唱呢，我在放录音。

a. 你在箇里唱啥里哦？b. 我冇唱哎，我在箇里放歌。

a. li^{41}tsai^{21}ko^{24}li$^{\cdot 33}$tsʰoŋ^{45}sᴀ^{21}li$^{\cdot 33}$o$^{\cdot 33}$？

b. ŋo^{41}mɑu^{21}tsʰoŋ^{45}ei$^{\cdot 33}$，ŋo^{41}tsai^{21}ko^{24}li$^{\cdot 33}$xoŋ^{45}ko^{33}。

0024 a. 我吃过兔子肉，你吃过没有呢？b. 没呢，我没吃过呢。

a. 我吃过兔子肉，你吃过啵？b. 冇嘞，我冇吃过哦。

a. ŋo^{41}tɕʰiᴀ^{24}ku$^{\cdot 45}$tʰɛ^{45}tsɿ$^{\cdot 33}$ȵiəɯ^{24}，li^{41}tɕʰiᴀ^{24}ku$^{\cdot 45}$po$^{\cdot 45}$？

b. mɑu^{21}lei$^{\cdot 33}$，ŋo^{41}mɑu^{21}tɕʰiᴀ^{24}ku$^{\cdot 45}$o$^{\cdot 33}$。

0025 我洗过澡了，今天就不去打篮球了。

我洗咖澡哒，该日就不去打篮球哒。

---

① 共同语普通指人名词的复数形式“们”，株洲方言用第三人称代词复数形式“他人他们”来表示，如此句和 0031 句的“学生他人学生们、细伢唧他人孩子们”，还如“老师他人老师们、同事他人同事们、工人他人工人们、叔叔伯伯他人叔叔伯伯们、哥哥姐姐他人哥哥姐姐们”等，这种含“他人”的词语不能作为面称使用，如师生开会场合，发言者不能当面说“*老师他人、学生他人，上午好”，而要说“老师们、学生们，上午好”；这类复数意义有时也用前置指量结构来表示，如此句斜线后的“箇蒲这些”。

ŋo^{41}ɕi^{41}kᴀ$^{\cdot33}$tsɑu^{41}tᴀ$^{\cdot21}$，kai^{33}i$^{\cdot33}$tɕiəɯ^{21}pu^{24}tɕ^{h}iɛ^{45}tɑ^{41}lã^{13}tɕiəɯ^{13}tᴀ$^{\cdot21}$。

0026　我算得太快了，算错了，那让我重新算一遍吧。

我算得太快哒，算错哒，那我就再算过一遍啰①。

ŋo^{41}sẽ^{45}tei$^{\cdot33}$t^{h}ai^{45}k^{h}uai^{45}tᴀ$^{\cdot21}$，sẽ^{45}ts^{h}o^{45}tᴀ$^{\cdot21}$，lᴀ^{45}ŋo^{41}tɕiəɯ^{21}tsai^{45}sẽ^{45}ku$^{\cdot45}$i^{41}pĩ^{45}lo$^{\cdot33}$。

0027　他一高兴就唱起歌来了。

他一高兴就唱起歌来哒。

t^{h}ɑ^{33}i^{41}kɑu^{33}ɕin^{45}tɕiəɯ^{21}ts^{h}oŋ^{45}tɕ^{h}i$^{\cdot41}$ko^{33}lai^{13}tᴀ$^{\cdot21}$。

0028　谁刚才议论我老师来着？

才唧哪个讲我人②老师啰？

tsai^{13}tɕi$^{\cdot45}$lai^{41}ko^{45}koŋ^{41}ŋo^{41}in^{13}lɑu^{41}sɿ^{33}lo$^{\cdot45}$？

0029　只写了一半，还得写下去。

只写哒一半，还要接哒写。③

tʃʅ^{24}ɕiᴀ^{41}tᴀ$^{\cdot21}$i^{41}pẽ^{45}，xai^{13}iɑu^{45}tɕiɛ^{24}tᴀ$^{\cdot21}$ɕiᴀ^{41}。

0030　你才吃了一碗米饭，再吃一碗吧。

你只吃哒一碗饭，还吃碗啰。

li^{41}tʃʅ^{24}tɕ^{h}iᴀ^{24}tᴀ$^{\cdot21}$i^{41}ẽ^{41}fã^{21}，xai^{13}tɕ^{h}iᴀ^{24}ẽ^{41}lo$^{\cdot33}$。

0031　让孩子们先走，你再把展览仔仔细细地看一遍吧。

让细伢唧他人先走，你再把箇展览看一下啰，看清楚点啰。④

ioŋ^{21}ɕi^{45}ŋɑ^{13}tɕi$^{\cdot45}$t^{h}ɑ^{33}in^{13}ɕĩ^{33}tsɛ^{41}，li^{41}tsai^{41}pɑ^{41}ko^{24}tsẽ^{41}lã^{41}k^{h}ẽ^{45}i^{41}xɑ^{21}

---

① 此句对译为“那我就再重算一遍吧”。动词“算”后的“过”为重行体标记。

② “我人我”为领属性定语。

③ 后句“还要接哒写”的译文为：还要接着写。

④ 此句直译：让孩子们先走，你再把这展览看一看吧，看清楚点吧。“箇”是前置话题标记，普通话中本无对应成分，不过为了便于理解，此处特译为“这”。后文“箇”类、“那”类前置话题标记如“箇”“箇只”“箇个”“箇号”“箇些”“箇里”和“那”“那只”“那个”“那些”等的翻译操作同此，多对译为“这/这个”“那/那个”，少数无法对译的，文中只能空缺，如“我们箇株洲有只习惯我们株洲有个习惯”中的“箇”。

lo$^{\cdot 33}$，kʰɵ̃^{45}tɕʰiã^{33}tsʰəɯ^{41}tiĩ^{41}lo$^{\cdot 33}$。

0032 他在电视机前看着看着睡着了。

他在电视机门口看哒看哒困着哒。

tʰɑ^{33}tsai^{21}tiĩ^{45}ʃʅ^{45}tɕi^{33}mən^{21}kʰɛ^{41}kʰɵ̃^{45}tᴀ$^{\cdot 21}$kʰɵ̃^{45}tᴀ$^{\cdot 21}$kʰuən^{45}tso$^{\cdot 45}$tᴀ$^{\cdot 21}$。

0033 你算算看，这点钱够不够花呢？

你算下看，箇点啊⁼唧钱够用啵？

li^{41}sɵ̃^{45}xɑ^{21}kʰɵ̃^{45}，kai^{24}tiĩ^{45}ŋei^{45}tɕi$^{\cdot 33}$tɕiĩ^{13}kɛ^{45}in^{21}po$^{\cdot 45}$？

0034 老师给了你一本很厚的书吧？

老师给得你一本好厚的书咩？①

lɑu^{41}sɿ^{33}kei^{41}tei$^{\cdot 33}$li^{41}i^{41}pən^{41}xɑu^{41}xɛ^{21}ti$^{\cdot 33}$ɕy^{33}pai$^{\cdot 33}$？

0035 那个卖药的骗了他一千块钱呢。

那只卖药的啜咖他一千块钱嘞。

lᴀ^{24}tsɑ^{24}mai^{41}io^{24}ti$^{\cdot 33}$tsʰo^{24}kᴀ$^{\cdot 33}$tʰɑ^{33}i^{41}tɕʰiĩ^{33}kʰuai^{41}tɕiĩ^{13}lei$^{\cdot 33}$。

0036 a. 我上个月借了他三百块钱。(a.借入。)

b. 我上个月借了他三百块钱。(b.借出。)

a. 我上个月借哒他三百块钱。

b. 我上个月借咖他三百块钱。

a. ŋo^{41}ʃoŋ^{21}ko^{45}yæ^{24}tɕiᴀ^{45}tᴀ$^{\cdot 21}$tʰɑ^{33}sã^{33}pɤ^{24}kʰuai^{41}tɕiĩ^{13}。

b. ŋo^{41}ʃoŋ^{21}ko^{45}yæ^{24}tɕiᴀ^{45}kᴀ$^{\cdot 33}$tʰɑ^{33}sã^{33}pɤ^{24}kʰuai^{41}tɕiĩ^{13}。

0037 a. 王先生的刀开得很好啊。(a. 王先生是医生(施事)。)

b. 王先生的刀开得很好啊。(b. 王先生是病人(受事)。)

a. 王先生的刀开得好喂。

b. 王先生箇只刀开得好喂。②

a. oŋ^{13}ɕiĩ^{33}sən^{33}ti$^{\cdot 33}$tɑu^{33}kʰai^{33}tei$^{\cdot 33}$xɑu^{41}uei$^{\cdot 33}$。

b. oŋ^{13}ɕiĩ^{33}sən^{33}kai^{24}tsɑ^{24}tɑu^{33}kʰai^{33}tei$^{\cdot 33}$xɑu^{41}uei$^{\cdot 33}$。

---

① 句末的“咩[pai$^{\cdot 33}$]吧”是否定词“不[pu^{45}]”和语气词“唉[ai$^{\cdot 33}$]啊”的合音。

② 此句直译：王先生这个刀开得很好啊。“箇只”是话题标记。

0038　我不能怪人家呢，这只能怪自己。

我不能怪别个嘞，箇只能怪自家。

ŋo^{41}pu^{24}lən^{13}kuai^{45}piɛ^{24}ko^{45}lei$^{\cdot 33}$，ko^{24}tʃʅ^{24}lən^{13}kuai^{45}tsɿ^{21}kᴀ^{33}。

0039　a. 明天王经理会来公司吧？b. 我看他不会来。

a. 明日王经理会来公司啵？b. 我看他不得来。

a. miã^{13}ȵi$^{\cdot 33}$oŋ^{13}tɕin^{33}li^{41}fei^{21}lai^{13}kuən^{33}sɿ^{33}po$^{\cdot 45}$？

b. ŋo^{41}kʰɵ̃^{45}tʰɑ^{33}pu^{45}tei^{24}lai^{13}。

0040　我们用什么车从南京往这里运家具呢？

我人用啥里车子从南京往箇里运家具啰？

ŋo^{41}in^{13}in^{21}sᴀ^{21}li$^{\cdot 33}$tsʰɑ^{33}tsɿ$^{\cdot 33}$tsən^{13}lɵ̃^{13}tɕin^{33}oŋ^{21}kai^{24}li$^{\cdot 33}$uən^{45}kᴀ^{33}tɕy^{45} lo$^{\cdot 45}$？

0041　他像个病人似的靠在沙发上。

他像只病人子样靠哒沙发上。

tʰɑ^{33}ɕioŋ^{21}tsɑ^{24}piã^{21}in^{13}tsɿ$^{\cdot 33}$ioŋ^{21}kʰɑu^{45}tᴀ$^{\cdot 21}$sɑ^{33}fɑ^{24}ʃoŋ$^{\cdot 21}$。

0042　这么干活连小伙子都会累坏的。

箇样子搞连后生子下会烈⁼死去①。

kɛ^{24}ioŋ^{21}tsɿ$^{\cdot 33}$kɑu^{41}liĩ^{13}xɛ^{21}sən^{33}tsɿ$^{\cdot 33}$xɑ^{21}fei^{21}liæ^{24}sɿ^{41}tɕʰiɛ$^{\cdot 45}$。

0043　他倒是跳上了末班车走了。我迟到一步，只能自己慢慢走回学校了。

他倒是跳上得末班车走咖哒，我慢咖一脚②，只好自家慢慢唧走回学校里去哒。

tʰɑ^{33}tɑu^{45}ʃʅ^{21}tʰiɑu^{45}ʃoŋ$^{\cdot 21}$tei$^{\cdot 33}$mo^{24}pã^{33}tsʰɤ^{33}tsɛ^{41}kᴀ$^{\cdot 33}$tᴀ$^{\cdot 21}$，ŋo^{41}mã^{21}kᴀ$^{\cdot 33}$i^{41} tɕio^{24}，tʃʅ^{24}xɑu^{41}tsɿ^{21}kᴀ^{33}mã^{21}mã^{21}tɕi$^{\cdot 45}$tsɛ^{41}fei^{13}ʃo^{24}ɕiɑu^{45}li$^{\cdot 33}$tɕʰiɛ^{45}tᴀ$^{\cdot 21}$。

0044　这是谁写的诗啊？谁猜出来了我就奖励谁十块钱。

箇是哪个写的诗啰？哪个猜出来哒我就奖哪个十块钱。

kai^{24}ʃʅ^{21}lai^{41}ko^{45}ɕiᴀ^{41}ti$^{\cdot 33}$sɿ^{33}lo$^{\cdot 45}$？lai^{41}ko^{45}tsʰai^{33}tɕʰy^{24}lai^{13}tᴀ$^{\cdot 21}$ŋo^{41}tɕiəɯ^{21}

---

① 此类句末“VP 去”结构中的“去”是将实现体标记。

② 此句直译：我慢咖一脚我慢了一步。另后句“慢慢唧”中的“唧”为状态形容词后缀。

tɕioŋ^{41}lai^{41}ko^{45}ʃʅ^{24}kʰuai^{41}tɕiĩ^{13}。

0045 我给你的书是我教中学的舅舅写的。

我给你的书是我教中学的舅舅写的。

ŋo^{41}kæ^{41}li^{41}ti$^{\cdot 33}$ɕy^{33}ʃʅ^{21}ŋo^{41}kɑu^{45}tsən^{33}ʃo^{24}ti$^{\cdot 21}$tɕiəɯ^{21}tɕiəɯ$^{\cdot 45}$ɕiᴀ^{41}ti$^{\cdot 33}$。

0046 你比我高些，他比你还要高。

你比我高些，他比你还要高。

li^{41}pi^{41}ŋo^{41}kɑu^{33}ɕiᴀ^{33}，tʰɑ^{33}pi^{41}li^{41}xai^{13}iɑu^{45}kɑu^{33}。

0047 老王跟老张一样高。

老王跟老张一样高的。

lɑu^{41}oŋ^{13}kiĩ^{33}lɑu^{41}tsoŋ^{33}i^{41}ioŋ^{21}kɑu^{33}ti$^{\cdot 33}$。

0048 我走了，你们俩再多坐一会儿吧。

我走哒，你人两个人还多坐下唧啰。

ŋo^{41}tsɛ^{41}tᴀ$^{\cdot 21}$，li^{41}in^{13}lioŋ^{41}ko^{45}in^{13}xai^{13}to^{33}tso^{21}xɑ^{21}tɕi$^{\cdot 33}$lo$^{\cdot 45}$。

0049 我呢说不过他，谁都说不过这个家伙。

我时①讲不赢他，哪个都讲不赢箇只鳖。

ŋo^{41}ʃʅ$^{\cdot 21}$koŋ^{41}pu^{45}iã^{13}tʰɑ^{33}，lai^{41}ko^{45}təɯ^{33}koŋ^{41}pu^{24}iã^{13}kai^{24}tsɑ^{24}piɛ^{41}。

0050 上次只买了一本书，今天要多买几本。

上回只买得一本书，该日要多买几本。

ʃoŋ^{21}fei^{13}tʃʅ^{24}mai^{41}tei$^{\cdot 33}$i^{41}pən^{41}ɕy^{33}，kɛ^{33}ȵi$^{\cdot 33}$iɑu^{45}to^{33}mai^{41}tɕi^{41}pən^{41}。

二、语法 220 例句

0001 我是株洲市芦淞区龙泉村人，说的是株洲话。

我是株洲市芦淞区龙泉村人，讲的是株洲话。

ŋo^{41}ʃʅ^{21}tɕy^{33}tsəɯ^{33}ʃʅ^{21}ləɯ^{13}sən^{33}tɕʰy^{33}lən^{13}tɕiĩ^{13}tsʰən^{33}in^{13}，koŋ^{41}ti$^{\cdot 33}$ʃʅ^{21}

① “时呢”为后置话题标记，读音有[sɿ^{21}][ʃʅ^{21}]两个自由变体。

tɕy^{33}tsəɯ^{33}fɑ^{21}。

0002 他家生了三个孩子，个个聪明。

他屋里生哒三只细伢子，个个灵范。

tʰɑ^{33}u^{24}li$^{\cdot33}$sən^{33}tᴀ$^{\cdot21}$sã^{33}tsɑ^{24}ɕi^{45}ŋɑ^{13}tsɿ$^{\cdot33}$，ko^{45}ko^{45}lin^{13}fã^{45}。

0003 操场上有几个小孩子在玩耍。

操坪里有几个细伢子得那里①耍。

tsʰɑu^{33}piã^{13}li$^{\cdot33}$iəɯ^{41}tɕi^{41}ko^{45}ɕi^{45}ŋɑ^{13}tsɿ$^{\cdot33}$tei^{21}lᴀ^{45}li$^{\cdot33}$sɑ^{41}。

0004 他这么高了。

他箇么高哒。

tʰɑ^{33}ko^{24}mo$^{\cdot33}$kɑu^{33}tᴀ$^{\cdot21}$。

0005 他这么点高。

他箇点唧②高。

tʰɑ^{33}ko^{24}tiĩ^{41}tɕi$^{\cdot33}$kɑu^{33}。

0006 这只母狗生了四只小狗儿。

箇只母狗生哒四只细崽子。

ko^{24}tsɑ^{24}mo^{41}kɛ^{41}sən^{33}tᴀ$^{\cdot21}$sɿ^{45}tsɑ^{24}ɕi^{45}tsai^{41}tsɿ$^{\cdot33}$。

0007 昨天晚上蚊子总在耳边嗡嗡地叫，我整个晚上根本没睡好。

昨日夜里蚊子净是在耳朵边上嗡嗡子叫，我一晚上堆=的冇困得觉。

tso^{24}i$^{\cdot33}$iᴀ^{21}li$^{\cdot33}$mən^{33}tsɿ$^{\cdot33}$tɕin^{21}ʃʅ^{21}tsai^{21}ai^{41}to$^{\cdot33}$piĩ^{33}soŋ$^{\cdot21}$uən^{33}uən^{33}tsɿ$^{\cdot33}$

tɕiɑu^{45}，ŋo^{41}i^{41}uã^{41}soŋ$^{\cdot21}$tei^{33}ti$^{\cdot33}$mɑu^{21}kʰuən^{45}ti$^{\cdot33}$tɕio^{24}。

0008 牛肉还没炖烂，很硬，咬不动。

牛肉都冇炖烂，梆硬的，龃不烂。

ȵiəɯ^{13}ȵiəɯ^{24}təɯ^{33}mɑu^{21}tən^{45}lã^{21}，poŋ^{33}ŋɑŋ^{21}ti$^{\cdot33}$，ŋɑ^{45}pu^{45}lã^{21}。

0009 这件衣服皱皱巴巴的。

---

① “得那里”为进行体标记，相当于普通话副词“在”，由介词结构“得那里在那里”语法化而来。

② “唧”是小量标记。

箇件衣服皱皱巴巴的。

ko^{24}tɕiĩ^{21}i^{33}fu^{24}tsəɯ^{45}tsəɯ^{45}pɑ^{33}pɑ^{33}ti$^{\cdot 33}$。

0010 你做的鱼很腥，大家都不想吃。

你做的鱼蓬腥的，大家下不想吃。

li^{41}tsəɯ^{45}ti$^{\cdot 33}$y^{13}p^{h}ɑŋ^{33}ɕiã^{45}ti$^{\cdot 33}$，tɑ^{21}tɕiᴀ^{33}xɑ^{21}pu^{24}ɕioŋ^{41}tɕ^{h}iᴀ^{24}。

0011 这把刀很锋利。

箇把刀飞快的。

ko^{24}pɑ^{41}tɑu^{33}fei^{33}k^{h}uai^{45}ti$^{\cdot 33}$。

0012 那本书被老二撕烂了。

那本书得①老二撕烂哒。

lᴀ^{45}pən^{41}ɕy^{33}tæ^{24}lɑu^{41}ɤ^{21}sɿ^{33}lã^{21}tᴀ$^{\cdot 21}$。

0013 这件大衣挺好看的，买一件吧。

箇件大衣蛮好看的，买一件啰。

ko^{24}tɕiĩ^{21}tai^{21}i^{33}mã^{13}xɑu^{41}k^{h}ã^{45}ti$^{\cdot 33}$，mai^{41}i^{41}tɕiĩ^{21}lo$^{\cdot 33}$。

0014 姑妈没听清楚，你重新讲一遍吧。

姑姑冇听得清，你再讲过一遍啰。

ku^{33}ku$^{\cdot 45}$mɑu^{21}t^{h}iã^{45}tei$^{\cdot 33}$tɕ^{h}in^{33}，li^{41}tsai^{45}koŋ^{41}ku$^{\cdot 45}$i^{41}piĩ^{45}lo$^{\cdot 33}$。

0015 都别争了，每个人一碗。

下莫争哒，一人一碗。

xɑ^{21}mo^{24}tsɑŋ^{33}tᴀ$^{\cdot 21}$，i^{41}in^{13}i^{41}ɵ̃^{41}。

0016 （这）鞋一只大一只小，怎么穿哪？

箇②鞋子一只大一只细，台的穿吧？

ko^{24}xai^{13}tsɿ$^{\cdot 33}$i^{24}tsɑ^{24}tai^{21}i^{24}tsɑ^{24}ɕi^{45}，i^{13}ti$^{\cdot 33}$tɕ^{h}yɵ̃^{33}pᴀ$^{\cdot 33}$？

0017 （这）灰不知道有多厚！

箇灰不晓得有好厚！

① “得”为被动介词。

② “箇”是话题标记。0017、0018 句首的“箇”“箇只”同此。

ko^{24}fei^{33}pu^{24}ɕiau^{41}tei^{24}iəɯ^{41}xau^{41}xəɯ^{21}！

0018 （这）旧电视机吧，扔掉算了。

箇只旧电视机啰，丢咖算哒。

ko^{24}tsa^{24}tɕiəɯ^{21}tiĩ^{45}ʃʅ^{45}tɕi^{33}lo$^{\cdot 33}$，tiəɯ^{33}kᴀ$^{\cdot 33}$sɵ̃^{45}tᴀ$^{\cdot 21}$。

0019 你从哪儿来的啊？——我从武汉来的。

你从哪垱/哪里来的啊？——我从武汉来的。

li^{41}tsən^{13}lᴀ^{41}toŋ^{45}/lᴀ^{41}li$^{\cdot 33}$lai^{13}ti$^{\cdot 33}$ᴀ$^{\cdot 33}$？——ŋo^{41}tsən^{13}u^{41}xã^{45}lai^{13}ti$^{\cdot 33}$。

0020 他们两个人到哪里去啊？——他（离说话者近）到广州去，他（离说话者远）到天津去。

他人两个到哪里去啊？——他到广州去，他到天津去。

tʰa^{33}in^{13}lioŋ^{41}ko^{45}tau^{45}lᴀ^{41}li$^{\cdot 33}$tɕʰiɛ^{45}ᴀ$^{\cdot 33}$？——tʰa^{33}tau^{45}kuoŋ^{41}tsəɯ^{33}tɕʰiɛ^{45}，tʰa^{33}tau^{45}tʰiĩ^{33}tɕin^{33}tɕʰiɛ^{45}。

0021 这是我们家，那是你们家，那（更远处）是他们家，再过去就是他们家。

箇是我人屋里，那是你人屋里，那是他人屋里，再过去就是他人屋里。

ko^{24}ʃʅ^{21}ŋo^{41}in^{13}u^{24}li$^{\cdot 33}$，lᴀ^{24}ʃʅ^{21}li^{41}in^{13}u^{24}li$^{\cdot 33}$，lᴀ^{45}ʃʅ^{21}tʰa^{33}in^{13}u^{24}li$^{\cdot 33}$，tsai^{45}ko^{45}tɕʰiɛ^{45}tɕiəɯ^{21}ʃʅ^{21}tʰa^{33}in^{13}u^{24}li$^{\cdot 33}$。

0022 你自己的事，你自己做啊！

你自己的事，你自家做啊！

li^{41}tsɿ^{21}tɕi^{41}ti$^{\cdot 33}$sɿ^{21}，li^{41}tsɿ^{21}kᴀ^{33}tsəɯ^{45}ᴀ$^{\cdot 33}$！

0023 我们是岳阳的，你们是郴州的，咱们都是湖南的。

我人是岳阳的，你人是郴州的，我人下是湖南的。

ŋo^{41}in^{13}ʃʅ^{21}io^{24}ioŋ^{13}ti$^{\cdot 33}$，li^{41}in^{13}ʃʅ^{21}tsʰən^{33}tsəɯ^{33}ti$^{\cdot 33}$，ŋo^{41}in^{13}xa^{21}ʃʅ^{21}fu^{13}lã^{13}ti$^{\cdot 33}$。

0024 这里三缺一，你来打麻将吧。

箇里三缺一，你来打麻将啰。

ko^{24}li$^{\cdot 33}$sã^{33}tʃʰuæ^{24}i^{24}，li^{41}lai^{13}ta^{41}ma^{13}tɕioŋ^{45}lo$^{\cdot 33}$。

0025 他总是找我要这要那。

他总是找我要箇里要那里。

tʰɑ^{33}tsən^{41}ʃʅ^{21}tsɑu^{41}ŋo^{41}iɑu^{45}kei^{24}li$^{\cdot 33}$iɑu^{45}lᴀ^{45}li$^{\cdot 33}$。

0026 那里风很大，到这里来吧。

那里风赫大，到箇里来啰。

lᴀ^{45}li$^{\cdot 33}$fən^{33}xɤ^{41}tai^{21}，tɑu^{45}ko^{24}li$^{\cdot 33}$lai^{13}lo$^{\cdot 33}$。

0027 这件衣服颜色不好看，那件呢又短了，买（更远的）那件吧。

箇件衣服颜色不好看，那件嘞又短咖哒，买那件啰。

ko^{24}tɕiĩ^{21}i^{33}fu^{24}ŋã^{13}sæ^{24}pu^{24}xɑu^{41}kʰɵ̃^{45}，lᴀ^{24}tɕiĩ^{21}lei$^{\cdot 33}$iəɯ^{21}tɵ̃^{41}kᴀ$^{\cdot 33}$tᴀ$^{\cdot 21}$，

mai^{41}lᴀ^{45}tɕiĩ^{21}lo$^{\cdot 33}$。

0028 头上碰了那么大一个包！

脑壳碰哒那么大一只包！

lɑu^{41}kʰo^{24}pʰən^{45}tᴀ$^{\cdot 21}$lᴀ^{45}mo$^{\cdot 33}$tai^{21}i^{24}tsɑ^{24}pɑu^{33}！

0029 妹妹啊，你出去看看谁来了。

老妹啊，你出去看下哪个来哒。

lɑu^{41}mei^{21}ᴀ$^{\cdot 33}$，li^{41}tɕʰy^{24}tɕʰiɛ^{45}kʰã^{45}xɑ^{21}lᴀ^{41}ko^{45}lai^{13}tᴀ$^{\cdot 21}$。

0030 你姐夫是哪里的？

你姐夫是哪里的？

li^{41}tɕiᴀ^{41}fu^{33}ʃʅ^{21}lᴀ^{41}li$^{\cdot 33}$ti$^{\cdot 33}$？

0031 他弟弟怎么没来上课啊？

他弟弟台的冇来上课啦？

tʰɑ^{33}ti^{21}ti$^{\cdot 45}$i^{13}ti$^{\cdot 33}$mɑu^{21}lai^{13}soŋ^{21}kʰo^{45}lᴀ$^{\cdot 33}$？

0032 鸡腿很辣！——辣椒太多了！

鸡腿子好辣人！——辣椒太多哒！

tɕi^{33}tʰei^{41}tsɿ$^{\cdot 33}$xɑu^{41}lɑ^{24}in^{13}！——lɑ^{24}tɕiɑu^{33}tʰai^{45}to^{33}tᴀ$^{\cdot 21}$！

0033 你做的腊肉挺好吃的，我使劲儿吃，吃了很多！

你做的腊肉蛮好吃的，我做死的吃，吃咖好多！

li^{41}tsəɯ^{45}ti$^{\cdot 33}$lɑ^{24}ȵiəɯ^{24}mã^{13}xɑu^{41}tɕ^{h}iA^{24}ti$^{\cdot 33}$，ŋo^{41}tsəɯ^{45}sɿ^{41}ti$^{\cdot 33}$tɕ^{h}iA^{24}，tɕ^{h}iA^{24}kA$^{\cdot 33}$xɑu^{41}to^{33}！

0034 那个老头儿昨晚十一点钟才回去。

那只老爹爹昨日夜里十一点才回去。

lA^{45}tsɑ^{24}lɑu^{41}tiai^{33}tiai^{33}tso^{24}i$^{\cdot 33}$iA^{21}li$^{\cdot 33}$ʃʅ^{45}i^{24}tiĩ^{41}tsai^{13}fei^{13}tɕ^{h}iɛ^{45}。

0035 伯母刚进门，让她先休息一会儿再说。

伯妈才进屋，让她先歇下子气着。

po^{24}mɑ^{33}tsai^{13}tɕin^{45}u^{24}，ioŋ^{21}t^{h}ɑ^{33}ɕiĩ^{33}ɕiɛ^{24}xɑ^{21}tsɿ$^{\cdot 33}$tɕ^{h}i^{45}tso$^{\cdot 45}$。

0036 你们都少说两句吧。

你人下少讲两句啰。

li^{41}in^{13}xɑ^{21}sɑu^{41}koŋ^{41}lioŋ^{41}tɕy^{45}lo$^{\cdot 33}$。

0037 这件事连我都不知道，他怎么知道呢？

箇只事我都不晓得，他怎么会晓得嘞？

ko^{24}tsɑ^{24}sɿ^{21}ŋo^{41}təɯ^{33}pu^{24}ɕiɑu^{41}tei^{24}，t^{h}ɑ^{33}tsən^{41}mo$^{\cdot 33}$fei^{21}ɕiɑu^{41}tei^{24}lei$^{\cdot 45}$？

0038 他掉到井里去了，怎么爬也爬不上来。

他跌到井里去哒，怎么爬都爬不上来。

t^{h}ɑ^{33}t^{h}iɛ^{41}tɑu^{45}tɕiã^{41}li$^{\cdot 33}$tɕ^{h}iɛ^{45}tA$^{\cdot 21}$，tsən^{41}mo$^{\cdot 33}$pɑ^{13}təɯ^{33}pɑ^{13}pu^{24}soŋ^{21}lai^{13}。

0039 你去也可以，不去也可以，我都没有意见。

你去也可以，不去也可以，我下冇得意见。

li^{41}tɕ^{h}iɛ^{45}iɛ^{41}k^{h}o^{41}i^{41}，pu^{24}tɕ^{h}iɛ^{45}iɛ^{41}k^{h}o^{41}i^{41}，ŋo^{41}xɑ^{21}mɑu^{21}tei$^{\cdot 33}$i^{45}tɕiĩ^{45}。

0040 这本书我只翻了一下，没认真看。

箇本书我只翻哒一下子，冇作古正经看。

ko^{24}pən^{41}ɕy^{33}ŋo^{41}tʃʅ^{24}fã^{33}tA$^{\cdot 21}$i^{24}xɑ^{21}tsɿ$^{\cdot 33}$，mɑu^{21}tso^{24}ku^{41}tsən^{45}tɕin^{33}k^{h}ã^{45}。

0041 这件事我根本没听说过。你别问我。

箇只事我堆⁼的就冇听到讲过。你莫问我。

ko^{24}tsɑ^{24}sɿ^{21}ŋo^{41}tei^{33}ti$^{\cdot 33}$tɕiəɯ^{21}mɑu^{21}t^{h}in^{45}tɑu^{45}koŋ^{41}ko^{45}。li^{41}mo^{24}uən^{21}ŋo^{41}。

0042 张三没有钱，李四也没有。

张三冇得钱，李四也冇得。

tsoŋ^{33}sã^{33}mɑu^{21}tei$^{\cdot 33}$tɕiĩ^{13}，li^{41}sɿ^{45}iɛ^{41}mɑu^{21}tei$^{\cdot 33}$。

0043 这个谜语学生都没猜出来。

箇只谜语学生下冇猜得出。

ko^{24}tsɑ^{24}mi^{13}y^{41}ʃo^{24}sən^{33}xɑ^{21}mɑu^{21}tsʰai^{33}tei$^{\cdot 33}$tɕʰy^{24}。

0044 你回去不回去啊？——不回去。

你回不回去啊？——不回去。

li^{41}fei^{13}pu^{45}fei^{13}tɕʰiɛ^{45}ᴀ$^{\cdot 21}$？——pu^{45}fei^{13}tɕʰiɛ^{45}。

0045 大哥不是很喜欢说话。

大哥不是蛮喜欢讲话。

tai^{21}ko^{33}pu^{45}ʃʅ^{21}mã^{13}ɕi^{41}xə̃^{33}koŋ^{41}fɑ^{21}。

0046 昨天姑父钓了六条大鱼，我连一条小鱼儿都没钓到。

昨日姑爷钓咖六条大鱼，我一条细鱼崽唧都冇钓到。

tso^{24}i$^{\cdot 33}$ku^{33}iɑ^{13}tiɑu^{45}kᴀ$^{\cdot 33}$ləɯ^{24}tiɑu^{13}tai^{21}y^{13}，ŋo^{41}i^{41}tiɑu^{13}ɕi^{45}y^{13}tsai^{41}tɕi$^{\cdot 33}$təɯ^{33}mɑu^{21}tiɑu^{45}tɑu^{45}。

0047 您的病这么严重了，不能再抽烟喝酒了！

尔倆家的病箇么严重哒，再吃不得烟酒哒！

n̩^{41}lã^{13}kᴀ^{33}ti$^{\cdot 33}$piã^{21}ko^{24}mo$^{\cdot 33}$iĩ^{13}tsən^{21}tᴀ$^{\cdot 21}$，tsai^{45}tɕʰiᴀ^{24}pu^{24}tei$^{\cdot 33}$iĩ^{33}tɕiəɯ^{41}tᴀ$^{\cdot 21}$！

0048 丈夫总拿自己出气。

老公总是拿哒自家出气。

lɑu^{41}kən^{33}tsən^{41}ʃʅ^{21}lɑ^{33}tᴀ$^{\cdot 21}$tsɿ^{21}kᴀ^{33}tɕʰy^{24}tɕʰi^{45}。

0049 今天上午，刘老师又把我骂了一顿。

该日上午，刘老师又把我骂咖一餐。

kɛ^{33}ȵi$^{\cdot 33}$soŋ^{21}u^{41}，liəɯ^{13}lɑu^{41}sɿ^{33}iəɯ^{21}pɑ^{41}ŋo^{41}mɑ^{21}kᴀ$^{\cdot 33}$i^{24}tsʰã^{33}。

0050 大姨妈的儿子、小姨妈的女儿都在北京读大学。

大姨妈的崽、细姨妈的女下在北京读大学。

tai^{21}i^{13}mɑ^{33}ti$^{\cdot 33}$tsai^{41}、ɕi^{45}i^{13}mɑ^{33}ti$^{\cdot 33}$ȵy^{41}xɑ^{21}tsai^{21}pæ^{24}tɕin^{33}təɯ^{24}tai^{21}ʃo^{24}。

0051　家长都在那间教室里开会。

家长下得那间教室里头开会。

tɕiᴀ^{33}tsoŋ^{41}xɑ^{21}tei^{21}lᴀ^{45}kã^{33}tɕiɑu^{45}ʃʅ^{24}li$^{\cdot 41}$təɯ^{13}k^{h}ai^{33}fei^{21}。

0052　（学生在这间教室开会，那）家长都在那间教室里开吧。

家长下到那间教室里开啰。

tɕiᴀ^{33}tsoŋ^{41}xɑ^{21}tɑu^{45}lᴀ^{45}kã^{33}tɕiɑu^{45}ʃʅ^{24}li$^{\cdot 33}$k^{h}ai^{33}lo$^{\cdot 33}$。

0053　自行车放在车棚里了。

自行车放到车棚子里哒。

tsɿ^{45}ɕin^{13}ts^{h}ɤ^{33}xoŋ^{45}tɑu^{45}ts^{h}ɤ^{33}pən^{13}tsɿ$^{\cdot 33}$li$^{\cdot 33}$tᴀ$^{\cdot 21}$。

0054　自行车要放在车棚里（别乱放）。

自行车要放到车棚子里。

tsɿ^{45}ɕin^{13}ts^{h}ɤ^{33}iɑu^{45}xoŋ^{45}tɑu^{45}ts^{h}ɤ^{33}pən^{13}tsɿ$^{\cdot 33}$li$^{\cdot 33}$。

0055　他从我这里拿了一千块钱看病去了。

他从我箇里拿咖一千块钱看病去哒。

t^{h}ɑ^{33}tsəŋ^{13}ŋo^{41}ko^{24}li$^{\cdot 33}$lɑ^{33}kᴀ$^{\cdot 33}$i^{41}tɕ^{h}iĩ^{33}k^{h}uai^{45}tɕiĩ^{13}k^{h}ã^{45}piã^{21}tɕ^{h}iɛ^{45}tᴀ$^{\cdot 21}$。

0056　你赶快从我这里拿一千块钱去看病去。

你赶快到我箇里拿一千块钱去看病去。

li^{41}kã^{41}k^{h}uai^{45}tɑu^{45}ŋo^{41}ko^{24}li$^{\cdot 33}$lɑ^{33}i^{41}tɕ^{h}iĩ^{33}k^{h}uai^{45}tɕiĩ^{13}tɕ^{h}iɛ^{45}k^{h}ã^{45}piã^{21} tɕ^{h}iɛ^{45}。

0057　他九点钟从我家门前路过的。

他九点钟从我屋门口过身的。

t^{h}ɑ^{33}tɕiəɯ^{41}tiĩ^{41}tsən^{33}tsəŋ^{13}ŋo^{41}u^{24}mən^{13}k^{h}əɯ^{41}ko^{45}sən^{33}ti$^{\cdot 33}$。

0058　要他九点钟从我家门前路过一下吧（有东西要捎带）。

要他九点钟到我屋门口过下身啰。

iɑu^{45}t^{h}ɑ^{33}tɕiəɯ^{41}tiĩ^{41}tsən^{33}tɑu^{45}ŋo^{41}u^{24}mən^{13}k^{h}əɯ^{41}ko^{45}xɑ^{21}sən^{33}lo$^{\cdot 33}$。

0059　小侄子跑到我跟前来了。

小侄子跑到我门口来哒。

ɕiɑu^{41}tʃʅ^{24}tsɿ$^{·33}$pʰɑu^{41}tɑu^{45}ŋo^{41}mən^{13}kʰəɯ^{41}lai^{13}tᴀ$^{·21}$。

0060 对我最好的还是我外婆。

对我最好的还是我人外婆。

tei^{45}ŋo^{41}tsei^{45}xɑu^{41}ti$^{·33}$xai^{13}ʃʅ^{21}ŋo^{41}in^{13}uai^{21}po^{13}。

0061 别跟傻子开玩笑啊！

莫跟苗子开玩笑啊！

mo^{24}kĩ^{33}fei^{13}tsɿ$^{·33}$kʰai^{33}uã^{13}ɕiɑu^{45}ᴀ$^{·21}$！

0062 给我寄信啊。

给我寄信啊。

kei^{41}ŋo^{41}tɕi^{45}ɕin^{45}ᴀ$^{·21}$。

0063 寄信给我啊。

寄信把我啊。

tɕi^{45}ɕin^{45}pɑ^{41}ŋo^{41}ᴀ$^{·21}$。

0064 信寄给我啊。

信寄得把我啊。

ɕin^{45}tɕi^{45}tei$^{·33}$pɑ^{41}ŋo^{41}ᴀ$^{·21}$。

0065 他说你是为了你好呢。

他讲你是为哒你好嘞。

tʰɑ^{33}koŋ^{41}li^{41}ʃʅ^{21}uei^{21}tᴀ$^{·21}$li^{41}xɑu^{41}lei$^{·33}$。

0066 （孩子对妈妈说：）妈妈啊，我和同学玩去了啊。

妈妈唉，我跟同学玩去哒啊。

mɑ^{33}mɑ^{33}ai$^{·21}$，ŋo^{41}kĩ^{33}tən^{13}ʃo^{24}uã^{13}tɕʰiɛ^{45}tᴀ$^{·21}$ᴀ$^{·21}$。

0067 上个星期我同张总出差去了。

上个礼拜我跟张总出差去哒。

soŋ^{21}ko^{45}li^{41}pai^{45}ŋo^{41}kĩ^{33}tsoŋ^{33}tsən^{41}tɕʰy^{24}tsʰai^{33}tɕʰiɛ^{45}tᴀ$^{·21}$。

0068 他的个头跟你差不多。

他的高矮同你差不多。

tʰɑ^{33}ti$^{·33}$kɑu^{33}ŋai^{41}tən^{13}li^{41}tsʰᴀ^{33}pu^{45}to^{33}。

0069 李明向老师借了一本书。

李明同老师借咖一本书。

li^{41}min^{13}tən^{13}lɑu^{41}sɿ^{33}tɕiᴀ^{45}kᴀ$^{·33}$i^{24}pən^{41}ɕy^{33}。

0070 那个小孩子吃饭用手抓的。

那个细伢子吃饭用手抓的。

lᴀ^{45}ko^{45}ɕi^{45}ŋɑ^{13}tsɿ$^{·33}$tɕʰiᴀ^{24}fã^{21}in^{21}səɯ^{41}tʃuᴀ^{33}ti$^{·33}$。

0071 杯子被他摔碎了。

杯子得他板⁼碎哒。

pei^{33}tsɿ$^{·33}$tæ^{24}tʰɑ^{33}pã^{41}sei^{45}tᴀ$^{·21}$。

0072 他被那个女的踩了一脚。

他得那只女的踩咖一脚。

tʰɑ^{33}tæ^{24}lᴀ^{45}tsɑ^{24}ȵy^{41}ti$^{·33}$tsʰai^{41}kᴀ$^{·33}$i^{24}tɕio^{24}。

0073 那封信被他妻子给扔掉了。

那封信得他堂客丢咖哒。

lᴀ^{45}fən^{33}ɕin^{45}tæ^{24}tʰɑ^{33}toŋ^{13}kʰæ^{24}tiəɯ^{33}kᴀ$^{·33}$tᴀ$^{·21}$。

0074 看好你的小狗儿，别让它乱跑啊。

看哒你的狗崽唧，莫让它乱跑啊。

kʰã^{45}tᴀ$^{·21}$li^{41}ti$^{·33}$kɛ^{41}tsai^{41}tɕi$^{·33}$，mo^{24}ioŋ^{21}tʰɑ^{33}lẽ^{21}pʰɑu^{41}ᴀ$^{·21}$。

0075 他爬到山顶上去了。

他爬到山顶上去哒。

tʰɑ^{33}pɑ^{13}tɑu^{45}sã^{33}tin^{41}soŋ$^{·21}$tɕʰiɛ^{45}tᴀ$^{·21}$。

0076 他把茶杯放在地下了。

他把茶杯子放到地下哒。

tʰɑ^{33}pɑ^{41}tsɑ^{13}pei^{33}tsɿ$^{·33}$xoŋ^{45}tɑu^{45}ti^{21}xɑ^{21}tᴀ$^{·21}$。

0077 手机放在枕头底下，忘记拿了。

手机放到枕头底下，忘记拿哒。

səɯ^{41}tɕi^{33}xoŋ^{45}tɑu^{45}tsən^{41}təɯ^{13}ti^{41}xɑ^{21}，oŋ^{21}tɕi^{45}lɑ^{33}tᴀ$^{·21}$。

0078 食堂里有几个老太太在打扑克。

食堂肚里有几只娭毑得那里打牌。

ʃʅ^{24}toŋ^{13}təɯ^{21}li$^{·33}$iəɯ^{41}tɕi^{41}tsɑ^{24}ŋai^{33}tɕi$^{·33}$tei^{21}lᴀ^{45}li$^{·33}$tɑ^{41}pai^{13}。

0079 伯伯的摩托车被人偷走了。

伯伯的摩托车得别个偷咖去哒。

pæ^{24}pæ$^{·45}$ti$^{·33}$mo^{13}tʰo^{33}tsʰɤ^{33}tæ^{24}piɛ^{24}ko^{45}tʰɛ^{33}kᴀ$^{·33}$tɕʰiɛ^{45}tᴀ$^{·21}$。

0080 你的班主任是男的还是女的啊？

你的班主任是男的还是女的啊？

li^{41}ti$^{·33}$pã^{33}tɕy^{41}in^{45}ʃʅ^{21}lã^{13}ti$^{·33}$xai^{13}ʃʅ^{21}ȵy^{41}ti$^{·33}$ᴀ$^{·33}$？

0081 你班主任是男的还是女的啊？

你人班主任是男的还是女的啊？

li^{41}in^{13}pã^{33}tɕy^{41}in^{45}ʃʅ^{21}lã^{13}ti$^{·33}$xai^{13}ʃʅ^{21}ȵy^{41}ti$^{·33}$ᴀ$^{·33}$？

0082 为了送儿子读大学，他拼命地赚钱。

为哒送崽去读大学，他放肆赚钱。

uei^{21}tᴀ$^{·21}$sən^{45}tsai^{41}tɕʰiɛ^{45}təɯ^{24}tɑ^{21}ʃo^{24}，tʰɑ^{33}xoŋ^{45}sɿ^{45}tsã^{21}tɕiĩ^{13}。

0083 小孩子唱歌，要一句一句地教。

细伢子唱歌，要一句句的教。

ɕi^{45}ŋɑ^{13}tsɿ$^{·33}$tsʰoŋ^{45}ko^{33}，iɑu^{45}i^{24}tɕy^{45}tɕy^{45}ti$^{·33}$kɑu^{45}。

0084 她把窗户擦得干干净净的。

她把窗户擦得干干净净的。

tʰɑ^{33}pɑ^{41}tsʰoŋ^{33}fu^{21}tsʰɑ^{24}tei$^{·33}$kã^{33}kã^{33}tɕin^{21}tɕin^{21}ti$^{·33}$。

0085 昨天晚上我做了一个噩梦，吓得要死！

昨日夜里我做哒一个恶梦子，赫得要死！

tso^{24}i$^{·33}$iᴀ^{21}li$^{·33}$ŋo^{41}tsəɯ^{45}tᴀ$^{·21}$i^{24}ko^{45}ŋo^{24}mən^{21}tsɿ$^{·33}$，xɤ^{24}tei$^{·33}$iɑu^{45}sɿ^{41}！

0086 二哥撞得那么严重，你也没去看看他啊？

二哥撞得那严重，你也冇去看下子他啊？

ai^{21}ko^{33}tsoŋ^{21}tei$^{\cdot 33}$lᴀ^{24}iĩ^{13}tsən^{21}，li^{41}iɛ^{41}mɑu^{21}tɕʰiɛ^{45}kʰã^{45}xɑ^{21}tsɿ$^{\cdot 33}$tʰɑ^{33}ᴀ$^{\cdot 21}$？

0087 你的头发白得真快啊！

你的头发白得好快啊！

li^{41}ti$^{\cdot 33}$təɯ^{13}fɑ^{24}pæ^{24}tei$^{\cdot 33}$xɑu^{41}kʰuai^{45}ᴀ$^{\cdot 33}$！

0088 雨下得很大，等它下小些再说。

雨落起好大，等它落细点着。①

y^{41}lo^{24}tɕʰi$^{\cdot 21}$xɑu^{41}tai^{21}，tiĩ^{41}tʰɑ^{33}lo^{24}ɕi^{45}tiĩ^{41}tso$^{\cdot 45}$。

0089 试一试吧，看能不能穿。

a. 试下啰，看穿得不。

b. 试下啰，看穿不穿得。

a. ʃʅ^{45}xɑ^{21}lo$^{\cdot 45}$，kʰã^{45}tɕʰyẽ^{33}tei$^{\cdot 33}$pu^{45}。

b. ʃʅ^{45}xɑ^{21}lo$^{\cdot 45}$，kʰã^{45}tɕʰyẽ^{33}pu^{45}tɕʰyẽ^{33}tei$^{\cdot 33}$。

0090 这栋房子能卖二十万。

箇栋房子卖得二十万。

ko^{24}tən^{45}xoŋ^{13}tsɿ$^{\cdot 33}$mai^{41}tei$^{\cdot 33}$ai^{21}ʃʅ^{45}uã^{21}。

0091 爸爸有胃病，不能喝酒。

爸爸有胃病，吃不得酒。

pɑ^{24}pɑ$^{\cdot 45}$iəɯ^{41}uei^{45}piã^{21}，tɕʰiᴀ^{24}pu^{45}tei$^{\cdot 33}$tɕiəɯ^{41}。

0092 张三跑过来问我是不是要跟他换个座位。

张三跑起②过来问我是不是要跟他斢只位子。

tsoŋ^{33}sã^{33}pʰɑu^{41}tɕʰi$^{\cdot 21}$ko^{45}lai^{13}uən^{21}ŋo^{41}ʃʅ^{21}pu^{45}ʃʅ^{21}iɑu^{45}kiĩ^{33}tʰɑ^{33}tʰiɑu^{41}tsɑ^{24}uei^{21}tsɿ$^{\cdot 33}$。

0093 吃了饭了。

a. 吃咖饭哒。b. 吃哒饭哒。

① 句中的“起”为状态补语标记，句末的“着再说”为先行体标记。

② “起”为趋向补语标记。

a. tɕʰiᴀ^{24}kᴀ$^{\cdot 33}$fã^{21}tᴀ$^{\cdot 21}$。b. tɕʰiᴀ^{24}tᴀ$^{\cdot 21}$fã^{21}tᴀ$^{\cdot 21}$。

0094 文章写了一半了，那估计大后天可以写完。

文章写咖/哒一半哒，那怕要大后天才写得完。

uən^{13}tsoŋ^{33}ɕiᴀ^{41}kᴀ$^{\cdot 33}$/tᴀ$^{\cdot 21}$i^{24}pɵ̃^{45}tᴀ$^{\cdot 21}$，lᴀ^{24}pʰɑ^{45}iɑu^{45}tai^{21}xəɯ^{21}tʰiĩ^{33}tsai^{13} ɕiᴀ^{41}tei$^{\cdot 33}$uã^{13}。

0095 一共八个粽子，他一个人吃了五个。

一共八只粽子，他一个人吃咖五只。

i^{24}kən^{21}pɑ^{24}tsɑ^{24}tsən^{45}tsɿ$^{\cdot 33}$，tʰɑ^{33}i^{24}ko^{45}in^{13}tɕʰiᴀ^{24}kᴀ$^{\cdot 33}$u^{41}tsɑ^{24}。

0096 没多久他家里就死了三头猪。

冇得好久他屋里就死咖三只猪。

mɑu^{21}tei$^{\cdot 33}$xɑu^{41}tɕiəɯ^{41}tʰɑ^{33}u^{24}li$^{\cdot 33}$tɕiəɯ^{21}sɿ^{41}kᴀ$^{\cdot 33}$sã^{33}tsɑ^{24}tɕy^{33}。

0097 衣服洗了四遍，还没洗干净。

衣服洗咖四道，都冇洗得干净。

i^{33}fu^{24}ɕi^{41}kᴀ$^{\cdot 33}$sɿ^{45}tɑu^{45}，təɯ^{33}mɑu^{21}ɕi^{41}tei$^{\cdot 33}$kã^{33}tɕin^{21}。

0098 他昨晚没写作文，今天被老师骂了一顿。

他昨日夜里冇写作文，该日得老师骂咖一餐。

tʰɑ^{33}tso^{24}i$^{\cdot 33}$iᴀ^{21}li$^{\cdot 33}$mɑu^{21}ɕiᴀ^{41}tso^{24}uən^{13}，kɛ^{33}i$^{\cdot 33}$tæ^{24}lɑu^{41}sɿ^{33}mɑ^{21}kᴀ$^{\cdot 33}$i^{41} tsʰã^{33}。

0099 他做了多久的作业啊？——只做了十来分钟。

他做咖/哒好久的作业啊？——只做咖/哒十几分钟。

tʰɑ^{33}tsəɯ^{45}kᴀ$^{\cdot 33}$/tᴀ$^{\cdot 21}$xɑu^{41}tɕiəɯ^{41}ti$^{\cdot 33}$tso^{24}iɛ^{24}ᴀ$^{\cdot 33}$？——tsɿ^{41}tsəɯ^{45}kᴀ$^{\cdot 33}$/ tᴀ$^{\cdot 21}$ʃʅ^{45}tɕi^{41}fən^{33}tsən^{33}。

0100 房子建了一个多月。

屋起咖一个多月。

u^{24}tɕʰi^{41}kᴀ$^{\cdot 33}$i^{41}ko^{45}to^{33}yɛ^{24}。

0101 房子建了一个多月了。

屋起咖/哒一个多月哒。

u^{24}tɕ^{h}i^{41}kᴀ$^{·33}$/tᴀ$^{·21}$i^{41}ko^{45}to^{33}yɛ^{24}tᴀ$^{·21}$。

0102 她比她丈夫大了两岁。

她比她老倌子大咖两岁。

t^{h}ɑ^{33}pi^{41}t^{h}ɑ^{33}lɑu^{41}kõ^{33}tsɿ$^{·33}$tai^{21}kᴀ$^{·33}$lioŋ^{41}sei^{45}。

0103 他女儿读了大学。(儿子没读。)

他女读哒大学。

t^{h}ɑ^{33}ȵy^{41}təɯ^{24}tᴀ$^{·33}$tai^{21}ʃo^{24}。

0104 他女儿读了三年大学了。

他女读咖/哒三年大学哒。

t^{h}ɑ^{33}ȵy^{41}təɯ^{24}kᴀ$^{·33}$/tᴀ$^{·21}$sã^{33}ȵĩ^{13}tai^{21}ʃo^{24}tᴀ$^{·21}$。

0105 我吃了三个菜。(吃了三个菜而不是两个，且不一定吃完。)

我吃哒三只菜。

ŋo^{41}tɕ^{h}iᴀ^{24}tᴀ$^{·21}$sã^{33}tsɑ^{24}ts^{h}ai^{45}。

0106 我吃了三个菜。(三个菜吃完了)

我吃咖三只菜。

ŋo^{41}tɕ^{h}iᴀ^{24}kᴀ$^{·33}$sã^{33}tsɑ^{24}ts^{h}ai^{45}。

0107 我下了班就回家。

我下咖班就回来。

ŋo^{41}xɑ^{21}kᴀ$^{·33}$pã^{33}tɕiəɯ^{21}fei^{13}lai^{13}。

0108 吃完饭再走。

吃咖饭再走。

tɕ^{h}iᴀ^{24}kᴀ$^{·33}$fã^{21}tsai^{45}tsɛ^{41}。

0109 吃了饭再走。

吃哒饭再走。

tɕ^{h}iᴀ^{24}tᴀ$^{·21}$fã^{21}tsai^{45}tsɛ^{41}。

0110 (带了四千块钱,)买了电视机，钱应该还有点剩啊。

买咖电视机，钱应该还有点剩吧。

mai^{41}kᴀ$^{\cdot 33}$tiĩ^{45}ʃʅ^{45}tɕi^{33}，tɕiĩ^{13}in^{45}kai^{33}xai^{13}iəɯ^{41}tiĩ^{41}sən^{21}pᴀ$^{\cdot 33}$。

0111 （昨天病了）他今天好了。

他该日好咖哒。

t^{h}ɑ^{33}kɛ^{33}i$^{\cdot 33}$xɑu^{41}kᴀ$^{\cdot 33}$tᴀ$^{\cdot 21}$。

0112 他讲了什么我都不记得了。

他讲哒么子我下不记得去哒①。

t^{h}ɑ^{33}koŋ^{41}tᴀ$^{\cdot 21}$mo^{33}tsʅ$^{\cdot 33}$ŋo^{41}xɑ^{21}pu^{45}tɕi^{45}tæ^{24}tɕ^{h}iɛ^{45}tᴀ$^{\cdot 21}$。

0113 再加几天班的话，人会疯的。

再加几天班嘞，人会癫咖去。②

tsai^{45}tɕiᴀ^{33}tɕi^{41}t^{h}iĩ^{33}pã^{33}lei$^{\cdot 33}$，in^{13}fei^{21}tiĩ^{33}kᴀ$^{\cdot 33}$tɕ^{h}iɛ$^{\cdot 45}$。

0114 昨天晚上这瓶酒拿出来也会喝掉的。

昨日夜里箇瓶酒拿出来也会吃咖去。

tso^{24}i$^{\cdot 33}$iᴀ^{21}li$^{\cdot 33}$ko^{24}pin^{13}tɕiəɯ^{41}lɑ^{33}tɕ^{h}y^{24}lai^{13}iɛ^{41}fei^{21}tɕ^{h}iᴀ^{24}kᴀ$^{\cdot 33}$tɕ^{h}iɛ$^{\cdot 45}$。

0115 还有半个月路将会修好。

还有半个月路会修好去。

xai^{13}iəɯ^{41}põ^{45}ko^{45}yɛ^{24}ləɯ^{21}fei^{21}ɕiəɯ^{33}xɑu^{41}tɕ^{h}iɛ$^{\cdot 45}$。

0116 你还不来，电影快看完了！

你还不来，电影要看完去！

li^{41}xai^{13}pu^{45}lai^{13}，tiĩ^{45}in^{41}iɑu^{45}k^{h}ã^{45}uã^{13}tɕ^{h}iɛ$^{\cdot 45}$！

0117 你在忙什么啊？

你在箇里忙么子啊？

li^{41}tsai^{21}ko^{24}li$^{\cdot 33}$moŋ^{13}mo^{33}tsʅ$^{\cdot 33}$ᴀ$^{\cdot 33}$？

0118 外面在下雨（出去要带伞）。

外面在落雨。

uai^{21}miĩ^{21}tsai^{21}lo^{24}y^{41}。

---

① “去哒”是实现体标记，相当于普通话的“了 2”。

② 句末的“去”为将实现体标记。0114—0116 例句末的“去”同此。

0119　当时我在做饭。

那时候我在那里做饭。

lᴀ^{45}ʃʅ^{13}xəɯ^{21}ŋo^{41}tsai^{21}lᴀ^{45}li$^{\cdot 33}$tsəɯ^{45}fã^{21}。

0120　（电话语：建房材料）你在守，我就不过来了。

你在那里守，我就不过来哒。

li^{41}tsai^{21}lᴀ^{45}li$^{\cdot 33}$səɯ^{41}，ŋo^{41}tɕiəɯ^{21}pu^{24}ko^{45}lai^{13}tᴀ$^{\cdot 21}$。

0121　（电话语：建房材料）你守着吧，我去吃点东西再说。

你守哒啰，我去吃点家伙着。

li^{41}səɯ^{41}tᴀ$^{\cdot 45}$lo$^{\cdot 45}$，ŋo^{41}tɕʰiɛ^{45}tɕʰiᴀ^{24}tiĩ^{41}tɕiᴀ^{33}xo$^{\cdot 33}$tso$^{\cdot 45}$。

0122　门开着，里面没有人。

门开哒，肚里冇得人。

mən^{13}kʰai^{33}tᴀ$^{\cdot 21}$，təɯ^{21}li$^{\cdot 33}$mɑu^{21}tei$^{\cdot 33}$in^{13}。

0123　爷爷喜欢眯着眼睛看报纸。

爹爹/爷爷喜欢眯起个①眼睛看报纸。

tiai^{33}tiai^{33}/iɛ^{13}iɛ^{13}ɕi^{41}xõ^{33}mi^{33}tɕʰi$^{\cdot 21}$kei$^{\cdot 33}$ŋã^{41}tɕin$^{\cdot 45}$kʰã^{45}pɑu^{45}tʃʅ^{41}。

0124　墙上贴了/着一张毛主席像。

墙上贴哒一张毛主席像。

tɕioŋ^{13}soŋ$^{\cdot 21}$tʰiɛ^{24}tᴀ$^{\cdot 21}$i^{24}tsoŋ^{33}mɑu^{13}tɕy^{41}ɕi^{24}ɕioŋ^{45}。

0125　进去一看，床上躺着一个老人。

进去一看，铺上困哒一只老人家。

tɕin^{45}tɕʰiɛ^{45}i^{41}kʰõ^{45}，pʰu^{33}soŋ$^{\cdot 21}$kʰuən^{45}tᴀ$^{\cdot 21}$i^{24}tsɑ^{24}lɑu^{41}in^{13}kᴀ^{33}。

0126　饭热着，随便你什么时候吃（都可以）。

饭热哒在那里②，随你么子时候吃。

---

① “起个”为双音节持续体标记。

② 此句的“哒在那里着”为非使然类持续体标记，后句的“哒那里着”为使然类持续体标记，两者都黏附于动词“热”（相关现象可参看《汨罗湘语中的“使然”与“非使然”》，陈山青、施其生，2018）。

fã^{21}zɤ^{24}tA$^{\cdot 21}$tsai^{21}lA^{45}li$^{\cdot 33}$，sei^{13}li^{41}mo^{33}tsɿ$^{\cdot 33}$ʃʅ^{13}xəɯ^{21}tɕ^{h}iA^{24}。

0127 把饭热着，我要迟点儿吃。

把饭热哒那里，我要晏点唧吃。

pɑ^{41}fã^{21}zɤ^{24}tA$^{\cdot 21}$lA^{45}li$^{\cdot 33}$，ŋo^{41}iɑu^{45}ŋã^{45}tiĩ^{41}tɕi$^{\cdot 33}$tɕ^{h}iA^{24}。

0128 她说着说着就哭起来了。

她讲起讲起就哭起来哒。

t^{h}ɑ^{33}koŋ^{41}tɕ^{h}i$^{\cdot 21}$koŋ^{41}tɕ^{h}i$^{\cdot 21}$tɕiəɯ^{21}k^{h}u^{24}tɕ^{h}i^{41}lai^{13}tA$^{\cdot 21}$。

0129 他们（走得很快）走着走着就没看见人了。

他人走起走起就冇看到人去哒。

t^{h}ɑ^{33}in^{13}tsɛ^{41}tɕ^{h}i$^{\cdot 21}$tsɛ^{41}tɕ^{h}i$^{\cdot 21}$tɕiəɯ^{21}mɑu^{21}k^{h}ã^{45}tɑu^{45}in^{13}tɕ^{h}iɛ^{45}tA$^{\cdot 21}$。

0130 这件事我告诉过你妈妈。

a. 箇只事我告诉过你妈妈。

b. 箇只事我告诉你妈妈过。①

c. 箇只事我告诉过你妈妈过。

a. ko^{24}tsɑ^{24}sɿ^{21}ŋo^{41}kɑu^{45}səɯ^{45}ku$^{\cdot 45}$li^{41}mɑ^{33}mɑ^{33}。

b. ko^{24}tsɑ^{24}sɿ^{21}ŋo^{41}kɑu^{45}səɯ^{45}li^{41}mɑ^{33}mɑ^{33}ku$^{\cdot 45}$。

c. ko^{24}tsɑ^{24}sɿ^{21}ŋo^{41}kɑu^{45}səɯ^{45}ku$^{\cdot 45}$li^{41}mɑ^{33}mɑ^{33}ku$^{\cdot 45}$。

0131 我吃过螃蟹，你吃过没有？——我没有吃过。

我吃过螃蟹，你吃过冇？——我冇吃过。

ŋo^{41}tɕ^{h}iA^{24}ku$^{\cdot 45}$pɑŋ^{13}xai^{41}，li^{41}tɕ^{h}iA^{24}ku$^{\cdot 45}$mɑu^{21}？——ŋo^{41}mɑu^{21}tɕ^{h}iA^{24}ku$^{\cdot 45}$。

0132 （她胖过吗？——）她前几年胖过。

她前几年胖过。

t^{h}ɑ^{33}tɕiĩ^{13}tɕi^{41}ȵiĩ^{13}p^{h}oŋ^{45}ku$^{\cdot 45}$。

0133 他从来没讲过这么多话。

① 此句为“VO 过”结构，后句为“V 过 O 过”结构。0135 中的 b、c 句同此。

他从冇讲过箇么多话。

t^{h}ɑ^{33}tsən^{13}mɑu^{21}koŋ^{41}ku$^{\cdot45}$ko^{24}mo$^{\cdot33}$to^{33}fɑ^{21}。

0134 昨天我去过他家里。

昨日我去过他屋里。

tso^{24}i$^{\cdot33}$ŋo^{41}tɕ^{h}iɛ^{45}ku$^{\cdot45}$t^{h}ɑ^{33}u^{24}li$^{\cdot33}$。

0135 他小时候摔断过腿。

a. 他细时唧绊脱过脚。

b. 他细时唧绊脱脚过。

c. 他细时唧绊脱过脚过。

a. t^{h}ɑ^{33}ɕi^{45}ʃʅ^{13}tɕi$^{\cdot33}$pã^{45}t^{h}o^{24}ku$^{\cdot45}$tɕio^{24}。

b. t^{h}ɑ^{33}ɕi^{45}ʃʅ^{13}tɕi$^{\cdot33}$pã^{45}t^{h}o^{24}tɕio^{24}ku$^{\cdot45}$。

c. t^{h}ɑ^{33}ɕi^{45}ʃʅ^{13}tɕi$^{\cdot33}$pã^{45}t^{h}o^{24}ku$^{\cdot45}$tɕio^{24}ku$^{\cdot45}$。

0136 刚才你说什么来着？

才今你讲么子去哒①？

tsai^{13}tɕin^{33}li^{41}koŋ^{41}mo^{33}tsɿ$^{\cdot33}$tɕ^{h}iɛ^{45}tᴀ$^{\cdot21}$？

0137 你的字太潦草了吧，重写吧！

你的字太夹糊哒啰，重新写过②啰！

li^{41}ti$^{\cdot33}$tsɿ^{21}t^{h}ai^{45}tɕiᴀ^{24}fu^{13}tᴀ$^{\cdot21}$lo$^{\cdot41}$，tsən^{13}ɕin^{33}ɕiᴀ^{41}ku$^{\cdot45}$lo$^{\cdot45}$！

0138 这张钱太破了，重新换一张吧。

箇张钱太破哒，斢过一张啰。

ko^{24}tsoŋ^{33}tɕĩ^{13}t^{h}ai^{45}p^{h}o^{45}tᴀ$^{\cdot21}$，t^{h}iɑu^{41}ku$^{\cdot45}$i^{41}tsoŋ^{33}lo$^{\cdot33}$。

0139 你写错了，重新写一遍吧。

你写错哒，重新写过一遍啰。

li^{41}ɕiᴀ^{41}ts^{h}o^{45}tᴀ$^{\cdot21}$，tsən^{13}ɕin^{33}ɕiᴀ^{41}ku$^{\cdot45}$i^{41}pĩ^{45}lo$^{\cdot33}$。

0140 （我要吃饭。——）等客人来了再说。

---

① “去哒来着”为近经历体标记。

② “过”为重行体标记。0138、0139 句中的“过”同此。

等客来哒正/着[①]。

tiĩ^{41}kʰɤ^{24}lai^{13}tA$^{·21}$tsã$^{·45}$/tso$^{·45}$。

0141 （我要去游泳。——）等天热起来了再说吧。

等天热起来哒正/着啰。

tiĩ^{41}tʰiĩ^{33}zɤ^{24}tɕʰi^{41}lai^{13}tA$^{·21}$tsã$^{·45}$/tso$^{·45}$lo$^{·33}$。

0142 我想去张家界玩两天。——等暑假再说吧。

我想去张家界耍两天。——到暑假正/着啰。

ŋo^{41}ɕioŋ^{41}tɕʰiɛ^{45}tsoŋ^{33}tɕiA^{33}kai^{45}sɑ^{41}lioŋ^{41}tʰiĩ^{33}。——tɑu^{45}ɕy^{41}tɕiA^{41}tsã$^{·45}$/tso$^{·45}$lo$^{·33}$。

0143 夫妻俩打起来了，你去劝一劝他们吧。

两公婆打起来哒，你去劝一下他们啰。

lioŋ^{41}kən^{33}po^{13}tɑ^{41}tɕʰi^{41}lai^{13}tA$^{·21}$，li^{41}tɕʰiɛ^{45}tɕʰyẽ^{45}i^{41}xɑ^{21}tʰɑ^{33}mən$^{·13}$lo$^{·33}$。

0144 你刚才讲得很好，就这样讲下去。

你才今讲得赫好，就箇样范讲起下去。

li^{41}tsai^{13}tɕin^{33}koŋ^{41}tei$^{·33}$xɤ^{41}xɑu^{41}，tɕiəɯ^{21}ko^{24}ioŋ^{21}fã^{45}koŋ^{41}tɕʰi$^{·21}$xɑ^{21}tɕʰiɛ^{45}。

0145 这样冷下去，会冻死人的！

箇样范冷起下去，会冻死人去！

ko^{24}ioŋ^{21}fã^{45}lɑŋ^{41}tɕʰi$^{·21}$xɑ^{21}tɕʰiɛ^{45}，fei^{21}tən^{45}sɿ^{41}in^{13}tɕʰiɛ$^{·45}$！

0146 你等等我，我要去上个厕所。

a. 你等我下子，我要去上个厕所。

b. 你等下子我，我要去上个厕所。

a. li^{41}tiĩ^{41}ŋo^{41}xɑ^{21}tsɿ$^{·33}$，ŋo^{41}iɑu^{45}tɕʰiɛ^{45}soŋ^{21}ko^{45}tsʰɤ^{24}so^{41}。

b. li^{41}tiĩ^{41}xɑ^{21}tsɿ$^{·33}$ŋo^{41}，ŋo^{41}iɑu^{45}tɕʰiɛ^{45}soŋ^{21}ko^{45}tsʰɤ^{24}so^{41}。

0147 我明天替你去问问李总吧（车八万块钱卖不卖）。

---

① “正/着再说”为先行体标记。0141、0142、0199 例句末的“正/着”同此。

我明日跟你去问下子李总啰。

ŋo^{41}miã^{13}i$^{\cdot 33}$kiĩ^{33}li^{41}tɕ^{h}iɛ^{45}uən^{21}xɑ^{21}tsɿ$^{\cdot 33}$li^{41}tsən^{41}lo$^{\cdot 33}$。

0148　（玲玲现在怎么样？）玲玲吧，结了婚了，孩子都两岁了。

玲玲咿，结咖婚哒，细伢子下两岁哒。

lin^{13}lin^{13}pai$^{\cdot 21}$，tɕiɛ^{24}kA$^{\cdot 33}$fən^{33}tA$^{\cdot 21}$，ɕi^{45}ŋɑ^{13}tsɿ$^{\cdot 33}$xɑ^{21}lioŋ^{41}sei^{45}tA$^{\cdot 21}$。

0149　爸爸啊，哥哥实在不想复读了。

爸爸唉，哥哥实在是①不想复读哒。

pɑ^{24}pɑ$^{\cdot 45}$ai$^{\cdot 21}$，ko^{33}ko^{33}ʃʅ^{24}tsai^{21}ʃʅ^{21}pu^{24}ɕioŋ^{41}fu^{24}təɯ^{24}tA$^{\cdot 21}$。

0150　你没事呢就去串门啊。

你冇事嘞就去走人家嗽。

li^{41}mɑu^{41}sɿ^{21}lei$^{\cdot 33}$tɕiəɯ^{21}tɕ^{h}iɛ^{45}tsɛ^{41}in^{13}kA^{33}sã$^{\cdot 33}$。

0151　国庆节呢，回来呗。

国庆节嘞，回来嗽。

kuo^{24}tɕ^{h}in^{45}tɕiɛ^{24}lei$^{\cdot 33}$，fei^{13}lai^{13}sã$^{\cdot 33}$。

0152　他看起来很调皮，其实老么老实得很。

他看起来赫调皮，其实老嘞老实得很。

t^{h}ɑ^{33}k^{h}ã^{45}tɕ^{h}i^{41}lai^{13}xɤ^{41}t^{h}iɑu^{45}pi^{13}，tɕ^{h}i^{13}ʃʅ^{24}lɑu^{41}lei$^{\cdot 33}$lɑu^{41}ʃʅ^{21}tei$^{\cdot 33}$xən^{41}。

0153　他看起来调皮，其实么老实得很。

他看起来调皮，其实嘞老实得很。

t^{h}ɑ^{33}kã^{45}tɕ^{h}i^{41}lai^{13}t^{h}iɑu^{45}pi^{13}，tɕ^{h}i^{13}ʃʅ^{24}lei$^{\cdot 33}$lɑu^{41}ʃʅ^{21}tei$^{\cdot 33}$xən^{41}。

0154　他（要么几天不睡，要么）一睡呢就睡上两三天。

① 副词“实在是实在”中的“是”为词内成分，具有后缀性质，无实义。0154 句“就是就”、0197 句“不单单是不仅仅”、0201“要不是要不”中的“是”同此。株洲方言自然话语里此类含“是”的副词丰富，譬如“也是也。如：也是代表了株洲（也代表了株洲）、都是都。如：条件都是差不多（条件都差不多）、基本上是基本上、反正是反正、完全是完全、到底是到底”等。另外，“是”还充当动词（包括能愿动词）、连词的词内成分，如 0156 句的“估计是估计”，“第五章・长篇话语”中的“应该是应该”以及“如果是如果”等等，较之于副词，株洲话里这两类词要少一些。

他一困嘞就是困个两三天。

tʰɑ^{33}i^{24}kʰuən^{45}lei$^{·33}$tɕiəɯ^{21}ʃʅ^{21}kʰuən^{45}ko^{45}lioŋ^{41}sã^{33}tʰiĩ^{33}。

0155 这个男孩子聪还是聪明，就是太贪玩了。

箇只伢子聪还是聪明，就是太爱玩哒。

ko^{24}tsɑ^{24}ŋɑ^{13}tsʅ$^{·33}$tsʰən^{33}xai^{13}ʃʅ^{21}tsʰən^{33}min^{13}，tɕiəɯ^{21}ʃʅ^{21}tʰai^{45}ŋai^{45}uã^{13}tᴀ$^{·21}$。

0156 要是等你来的话/呢，那估计命都没有了。

要是等你来时，那估计是命都冇得哒。

iɑu^{45}ʃʅ^{21}tiĩ^{41}li^{41}lai^{13}ʃʅ$^{·21}$，lᴀ^{45}ku^{33}tɕi^{45}ʃʅ^{21}miã^{21}təɯ^{33}mɑu^{21}tæ^{24}tᴀ$^{·21}$。

0157 （过春节，）他的哥哥啊，姐姐啊，妹妹啊，都回来了。

他的哥哥啊，姐姐啊，老妹啊，下回来哒。

tʰɑ^{33}ti$^{·33}$ko^{33}ko^{33}ᴀ$^{·33}$，tɕiɛ^{41}tɕiɛ^{41}ᴀ$^{·33}$，lɑu^{41}mei^{21}ᴀ$^{·33}$，xɑ^{21}fei^{13}lai^{13}tᴀ$^{·21}$。

0158 你去没去看医生啊？

你去冇去看病啊？

li^{41}tɕʰiɛ^{45}mɑu^{21}tɕʰiɛ^{45}kʰã^{45}piã^{21}ᴀ$^{·33}$？

0159 那个小伙子你同不同意见面啊？

那只伢子你同不同意见面啊？

lᴀ^{45}tsɑ^{24}ŋɑ^{13}tsʅ$^{·33}$li^{41}tən^{13}pu^{45}tən^{13}i^{45}tɕiĩ^{45}miĩ^{21}ᴀ$^{·33}$？

0160 吃了饭没有啊？——没吃，不想吃。

吃咖饭冇唉？——冇吃，不想吃。

tɕʰiᴀ^{24}kᴀ$^{·33}$fã^{21}mɑu^{21}ai$^{·21}$？——mɑu^{21}tɕʰiᴀ^{24}，pu^{24}ɕioŋ^{41}tɕʰiᴀ^{24}。

0161 生的是男孩还是女孩啊？

生的是伢子还是妹唧唉？

sən^{33}ti$^{·33}$ʃʅ^{21}ŋɑ^{13}tsʅ$^{·33}$xai^{13}ʃʅ^{21}mei^{21}tɕi$^{·45}$ai$^{·21}$？

0162 这件事你告诉他了吗？——告诉他了。

箇只/件事你告诉他哒冇啰？——告诉他哒。

kai^{24}tsɑ^{24}/tɕiĩ^{21}sʅ^{21}li^{41}kɑu^{45}səɯ^{45}tʰɑ^{33}tᴀ$^{·21}$mɑu^{21}lo$^{·33}$？——kɑu^{45}səɯ^{45}tʰɑ^{33}tᴀ$^{·21}$。

0163 再盛碗饭给你吧？

再装碗饭把你唦？

tsai^{45}tsoŋ^{33}õ^{41}fã^{21}pɑ^{41}li^{41}pai$^{\cdot 33}$？

0164 你为什么不带你妹妹来啊？

你怎么不带你妹妹来啊？

li^{41}tsən^{41}mo$^{\cdot 33}$pu^{24}tai^{45}li^{41}mei^{21}mei$^{\cdot 45}$lai^{13}ᴀ$^{\cdot 33}$？

0165 我不信，哪有这样的事啊？

我不信，哪里有箇样范的事啰？

ŋo^{41}pu^{24}ɕin^{45}，lᴀ^{41}li$^{\cdot 33}$iəɯ^{41}ko^{24}ioŋ^{21}fã^{45}ti$^{\cdot 33}$sɿ^{21}lo$^{\cdot 33}$？

0166 这么重的东西，老人家怎么拎得动呢？

箇么重的家伙，老人家台的提得起吧？

ko^{24}mo$^{\cdot 33}$tsən^{21}ti$^{\cdot 33}$tɕiᴀ^{33}xo$^{\cdot 33}$，lɑu^{41}in^{13}kᴀ^{33}i^{13}ti$^{\cdot 33}$tiai^{13}tei$^{\cdot 33}$tɕ^{h}i^{41}pᴀ$^{\cdot 33}$？

0167 我看见您把手机放在背包里了。

我看见尔俑家把手机放到袋公里哒。

ŋo^{41}k^{h}ã^{45}tɕiĩ^{45}n̩^{41}lã^{13}kᴀ^{33}pɑ^{41}səɯ^{41}tɕi^{33}xoŋ^{45}tɑu^{45}tɛ^{21}kən$^{\cdot 45}$li$^{\cdot 33}$tᴀ$^{\cdot 21}$。

0168 你把门窗再仔仔细细地检查一遍吧。

你把门跟窗户再仔仔细细检查一道啰。

li^{41}pɑ^{41}mən^{13}kiĩ^{33}ts^{h}oŋ^{33}fu^{21}tsai^{45}tsɿ^{41}tsɿ^{41}ɕi^{45}ɕi^{45}tɕiĩ^{41}tsɑ^{13}i^{41}tɑu^{45}lo$^{\cdot 33}$。

0169 麻烦你把那件毛线衣拿给我。

烈⁼你把那件绳子衣/毛线衣拿起把我。

liæ^{24}li^{41}pɑ^{41}lᴀ^{45}tɕiĩ^{21}sən^{13}tsɿ$^{\cdot 33}$i^{33}/mɑu^{13}ɕiĩ^{45}i^{33}lɑ^{33}tɕ^{h}i$^{\cdot 21}$pɑ^{41}ŋo^{41}。

0170 先把火车票（给）买了吧。

a. 先把火车票买咖啰。

b. 先把火车票把他买咖他啰。①

① “先把火车票把他买咖他啰对译：先把火车票把它给买了吧”为三标记处置句，“把”为介词型处置标记；“把他”为介代型处置标记；单用的“他”为代词型处置标记，0174 句中的“他”同此。

a. ɕĩ^{33}pɑ^{41}xo^{41}tsʰɤ^{33}pʰiɑu^{45}mai^{41}kᴀ$^{·33}$lo$^{·33}$。

b. ɕĩ^{33}pɑ^{41}xo^{41}tsʰɤ^{33}pʰiɑu^{45}pɑ^{41}tʰɑ^{33}mai^{41}kᴀ$^{·33}$tʰɑ^{33}lo$^{·33}$。

0171　早晨五点钟妈妈就把我给叫起来了。

早上五点钟姆妈/妈妈就把我喊起来哒。

tsɑu^{41}soŋ$^{·21}$u^{41}tĩ^{41}tsən^{33}m̩^{41}mɑ^{33}/mɑ^{33}mɑ^{33}tɕiəɯ^{21}pɑ^{41}ŋo^{41}xã^{41}tɕʰi^{41}lai^{13} tᴀ$^{·21}$。

0172　不早了，把弟弟妹妹都喊醒吧。

不早哒，把弟弟妹妹下喊醒啰。

pu^{45}tsɑu^{41}tᴀ$^{·21}$，pɑ^{41}ti^{21}ti$^{·45}$mei^{21}mei$^{·45}$xɑ^{21}xã^{41}ɕiã^{41}lo$^{·45}$。

0173　今天晚上不加班，早点睡吧。

该日晚上不加班，早点困啰。

kɛ^{33}i$^{·33}$uã^{41}soŋ$^{·21}$pu^{24}tɕiᴀ^{33}pã^{33}，tsɑu^{41}tĩ^{41}kʰuən^{45}lo$^{·45}$。

0174　锅烂了，把它扔掉算了。

锅子烂咖哒，丢咖他算哒。

ko^{33}tsɿ$^{·33}$lã^{21}kᴀ$^{·33}$tᴀ$^{·21}$，tiəɯ^{33}kᴀ$^{·33}$tʰɑ^{33}sõ^{45}tᴀ$^{·21}$。

0175　张三跟李四一样高。

张三跟李四一样高的。

tsoŋ^{33}sã^{33}kĩ^{33}li^{41}sɿ^{45}i^{41}ioŋ^{21}kɑu^{33}ti$^{·33}$。

0176　张三只比李四高了一丁点儿。

张三只比李四高咖一点唧。

tsoŋ^{33}sã^{33}tʃʅ^{24}pi^{41}li^{41}sɿ^{45}kɑu^{33}kᴀ$^{·33}$i^{41}tĩ^{41}tɕi$^{·33}$。

0177　坐着吃比站着吃舒服多了。

坐哒吃比站哒吃舒服多哒。

tso^{21}tᴀ$^{·21}$tɕʰiᴀ^{24}pi^{41}tsã^{45}tᴀ$^{·21}$tɕʰiᴀ^{24}ɕy^{33}fu^{24}to^{33}tᴀ$^{·21}$。

0178　那个女孩儿长得比谁都好看！

那个细妹唧长得比哪个都好看些！

lᴀ^{45}ko^{45}ɕi^{45}mei^{21}tɕi$^{·45}$tsoŋ^{41}tei$^{·33}$pi^{41}lᴀ^{41}ko^{45}təɯ^{33}xɑu^{41}kʰã^{45}ɕiɛ^{33}！

0179　其实呢，他不比别人差。

其实嘞，他不比别个□。

tɕʰi^{13}ʃʅ^{24}lei$^{\cdot33}$，tʰɑ^{33}pu^{24}pi^{41}piɛ^{24}ko^{45}ʃo^{45}。

0180　降压药到处都能买到。

降压药四路子/到处下买得到。

tɕioŋ^{45}iᴀ^{24}io^{24}sɿ^{45}ləɯ^{21}tsɿ$^{\cdot33}$/tɑu^{45}tɕʰy^{45}xɑ^{21}mai^{41}tei$^{\cdot33}$tɑu^{45}。

0181　降压药到处都有买。

降压药四路子/到处下有买。

tɕioŋ^{45}iᴀ^{24}io^{24}sɿ^{45}ləɯ^{21}tsɿ$^{\cdot33}$/tɑu^{45}tɕʰy^{45}xɑ^{21}iəɯ^{41}mai^{41}。

0182　他小儿子的脾气很大呢！

他晚崽/细崽的脾气好大嘞！

tʰɑ^{33}mã^{41}tsai^{41}/ɕi^{45}tsai^{41}ti$^{\cdot33}$pi^{13}tɕʰi^{45}xɑu^{41}tai^{21}lei$^{\cdot33}$！

0183　他小儿子的脾气有那么大呢。

他晚崽/细崽的脾气有那么大嘞。

tʰɑ^{33}mã^{41}tsai^{41}/ɕi^{45}tsai^{41}ti$^{\cdot33}$pi^{13}tɕʰi^{45}iəɯ^{41}lᴀ^{45}mo$^{\cdot33}$tai^{21}lei$^{\cdot33}$。

0184　老师给本书给我。

a. 老师把本书把我。b. 老师把本书我。

a. lɑu^{41}sɿ^{33}pɑ^{41}pən^{41}ɕy^{33}pɑ^{41}ŋo^{41}。b. lɑu^{41}sɿ^{33}pɑ^{41}pən^{41}ɕy^{33}ŋo^{41}。

0185　老师给我一本书。

老师把我一本书。

lɑu^{41}sɿ^{33}pɑ^{41}ŋo^{41}i^{41}pən^{41}ɕy^{33}。

0186　要是我，就扇他两个耳光。

要是我，就给他两嘴巴。

iɑu^{45}ʃʅ^{21}ŋo^{41}，tɕiəɯ^{21}kei^{41}tʰɑ^{33}lioŋ^{41}tɕi^{41}pɑ$^{\cdot33}$。

0187　叫奶奶一起去看电影吧。

喊娭唧一路去看电影啰。

xã^{41}ŋai^{33}tɕi$^{\cdot33}$i^{41}ləɯ^{21}tɕʰiɛ^{45}kʰã^{45}tĩ^{45}in^{41}lo$^{\cdot33}$。

0188　他们俩说话就跟那吵架一样。

他人两个讲话就跟只吵架一样的。

tʰɑ^{33}in^{13}lioŋ^{41}ko^{45}koŋ^{41}fɑ^{21}tɕiəɯ^{21}kiĩ^{33}tsɑ^{24}tsʰɑu^{41}tɕiᴀ^{45}i^{41}ioŋ^{21}ti$^{\cdot 33}$。

0189　教室里真热啊，热得跟个蒸笼似的！

教室肚里好热啊，热得跟只蒸笼一样的！

tɕiɑu^{45}ʃʅ^{24}təɯ^{21}li$^{\cdot 33}$xɑu^{41}zɤ^{24}ᴀ$^{\cdot 33}$，zɤ^{24}tei$^{\cdot 33}$kiĩ^{33}tsɑ^{24}tsən^{33}lən^{13}i^{41}ioŋ^{21}ti$^{\cdot 33}$！

0190　别蹲着，站起来吧。

莫跍/蹾/蹲哒，站起啰。

mo^{24}ku^{13}/tən^{33}/tsən^{33}tᴀ$^{\cdot 21}$，tsã^{45}tɕʰi^{41}lo$^{\cdot 45}$。

0191　大徒弟客气得很，年年正月都到我家里来拜年。

大徒弟客气得不得了/要死，年年正月下到我屋里来拜年的。

tai^{21}təɯ^{13}ti^{21}kʰɤ^{24}tɕʰi^{45}tei$^{\cdot 33}$pu^{45}tei$^{\cdot 33}$liɑu^{41}/iɑu^{45}sʅ^{41}，ȵiĩ^{13}ȵiĩ^{13}tsən^{33}yɛ^{24}xɑ^{21}tɑu^{45}ŋo^{41}u^{24}li$^{\cdot 33}$lai^{13}pai^{45}ȵiĩ^{13}ti$^{\cdot 33}$。

0192　今年的杨梅贵得很离谱/吓人/不得了！

该年的杨梅贵得要死/赫人/不得了！

kɛ^{33}ȵiĩ^{13}ti$^{\cdot 33}$ioŋ^{13}mei^{13}kuei^{45}tei$^{\cdot 33}$iɑu^{45}sʅ^{41}/xɤ^{24}in^{13}/pu^{45}tei$^{\cdot 33}$liɑu^{41}！

0193　他懒极了！

他懒得死/滴血！

tʰɑ^{33}lã^{41}tei$^{\cdot 33}$sʅ^{41}/tiæ^{24}ɕyɛ^{24}！

0194　今天累死了！

该日烈$^{=}$醉哒/死哒！

kɛ^{33}i$^{\cdot 33}$liæ^{24}tsei^{45}tᴀ$^{\cdot 21}$/sʅ^{41}tᴀ$^{\cdot 21}$！

0195　以前我家里穷得很！现在呢越来越好了！

原先我屋里穷得不得了！如至今/现如今/现在嘞越来越好哒！

yɵ̃^{13}ɕiĩ^{33}ŋo^{41}u^{24}li$^{\cdot 33}$tɕin^{13}tei$^{\cdot 33}$pu^{45}tei$^{\cdot 33}$liɑu^{41}！y^{13}tʃʅ^{45}tɕin^{33}/ɕiĩ^{21}y^{13}tɕin^{33}/ɕiĩ^{21}tsai^{21}lei$^{\cdot 33}$yɛ^{24}lai^{13}yɛ^{24}xɑu^{41}tᴀ$^{\cdot 21}$！

0196　舅妈的肚子痛得不行了！

舅妈的肚子痛起①不得了哒！

tɕiəɯ^{45}mɑ^{33}ti$^{\cdot 33}$təɯ^{41}tsɿ$^{\cdot 33}$tʰəŋ^{45}tɕʰi$^{\cdot 21}$pu^{45}tei$^{\cdot 33}$liɑu^{41}tᴀ$^{\cdot 21}$！

0197　他不仅饭菜做得好，连毛线衣也织得好。

他不单单是饭菜做得好，毛线衣也打得好。

tʰɑ^{33}pu^{24}tã^{33}tã^{33}ʃʅ^{21}fã^{21}tsʰai^{45}tsəɯ^{45}tei$^{\cdot 33}$xɑu^{41}，mɑu^{13}ɕiĩ^{45}i^{33}iɛ^{41}tɑ^{41}tei$^{\cdot 33}$xɑu^{41}。

0198　我们这里虽说条件不是很好，吃饱睡好还是没有问题。

我人箇里虽然条件不是蛮好，吃饱困好还是冇得问题。

ŋo^{41}in^{13}ko^{24}li$^{\cdot 33}$sei^{33}iĩ^{13}tiɑu^{13}tɕiĩ^{45}pu^{24}ʃʅ^{21}mã^{13}xɑu^{41}，tɕʰiᴀ^{24}pɑu^{41}kʰuən^{45}xɑu^{41}xai^{13}ʃʅ^{21}mɑu^{21}tei$^{\cdot 33}$uən^{21}ti^{13}。

0199　不管他同不同意，先买了再说。

管他同不同意，先买咖正/着。

kẽ^{41}tʰɑ^{33}tən^{13}pu^{45}tən^{13}i^{45}，ɕiĩ^{33}mai^{41}kᴀ$^{\cdot 33}$tsã$^{\cdot 45}$/tso$^{\cdot 45}$。

0200　要是我有钱呢，就送伯伯一台小车。

要是我有钱嘞，就送伯伯一台小车子。

iɑu^{45}ʃʅ^{21}ŋo^{41}iəɯ^{41}tɕiĩ^{13}lei$^{\cdot 33}$，tɕiəɯ^{21}sən^{45}pæ^{24}pæ$^{\cdot 45}$i^{41}tai^{13}ɕiɑu^{41}tsʰɤ^{33}tsɿ$^{\cdot 33}$。

0201　除非你亲自去接，否则你岳母娘不会来的。

除非你自家亲自去接，要不是你人岳母娘不得/不会来的。

tɕʰy^{13}fei^{33}li^{41}tsɿ^{21}kᴀ^{33}tɕʰin^{33}tsɿ^{21}tɕʰiɛ^{45}tɕiɛ^{24}，iɑu^{45}pu^{24}ʃʅ^{21}li^{41}in^{13}io^{24}mo^{41}ȵioŋ^{13}pu^{24}tei$^{\cdot 33}$/pu^{24}fei^{21}lai^{13}ti$^{\cdot 33}$。

0202　她做就做，不做就不做，没人指望她。

她做就做，不做就不做，冇哪个指望哒她。②

tʰɑ^{33}tsəɯ^{45}tɕiəɯ^{21}tsəɯ^{45}，pu^{45}tsəɯ^{45}tɕiəɯ^{21}pu^{45}tsəɯ^{45}，mɑu^{21}lᴀ^{41}ko^{45}tʃʅ^{41}oŋ^{21}tᴀ$^{\cdot 21}$tʰɑ^{33}。

---

① “起得”跟 0191—0193 以及 0195 方言句中的“得”一样，都是程度补语标记。

② “冇哪个指望哒她”对译为“没有谁指望着她”，其中“哒”是相当于普通话“着”的成分。

0203 他还能说出话。

他还讲得出话。

tʰɑ^{33}xai^{13}koŋ^{41}tei$^{·33}$tɕʰy^{24}fɑ^{21}。

0204 他还讲得话出。①

他还讲得话出。

tʰɑ^{33}xai^{13}koŋ^{41}tei$^{·33}$fɑ^{21}tɕʰy^{24}。

0205 他还讲不出话。

他还讲不出话。

tʰɑ^{33}xai^{13}koŋ^{41}pu^{45}tɕʰy^{24}fɑ^{21}。

0206 他还讲话不出。

他还讲话不出。

tʰɑ^{33}xai^{13}koŋ^{41}fɑ^{21}pu^{45}tɕʰy^{24}。

0207 他还讲不话出。

他还讲不话出。

tʰɑ^{33}xai^{13}koŋ^{41}pu^{45}fɑ^{21}tɕʰy^{24}。

0208 这个孩子说出来的话像大人一样。

箇只细伢子讲出来的话就跟大人一样的。

ko^{24}tsɑ^{24}ɕi^{45}ŋɑ^{13}tsɿ$^{·33}$koŋ^{41}tɕʰy^{24}lai^{13}ti$^{·33}$fɑ^{21}tɕiəɯ^{21}kiĩ^{33}tai^{21}in^{13}i^{41}ioŋ^{21}ti$^{·33}$。

0209 今天好冷，把火烧大点儿。

该日好冷，把火烧大点唧。

kɛ^{33}i$^{·33}$xɑu^{41}lɑŋ^{41}，pɑ^{41}xo^{41}sɑu^{33}tai^{21}tiã^{45}tɕi$^{·33}$。

0210 你先走吧，我等一会儿就来。

你先走啰，我等下/等下唧/等下子就来。

li^{41}ɕiĩ^{33}tsɛ^{41}lo$^{·33}$，ŋo^{41}tiĩ^{41}xɑ^{21}/tiĩ^{41}xɑ^{21}tɕi$^{·33}$/tiĩ^{41}xɑ^{21}tsɿ$^{·33}$tɕiəɯ^{21}lai^{13}。

---

① 此句用方言说法，目的是为了调查株洲话中的特殊语序，其普通话说法同 0203 句，为“他还能说出话”。0206、0207 句同属此类情况，其普通话说法同 0205 句，为“他还讲不出话”。

0211　他爸爸狠狠地揍了他一顿。

他爸爸做死的打咖他一餐。

tʰɑ^{33}pɑ^{24}pɑ$^{\cdot 45}$tsəɯ^{45}sɿ^{41}ti$^{\cdot 33}$tɑ^{41}kᴀ$^{\cdot 33}$tʰɑ^{33}i^{41}tsʰã^{33}。

0212　他爸爸揍了他一顿狠的[①]。

他爸爸打咖他一餐饱的。

tʰɑ^{33}pɑ^{24}pɑ$^{\cdot 45}$tɑ^{41}kᴀ$^{\cdot 33}$tʰɑ^{33}i^{41}tsʰã^{33}pɑu^{41}ti$^{\cdot 33}$。

0213　很好吃吧？——也不是很好吃。

赫好吃不啰？——也不是赫好吃。

xɤ^{41}xɑu^{41}tɕʰiᴀ^{24}pu^{45}lo$^{\cdot 45}$？——iɛ^{41}pu^{45}ʃʅ^{21}xɤ^{41}xɑu^{41}tɕʰiᴀ^{24}。

0214　很好吃吧？——很好吃也不见得。

赫好吃不啰？——赫好吃也不是。

xɤ^{41}xɑu^{41}tɕʰiᴀ^{24}pu^{45}lo$^{\cdot 45}$？——xɤ^{41}xɑu^{41}tɕʰiᴀ^{24}iɛ^{41}pu^{45}ʃʅ^{21}。

0215　他眼睛看不见，耳朵也听不见。

他眼睛不看得，耳朵也不听得。

tʰɑ^{33}ŋã^{41}tɕin$^{\cdot 45}$pu^{24}kʰɵ̃^{45}tei$^{\cdot 33}$，ai^{41}to$^{\cdot 45}$iɛ^{41}pu^{24}tʰin^{45}tei$^{\cdot 33}$。

0216　说是他感冒了五六天了。

讲是他感冒咖五六天哒。

koŋ^{41}ʃʅ^{21}tʰɑ^{33}kã^{41}mɑu^{45}kᴀ$^{\cdot 33}$u^{41}ləɯ^{24}tʰiĩ^{33}tᴀ$^{\cdot 21}$。

0217　小波还不想吃东西，说是肚子不饿。

小波还不想吃家伙，讲是肚子还不膳。

ɕiɑu^{41}po^{33}xai^{13}pu^{24}ɕioŋ^{41}tɕʰiᴀ^{24}tɕiᴀ^{33}xo$^{\cdot 33}$，koŋ^{41}ʃʅ^{21}təɯ^{41}tsɿ$^{\cdot 33}$xai^{13}pu^{45}tsɑu^{13}。

0218　老人们要多吃点蔬菜。

老人家要多吃点青菜/小菜。

lɑu^{41}in^{13}kᴀ^{33}iɑu^{45}to^{33}tɕʰiᴀ^{24}tiĩ^{41}tɕʰin^{33}tsʰai^{45}/ɕiɑu^{41}tsʰai^{45}。

---

① 此句为方言说法，其普通话说法同 0211 句的“他爸爸狠狠地揍了他一顿”。

0219　男人们要是好吃懒做呢就不得了啊。

男人家要是好吃懒做嘞就不得了啊。

lã^{13}in^{13}kᴀ^{33}iɑu^{45}ʃʅ^{21}xɑu^{45}tɕʰiᴀ^{24}lã^{41}tsəɯ^{45}lei$^{·33}$tɕiəɯ^{21}pu^{45}tei$^{·33}$liɑu^{41}ᴀ$^{·21}$。

0220　姑娘家出门还是要打扮打扮。

姑娘家出门/出去还是要打扮一下唧。

ku^{33}ȵioŋ^{13}kᴀ^{33}tɕʰy^{24}mən^{13}/tɕʰy^{24}tɕʰiɛ^{45}xai^{13}ʃʅ^{21}iɑu^{45}tɑ^{41}pã^{45}i^{41}xɑ^{21}tɕi$^{·33}$。

第五章　长篇话语

一、对话

（一）老城记忆

对话人：

何——何敏捷，老派（男）

郭——郭翠娥，老派（女）

黄——黄熙涵，青派（男）

何：我细时候，住在株洲市的徐家桥的结谷街。

ŋo^{41}ɕi^{45}sɿ^{13}xəɯ^{21}，tɕy^{21}tsai^{21}tɕy^{33}tsəɯ^{33}sɿ^{21}ti$^{\cdot 33}$tɕi^{13}kᴀ^{33}tɕiɑu^{13}ti$^{\cdot 33}$tɕiɛ^{24}ku^{24}kai^{33}。

何：我小时候，住在株洲市的徐家桥的结谷街。

我屋门口有只好大的大坪。

uo^{41}u^{24}mən^{13}k^{h}əɯ^{41}iəɯ^{41}tsɑ^{24}xɑu^{41}tai^{21}ti$^{\cdot 33}$tai^{21}piã^{13}。

我家门口有块很大的大平地。

那只火车站隔我屋里也不远，

lᴀ^{24}tsɑ^{24}xo^{41}ts^{h}ɤ^{33}tsã^{21}kɤ^{24}ŋo^{41}u^{24}li$^{\cdot 33}$iɛ^{41}pu^{24}yẽ^{41}，

那个（株洲）火车站离我家也不远，

从火车站由北往南就是[1]徐家桥的堤升街，

tsʰəŋ^{13}xo^{41}tsʰɤ^{33}tsã^{21}iəɯ^{13}pɤ^{24}uã^{21}lã^{13}tɕiəɯ^{21}sɿ^{21}tɕi^{13}kᴀ^{33}tɕiɑu^{13}ti$^{·33}$ti^{13}sən^{33}kai^{33}，

从火车站由北往南就是徐家桥的堤升街，

堤升街过来嘞就是结谷街，结谷街过来嘞就是建宁街，

ti^{13}sən^{33}kai^{33}ku^{45}lai^{13}lei$^{·33}$tɕiəɯ^{21}sɿ^{21}tɕiɛ^{24}ku^{24}kai^{33}，tɕiɛ^{24}ku^{24}kai^{33}ku^{45}lai^{13}lei$^{·33}$ tɕiəɯ^{21}sɿ^{21}tɕiĩ^{45}ȵin^{13}kai^{33}，

堤升街过来呢就是结谷街，结谷街（再）过来呢就是建宁街，

过完建宁街，就是我们的那只有名的箇只[2]徐家桥。

ku^{45}uã^{13}tɕiĩ^{45}ȵin^{13}kai^{33}，tɕiəɯ^{21}sɿ^{21}ŋo^{41}mən$^{·13}$ti$^{·33}$lᴀ^{45}tsɑ$^{·45}$iəɯ^{41}min^{13}ti$^{·33}$kei^{45} tsɑ$^{·45}$tɕi^{13}kᴀ^{33}tɕiɑu^{13}。

过了建宁街，就是我们的那座有名的这个徐家桥。

那只桥唉，都是石头板做的。

lᴀ^{45}tsɑ^{24}tɕiɑu^{13}uai$^{·21}$，təɯ^{33}sɿ^{21}sɿ^{24}təɯ^{13}pã^{41}tsəɯ^{45}ti$^{·33}$。

那座桥啊，都是石板做成的。

过咖桥，上面，就喊大胜岭。

ku^{45}kᴀ$^{·33}$tɕiɑu^{13}，sɑŋ^{21}miĩ^{21}，tɕiəɯ^{21}xã^{41}tai^{21}sən^{45}lin^{41}。

过了桥，（桥的）上边，就叫大胜岭。

大胜岭越往上面走嘞就是一条横路子，往肚里有只老街，

tai^{21}sən^{45}lin^{41}yɛ^{24}uɑŋ^{21}sɑŋ^{21}miĩ^{21}tsəɯ^{41}lei$^{·33}$tɕiəɯ^{21}sɿ^{21}i^{24}tiɑu^{13}fən^{13}ləɯ^{21}tsɿ$^{·33}$，moŋ^{41}təɯ^{21}li$^{·33}$iəɯ^{41}tsɑ^{24}lɑu^{41}kai^{33}，

大胜岭再往上走呢就是一条横路，往里（走）有条老街，

---

① “是”的发音有[sɿ^{21}][ʃʅ^{21}]两个自由变体。

② “箇只”是话题标记。

结谷街嘞在徐家桥箇一整个箇一地段，还属于比较繁华的。

tɕiɛ^{24}ku^{24}kai^{33}lei$^{\cdot 33}$tsai^{21}tɕi^{13}kᴀ^{33}tɕiɑu^{13}ko^{24}i^{41}tsən^{41}ko^{45}ko^{24}i^{41}ti^{21}tə̃^{45}，xai^{13} səɯ^{24}y^{13}pi^{41}ɕiɑu^{45}fã^{13}fɑ^{13}ti$^{\cdot 33}$。

结谷街呢在徐家桥这一整个这一地段，还属于比较繁华的。

当时嘞，呃①，箇②私人嘞，家家户户，有些屋里嘞，

tɑŋ^{33}sɿ^{13}lei$^{\cdot 33}$，ei^{21}，ko^{24}sɿ^{33}zən^{13}lei$^{\cdot 33}$，tɕiᴀ^{33}tɕiᴀ^{33}fu^{21}fu^{21}，iəɯ^{41}ɕiɛ^{33}u^{24}li$^{\cdot 33}$lei$^{\cdot 33}$，

当时呢，呃，这私人呢，家家户户，有些人家呢，

还可以做下子，你③像补炉锅的唉，修锁的唉，都有。

xai^{13}kʰo^{41}i^{41}tsəɯ^{45}xɑ^{21}tsɿ$^{\cdot 33}$，li^{41}ɕiɑŋ^{21}pu^{41}ləɯ^{13}ko^{33}ti$^{\cdot 33}$ai$^{\cdot 33}$，ɕiəɯ^{33}so^{41}ti$^{\cdot 33}$ai$^{\cdot 33}$，təɯ^{33}iəɯ^{41}。

还可以做一做（小生意），像补饭锅的啊，修锁的啊，都有。

后来嘞，因为我们箇只娘老子嘞有工作，

xəɯ^{21}lai^{13}lei$^{\cdot 33}$，in^{33}uei^{13}ŋo^{41}mən$^{\cdot 13}$ko^{45}tsɑ$^{\cdot 45}$ȵiã^{13}lɑu^{41}tsɿ$^{\cdot 33}$lei$^{\cdot 33}$iəɯ^{41}kəŋ^{33}tso^{24}，

后来呢，因为我这个母亲呢（在建设百货商店）有工作，

就得结谷街的箇只④前面走过去十几米子地方，有只建设百货商店，

tɕiəɯ^{21}tei^{21}tɕiɛ^{24}ku^{24}kai^{33}ti$^{\cdot 33}$kei^{24}tsɑ^{24}tɕiĩ^{13}miĩ^{21}tsəɯ^{41}ku^{45}kʰɤ^{45}sɿ^{24}tɕi^{41}mi^{41} tsɿ$^{\cdot 33}$ti^{21}fɑŋ^{33}，iəɯ^{41}tsɑ^{24}tɕiĩ^{45}sɤ^{24}pɤ^{24}xo^{45}sɑŋ^{33}tiĩ^{45}，

就在结谷街的这个前面走过去十几米（的）地方，有个建设百货商店，

我在建设百货商店嘞长大的。

ŋo^{41}tsai^{21}tɕiĩ^{45}sɤ^{24}pɤ^{24}xo^{45}sɑŋ^{33}tiĩ^{45}lei$^{\cdot 33}$tsɑŋ^{41}tai^{21}ti$^{\cdot 33}$。

① 此类独用的“呃”是话语标记的一种特殊形式，无实义，主要通过有声停顿来表示话题的延续，功能与后文独用的“唉啊”“嗯”“好”“咹嗯”“啊”等相同。

② “箇”是话题标记。

③ “你”是一种交互主观化话语标记，用于有听话人的话语场景。

④ “箇只”是话题标记。

我在建设百货商店（里）呢长大的。

我们那商店嘞，是只院子肚里嘞，

ŋo^{41}mən$^{\cdot 13}$lᴀ^{45}saŋ^{33}tiĩ^{45}lei$^{\cdot 33}$，sɿ^{21}tsa^{24}yɵ̃^{45}tsɿ$^{\cdot 33}$təɯ^{21}li$^{\cdot 33}$lei$^{\cdot 33}$，

我们那商店呢，是（在）一个院子里呢，

大概有几十个细伢子，专门在一起嘞打板，踢燕子，

tai^{21}kʰai^{45}iəɯ^{41}tɕi^{41}sɿ^{24}ko^{45}ɕi^{45}ŋa^{13}tsɿ$^{\cdot 33}$，tsɵ̃^{33}mən^{13}tsai^{21}i^{41}tɕʰi^{41}lei$^{\cdot 33}$ta^{41}pã^{41}，tʰi^{24}iĩ^{45}tsɿ$^{\cdot 33}$，

大概有几十个小孩子，经常在一起呢打纸板，踢毽子，

打得螺，挖沙坑，还有打弹弓。

ta^{41}tɤ^{24}lo$^{\cdot 33}$，uᴀ^{33}sᴀ^{33}kʰən^{33}，xai^{13}iəɯ^{41}ta^{41}tã^{21}kən^{33}。

打陀螺，挖沙坑，还有打弹弓。

那时候沙坑嘞，搞基建，丢到马路边上，

lᴀ^{45}sɿ^{13}xəɯ^{21}sᴀ^{33}kʰən^{33}lei$^{\cdot 33}$，kau^{41}tɕi^{33}tɕiĩ^{45}，tiəɯ^{33}tau$^{\cdot 45}$ma^{41}ləɯ^{21}piĩ^{33}saŋ$^{\cdot 21}$，

那时候（挖）沙坑呢，搞基建，（沙子便）留在马路边上，

我们就跑到那里嘞挖只洞，

ŋo^{41}mən$^{\cdot 13}$tɕiəɯ^{21}pʰau^{41}təɯ^{45}lᴀ^{45}li$^{\cdot 33}$lei$^{\cdot 33}$uᴀ^{33}tsa^{24}tən^{21}，

我们然后跑到那里呢挖个洞，

上面嘞，放哒个①纸，然后再把沙子底下放只弹簧，

saŋ^{21}miĩ^{21}lei$^{\cdot 33}$，faŋ^{45}tᴀ$^{\cdot 21}$ko$^{\cdot 33}$tsɿ^{41}，yɵ̃^{13}xəɯ^{21}tsai^{45}pa^{41}sᴀ^{33}tsɿ$^{\cdot 33}$ti^{41}xa^{21}faŋ^{45}tsa^{24}tã^{13}faŋ^{13}，

上面呢，放着纸，然后再在沙子下放个弹簧，

放只弹簧嘞，就把那只唉，

faŋ^{45}tsa^{24}tã^{24}faŋ^{13}lei$^{\cdot 33}$，tɕiəɯ^{21}pa^{41}lᴀ^{45}tsa$^{\cdot 45}$ai$^{\cdot 33}$，

① “哒个”是双音节持续体标记。

放个弹簧呢，就在那个啊，

那只底下放只弹簧，哪个一踩到沙高头，

lᴀ^{45}tsɑ^{24}ti^{41}xɑ^{21}fɑŋ^{45}tsɑ^{24}tã^{13}fɑŋ^{13}，lai^{41}ko^{45}i^{41}ts^{h}ai^{41}tɑu^{45}sᴀ^{33}kɑu^{33}təɯ^{13}，

那个底下放个弹簧，谁一踩到沙子上，

把纸盖哒，然后上面敷起个①沙子，

pɑ^{41}tsɿ^{41}kai^{45}tᴀ$^{\cdot 21}$，yẽ^{13}xəɯ^{21}sɑŋ^{21}miĩ^{21}fu^{33}tɕ^{h}i$^{\cdot 41}$ko$^{\cdot 33}$sᴀ^{33}tsɿ$^{\cdot 33}$，

用纸盖着，然后上面铺着沙子，

而且箇②哪个一踩得，就一弹，一跌到眼肚里，就弹哒脚。

ɤ^{13}tɕ^{h}iɛ^{41}kei^{24}lai^{41}ko^{45}i^{41}ts^{h}ai^{41}tei$^{\cdot 21}$，tɕiəɯ^{21}i^{41}tã^{13}，i^{41}t^{h}iɛ^{41}tɑu^{45}ŋã^{41}təɯ^{21}li$^{\cdot 33}$，

tɕiəɯ^{21}tã^{13}tᴀ$^{\cdot 21}$tɕio^{24}。

而且谁一旦踩到，就会一弹，一掉到洞里，就会弹到脚，

弹那只痛苦的样子嘞，我人就几好笑的，大家都笑起箇个③东西。

tã^{21}lᴀ^{45}tsɑ^{24}t^{h}əŋ^{45}k^{h}u^{41}ti$^{\cdot 33}$iɑŋ^{21}tsɿ$^{\cdot 33}$lei$^{\cdot 33}$，ŋo^{41}in^{13}tɕiəɯ^{21}tɕi^{41}xɑu^{41}ɕiɑu^{45}ti$^{\cdot 33}$，

tai^{21}kᴀ^{33}təɯ^{33}ɕiɑu^{45}tɕ^{h}i$^{\cdot 21}$ko^{24}ei$^{\cdot 33}$tən^{33}ɕi$^{\cdot 33}$，

弹（得）那痛苦的样子呢，我们就（觉得）很好笑，大家都笑这样（的）事情。

唉，同学，你们那时候是玩什么东西嘞？

ai^{33}，tən^{13}ʃo^{24}，li^{41}mən$^{\cdot 13}$lᴀ^{45}sɿ^{13}xəɯ^{21}sɿ^{21}uã^{13}sən^{21}mo$^{\cdot 33}$tən^{33}ɕi$^{\cdot 33}$lei$^{\cdot 33}$？

哎，（郭）同学，你们那时候是玩什么东西呢？

郭：我们那时唉，箇女同学唉，

ŋo^{41}mən$^{\cdot 13}$lᴀ^{45}sɿ^{13}ai$^{\cdot 21}$，ko^{24}ȵy^{41}tən^{13}ʃo^{24}ai$^{\cdot 21}$，

---

① “起个”是双音节持续体标记。

② “箇”是话题标记。后文“箇女同学唉”中的“箇”同此。

③ “起”黏附在动词（笑）上，表示动作所涉及的对象（箇个东西）；代词“箇个这样”中的“个”读弱化音[ei$^{\cdot 33}$]。

郭：我们那时候啊，这女同学啊，

就专门踢燕子唻，跳橡皮筋，踢房子，玩纸飞机。

tɕiəɯ^{21}tɕyẽ^{33}mən^{13}tʰi^{24}iĩ^{45}tsɿ$^{\cdot 33}$lai$^{\cdot 33}$，tʰiau^{45}ɕiaŋ^{45}pi^{13}tɕin^{33}，tʰi^{24}faŋ^{13}tsɿ$^{\cdot 33}$，uã^{13}tsɿ^{41}fei^{33}tɕi^{33}。

就是专门踢毽子啊，跳橡皮筋，跳房子，玩纸飞机。

何：那我们还有蛮多嘞！

lᴀ^{45}ŋo^{41}mən$^{\cdot 13}$xai^{13}iəɯ^{41}mã^{13}to^{33}lei$^{\cdot 33}$！

何：那我们还有很多呢！

我们嘞玩的东西，唉，那就是讲，我们还打那纸板子。

ŋo^{41}mən$^{\cdot 13}$lei$^{\cdot 33}$uã^{13}ti$^{\cdot 33}$tən^{33}ɕi$^{\cdot 33}$，ai^{21}，lᴀ^{45}tɕiəɯ^{21}sɿ^{21}kaŋ^{41}，ŋo^{41}mən$^{\cdot 13}$xai^{13}ta^{41}lᴀ^{45}tsɿ^{41}pã^{41}tsɿ$^{\cdot 33}$。

我们呢玩的东西，啊，那就是说，我们还打那纸板。

纸板就分好多种，好多种嘞，像箇号吃烟的烟盒子板，

tsɿ^{41}pã^{41}tɕiəɯ^{21}fən^{33}xau^{41}to^{33}tsən^{41}，xau^{41}to^{33}tsən^{41}lei$^{\cdot 33}$，ɕiaŋ^{21}ko^{24}xau^{21}tɕʰiᴀ^{24}iĩ^{33}ti$^{\cdot 33}$iĩ^{33}xo^{24}tsɿ$^{\cdot 33}$pã^{41}，

纸板然后分很多种，很多种呢，像那种抽烟的烟盒（做的纸）板，

我们叫“玩烟盒子板”唉，

ŋo^{41}mən$^{\cdot 13}$tɕiau^{45}uã^{13}iĩ^{33}xo^{24}tsɿ$^{\cdot 33}$pã^{41}ai$^{\cdot 21}$，

我们叫做“玩烟盒板”呢，

唉，那烟盒子板就是讲，根据箇只烟的箇只①贵和便宜，

ai^{21}，lᴀ^{45}iĩ^{33}xo^{24}tsɿ$^{\cdot 33}$pã^{41}tɕiəɯ^{21}sɿ^{21}kaŋ^{41}，kən^{33}tɕy^{45}ko^{24}tsa^{24}iĩ^{33}ti$^{\cdot 33}$ko^{24}tsa^{24}kuei^{45}xo^{13}piĩ^{13}i^{21}，

啊，那烟盒板就是说，根据这个烟的这个贵和便宜，

① 句中两个“箇只”都是话题标记。

箇只烟盒子板就抵钱，

kei^{24}tsɑ^{24}iĩ^{33}xo^{24}tsʅ$^{\cdot 33}$pã^{41}tɕiəɯ^{21}ti^{41}tɕiĩ^{13}，

这个烟盒板就（可以）抵钱，

就是一只，好多个是好多份，看你哪个的多。

tɕiəɯ^{21}sʅ^{21}i^{24}tsɑ^{45}，xɑu^{41}to^{33}ko^{45}sʅ^{24}xɑu^{41}to^{33}fən^{21}，k^{h}ã^{45}li^{41}lai^{41}ko^{45}ti$^{\cdot 33}$to^{33}。

就是一只（算一个），多少个算多少份，看谁的多。

唉，冇~①家伙玩得嘞，连柴火也可以玩。

ai^{21}，mɑuː^{21}tɕiᴀ^{33}xo$^{\cdot 33}$uã^{13}tei$^{\cdot 33}$lei$^{\cdot 33}$，liĩ^{13}tsai^{13}xo^{41}iɛ^{41}k^{h}o^{41}i^{41}uã^{13}。

啊，没有东西能玩呢，连柴火也可以玩。

箇只柴棍子唉，用那柴棍子一起唉，

kei^{24}tsɑ^{24}tsai^{13}kuən^{45}tsʅ$^{\cdot 33}$ai$^{\cdot 21}$，in^{21}lᴀ^{45}tsai^{13}kuən^{45}tsʅ$^{\cdot 33}$i^{41}tɕ^{h}i^{41}ai$^{\cdot 33}$，

这个柴棍啊，用那柴棍一起（射箭）啊，

我们嘞，看哪个射得远些，

ŋo^{41}mən$^{\cdot 13}$lei$^{\cdot 33}$，k^{h}ã^{45}lai^{41}ko^{45}sᴀ^{45}tei$^{\cdot 33}$yɵ̃^{41}ɕiɛ^{33}，

我们呢，看谁射得远一些，

前面，唉，看哪个屋里柴粗些，

tɕiĩ^{13}miĩ^{21}，ai^{21}，k^{h}ã^{45}lai^{41}ko^{45}u^{24}li$^{\cdot 33}$tsai^{13}ts^{h}əɯ^{33}ɕiɛ^{33}，

（房屋）前，啊，看谁家房屋（的）柴（棍）粗一些，

也得箇里玩。你那时嘞？

iɛ^{41}tei^{21}ko^{24}li$^{\cdot 33}$uã^{13}。li^{41}lᴀ^{45}sʅ^{13}lei$^{\cdot 33}$？

（女同学）也在这里玩。你那时候呢？

郭：我们那时唉，女同学专门唉，

ŋo^{41}mən$^{\cdot 13}$lᴀ^{45}sʅ^{13}ai$^{\cdot 21}$，ȵy^{41}tən^{13}ʃo^{24}tɕyɵ̃^{33}mən^{13}ai$^{\cdot 21}$，

① “冇~[mɑuː^{21}]没有”为省合长音，由“冇得[mɑu^{21}tei$^{\cdot 33}$]没有”省合“得”而成。

郭：我们那时候啊，女同学专门啊，

就是那冰棒棍子唉，把那冰棒棍子拆了，

tɕiəɯ^{21}sɿ^{21}lᴀ^{45}pin^{33}paŋ^{45}kuən^{45}tsɿ$^{\cdot 33}$ai$^{\cdot 21}$，pɑ^{41}lᴀ^{45}pin^{33}paŋ^{45}kuən^{45}tsɿ$^{\cdot 33}$tsʰɤ^{24} lᴀ$^{\cdot 33}$，

就是那冰棒棍啊，把那冰棒棍拆了，

往地下一甩，在那插十字架玩。

uɑŋ^{21}ti^{21}ɕiᴀ^{21}i^{41}ʃuai^{41}，tsai^{21}lᴀ^{45}tsʰɑ^{24}sɿ^{24}tsɿ^{21}tɕiᴀ^{45}uã^{13}。

往地上一甩，在那里插十字架玩。

有时候嘞一群人嘞就去游泳，到河里面。

iəɯ^{41}sɿ^{13}xəɯ^{21}lei$^{\cdot 33}$i^{41}tɕyn^{13}zən^{13}lei$^{\cdot 33}$tɕiəɯ^{21}kʰɤ^{45}iəɯ^{13}yn^{45}，tɑu^{45}xo^{13}li$^{\cdot 41}$miĩ^{21}。

有时候呢一群人呢就去游泳，到河里。

一游泳嘞，有时嘞冇搞得好嘞，就跌到那沙塘里面去哒。

i^{41}iəɯ^{13}yn^{45}lei$^{\cdot 33}$，iəɯ^{41}sɿ^{13}lei$^{\cdot 33}$mɑu^{21}kɑu^{41}tei$^{\cdot 33}$xɑu^{41}lei$^{\cdot 33}$，tɕiəɯ^{21}tʰiɛ^{41}tɑu^{45}lᴀ^{45} sᴀ^{33}toŋ^{13}li^{41}miĩ^{21}kʰɤ^{45}tᴀ$^{\cdot 21}$。

一游泳呢，有时候呢没弄好呢，就掉到那沙坑里去了。

那沙塘里面，专门有那个挖沙机，挖沙子的，

lᴀ^{45}sᴀ^{33}toŋ^{13}li^{41}miĩ^{21}，tɕyẽ^{33}mən^{13}iəɯ^{41}lᴀ^{45}ko^{45}uᴀ^{33}sᴀ^{33}tɕi^{33}，uᴀ^{33}sᴀ^{33}tsɿ$^{\cdot 33}$ti$^{\cdot 33}$，

那沙坑里，专门有那种挖沙机，挖沙子的，

一掉下去又一喷，一掉下去又一浮上来，掉下去又一浮上来。

i^{24}tiɑu^{45}ɕiᴀ^{21}kʰɤ^{45}iəɯ^{21}i^{24}pʰən^{33}，i^{24}tiɑu^{45}ɕiᴀ^{21}kʰɤ^{45}iəɯ^{21}i^{24}fəɯ^{13}sɑŋ^{21}lai$^{\cdot 13}$，tiɑu^{45}ɕiᴀ^{21}kʰɤ^{45}iəɯ^{21}i^{24}fəɯ^{13}sɑŋ^{21}lai$^{\cdot 13}$。

（挖沙机）一掉下去又一喷，一掉下去又一浮上来，（一）掉下去又一浮上来。

那专门在那只沙滩高头玩。

lᴀ^{45}tɕyõ^{33}mən^{13}tsai^{21}lᴀ^{45}tsɑ^{24}sᴀ^{33}tʰã^{33}kɑu^{33}təɯ^{13}uã^{13}。

那经常在那沙滩上玩。

同学，你们那时候后背怎么玩法的啰？

tən^{13}ʃo^{24}，li^{41}mən$^{·13}$lᴀ^{45}ʃʅ^{13}xəɯ^{21}xəɯ^{21}pei^{45}tsən^{41}mo$^{·33}$uã^{13}fɑ^{24}ti$^{·33}$lo$^{·33}$？

同学，你们那时候后来怎么玩的呢？

何：我记得我那细时候唉，到我另外只要得好的屋里去玩嘞，

ŋo^{41}tɕi^{45}tei^{24}ŋo^{41}lᴀ^{45}ɕi^{45}sɿ^{13}xəɯ^{21}ai$^{·21}$，tɑu^{45}ŋo^{41}lin^{21}uai^{21}tsɑ^{24}sɑ^{41}tei$^{·24}$xɑu^{41}ti$^{·33}$u^{24}li$^{·33}$kʰɤ^{45}uã^{13}lei$^{·33}$，

何：我记得我那小时候啊，到我另外一个玩得好的（朋友）家里去玩呢，

他屋里就住到箇只大胜岭高头箇只唉，

tʰɑ^{33}u^{24}li$^{·33}$tɕiəɯ^{21}tɕy^{21}tɑu^{45}ko^{24}tsɑ^{24}tai^{21}sən^{45}liã^{41}kɑu^{33}təɯ^{13}kei^{24}tsɑ^{24}ai$^{·33}$，

他家里就住在这个大胜岭上这个啊，

箇只徐家桥的箇只桥高头，那只上面。

kei^{24}tsɑ^{24}tɕi^{13}kᴀ^{33}tɕiɑu^{13}ti$^{·33}$kei^{24}tsɑ^{24}tɕiɑu^{13}kɑu^{33}təɯ^{13}，lᴀ^{45}tsɑ^{24}sɑŋ^{21}miĩ^{21}。

这个徐家桥的这个桥上边，那上边。

那只上面嘞，就我们喊它“桥头堡”，喊他屋里为“守桥部队”。

lᴀ^{45}tsɑ^{24}sɑŋ^{21}miĩ^{21}lei$^{·33}$，tɕiəɯ^{21}ŋo^{41}mən$^{·13}$xã^{41}tʰɑ^{33}tɕiɑu^{13}təɯ^{13}pɑu^{41}，xã^{41}tʰɑ^{33}u^{24}li$^{·33}$uei^{13}səɯ^{41}tɕiɑu^{13}pu^{21}tei^{45}。

那上边呢，然后我们叫它“桥头堡”，叫他家里为“守桥部队”。

那时候箇只徐家桥的底下箇只水唉揪清①的。

lᴀ^{45}sɿ^{13}xəɯ^{21}kei^{24}tsɑ^{24}tɕi^{13}kᴀ^{33}tɕiɑu^{13}ti$^{·33}$ti^{41}xɑ^{21}kei^{24}tsɑ^{24}ʃuei^{41}ai$^{·21}$tɕiəɯ^{45}tɕʰin^{33}ti$^{·33}$。

那时候这个徐家桥的底下这个水啊很清澈的。

① “揪清的很清澈的”为“BA 的”式状态形容词。

一般的，你像那个徐家桥的那个①水唉，清到什么程度嘞？

i^{24}pã^{33}ti$^{\cdot33}$，li^{41}çiaŋ^{21}lᴀ^{45}ko^{45}tçi^{13}kᴀ^{33}tçiau^{13}ti$^{\cdot33}$lᴀ^{45}ko^{45}ʃuei^{41}ai$^{\cdot21}$，tç^{h}in^{33}tau^{45}sən^{21}mo$^{\cdot33}$tsən^{13}təɯ^{45}lei$^{\cdot33}$？

一般的（情况下），像那徐家桥的那水啊，清到什么程度呢？

箇屋里唉，就是讲日常用水，

ko^{24}u^{24}li$^{\cdot33}$iai$^{\cdot33}$，tçiəɯ^{21}sɿ^{21}kaŋ^{41}zɿ^{24}saŋ^{13}in^{21}ʃuei^{41}，

这家里啊，就是说日常用水，

洗衣服唉，洗澡唉，下得箇只港里面。

çi^{41}i^{33}fu^{24}ai$^{\cdot33}$，çi^{41}tsau^{41}uai$^{\cdot33}$，xa^{21}tei^{21}kei^{24}tsa^{24}kaŋ^{41}li^{41}miĩ^{21}。

洗衣服啊，洗澡啊，都在这个港里。

那只港里面的人嘞，除非只是吃水，

lᴀ^{45}tsa^{24}kaŋ^{41}li^{41}miĩ^{21}ti$^{\cdot33}$zən^{13}lei$^{\cdot33}$，tçy^{13}fei^{33}tsɿ^{24}sɿ^{21}tç^{h}iᴀ^{24}ʃuei^{41}，

那港里的人呢，除非只是喝（的）水，

吃水嘞就是下是，有只水站得箇里，可以担，那时要在水站用钱买。

tç^{h}iᴀ^{24}ʃuei^{41}lei$^{\cdot33}$tçiəɯ^{21}sɿ^{21}xa^{21}sɿ^{21}，iəɯ^{41}tsa^{24}çy^{41}tsã^{21}tei^{21}ko^{24}li$^{\cdot33}$，k^{h}o^{41}i^{41}tã^{33}，lᴀ^{45}sɿ^{13}iau^{45}tsai^{21}çy^{41}tsã^{21}in^{21}tçiĩ^{13}mai^{41}。

喝（的）水呢就都是，有一个水站在那里，可以（去）挑，那时要在水站用钱买。

那只②底下的水还是揪清的，

lᴀ^{24}tsa^{24}ti^{41}çiᴀ^{21}ti$^{\cdot33}$ʃuei^{41}xai^{13}sɿ^{21}tçiəɯ^{45}tç^{h}iã^{33}ti$^{\cdot33}$，

那（徐家桥）底下的水还是很清澈的，

它清到我们好多，每次到它那里去游泳，就不限得要到河里去，

---

① 句中两个“那个”均为话题标记。作为话题标记，“那个”的使用频率很高。

② “那只”是话题标记。

tʰa^{33}tɕʰiã^{33}tau^{45}ŋo^{41}mən$^{\cdot13}$xau^{41}to^{33}，mei^{41}tsʰɿ^{45}tau^{45}tʰa^{33}lᴀ^{45}li$^{\cdot41}$kʰɤ^{45}iəɯ^{13}yn^{45}，tɕiəɯ^{21}pu^{24}xã^{21}tei$^{\cdot33}$iau^{45}tau^{45}xo^{13}li$^{\cdot33}$kʰɤ^{45}，

它清澈到我们好多（人），每次（都）到它那里去游泳，就不限于要到河里去（游泳），

河里水深咖得唻，那里的水嘞好清的。

xo^{13}li$^{\cdot33}$ʃuei^{41}sən^{33}kᴀ$^{\cdot33}$tei$^{\cdot33}$lai$^{\cdot33}$，lᴀ^{45}li$^{\cdot33}$ti$^{\cdot33}$ʃuei^{41}lei$^{\cdot33}$xau^{41}tɕʰin^{33}ti$^{\cdot33}$。

河里的水深了啊，（港）那里的水呢很清的。

箇只河嘞，箇只港边上，一直到八〇年，

kei^{24}tsa^{24}xo^{13}lei$^{\cdot33}$，kei^{24}tsa^{24}kaŋ^{41}piĩ^{33}saŋ$^{\cdot21}$，i^{24}tsɿ^{24}tau^{45}pa^{24}lin^{13}ȵiĩ^{13}，

这条河呢，这个港边上，一直到八〇年，

我们去唉，那地方还是揪清的。

ŋo^{41}mən$^{\cdot13}$kʰɤ^{45}ai$^{\cdot21}$，lᴀ^{45}ti^{21}faŋ^{33}xai^{13}sɿ^{21}tɕiəɯ^{45}tɕʰin^{33}ti$^{\cdot33}$。

我们去（港边）啊，那地方（的水）还是很清澈的。

箇只后来嘞，随哒株洲的发展，引进哒好多箇做生意的，①

kei^{24}tsa$^{\cdot45}$xəɯ^{21}lai^{13}lei$^{\cdot33}$，sei^{13}tᴀ$^{\cdot45}$tɕy^{33}tsəɯ^{33}ti$^{\cdot33}$fa^{24}tsã^{41}，in^{41}tɕin^{45}tᴀ$^{\cdot21}$xau^{41}to^{33}ko^{24}tsəɯ^{45}sən^{33}i^{45}ti$^{\cdot33}$，

这后来呢，随着株洲的发展，引进了很多那做生意的，

特别是把我们那徐家桥的，我屋里那老屋都拆咖哒，

tʰɤ^{24}piɛ^{24}sɿ^{21}pa^{41}ŋo^{41}mən$^{\cdot13}$lᴀ^{45}tɕi^{13}kᴀ^{33}tɕiau^{13}ti$^{\cdot33}$，ŋo^{41}u^{24}li$^{\cdot33}$lᴀ^{45}lau^{41}u^{24}təɯ^{33}tsʰɤ^{24}kei$^{\cdot33}$tᴀ$^{\cdot21}$，

特别是把我们那徐家桥的，我家那老屋都拆掉了，

拆咖得嘞，现在就变成那只嘞结谷门哒，

tsʰɤ^{24}kei$^{\cdot33}$tei$^{\cdot33}$lei$^{\cdot33}$，ɕiĩ^{21}tsai^{45}tɕiəɯ^{21}piĩ^{45}tsən^{13}lᴀ^{45}tsa^{24}lei$^{\cdot33}$tɕiɛ^{24}ku^{24}mən^{13}

① 句中“箇只”和“箇”都是话题标记。

tA$^{\cdot 21}$，

拆掉了呢，现在就变成了那个呢结谷门了，

做农，做商，服装市场，

tsəɯ^{45}lən^{13}，tsəɯ^{45}sɑŋ^{33}，fu^{24}tsɑŋ^{33}sɿ^{21}tsɑŋ^{13}，

做农产品，做商业，（做）服装市场。

服装市场里面，那就①整个的就引进哒好多做，做哪些嘞？

fu^{24}tsɑŋ^{33}sɿ^{21}tsɑŋ^{13}li^{41}miĩ^{21}，lA^{24}tɕiəɯ^{21}tsən^{41}ko^{45}ti$^{\cdot 33}$tɕiəɯ^{21}in^{41}tɕin^{45}tA$^{\cdot 21}$xɑu^{41} to^{33}tsəɯ^{45}，tsəɯ^{45}lA^{41}ɕiɛ^{33}lei$^{\cdot 33}$？

服装市场里，然后整个地就引进了很多（服装生产厂家）做，做哪些呢？

那时候流行牛仔裤，箇只牛仔裤嘞就是我们那只唉在合泰的，

lA^{45}sɿ^{13}xəɯ^{21}liəɯ^{13}ɕin^{13}ȵiəɯ^{13}tsai^{41}kʰu^{45}，kei^{24}tsɑ$^{\cdot 45}$ȵiəɯ^{13}tsai^{41}kʰu^{45}lei$^{\cdot 33}$ tɕiəɯ^{21}sɿ^{21}ŋo^{41}mən$^{\cdot 13}$lA^{45}tsɑ$^{\cdot 45}$ai$^{\cdot 21}$tsai^{21}xo^{24}tʰai^{45}ti$^{\cdot 33}$，

那时候流行牛仔裤，这个牛仔裤呢就是我们那个啊在合泰的，

在合泰那只地方加工，漂染厂唉，染牛仔布的啰。

tsai^{21}xo^{24}tʰai^{45}lA^{45}tsɑ^{24}ti^{21}fɑŋ^{33}tɕiA^{33}kən^{33}，pʰiɑu^{41}iĩ^{41}tsʰɑŋ^{41}ŋai$^{\cdot 33}$，iĩ^{41}ȵiəɯ^{13} tsai^{41}pu^{45}ti$^{\cdot 33}$lai$^{\cdot 33}$。

在合泰那个地方加工，漂染厂啊，染牛仔布的（厂子）啊。

因为箇只牛仔裤的箇合泰，就是在箇只徐家桥的箇只②港边的上游。

in^{33}uei^{13}kei^{24}tsɑ$^{\cdot 45}$ȵiəɯ^{13}tsai^{41}kʰu^{45}ti$^{\cdot 33}$ko^{24}xo^{24}tʰai^{45}，tɕiəɯ^{21}sɿ^{21}tsai^{21}kei^{45}tsɑ$^{\cdot 45}$ tɕi^{13}kA^{33}tɕiɑu^{13}ti$^{\cdot 33}$kei^{24}tsɑ^{24}kɑŋ^{41}piĩ^{33}ti$^{\cdot 33}$sɑŋ^{21}iəɯ^{13}。

因为（做）这个牛仔裤的这合泰，就在这个徐家桥的这个港边的上游。

那时没有一点啊=子环保意识，

① 此句的“那就”是话语标记，相当于普通话的“然后”，功能是开启新话轮。

② 此句三个“箇只”以及“箇”都是话题标记。

lᴀ^{45}sɿ^{13}mei^{24}iəɯ^{41}i^{41}tĩ^{41}ŋei^{45}tsɿ$^{\cdot 33}$fã^{13}pɑu^{41}i^{45}sɿ^{24}，

那时候没有一点儿环保意识，

唉，株洲市嘞可能想促进箇只工业的发展，

ai^{21}，tɕy^{33}tsəɯ^{33}sɿ^{21}lei$^{\cdot 33}$k^{h}o^{41}lən^{13}ɕiɑŋ^{41}ts^{h}əɯ^{24}tɕin^{45}kei^{24}tsɑ$^{\cdot 45}$kən^{33}ȵiɛ^{24}ti$^{\cdot 33}$ fɑ^{24}tsã^{41}，

啊，株洲市呢可能想促进这个工业的发展，

就可能引进箇牛仔裤厂好多，漂染。

tɕiəɯ^{21}k^{h}o^{41}lən^{13}in^{41}tɕin^{45}kei^{24}ȵiəɯ^{13}tsai^{41}k^{h}u^{45}ts^{h}ɑŋ^{41}xɑu^{41}to^{33}，p^{h}iɑu^{41}iĩ^{41}。

就可能引进很多这牛仔裤厂，（进行）漂染。

它得箇港的上游，得那只渔场那里，渔场那里做好多箇厂子嘞，

t^{h}ɑ^{33}tei^{21}kei^{24}kɑŋ^{41}ti$^{\cdot 33}$sɑŋ^{21}iəɯ^{13}，tei^{21}lᴀ^{45}tsɑ^{24}y^{13}tsɑŋ^{13}lᴀ^{45}li$^{\cdot 33}$，y^{13}tsɑŋ^{13}lᴀ^{45}li$^{\cdot 33}$ tsəɯ^{45}xɑu^{41}to^{33}ko^{24}ts^{h}ɑŋ^{41}tsɿ$^{\cdot 33}$lei$^{\cdot 33}$，

它（指株洲市）在这港的上游，在那个渔场那里，渔场那里做（了）很多那工厂呢，

那后来污水唉，又不注意环保的，那污水就下排到箇只港里。

lᴀ^{45}xəɯ^{21}lai^{13}u^{33}ʃuei^{41}iai$^{\cdot 21}$，iəɯ^{21}pu^{24}tɕy^{45}i^{45}fã^{13}pɑu^{41}ti$^{\cdot 33}$，lᴀ^{45}u^{33}ʃuei^{41}tɕiəɯ^{21} xɑ^{21}pai^{13}tɑu^{45}kei^{24}tsɑ^{24}kɑŋ^{41}li$^{\cdot 33}$。

那后来（工厂排放的）污水啊，又不注意环保呢，那污水就都排到这个港里。

八〇年以前箇只港嘞还是揪清的，

pɑ^{24}lin^{13}ȵiĩ^{13}i^{41}tɕiĩ^{13}kei^{24}tsɑ^{24}kɑŋ^{41}lei$^{\cdot 33}$xai^{13}sɿ^{21}tɕiəɯ^{45}tɕ^{h}in^{33}ti$^{\cdot 33}$，

八〇年以前这个港呢还是很清澈的，

那用水唉，是唲，洗澡唉洗衣服唉都可以。

lᴀ^{45}in^{21}ʃuei^{41}ai$^{\cdot 33}$，sɿ^{21}pai$^{\cdot 33}$，ɕi^{41}tsɑu^{41}uai$^{\cdot 33}$ɕi^{41}i^{33}fu^{24}ai$^{\cdot 33}$təɯ^{33}k^{h}o^{41}i$^{\cdot 33}$。

那用水啊，是吧，洗澡啊洗衣服啊都可以。

到得八〇年以后时，那只河哟越来越污染重，越来越污染重，

tɑu^{45}tei$^{\cdot 33}$pɑ^{24}lin^{13}ȵiĩ^{13}i^{41}xəɯ^{21}ʃʅ$^{\cdot 21}$，lai^{24}tsɑ^{24}xo^{13}io$^{\cdot 21}$yɛ^{24}lai^{13}yɛ^{24}u^{33}zə̃^{41}tsən^{21}，yɛ^{24}lai^{13}yɛ^{24}u^{33}zə̃^{41}tsən^{21}，

到了八〇年以后呢，那河呀污染越来越重，污染越来越重，

就变成得一只臭水沟。

tɕiəɯ^{21}piĩ^{45}tsən^{13}tei$^{\cdot 33}$i^{24}tsɑ^{24}tsʰəɯ^{45}ʃuei^{41}kəɯ^{33}。

就变成了一条臭水沟。

箇只臭水沟唉，那就真的有蛮臭！

kei^{24}tsɑ^{24}tsʰəɯ^{45}ʃuei^{41}kəɯ^{33}ai$^{\cdot 21}$，lᴀ^{45}tɕiəɯ^{21}tsən^{33}ti$^{\cdot 33}$iəɯ^{41}mã^{13}tsʰəɯ^{45}！

这条臭水沟啊，那真的非常臭！

它整个水唉，就流动得慢，本身箇只水嘞就不深，好浅的，

tʰɑ^{33}tsən^{41}ko^{45}ʃuei^{41}ai$^{\cdot 21}$，tɕiəɯ^{21}liəɯ^{13}tən^{45}tei$^{\cdot 33}$mã^{21}，pən^{41}sən^{33}kei^{24}tsɑ^{24}ʃuei^{41}lei$^{\cdot 33}$tɕiəɯ^{21}pu^{24}sən^{33}，xɑu^{41}tɕʰiĩ^{41}ti$^{\cdot 33}$，

它整个水啊，然后流得慢，（加之）本来这个水呢就不深，很浅的，

箇上游一搞得箇①污水下来得唉，

ko^{24}sɑŋ^{21}iəɯ^{13}i^{24}kɑu^{41}tei$^{\cdot 24}$ko^{45}u^{33}ʃuei^{41}ɕiᴀ^{21}lai^{13}tei$^{\cdot 33}$ai$^{\cdot 21}$，

那上游一弄得这污水（流）下来了啊，

整个那只就是，那水从清水变成哒黑水。

tsən^{41}ko^{45}lᴀ^{45}tsɑ^{24}tɕiəɯ^{21}sʅ^{21}，lai^{45}ʃuei^{41}tsən^{13}tɕʰin^{33}ʃuei^{41}piĩ^{45}tsən^{13}tᴀ$^{\cdot 21}$xɤ^{24}ʃuei^{41}。

整个那条（港）就是，那水从清水变成了黑水。

到得九十年代时，随这个②株洲的发展，就后背把箇只港边上。

---

① 此句两个“箇”均为话题标记，根据语境，分别译为“那”“这”。

② “这个”是话题标记。

tɑu45tei·33tɕiəɯ41sɿ24ȵiĩ13tai45ʃʅ·21，sei13tsɤ24ko45tɕy33tsəɯ33ti·33fɑ24tsã41，tɕiəɯ21xəɯ21pei45pɑ41kei24tsɑ24kɑŋ41piĩ33sɑŋ·21。
到了九十年代呢，随（着）这个株洲的发展，后来就把这个港两边（填了盖房子）。

实在冇得搞势，生活不下去哒，
sɿ24tsai21mɑu21tei·33kɑu41sɿ45，sən33xo24pu24ɕiA21khɤ45tA·21，
实在没搞头，生活不下去了，

两边污染太大哒，就把它盖成哒房子。
liɑŋ41piĩ33u33zẽ41thai45tai21tA·21，tɕiəɯ21pɑ41thɑ33kai45tsən13tA·21fɑŋ13tsɿ·33。
两边污染太大了，就把它（填了后）盖成了房子。

把整个箇只港，把它市区经过的箇一坨，
pɑ41tsən41ko45ko24tsɑ24kɑŋ41，pɑ41thɑ33sɿ21tɕhy33tɕin33ko45ti·33kei24i24to13，
把整个这个港，把它（在）市区经过的这一段，

唉，从东面嘞，就是现在的1815线的箇只桥箇里，
ai21，tsən13tən33miĩ21lei·33，tɕiəɯ21sɿ21ɕiĩ21tsai45ti·33iɑu33pɑ24iɑu33u41ɕiĩ45ti·33kei24tsɑ24tɕiɑu13ko24li·33，
啊，从东边呢，就是现在的1815线的这座桥这里，

箇只株百芦淞店箇只地方，一直到箇只[①]河边上的纪念闸箇边上，
kei24tsɑ24tɕy33pɤ24ləɯ13sən33tiĩ45kei24tsɑ24ti21fɑŋ33，i24tsɿ24tɑu45ko24tsɑ24xo13piĩ33sɑŋ·21ti·33tɕi45ȵiĩ45tsɑ45ko24piĩ33sɑŋ·21，
这个株百芦淞店这个地方，一直到这个河边上的纪念闸这个旁边，

箇只西边箇纪念闸边上，整个箇只港嘞，就全部把它盖起哒。
ko24tsɑ24ɕi33piĩ33ko24tɕi45ȵiĩ45tsɑ45piĩ33sɑŋ·21，tsən41ko45ko24tsɑ24kɑŋ41lei·33，

① 此“箇只”为话题标记，其中“只[tsɑ24]”的声母[ts]有塞化现象，发音接近[t]。

tɕiəɯ^{21}tɕyõ^{13}pu^{45}pɑ^{41}tʰɑ^{33}kai^{45}tɕʰi$^{\cdot 41}$tᴀ$^{\cdot 21}$。

这个西边这纪念闸边上，整个这个港呢，就全部把它（用湖）盖住了。

盖得就盖得，上面嘞，从箇只港上面，

kai^{45}tei$^{\cdot 33}$tɕiəɯ^{21}kai^{45}tei$^{\cdot 33}$，sɑŋ^{21}miĩ^{21}lei$^{\cdot 33}$，tsən^{13}kei^{24}tsɑ^{24}kɑŋ^{41}sɑŋ^{21}miĩ^{21}，

盖了就盖了，上面呢，从这个港（的）上面，

建哒好多箇只商场，做生意的，做什么生意的都有。

tɕiĩ^{45}tᴀ$^{\cdot 21}$xɑu^{41}to^{33}kei^{24}tsɑ^{24}sɑŋ^{33}tsɑŋ^{13}，tsəɯ^{45}sən^{33}i^{45}ti$^{\cdot 33}$，tsəɯ^{45}sən^{21}mo$^{\cdot 33}$ sən^{33}i^{45}ti$^{\cdot 33}$təɯ^{33}iəɯ^{41}。

建了好多这个商场，做生意的，做什么生意的都有。

所以到现在嘞，唉，著名的株洲的箇只标志性的箇只桥，

so^{41}i^{41}tɑu^{45}ɕiĩ^{21}tsai^{45}lei$^{\cdot 33}$，ai^{21}，tɕy^{45}min^{13}ti$^{\cdot 33}$tɕy^{33}tsəɯ^{33}ti$^{\cdot 33}$kei^{24}tsɑ^{24}piɑu^{33} tsɿ^{45}ɕin^{45}ti$^{\cdot 33}$kei^{24}tsɑ^{24}tɕiɑu^{13}，

所以到现在呢，啊，著名的株洲的这个标志性的这个桥，

箇只徐家桥，都拆咖哒，都冇得哒。

kei^{24}tsɑ^{24}tɕi^{13}kᴀ^{33}tɕiɑu^{13}，təɯ^{33}tsʰɤ^{24}kei$^{\cdot 45}$tᴀ$^{\cdot 21}$，təɯ^{33}mɑu^{21}tei^{24}tᴀ$^{\cdot 21}$。

这个徐家桥，都拆掉了，都没有了。

然后嘞，箇只桥上面嘞盖上了房子哒，

yõ^{13}xəɯ^{21}lei$^{\cdot 33}$，kei^{24}tsɑ^{24}tɕiɑu^{13}sɑŋ^{21}miĩ^{21}lei$^{\cdot 33}$kai^{45}sɑŋ^{45}lei$^{\cdot 33}$fɑŋ^{13}tsɿ$^{\cdot 33}$tᴀ$^{\cdot 21}$，

然后呢，这个桥上面呢盖上了房子了，

唉，所以别个有时讲：

ai^{21}，so^{41}i^{41}piɛ^{24}ko^{45}iəɯ^{41}sɿ^{13}kɑŋ^{41}：

啊，所以有人有时候说：

“哎，你住得株洲的，你是徐家桥的，箇只徐家桥得哪里啰？”

ei^{45}，li^{41}tɕy^{21}tei^{21}tɕy^{33}tsəɯ^{33}ti$^{\cdot 33}$，li^{41}sɿ^{21}tɕi^{13}kᴀ^{33}tɕiɑu^{13}ti$^{\cdot 33}$，kei^{24}tsɑ^{24}tɕi^{13}kᴀ^{33}

tɕiɑu^{13}tei^{41}lᴀ^{41}li$^{\cdot 33}$lo$^{\cdot 33}$?

“哎，你（是）住在株洲的，你是徐家桥的，这个徐家桥在哪里呢？”

箇我们现在还不好跟别个怎么讲，

ko^{24}ŋo^{41}mən$^{\cdot 13}$ɕiĩ^{21}tsai^{45}xai^{13}pu^{24}xɑu^{41}kən^{33}piɛ^{24}ko^{45}tsən^{41}mo$^{\cdot 33}$kɑŋ^{41},

那么我们现在都不好跟别人怎么说（即解释），

箇只桥冇得哒，实际上。

kei^{24}tsɑ^{24}tɕiɑu^{13}mɑu^{21}tei^{24}tᴀ$^{\cdot 21}$，sɿ^{24}tɕi^{45}sɑŋ$^{\cdot 21}$。

这个桥没有了，实际上。

后来嘞，我们箇只株洲嘞，随哒发展，

xəɯ^{21}lai^{13}lei$^{\cdot 33}$，ŋo^{41}mən$^{\cdot 13}$kei^{24}tsɑ^{24}tɕy^{33}tsəɯ^{33}lei$^{\cdot 33}$，sei^{13}tᴀ$^{\cdot 21}$fɑ^{24}tsã^{41}，

后来呢，我们这个株洲呢，随着发展，

箇只①从堤升街唉，结谷街唉，建宁街唉，

kei^{24}tsɑ^{24}tsʰən^{13}ti^{13}sən^{33}kai^{33}ai$^{\cdot 33}$，tɕiɛ^{24}ku^{24}kai^{33}iai$^{\cdot 33}$，tɕiĩ^{45}ȵin^{13}kai^{33}iai$^{\cdot 33}$，

从堤升街啊，结谷街啊，（一直到）建宁街啊，

几乎是②属于重建哒，老建筑嘞冇一点哒。

tɕi^{33}fu^{33}sɿ^{21}səɯ^{24}y^{13}tsən^{13}tɕiĩ^{45}tᴀ$^{\cdot 21}$，lɑu^{41}tɕiĩ^{45}tsəɯ^{24}lei$^{\cdot 33}$mɑu^{21}i^{24}tiĩ^{41}tᴀ$^{\cdot 21}$，

几乎等于重建了，老建筑呢没有一点了。

大胜岭的嘞，两边的解放街，不管是解放东街还是解放西街，

tai^{21}sən^{45}liã^{41}ti$^{\cdot 33}$lei$^{\cdot 33}$，liã^{41}piĩ^{33}ti$^{\cdot 33}$kai^{41}fɑŋ^{45}kai^{33}，pu^{24}kuã^{41}sɿ^{21}kai^{41}fɑŋ^{45}təŋ^{33} kai^{33}xai^{13}sɿ^{21}kai^{41}fɑŋ^{45}ɕi^{33}kai^{33}，

大胜岭的（建筑）呢，两边的解放街，不管是解放东街还是解放西街，

都把它拆咖哒，都是重新建的，

① “箇只”是话题标记。

② 副词“几乎是”中的“是”为词内成分，具有后缀性质，无实义。

təɯ^{33}pɑ^{41}tʰɑ^{33}tsʰɤ^{24}kei$^{\cdot 33}$tᴀ$^{\cdot 21}$，təɯ^{33}sɿ^{21}tsən^{13}ɕin^{33}tɕiĩ^{45}ti$^{\cdot 33}$，

都把它拆掉了，都是重新建的，

只剩下得一个以居住为主的李家坪。

tsɿ^{24}sən^{21}ɕiᴀ^{21}tei$^{\cdot 33}$i^{41}ko^{45}i^{41}tɕy^{33}tɕy^{21}uei^{13}tɕy^{41}ti$^{\cdot 33}$li^{41}kᴀ^{33}piã^{13}。

只剩下了一个以居住为主的李家坪。

李家坪嘞就基本上就是属于住的为多，

li^{41}kᴀ^{33}piã^{13}lei$^{\cdot 33}$tɕiəɯ^{21}tɕi^{33}pən^{41}sɑŋ$^{\cdot 21}$tɕiəɯ^{21}sɿ^{21}səɯ^{24}y^{13}tɕy^{21}ti$^{\cdot 33}$uei^{13}to^{33}，

李家坪呢就基本上就属于以居住的（住户）为多（的地方），

唉，结谷街嘞，堤升街，建宁街，主要是靠做生意，还做点小生意。

ai^{21}，tɕiɛ^{24}ku^{24}kai^{33}lei$^{\cdot 33}$，ti^{13}sən^{33}kai^{33}，tɕiĩ^{45}ȵin^{13}kai^{33}，tɕy^{41}iɑu^{45}sɿ^{21}kʰɑu^{45} tsəɯ^{45}sən^{33}i^{45}，xai^{13}tsəɯ^{45}tiĩ^{41}ɕiɑu^{41}sən^{33}i^{45}。

啊，结谷街呢，堤升街，建宁街，主要是靠做生意，还做些小生意。

唉，李家坪就完全是住户。

ai^{21}，li^{41}kᴀ^{33}pin^{13}tɕiəɯ^{21}uã^{13}tɕiĩ^{13}sɿ^{21}tɕy^{21}fu^{21}。

啊，李家坪却完全是住户。

我们那时住得徐家桥的嘞，都还是有得箇风俗习惯，

ŋo^{41}mən$^{\cdot 13}$lᴀ^{45}sɿ^{13}tɕy^{21}tei^{33}tɕi^{13}kᴀ^{33}tɕiɑu^{13}ti$^{\cdot 33}$lei$^{\cdot 33}$，təɯ^{33}xai^{13}sɿ^{21}iəɯ^{41}tei$^{\cdot 33}$ko^{24} fən^{33}səɯ^{24}ɕi^{24}kuã^{45}，

我们那时住在徐家桥的呢，都还是有这个风俗习惯，

我们喊吃生日饭嘞，就叫“吃面”；

ŋo^{41}mən$^{\cdot 13}$xã^{41}tɕʰiᴀ^{24}sən^{33}zɿ^{13}fã^{21}lei$^{\cdot 33}$，tɕiəɯ^{21}tɕiɑu^{45}tɕʰiᴀ^{24}miĩ^{21}；

我们叫吃生日饭呢，就叫“吃面”；

唉，办喜酒结婚嘞，就叫“吃酒”；

ai^{21}，pã^{21}ɕi^{41}tɕiəɯ^{41}tɕiɛ^{24}fən^{33}lei$^{\cdot 33}$，tɕiəɯ^{21}tɕiɑu^{45}tɕʰiᴀ^{24}tɕiəɯ^{41}；

啊，办喜酒结婚呢，就叫“吃酒”；

唉，哪个屋里死咖人得嘞，箇①去吃饭嘞，就叫做“吃肉”。

ai^{21}，lai^{41}ko^{45}u^{24}li$^{\cdot 33}$sɿ^{41}kei$^{\cdot 33}$zən^{13}tei$^{\cdot 33}$lei$^{\cdot 33}$，kei^{24}tɕ^{h}iɛ^{45}tɕ^{h}iᴀ^{24}fã^{21}lei$^{\cdot 33}$，tɕiəɯ^{21}tɕiɑu^{45}tsəɯ^{45}tɕ^{h}iᴀ^{24}iəɯ^{24}。

啊，谁家里死了人了呢，这去吃饭呢，就叫做“吃肉”。

唉，所以我们箇株洲有只习惯，

ai^{21}，so^{41}i$^{\cdot 33}$ŋo^{41}mən$^{\cdot 13}$ko^{24}tɕy^{33}tsəɯ^{33}iəɯ^{41}tsɑ^{24}ɕi^{24}kuã^{45}，

啊，所以我们株洲有个习惯，

因为箇只“吃肉”箇死咖人的箇只饭嘞，

in^{33}uei^{13}ko^{24}tsɑ$^{\cdot 45}$tɕ^{h}iᴀ^{24}iəɯ^{24}ko^{24}sɿ^{41}kᴀ$^{\cdot 33}$zən^{13}ti$^{\cdot 33}$kei^{24}tsɑ^{24}fã^{21}lei$^{\cdot 33}$，

因为这个“吃肉”这死了人的这个饭呢，

都必须是晚上来搞，所以晚上去“吃肉”。

təɯ^{33}pi^{24}ɕy^{33}sɿ^{21}uã^{41}sɑŋ$^{\cdot 21}$lai^{13}kɑu^{41}，so^{41}i^{41}uã^{41}sɑŋ$^{\cdot 21}$k^{h}ɤ^{45}tɕ^{h}iᴀ^{24}iəɯ^{24}。

都必须是晚上来做，所以晚上去“吃肉”。

但是嘞哪个的生日唉，哪个屋里的，唉，办喜酒唻，结婚唻，

tã^{21}sɿ^{21}lei$^{\cdot 33}$lai^{41}ko^{45}ti$^{\cdot 33}$sən^{33}zɿ^{24}ai$^{\cdot 21}$，lai^{41}ko^{45}u^{13}li$^{\cdot 33}$ti$^{\cdot 33}$，ai^{21}，pã^{21}ɕi^{41}tɕiəɯ^{41}lai$^{\cdot 33}$，tɕiɛ^{24}fən^{33}lai$^{\cdot 33}$，

但是呢谁的生日（宴）啊，谁家里（的），啊，办喜酒啊，结婚啊，

绝对不会，不能放得晚上，因为晚上是有个禁忌。

tɕyɛ^{24}tei^{45}pu^{24}fei^{21}，pu^{24}lən^{13}fɑŋ^{45}tei^{33}uã^{41}sɑŋ$^{\cdot 21}$，in^{33}uei^{13}uã^{41}sɑŋ$^{\cdot 21}$sɿ^{21}iəɯ^{41}ko^{45}tɕin^{45}tɕi^{45}。

绝对不会，不能放在晚上，因为晚上是有个禁忌（的）。

禁忌得哪里嘞？唉，就是讲到晚上的，

① “箇”是话题标记。

tɕin^{45}tɕi^{45}tei^{21}lᴀ^{41}li$^{\cdot 33}$lei$^{\cdot 33}$？ai^{21}，tɕiəɯ^{21}sɿ^{21}kaŋ^{41}tau^{45}uã^{41}saŋ$^{\cdot 21}$ti$^{\cdot 33}$，

禁忌在哪里呢？啊，就是说在晚上（办宴席）的，

都是通常认为是“吃肉”的，所以就不吉利。

təɯ^{33}sɿ^{21}tʰən^{33}saŋ^{13}zən^{45}uei^{13}sɿ^{21}tɕʰiᴀ^{24}iəɯ^{24}ti$^{\cdot 33}$，so^{41}i^{41}tɕiəɯ^{21}pu^{24}tɕi^{24}li^{45}。

都通常认为是“吃肉”（即吃丧席）的，所以就不吉利。

平时嘞我们出去到哪里去。

pin^{13}ʃʅ^{13}lei$^{\cdot 33}$ŋo^{41}mən$^{\cdot 13}$tɕʰy^{24}kʰɤ^{45}tau^{45}lᴀ^{41}li$^{\cdot 33}$kʰɤ^{45}。

平时呢我们出门到哪里去（都要看时间）。

我还记得我们那时候，每年子唉箇三伏天的头伏，

ŋo^{41}xai^{13}tɕi^{45}tei$^{\cdot 24}$ŋo^{41}mən$^{\cdot 13}$lᴀ^{45}sɿ^{13}xəɯ^{21}，mei^{41}ȵiĩ^{13}tsɿ$^{\cdot 33}$ai$^{\cdot 21}$ko^{24}sã^{33}fu^{24}tʰiĩ^{33}ti$^{\cdot 33}$təɯ^{13}fu^{24}，

我还记得我们那时候，每年啊这三伏天的头伏，

家家户户都要杀只子叫鸡，唉，炖那老姜。

tɕiᴀ^{33}tɕiᴀ^{33}fu^{21}fu^{21}təɯ^{33}iau^{45}sa^{24}tsa^{24}tsɿ$^{\cdot 33}$tɕiau^{45}tɕi^{33}，ai^{21}，tən^{45}lᴀ^{45}lau^{41}tɕioŋ^{33}。

家家户户都要杀一只公鸡，啊，炖那老姜。

你们那里嘞，同学，你们那里还有什么习惯嘞？

li^{41}mən$^{\cdot 13}$lᴀ^{45}li$^{\cdot 33}$lei$^{\cdot 33}$，tən^{13}ʃo^{24}，li^{41}mən$^{\cdot 13}$lᴀ^{45}li$^{\cdot 33}$xai^{13}iəɯ^{41}sən^{21}mo$^{\cdot 33}$ɕi^{24}kuã^{45}lei$^{\cdot 33}$？

你们那里呢，同学，你们那里还有什么习惯呢？

郭：我们那里唉，反正嘞就是嘞，

ŋo^{41}mən$^{\cdot 13}$lᴀ^{45}li$^{\cdot 33}$ai$^{\cdot 21}$，fã^{41}tsən^{45}lei$^{\cdot 33}$tɕiəɯ^{21}sɿ^{21}lei$^{\cdot 33}$，

郭：我们那里啊，反正呢就是呢，

以前嘞就是嫁女的时候嘞，嫁女嘞就喊“添香”，

i41tɕiĩ13lei·33tɕiəɯ21sɿ21kɑ45ȵy41ti·33sɿ21xəɯ21lei·33，kᴀ45ȵy41lei·33tɕiəɯ21xã41tʰiĩ33ɕiã33，

以前呢就是嫁女儿的时候呢，嫁女儿呢就叫“添香”。

添香①就要送人情，送人情就不能够在结婚之后，要在结婚之前。

tʰiĩ33ɕiã33tɕiəɯ21iɑu45sən45zən13tɕin13，sən45zən13tɕin13tɕiəɯ21pu24lən13kəɯ45tsai21tɕiɛ24fən33tsɿ33xəɯ21，iɑu45tsai21tɕiɛ24fən33tsɿ33tɕiĩ13。

添香就要送人情，送人情就不能在结婚之后，要在结婚之前。

别个还有订婚的时候，你就要添香过去。

piɛ24ko45xai13mɑu21tin21fən33ti·33sɿ13xəɯ21，li41tɕiəɯ21iɑu45tʰiĩ33ɕiã33ko45kʰɤ45。

别人还没订婚的时候，你就要添香过去。

你如果一添咖香过去得嘞，他就会请你吃酒。

li41y13ko41i41tʰiĩ33kᴀ·33ɕiã33ko45kʰɤ45tei·33lei·33，tʰɑ33tɕiəɯ21fei21tɕʰin41li41tɕʰiᴀ24tɕiəɯ41。

如果你一添了香过去了呢，他就会请你喝酒。

你不添香，那他就不得请你吃。

li41pu24tʰiĩ33ɕiã33，lᴀ45tʰɑ33tɕiəɯ21pu24tei24tɕʰin21li41tɕʰiᴀ24。

你不添香，那他就不会请你吃（酒）。

办白事嘞，别个屋里死咖人得嘞，就不要喊，

pã21pɤ24sɿ21lei·33，piɛ24ko45u24li·33sɿ41kei·33zən13tei·33lei·33，tɕiəɯ21pu24iɑu45xã41，

办丧事呢，别人家里死了人了呢，就不要邀请，

就自己去吃，自己去做就是的。

tɕiəɯ21tsɿ21tɕi·33kʰɤ45tɕʰiᴀ24，tsɿ21tɕi·33kʰɤ45tsəɯ45tɕiəɯ21sɿ21ti·33。

① 株洲“添香”的叫法类似于湖南有些地方的“助嫁”，旧时所送人情可以是物品，也可以是礼金。

就（可以）自己去吃（丧席），自己去（帮忙）做（事）就是了。

我们那里反正，我们那里一般的都是会自觉的去，冇得哪个喊你。

ŋo^{41}mən$^{\cdot 13}$lᴀ^{45}li$^{\cdot 33}$fã^{41}tsən^{45}，ŋo^{41}mən$^{\cdot 13}$lᴀ^{45}li$^{\cdot 33}$i^{41}pã^{33}ti$^{\cdot 33}$təɯ^{33}sɿ^{21}fei^{21}tsɿ^{45}tɕio^{24}ti$^{\cdot 33}$kʰɤ^{45}，mɑu^{21}tei$^{\cdot 33}$lai^{41}ko^{45}xã^{21}li^{41}。

我们那里反正，我们那里一般的都会自觉地去，没有谁邀请你。

细伢子哎，你们现在箇年代又怎么样得啰？

ɕi^{45}ŋɑ^{13}tsɿ$^{\cdot 33}$ei$^{\cdot 33}$，li^{41}mən$^{\cdot 13}$ɕiĩ^{21}tsai^{45}ko^{24}n̩iĩ^{13}tai^{45}iəɯ^{21}tsən^{41}mo$^{\cdot 33}$iɑŋ^{21}tei$^{\cdot 33}$lo$^{\cdot 33}$？

小孩子（称呼黄）啊，你们现在这年代（这个风俗）又怎么样了呢？

黄：我们细时候，我们跟你们那时候完全不一样，①

ŋo^{41}mən$^{\cdot 13}$ɕi^{45}ʃʅ^{13}xəu^{21}，ŋo^{41}mən$^{\cdot 13}$kən^{33}li^{41}mən$^{\cdot 13}$lᴀ^{45}ʃʅ^{13}xəu^{21}uã^{13}tɕyɛn^{13}pu^{24}i^{24}iɑŋ^{21}，

黄：我们小时候，我们和你们那时候完全不一样，

我们赫多流程已经简化咖哒。

ŋo^{41}mən$^{\cdot 13}$xɤ^{41}to^{33}liəu^{13}tsən^{13}i^{41}tɕin^{33}kã^{41}fɑ^{45}kᴀ$^{\cdot 33}$tᴀ$^{\cdot 21}$，

我们很多流程已经简化了。

过生日，吃晚饭的、吃宵夜的也可以，

ko^{45}sən^{33}ʒʅ^{24}，tɕʰiᴀ^{24}uã^{41}fã^{21}ti$^{\cdot 33}$，tɕʰiᴀ^{24}ɕiɑu^{33}iɛ^{45}ti$^{\cdot 33}$iɛ^{41}kʰo^{41}i^{41}，

过生日，（去）吃晚饭的、吃宵夜的也（都）可以，

然后，呃，结婚唻么子的我们也慢慢的越来越西化哒，

yɛn^{13}xəu^{21}，ɤ^{21}，tɕiɛ^{24}fən^{33}lai$^{\cdot 33}$mo^{21}tsɿ$^{\cdot 33}$ti$^{\cdot 33}$ŋo^{41}mən$^{\cdot 13}$iɛ^{41}mã^{21}mã^{21}ti$^{\cdot 33}$yɛ^{24}lai^{13}yɛ^{24}ɕi^{33}fɑ^{45}tᴀ$^{\cdot 21}$，

然后，呃，结婚啊什么的我们也慢慢地越来越西化了，

① 青派音系与老派有别。

就是越来越跟西方一样啰，有得箇些礼节唉。

tɕiəu^{21}ʃʅ^{21}yɛ^{24}lai^{13}yɛ^{24}kən^{33}ɕi^{33}faŋ^{33}i^{24}iæ̃^{21}lo$^{\cdot 33}$，mau^{21}tei^{24}ko^{24}ɕiɛ^{33}li^{41}tɕiɛ^{24}ai$^{\cdot 33}$。

就是跟西方越来越一样啦，没有这些礼节哪。

只要中午吃餐酒，然后一个礼拜以后唦，

tʃʅ^{24}iau^{45}tsən^{33}u^{41}tɕʰiA^{24}tsʰã^{33}tɕiəu^{41}，yɛn^{13}xəu^{21}i^{24}ko^{45}li^{41}pai^{45}i^{41}xəu^{21}pai$^{\cdot 41}$，

只要中午吃顿（喜）酒，然后一个礼拜以后吧，

然后女方那边办个回门，也是中午吃餐饭，有得箇些礼节哒。

yɛn^{13}xəu^{21}ȵy^{41}faŋ^{33}lA^{45}piẽ^{33}pã^{21}ko^{45}fei^{13}mən^{13}，iɛ^{41}ʃʅ^{21}tsən^{33}u^{41}tɕʰiA^{24}tsʰã^{33} fã^{21}，mau^{21}tei^{24}ko^{24}ɕiɛ^{33}li^{41}tɕiɛ^{24}tA$^{\cdot 21}$。

然后女方那边办场回门（酒），也是中午吃顿饭，没有这些礼节了。

何：那时候唉，小黄唉，你们屋里唉住哒那个李家坪，

lA^{45}sʅ^{13}xəɯ^{21}ai$^{\cdot 21}$，ɕiau^{41}faŋ^{13}ai$^{\cdot 21}$，li^{41}mən$^{\cdot 13}$u^{24}li$^{\cdot 33}$ai$^{\cdot 21}$tɕy^{21}tA$^{\cdot 21}$lA^{45}ko^{45}li^{41} kA^{33}piã^{13}，

何：那时候啊，小黄啊，你家啊住在那李家坪，

黄：嗯①。

n̩^{33}。

黄：嗯（是）。

何：你屋里李家坪嘞，就有好多好多人啰，大家得一起。

li^{41}u^{24}li$^{\cdot 33}$li^{41}kA^{33}piã^{13}lei$^{\cdot 33}$，tɕiəɯ^{21}iəɯ^{41}xau^{41}to^{33}xau^{41}to^{33}zən^{13}lo$^{\cdot 45}$，tai^{21}kA^{33} tei^{21}i^{24}tɕʰi^{41}。

何：你们李家坪呢，就有很多很多人哪，大家在一起。

因为李家坪就不像箇只结谷街有对门咪，有街道唉，

in^{33}uei^{13}li^{41}kA^{33}pin^{13}tɕiəɯ^{21}pu^{24}ɕiaŋ^{21}kei^{24}tsa^{24}tɕiɛ^{24}ku^{24}kai^{33}iəɯ^{41}tei^{45}mən^{13}

① 此类“嗯”为答语，表示应答和认可。

lai$^{\cdot 21}$，iəɯ^{41}kai^{33}tɑu^{45}uai$^{\cdot 21}$，

因为李家坪就不像这个结谷街有对门（店铺）啊，有街道啊，

李家坪嘞就只有那巷子。

li^{41}kᴀ^{33}piã^{13}lei$^{\cdot 33}$tɕiəɯ^{21}tsɿ^{24}iəɯ^{41}lᴀ^{45}xɑŋ^{21}tsɿ$^{\cdot 33}$。

李家坪呢就只有那巷子。

我记得你屋里是住得那团结巷，你讲是唡。

ŋo^{41}tɕi^{45}tei$^{\cdot 24}$li^{41}u^{24}li$^{\cdot 33}$sɿ^{21}tɕy^{21}tei$^{\cdot 33}$lᴀ^{45}tõ^{13}tɕiɛ^{24}xɑŋ^{21}，li^{41}kɑŋ^{41}sɿ^{21}pai$^{\cdot 33}$。

我记得你家是住在那团结巷，你说是吧。

黄：嗯，团结巷。

n̩^{33}，tõ^{13}tɕiɛ^{24}xɑŋ^{21}。

黄：嗯（是），团结巷。

何：你箇时唧唉还寻得你屋里团结巷到啵？

li^{41}kei^{24}sɿ^{13}tɕi$^{\cdot 33}$ai$^{\cdot 21}$xai^{13}tɕin^{13}tei^{24}li^{41}u^{24}li$^{\cdot 33}$tõ^{13}tɕiɛ^{24}xɑŋ^{21}tɑu^{41}po$^{\cdot 45}$？

何：你这时候啊还找得到你家（原来住的）团结巷吧？

黄：我现在，晚上要是去那里的话，我找不到，

ŋo^{41}ɕiẽ^{21}tsai^{45}，uã^{21}sɑŋ$^{\cdot 21}$iɑu^{45}ʃʅ^{21}k^{h}ɤ^{45}lɑ^{45}li$^{\cdot 33}$ti$^{\cdot 33}$fɑ^{21}，ŋo^{41}tsɑu^{41}pu^{24}tɑu^{45}，

黄：我现在，要是晚上去那里的话，我找不到，

连自己那只祖屋，我都有点找不到。

liẽ^{13}tsɿ^{21}tɕi$^{\cdot 33}$lɑ^{45}tsɑ^{24}tsəu^{41}u^{24}，ŋo^{41}təu^{33}iəu^{41}tiẽ^{41}tsɑu^{41}pu^{24}tɑu^{45}，

连自己（家）那栋祖屋，我都有点找不到，

因为冇在那里生活过一天，也冇在那里出生，

in^{33}uei^{13}mɑu^{21}tsai^{21}lɑ^{45}li$^{\cdot 33}$sən^{33}xo^{24}ko$^{\cdot 45}$i^{41}t^{h}iẽ^{33}，iɛ^{41}mɑu^{21}tsai^{21}lɑ^{45}li$^{\cdot 33}$tɕ^{h}y^{24}sən^{33}，

因为没在那里生活过一天，也没在那里出生，

所以我对那边的印象也不是赫深啊。

so^{41}i^{41}ŋo^{41}tei^{45}lɑ^{45}piẽ^{33}ti$^{\cdot 33}$in^{45}ɕiæ̃^{45}iɛ^{41}pu^{24}ʃʅ^{21}xɤ^{41}sən^{33}ŋɑ$^{\cdot 33}$。

所以我对那边的印象也不是很深啊。

何：那就不唻，你屋里那只房子唉，你屋现在还留哒那里哒。

lᴀ^{45}tɕiəɯ^{41}pu^{24}lai$^{\cdot 33}$，li^{41}u^{24}li$^{\cdot 33}$lᴀ^{45}tsɑ^{24}fɑŋ^{13}tsɿ$^{\cdot 33}$ai$^{\cdot 21}$，li^{41}u^{24}ɕiĩ^{21}tsai^{45}xai^{13} liəɯ^{13}tᴀ$^{\cdot 21}$lᴀ^{45}li$^{\cdot 33}$tᴀ$^{\cdot 21}$。

何：那就不（是这样的）啊，你家那个房子啊，你（家）祖屋现在还留在那里了。

但是嘞，你屋里应该冇一个人得那里住得唦？

tã^{21}sɿ^{21}lei$^{\cdot 33}$，li^{41}u^{24}li$^{\cdot 33}$in^{33}kai^{33}mɑu^{21}i^{24}ko^{45}zən^{13}tei^{41}lᴀ^{45}li$^{\cdot 33}$tɕy^{21}tei$^{\cdot 33}$pai$^{\cdot 33}$？

但是呢，你家应该没一个人在那里住了吧？

黄：冇得。

mɑu^{21}tei^{24}。

黄：没有。

何：租咖哒？

tsəɯ^{33}kᴀ$^{\cdot 33}$tᴀ$^{\cdot 45}$？

何：租了？

黄：租咖哒。

tsəu^{33}kᴀ$^{\cdot 33}$tᴀ$^{\cdot 21}$。

黄：租了。

何：喋，你屋里改造唉，

tiɛ^{24}，li^{41}u^{24}li$^{\cdot 33}$kai^{41}tsʰɑu^{45}ai$^{\cdot 21}$，

何：瞧，你家里（当初）改造啊，

我那时我记得唉，跟你屋里爷老子，

ŋo^{41}lᴀ^{45}sɿ^{13}ŋo^{41}tɕi^{45}tei^{24}ai$^{\cdot 21}$，kən^{33}li^{41}u^{24}li$^{\cdot 33}$iᴀ^{13}lɑu^{41}tsɿ$^{\cdot 33}$，

我记得那时候啊，跟你父亲（改造房子），

他那时候房子破旧啵？

tʰɑ^{33}lᴀ^{45}sɿ^{13}xəɯ^{21}fɑŋ^{13}tsɿ$^{\cdot 33}$pʰo^{45}tɕiəɯ^{21}po$^{\cdot 45}$？

他那时候房子破旧吧？

黄：嗯。

n̩^{33}。

黄：嗯（是）。

何：还盖哒箇瓦片子啵？

xai^{13}kai^{45}tᴀ$^{\cdot 21}$kei^{24}uɑ^{41}pʰiĩ^{45}tsɿ$^{\cdot 33}$po$^{\cdot 45}$？

何：还盖着那瓦片吧？

唉，那上面经常漏水。

ai$^{\cdot 21}$，lᴀ^{45}sɑŋ^{21}miĩ^{21}tɕin^{33}sɑŋ^{13}ləɯ^{21}ɕy^{41}。

啊，那上面经常漏水。

好①，我记得那时候还蛮屌嘞。

xɑu^{41}，ŋo^{41}tɕi^{45}tei^{24}lᴀ^{45}sɿ^{13}xəɯ^{21}xai^{13}mã^{13}tiɑu^{41}lei$^{\cdot 33}$。

好，我记得那时候还挺厉害（的）呢。

因为那时候，从九〇年的时候唉，九几年唉，

in^{33}uei^{13}lᴀ^{45}sɿ^{13}xəɯ^{21}，tsʰən^{13}tɕiəɯ^{41}lin^{13}ȵiĩ^{13}ti$^{\cdot 33}$sɿ^{13}xəɯ^{21}ai$^{\cdot 21}$，tɕiəɯ^{41}tɕi^{41}ȵiĩ^{13}ai$^{\cdot 21}$，

因为那时候，从九〇年的时候啊，九几年啊，

你屋里爸爸唉要去改造房子，那我记得，我得长沙唉，

li^{41}u^{24}li$^{\cdot 33}$pɑ^{24}pɑ$^{\cdot 45}$ai$^{\cdot 21}$iɑu^{45}tɕʰiɛ^{45}kai^{41}tsʰɑu^{45}fɑŋ^{13}tsɿ$^{\cdot 33}$，lᴀ^{24}ŋo^{41}tɕi^{45}tei^{24}，ŋo^{41}

① 这类独用的“好”是话语标记的一种特殊形式，无实义，主要表示话题的延续。

tei^{21}tsɑŋ^{13}sᴀ^{33}ai$^{\cdot 21}$，

你爸爸啊要去改造房子，那我记得，我在长沙啊，

就打过几天工咪，箇后背搞哒只工程，就有那农用车啵？

tɕiəɯ^{21}tɑ^{41}ku$^{\cdot 45}$tɕi^{41}tʰĩĩ^{33}kən^{33}lai$^{\cdot 21}$，kai^{24}xəɯ^{21}pei^{45}kɑu^{41}tᴀ$^{\cdot 21}$tsɑ^{24}kən^{33}tsən^{13}，

tɕiəɯ^{21}iəɯ^{41}lᴀ^{45}lən^{13}in^{21}tsʰɤ^{33}po$^{\cdot 45}$？

就因为打过几天工啊，那后来搞了一个工程，然后有那农用车不是？

唉，快包农用车，专门给你屋里弄一个沙包子，

ai^{21}，kʰuai^{45}pɑu^{33}lən^{13}in^{21}tsʰɤ^{33}，tsə̃^{33}mən^{13}kei^{41}li^{41}u^{24}li$^{\cdot 33}$lən^{45}i^{24}ko^{45}sᴀ^{33}pɑu^{33} tsɿ$^{\cdot 33}$，

啊，（我就用）快包农用车，专门给你家弄一个沙包，

就①改造房子唉，要搞个像。

tɕiəɯ^{21}kai^{41}tsʰɑu^{45}fɑŋ^{13}tsɿ$^{\cdot 33}$ai$^{\cdot 21}$，iɑu^{45}kɑu^{41}ko^{45}ɕiɑŋ^{45}。

然后改造房子啊，要搞个雕像。

后背嘞，我得那工地上唉，

xəɯ^{21}pei^{45}lei$^{\cdot 33}$，ŋo^{41}tei^{21}lᴀ^{45}kən^{33}ti^{45}sɑŋ$^{\cdot 21}$ai$^{\cdot 21}$，

后来呢，我在那工地上啊，

拉哒两只箇号②斗车，拖到你屋里唉，

lɑ^{33}tᴀ$^{\cdot 21}$liɑŋ^{41}tsɑ^{24}ko^{24}xɑu^{21}təɯ^{41}tsʰɤ^{33}，tʰo^{33}tɑu^{45}li^{41}u^{24}li$^{\cdot 33}$ai$^{\cdot 21}$，

拉了两辆那斗车，拉到你家里啊，

长期放得箇屋里，唉，给你屋里在那③用。

tsã^{13}tɕi^{13}fɑŋ^{45}tei^{33}kei$^{\cdot 33}$u^{24}li$^{\cdot 33}$，ai^{21}，kei^{41}li^{41}u^{24}li$^{\cdot 33}$tei^{21}lᴀ^{45}iəŋ^{21}。

---

① 此“就”为话语标记，相当于普通话的“然后”，主要功能是延续话题。

② “箇号[ko^{24}xɑu^{21}]”为话题标记，译为“那”。

③ “在那”为进行体标记，相当于普通话副词“在”，由介词结构“在那在那”语法化而来。

（斗车）长期放在这（祖）屋里，啊，给你家在用。

你屋里那只地方嘫，太窄哒，那团结巷唉。

li^{41}u^{24}li$^{·33}$lᴀ^{45}tsɑ^{24}ti^{21}fɑŋ^{33}sã$^{·33}$，t^{h}ai^{45}tsɤ^{24}tᴀ$^{·21}$，lᴀ^{45}tə̃^{13}tɕiɛ^{24}xɑŋ^{21}ŋai$^{·21}$。

你家那个地方吧，（路）太窄了，那团结巷啊。

整个李家坪的箇巷子唉都窄。

tsən^{41}ko^{45}li^{41}kᴀ^{33}piã^{13}ti$^{·33}$ko^{24}xɑŋ^{21}tsɿ$^{·33}$ai$^{·21}$təɯ^{33}tsɤ^{24}。

（不过）整个李家坪的这巷子啊都窄。

只能走得[1]斗车，所以那时斗车蛮俏嘞！

tsɿ^{24}lən^{13}tsəɯ^{41}tei$^{·33}$təɯ^{41}ts^{h}ɤ^{33}，so^{41}i^{41}lᴀ^{45}sɿ^{13}təɯ^{41}ts^{h}ɤ^{33}mã^{13}tɕ^{h}iɑu^{45}lei$^{·33}$！

只能走斗车，所以那时候斗车很俏呢！

你现在也是。

li^{41}ɕiĩ^{21}tsai^{45}iɛ^{41}sɿ^{21}。

你（家祖屋的路）现在也是（很窄的）。

你屋里现在的房子，由哪个得那里管嘞？

li^{41}u^{24}li$^{·33}$ɕiĩ^{21}tsai^{45}ti$^{·33}$fɑŋ^{13}tsɿ$^{·33}$，iəɯ^{13}lai^{41}ko^{45}tei^{21}lᴀ^{45}li$^{·33}$kə̃^{41}lei$^{·33}$？

现在你家里的房子，由谁在那里看管呢？

黄：嗯[2]，现在那只房子就是我伯伯得那里管，

ən^{21}，ɕiẽ^{21}tsai^{45}lᴀ^{45}tsɑ^{24}fɑŋ^{13}tsɿ$^{·33}$tɕiəu^{21}ʃʅ^{21}ŋo^{41}pɤ^{24}pɤ^{24}tei^{21}lᴀ^{45}li$^{·33}$kõ^{41}，

黄：嗯，现在那栋房子就是我伯伯在看管，

然后那里现在，如果真正是讲，呃，起火哒的话，

yɛn^{13}xəu^{21}lᴀ^{45}li$^{·33}$ɕiẽ^{21}tsai^{45}，y^{13}ko^{41}tsən^{33}tsən^{45}ʃʅ^{21}tɕiæ̃^{41}，ei^{21}，tɕ^{h}i^{41}xo^{41}tᴀ$^{·21}$

---

① “得”为能性助词。

② 此类独用、非应答类的“嗯”是话语标记的一种特殊形式，无实义，主要通过有声停顿来表示话题的延续。

ti$^{\cdot33}$fɑ^{21}，

然后那里现在，如果是说真正，呃，起火了的话，

连消防车都进不去，那里面一只消防隐患还是蛮大的。

liẽ^{13}ɕiɑu^{33}fɑŋ^{13}tsʰɤ^{33}təu^{33}tɕin^{45}pu^{24}kʰɤ^{45}，lᴀ^{45}li^{41}miẽ^{21}i^{24}tsɑ^{24}ɕiɑu^{33}fɑŋ^{13}in^{41} xuã^{45}xai^{13}ʃʅ^{21}mã^{13}tai^{21}ti$^{\cdot33}$。

连消防车都进不去，那里面这个消防隐患还是很大的。

何：其实你李家坪唉，只是救得一只屋得那里哒，

tɕi^{13}sɿ^{24}li^{41}li^{41}kᴀ^{33}piã^{13}ai$^{\cdot21}$，tsɿ^{24}sɿ^{21}tɕiəɯ^{45}tei$^{\cdot33}$i^{24}tsɑ^{24}u^{24}tei^{21}lᴀ^{45}li$^{\cdot33}$tᴀ$^{\cdot21}$，

何：其实你（们）李家坪啊，只是留下了一栋房子在那里了，

老居民可能是①一个都冇住得那里哒唡？

lɑu^{41}tɕy^{33}min^{13}kʰo^{41}lən^{13}sɿ^{21}i^{24}ko^{45}təɯ^{33}mɑu^{21}tɕy^{21}tei$^{\cdot33}$lᴀ^{45}li$^{\cdot33}$tᴀ$^{\cdot21}$pai$^{\cdot41}$？

老居民可能一个都没住在那里了吧？

黄：呃，冇，应该还是有老一辈的，可能还是愿意住到那里啰，

ei^{21}，mɑu^{21}，in^{45}kai^{33}xai^{13}ʃʅ^{21}iəu^{41}lɑu^{41}i^{24}pei^{21}ti$^{\cdot33}$，kʰo^{41}lən^{13}xai^{13}ʃʅ^{21}yɛn^{45}i^{45} tɕy^{21}tɑu^{45}lᴀ^{45}li$^{\cdot33}$lo$^{\cdot33}$，

黄：呃，没，应该还是有老一辈的（人），可能还是愿意住在那里吧。

像年轻的我们箇一代应该是冇得哒，都住出来哒。

tɕiæ̃^{21}ȵiẽ^{13}tɕʰin^{33}ti$^{\cdot33}$ŋo^{41}mən$^{\cdot13}$kai^{24}i^{24}tai^{21}in^{45}kai^{33}ʃʅ^{21}mɑu^{21}tei^{24}tᴀ$^{\cdot21}$，təu^{33}tɕy^{21} tɕʰy^{24}lai^{13}tᴀ$^{\cdot21}$。

像年轻的我们这一代应该是没有了，都住出来了。

何：基本上那只屋，下是租咖哒，啊？

tɕi^{33}pən^{41}sɑŋ$^{\cdot21}$lᴀ^{45}tsɑ^{24}u^{24}，xɑ^{21}sɿ^{21}tsəɯ^{33}kᴀ$^{\cdot33}$tᴀ$^{\cdot21}$，ᴀ^{24}？

何：那栋房子基本上，都租了，啊（是吧）？

---

① 能愿动词“可能是可能”中的“是”为词内成分，具有后缀性质。

黄：嗯啰。

n̩^{33}lo$^{\cdot 33}$。

黄：是呢。

何：是的唉，那只地方就因为太凌乱哒，

sɿ^{21}ti$^{\cdot 33}$ai$^{\cdot 21}$，lᴀ^{45}tsɑ^{24}ti^{21}fɑŋ^{33}tɕiəɯ^{21}in^{33}uei^{13}tai^{45}lin^{13}lə̃^{45}tᴀ$^{\cdot 21}$，

何：是的啊，那个地方就因为太凌乱了，

那整个是一条点啊⁼子大子的箇①路嘞，还要摆好多摊子。

lᴀ^{24}tsən^{41}ko^{45}sɿ^{21}i^{41}tɑu^{13}tiĩ^{45}ŋei^{45}tsɿ$^{\cdot 33}$tai^{21}tsɿ$^{\cdot 33}$ti$^{\cdot 33}$ko^{24}ləɯ^{21}lei$^{\cdot 33}$，xai^{13}iɑu^{45}pai^{41} xɑu^{41}to^{33}tʰã^{33}tsɿ$^{\cdot 21}$。

那全部是一条一点儿宽的那路呢，还要摆很多摊子。

好多巷子肚里嘞，那真的是斗车都进不去。

xɑu^{41}to^{33}xɑŋ^{21}tsɿ$^{\cdot 33}$təɯ^{21}li$^{\cdot 33}$lei$^{\cdot 33}$，lᴀ^{24}tsən^{33}ti$^{\cdot 33}$sɿ^{21}təɯ^{41}tsʰɤ^{33}təɯ^{33}tɕin^{45}pu^{45} kʰɤ^{45}。

很多巷子里呢，那真的是（连）斗车都进不去。

所以住得那里嘞，确实不方便噢。

so^{41}i^{41}tɕy^{21}tei$^{\cdot 33}$lᴀ^{45}li$^{\cdot 33}$lei$^{\cdot 33}$，tɕʰio^{24}sɿ^{24}pu^{24}fɑŋ^{33}piĩ^{21}ɑu$^{\cdot 24}$。

所以住在那里呢，确实不方便啊。

黄：嗯，但是那里买菜还是蛮方便啰。

n̩^{21}，tã^{21}ʃʅ^{21}lɑ^{45}li$^{\cdot 33}$mai^{41}tsʰai^{45}xai^{13}ʃʅ^{21}mã^{13}fɑŋ^{33}piẽ^{21}lo$^{\cdot 33}$。

黄：嗯，但是那里买菜还是很方便呢。

何：那你屋里那地方热还是热闹啰，卖什么家伙的都有。

lᴀ^{45}li^{41}u^{24}li$^{\cdot 33}$lᴀ^{45}ti^{21}fɑŋ^{33}yɛ^{24}xai^{13}sɿ^{21}yɛ^{24}lɑu^{21}lo$^{\cdot 33}$，mai^{41}sən^{21}mo$^{\cdot 33}$tɕiᴀ^{33}xo$^{\cdot 33}$ ti$^{\cdot 33}$təɯ^{33}iəɯ^{41}。

① “箇”是话题标记，译为“那”。

何：那么你家那地方热闹还是热闹呢，卖什么东西的都有。

我记得我们细时候唉，我住到，后背搬得建宁新村去得啵，

ŋo^{41}tɕi^{45}tei^{24}ŋo^{41}mən$^{\cdot 13}$ɕi^{45}sɿ^{13}xəɯ^{21}ai$^{\cdot 21}$，ŋo^{41}tɕy^{21}tɑu^{45}，xəɯ^{21}pei^{45}põ^{33}tei$^{\cdot 33}$ tɕiĩ^{45}ȵin^{13}ɕin^{33}tsʰən^{33}kʰɤ^{45}tei$^{\cdot 33}$po$^{\cdot 45}$，

我记得我们小时候啊，我住在（徐家桥），后来搬到建宁新村去了不是，

那唉，你那只李家坪咪就是我人喊三角叉煤店，记得㖞？

lᴀ^{24}ai$^{\cdot 21}$，li^{41}lᴀ^{45}tsɑ^{24}li^{41}kᴀ^{33}pin^{13}lai$^{\cdot 21}$tɕiəɯ^{21}sɿ^{21}ŋo^{41}in^{13}xã^{41}sã^{33}ko^{24}tsʰɑ^{33}mei^{13} tiĩ^{45}，tɕi^{45}tei^{24}pai$^{\cdot 45}$？

然后啊，你（们）那李家坪啊就是我们叫做三角叉煤店（的地方），记得吧？

黄：嗯。

ṇ^{33}。

黄：嗯（是）。

何：那你不晓得，那个三角叉煤店嘞，

lᴀ^{45}li^{41}pu^{24}ɕiɑu^{41}tei$^{\cdot 33}$，lᴀ^{24}ko^{45}sã^{33}ko^{24}tsʰɑ^{33}mei^{13}tiĩ^{45}lei$^{\cdot 33}$，

何：那你不知道，那个三角叉煤店呢，

那时候一出门就要爬箇只，现在箇只坡还留到箇里吠。

lᴀ^{45}sɿ^{13}xəɯ^{21}i^{24}tɕʰy^{24}mən^{13}tɕiəɯ^{21}iɑu^{45}pɑ^{13}kei^{24}tsɑ^{24}，ɕiĩ^{21}tsai^{45}kei^{24}tsɑ^{24}pʰo^{33} xai^{13}liəɯ^{13}tɑu^{45}ko^{24}li$^{\cdot 33}$tai$^{\cdot 21}$。

那时候一出门就要爬这个（坡），现在这个坡还留在这里了啊。

那只时候是专门有人咪，有人负责从你哪个屋里拖得煤唉，

lᴀ^{45}tsɑ^{24}sɿ^{13}xəɯ^{21}sɿ^{21}tsõ^{33}mən^{13}iəɯ^{41}zən^{13}lai$^{\cdot 21}$，iəɯ^{41}zən^{13}fu^{45}tsɤ^{24}tsən^{13}li^{41} lᴀ^{41}ko^{45}u^{24}li$^{\cdot 33}$tʰo^{33}tei$^{\cdot 33}$mei^{13}ai$^{\cdot 21}$，

那个时候是专门有人啊，有人负责从你们谁家拉了煤啊，

冲箇只上坡不上①，那就要靠人来搉嘞。

tsʰən^{33}ko^{24}tsɑ^{24}sɑŋ^{21}po^{33}pu^{24}sɑŋ$^{\cdot 21}$，lᴀ^{45}tɕiəɯ^{21}iɑu^{45}kʰɑu^{45}zən^{13}lai^{13}tsʰən^{41}lei$^{\cdot 33}$。

冲不上这个上坡，那么就要靠人来推呢。

专门有人唉，煤也不买煤嘞，

tɕyẽ^{33}mən^{13}iəɯ^{41}zən^{13}ai$^{\cdot 21}$，mei^{13}iɛ^{41}pu^{24}mai^{41}mei^{13}lei$^{\cdot 33}$，

专门有人啊，煤又不买煤呢，

他也不做别的路，就负责得那里帮别个搉箇只车子唉，

tʰɑ^{33}iɛ^{41}pu^{24}tsəɯ^{45}piɛ^{24}ti$^{\cdot 33}$ləɯ^{21}，tɕiəɯ^{21}fu^{45}tsɤ^{24}tei^{21}lᴀ^{45}li$^{\cdot 33}$pɑŋ^{33}piɛ^{45}ko^{45} tsʰən^{41}kei^{24}tsɑ^{24}tsʰɤ^{33}tsɿ$^{\cdot 33}$ai$^{\cdot 21}$，

他也不做别的谋生门路，就负责在那里帮别人推这个车子啊，

搉上箇只坡。你看箇只坡好陡啰！

tsʰən^{41}sɑŋ$^{\cdot 21}$kei^{24}tsɑ^{24}pʰo^{33}。li^{41}kʰã^{45}ko^{24}tsɑ^{24}pʰo^{33}xɑu^{41}təɯ^{41}lo$^{\cdot 33}$！

推上这个坡。你瞧这个坡好陡啊！

黄：现在那里是不是只要一下大雨，

ɕiẽ^{21}tsai^{45}lᴀ^{45}li$^{\cdot 33}$ʃʅ^{21}pu^{24}ʃʅ^{21}tʃʅ^{24}iɑu^{45}i^{24}ɕiᴀ^{21}tai^{21}y^{41}，

黄：现在那里是不是只要一下大雨，

那只地方就是第一个就被淹的，就是那只团结巷。

lᴀ^{45}tsɑ^{24}ti^{21}fɑŋ^{33}tɕiəu^{21}ʃʅ^{21}ti^{21}i^{24}ko^{45}tɕiəu^{21}pei^{21}iẽ^{33}ti$^{\cdot 21}$，tɕiəu^{21}ʃʅ^{21}lᴀ^{45}tsɑ^{24}tõ^{13} tɕiɛ^{24}xã^{21}。

那个地方就是第一个就会被淹的，就是那个团结巷。

我看了新闻，好像那里，现在箇次，今年子又被淹咖哒。

ŋo^{41}kʰã^{45}lei$^{\cdot 33}$ɕin^{33}uən^{13}，xɑu^{41}ɕiɑŋ^{21}lᴀ^{45}li$^{\cdot 33}$，ɕiẽ^{21}tsai^{21}kai^{24}tsʰɿ^{45}，tɕin^{33}ȵiẽ^{13} tsɿ$^{\cdot 33}$iəu^{21}pei^{21}iẽ^{33}kᴀ$^{\cdot 33}$tᴀ$^{\cdot 21}$。

① 此为“VO 不 C”结构。

我看了新闻，好像那里，现在这次（下大雨），今年又被淹掉了。

何：同学，你们那时得哪里买藕煤唉？

tən^{13}ʃo^{24}，li^{41}mən$^{\cdot 13}$lᴀ^{45}sʅ^{13}tei^{21}lᴀ^{41}li$^{\cdot 33}$mai^{41}ŋəɯ^{41}mei^{13}ai$^{\cdot 33}$？

何：同学，你们那时候在哪里买藕煤啊？

你屋里是自己做还是买唉？

li^{41}u^{24}li$^{\cdot 33}$sʅ^{21}tsʅ^{21}tɕi$^{\cdot 33}$tsəɯ^{45}xai^{13}sʅ^{21}mai^{41}ai$^{\cdot 33}$？

你家是自己做还是买啊？

郭：我屋里那时候唉，他不做。

ŋo^{41}u^{24}li$^{\cdot 33}$lᴀ^{45}sʅ^{13}xəɯ^{21}ai$^{\cdot 21}$，t^{h}ɑ^{33}pu^{24}tsəɯ^{45}。

郭：我家那时候啊，（爸爸）他不做（煤）。

就到那个 601 那只煤店那里买。

tɕiəɯ^{21}tɑu^{45}lᴀ^{45}ko^{45}ləɯ^{24}lin^{13}iɑu^{33}lɑ^{45}tsɑ^{24}mei^{13}tĩ^{45}lɑ^{45}li$^{\cdot 33}$mai^{41}。

就到那 601（厂）那个煤店那里买。

买哒嘞，我爸爸拖嘞，我就揰。

mai^{41}tᴀ$^{\cdot 21}$lei$^{\cdot 33}$，ŋo^{41}pɑ^{24}pɑ$^{\cdot 24}$t^{h}o^{33}lei$^{\cdot 33}$，ŋo^{41}tɕiəɯ^{21}ts^{h}əŋ^{41}。

买了呢，我爸爸（在前边）拉呢，我就（在后边）推。

我时，我又拖不起。

ŋo^{41}sʅ$^{\cdot 21}$，ŋo^{41}iəɯ^{21}t^{h}o^{33}pu^{24}tɕ^{h}i^{41}。

我呢，我又拉不动。

我屋里①的弟弟那时候不就是……不是在排子里就淹死了吗，

ŋo^{41}u^{24}li$^{\cdot 33}$ti$^{\cdot 33}$ti^{21}ti$^{\cdot 45}$lᴀ^{45}sʅ^{13}xəɯ^{21}pu^{24}tɕiəɯ^{21}sʅ^{21}……pu^{24}sʅ^{21}tsai^{45}pai^{13}tsʅ$^{\cdot 41}$li$^{\cdot 33}$

---

① 这类充当领属性定语的“我屋里/我屋、你屋里、他屋里”，直译应为“我家里、你家里、他家里”，本书均意译为“我、你、他”，如“我屋里/我屋老妹他们我妹妹们”“你屋里爸爸你爸爸”“他屋里妻子他妻子”。

tɕiəɯ^{21}iĩ^{33}sɿ^{41}lei$^{\cdot 33}$mᴀ$^{\cdot 45}$，

我的弟弟那时候不是……不是在水渠里然后淹死了吗，

小时候，住得河边头上面。

ɕiɑu^{41}sɿ^{13}xəɯ^{21}，tɕy^{21}tei$^{\cdot 33}$xo^{13}piĩ^{33}təɯ^{13}sɑŋ^{21}miĩ^{21}。

小时候，住在河边上（的时候）。

一淹死得嘞，后面就冇，只有三个女哒。

i^{24}iĩ^{33}sɿ^{41}tei$^{\cdot 33}$lei$^{\cdot 33}$，xəɯ^{21}miĩ^{45}tɕiəɯ^{21}mɑu^{21}，tsɿ^{24}iəɯ^{41}sã^{33}ko^{45}ȵy^{41}tᴀ$^{\cdot 21}$。

一淹死了呢，（家里）后来就没（男孩），只有三个女儿了。

三个女哒嘞，每次，我是老大，

sã^{33}ko^{45}ȵy^{41}tᴀ$^{\cdot 21}$lei$^{\cdot 33}$，mei^{41}tsʰɿ^{45}，ŋo^{41}sɿ^{21}lɑu^{41}tai^{21}，

（只有）三个女儿了呢，每次（由我干活），我是老大，

我爸爸买的箇[①]煤，每次就是我去搥唉，

ŋo^{41}pɑ^{24}pɑ$^{\cdot 45}$mai^{41}ti$^{\cdot 33}$ko^{24}mei^{13}，mei^{41}tsʰɿ^{45}tɕiəɯ^{21}sɿ^{21}ŋo^{41}kʰɤ^{45}tsʰəŋ^{41}ai$^{\cdot 21}$，

我爸爸买的那煤，每次就是我去推啊，

那时候我也好坐孽嘞，跟只伢子样的嘞，同学诶。

lᴀ^{45}sɿ^{13}xəɯ^{21}ŋo^{41}iɛ^{41}xɑu^{41}tso^{21}ȵiɛ^{24}lei$^{\cdot 33}$，kən^{33}tsɑ^{24}ŋɑ^{13}tsɿ$^{\cdot 33}$iɑŋ^{21}ti$^{\cdot 33}$lei$^{\cdot 33}$，tən^{13}ʃo^{24}ei$^{\cdot 21}$。

那时候我也挺可怜呢，跟个男孩子一样的呢，同学啊。

何：你那时候唉，你屋里一次买好多斤煤唉，每次都是？

li^{41}lᴀ^{45}sɿ^{13}xəɯ^{21}ai$^{\cdot 21}$，li^{41}u^{24}li$^{\cdot 33}$i^{41}tsʰɿ^{45}mai^{41}xɑu^{41}to^{33}tɕin^{33}mei^{13}ai$^{\cdot 33}$，

mei^{41}tsʰɿ^{45}təɯ^{33}sɿ^{21}？

何：你（家）那时候啊，你家一次买多少斤煤啊，每次都是？

郭：那一斗车就有一千多斤。

① “箇”是话题标记。

lᴀ^{45}i^{24}təɯ^{41}ts^{h}ɤ^{33}tɕiəɯ^{21}iəɯ^{41}i^{24}tɕ^{h}ĩ^{33}to^{33}tɕin^{33}。

郭：那一斗车就有一千多斤。

何：那一斗车可能也就是，那要做几斗车。一斗车唉？

lᴀ^{24}i^{24}təɯ^{41}ts^{h}ɤ^{33}k^{h}o^{21}lən^{13}iɛ^{41}tɕiəɯ^{21}sɿ^{21}，lᴀ^{45}iɑu^{45}tsəɯ^{45}tɕi^{41}təɯ^{41}ts^{h}ɤ^{33}。i^{41} təɯ^{41}ts^{h}ɤ^{33}ai$^{\cdot 21}$？

何：那一斗车可能也就是，那要装几斗车（的）。（你爸爸却装做）一斗车啊？

郭：加起来。

tɕiᴀ^{33}tɕ^{h}i$^{\cdot 41}$lai$^{\cdot 13}$。

郭：垒起来。

何：那要加好高咊，啊。

lᴀ^{45}iɑu^{45}tɕiᴀ^{33}xɑu^{41}kɑu^{33}lai$^{\cdot 21}$，ᴀ^{24}。

何：那要垒很高啊，啊（是吧）。

郭：嗯啰。

n̩^{21}lo$^{\cdot 33}$。

郭：是呢。

有时候冇擂得好，碰到那坡高头唉，

iəɯ^{41}sɿ^{13}xəɯ^{21}mɑu^{21}ts^{h}əŋ^{41}tei$^{\cdot 33}$xɑu^{41}，p^{h}ən^{45}tɑu^{45}lᴀ^{45}p^{h}o^{33}kɑu^{33}təɯ^{13}ai$^{\cdot 33}$，

有时候没推得好，撞到那坡上啊，

有时候那煤我把它打烂哒，

iəɯ^{41}sɿ^{13}xəɯ^{21}lᴀ^{45}mei^{13}ŋo^{41}pɑ^{41}t^{h}ɑ^{33}tɑ^{41}lã^{21}tᴀ$^{\cdot 21}$，

有时候那煤我（不小心）把它打烂了，

打烂以后，回去嘞，回来以后又要搞那藕煤筒子，又要去筒，

tɑ^{41}lã^{21}i^{24}xəɯ^{21}，fei^{13}k^{h}ɤ^{45}lei$^{\cdot 33}$，fei^{13}lai^{13}i^{41}xəɯ^{21}iəɯ^{21}iɑu^{45}kɑu^{41}lᴀ^{45}ŋəɯ^{45} mei^{13}təŋ^{13}tsɿ$^{\cdot 33}$，iəɯ^{21}iɑu^{45}k^{h}ɤ^{45}təŋ^{13}，

打烂以后，回去呢，回家以后又要用藕煤筒子，又要去装，

筒到那只底下，专门是箇样范的。

təŋ^{13}tau^{45}la^{45}tsa^{24}ti^{41}ɕiᴀ^{21}，tɕyẽ^{33}mən^{13}sɿ^{21}ko^{24}iaŋ^{21}fã^{45}ti$^{\cdot 33}$。

装到那个（斗车）底下，经常是这样的。

后背我们那里的那房子噉，从那个唉市里医院一搬，

xəɯ^{21}pei^{45}ŋo^{41}mən$^{\cdot 13}$lᴀ^{45}li^{33}ti$^{\cdot 33}$lᴀ^{45}faŋ^{13}tsɿ$^{\cdot 33}$sã$^{\cdot 33}$，tsən^{13}lᴀ^{45}ko^{45}ai$^{\cdot 21}$sɿ^{21}li$^{\cdot 33}$i^{33}yẽ^{45}i^{41}pã^{33}，

后来我们那里的那房子吧，从那个啊市里医院一搬（的时候开始），

搬得箇只现在的箇只七一路派出所箇里。

pã^{33}tei$^{\cdot 33}$kei^{24}tsa^{24}ɕiĩ^{21}tsai^{45}ti$^{\cdot 33}$kei^{24}tsa^{24}tɕʰi^{24}i^{24}ləɯ^{21}pʰai^{45}tɕʰy^{24}so^{41}ko^{24}li$^{\cdot 33}$。

（我们家也）搬到这个现在的这个七一路派出所这里。

那住得箇里的时候，住得那四楼，

lᴀ^{45}tɕy^{21}tei$^{\cdot 33}$ko^{24}li$^{\cdot 33}$ti$^{\cdot 33}$sɿ^{13}xəɯ^{21}，tɕy^{21}tei$^{\cdot 33}$lᴀ^{45}sɿ^{45}ləɯ^{13}，

那住在这里的时候，住在那四楼，

那背藕煤时，我硬是背得！

lᴀ^{45}pei^{33}ŋəɯ^{41}mei^{13}sɿ^{13}，ŋo^{41}ŋən^{21}sɿ^{21}pei^{33}tei^{24}！

那搬藕煤（的）时候，我硬是背得（想哭）！

跟我爸爸他人，我老妹他们，

kən^{33}ŋo^{41}pa^{24}pa$^{\cdot 45}$tʰa^{33}in^{13}，ŋo^{41}lau^{41}mei^{21}tʰa^{33}mən$^{\cdot 13}$，

跟我爸爸他们，我妹妹们，

一背背得哭，有时候，真的烈⁼人！

i^{41}pei^{33}pei^{33}tei^{24}kʰu^{24}，iəɯ^{41}sɿ^{13}xəɯ^{21}，tsən^{33}ti$^{\cdot 33}$lia^{24}in^{13}！

一背（就）背哭（了），有时候，真的累人！

你们那时候，后背搬到那边去哒，

li^{41}mən$^{\cdot13}$lᴀ^{45}sɿ^{13}xəɯ^{21}，xəɯ^{21}pei^{45}pã^{33}tɑu^{45}lᴀ^{45}piĩ^{33}k^{h}ɤ^{45}tᴀ$^{\cdot21}$，

你们那时候，后来搬到那边去了，

那边现在好不好啊，同学唉？

lᴀ^{45}piĩ^{33}ɕiĩ^{21}tsai^{45}xɑu^{41}pu^{24}xɑu^{41}ᴀ$^{\cdot33}$，tən^{13}ʃo^{24}ai$^{\cdot33}$？

那边现在好不好啊，同学啊？

何：我那时候住得结谷街，结谷街嘞后背把它拆咖哒，

ŋo^{41}lᴀ^{45}sɿ^{13}xəɯ^{21}tɕy^{21}tei$^{\cdot33}$tɕiɛ^{24}ku^{24}kai^{33}，tɕiɛ^{24}ku^{24}kai^{33}lei$^{\cdot33}$xəɯ^{21}pei^{45}pɑ^{41} t^{h}ɑ^{33}ts^{h}ɤ^{24}kei$^{\cdot33}$tᴀ$^{\cdot21}$，

何：我那时候住在结谷街，结谷街呢后来把它拆掉了，

拆咖得就变哒现在的箇只结谷门。

ts^{h}ɤ^{24}kei$^{\cdot33}$tei$^{\cdot33}$tɕiəɯ^{21}piĩ^{45}tᴀ$^{\cdot21}$ɕiĩ^{21}tsai^{45}ti$^{\cdot33}$kei^{24}tsɑ^{24}tɕiɛ^{24}ku^{24}mən^{13}。

拆掉了就变成现在的这个结谷门。

箇只结谷门箇里嘞，我们也分得点房子唧①，就分到箇只建宁新村，

kei^{24}tsɑ^{24}tɕiɛ^{24}ku^{24}mən^{13}ko^{24}li$^{\cdot33}$lei$^{\cdot33}$，ŋo^{41}mən$^{\cdot33}$iɛ^{41}fən^{33}tei$^{\cdot33}$tiĩ^{41}fɑŋ^{13}tsɿ$^{\cdot33}$ tɕi$^{\cdot33}$，tɕiəɯ^{21}fən^{33}tɑu^{45}kei^{24}tsɑ^{24}tɕiĩ^{45}ȵin^{13}ɕin^{33}ts^{h}ən^{33}，

这个结谷门这里呢，我们也分了点房子，就分在这个建宁新村，

我记得我屋里住得建宁新村是那只八栋。

ŋo^{41}tɕi^{45}tei^{24}ŋo^{41}u^{24}li$^{\cdot33}$tɕy^{21}tei$^{\cdot33}$tɕiĩ^{45}ȵin^{13}ɕin^{33}ts^{h}ən^{33}sɿ^{21}lᴀ^{24}tsɑ^{24}pɑ^{24}tən^{45}。

我记得我家住在建宁新村是那个八栋。

才去第一年，大概是八三年，

tsai^{13}k^{h}ɤ^{45}ti^{21}i^{24}ȵiĩ^{13}，tɑ^{21}k^{h}ai^{45}sɿ^{21}pɑ^{24}sã^{33}ȵiĩ^{13}，

才去（的）第一年，大概是八三年，

就因为那只鱼塘里涨大水，

① “唧[tɕi$^{\cdot33}$]”是小称后缀。

tɕiəɯ^{21}in^{33}uei^{13}lᴀ^{45}tsɑ$^{·45}$y^{13}tɑŋ^{13}li$^{·33}$tsɑŋ^{41}tai^{21}ʃuei^{41}，

就因为那个鱼塘里涨大水，

当时我们八十年代箇只，箇只箇只鹅颈洲箇里唉，

tɑŋ^{33}sɿ^{13}ŋo^{41}mən$^{·13}$pɑ^{24}sɿ^{24}ȵiĩ^{13}tai^{45}kei^{24}tsɑ^{24}，kei^{24}tsɑ^{24}kei^{24}tsɑ^{24}o^{24}tɕin^{41}tsəɯ^{33}ko^{24}li$^{·33}$ai$^{·21}$，

当时我们八十年代这个，这个这个鹅颈洲这里啊，

箇只现在的箇只①合泰街箇里唉，还有形成箇些厂房箇些②东西不啰，

kei^{24}tsɑ^{24}ɕiĩ^{21}tsai^{45}ti$^{·33}$kei^{24}tsɑ$^{·33}$xo^{24}tʰai^{45}kai^{33}ko^{24}li$^{·33}$ai$^{·21}$，xai^{13}mɑu^{21}ɕin^{13}tsən^{13}ko^{24}ɕiɛ^{33}tsʰɑŋ^{41}fɑŋ^{13}ko^{24}ɕiɛ^{33}tən^{33}ɕi$^{·33}$pu^{45}lo$^{·33}$，

这个现在的这个合泰街这里啊，还没形成这些厂房之类（建筑）不是，

还就是塘啵，那时候喊“塘”。

xai^{13}tɕiəɯ^{21}sɿ^{21}tɑŋ^{13}po^{45}，lᴀ^{45}sɿ^{13}xəɯ^{21}xã^{41}toŋ^{13}。

还就是（一片）池塘不是，那时候叫“塘”。

那就对方的渔场里不啰，那都是好深的水。

lᴀ^{24}tɕiəɯ^{21}tei^{45}fɑŋ^{33}ti$^{·33}$y^{13}tsɑŋ^{13}li$^{·33}$pu^{45}lo$^{·33}$，lᴀ^{24}təɯ^{33}sɿ^{21}xɑu^{41}sən^{33}ti$^{·33}$ʃuei^{41}。

然后对面的渔场里（的水）不是，那都是很深的水。

结果才搬过来的头年，大约是箇③八三年，

tɕiɛ^{24}ko^{41}tsai^{13}pẽ^{33}ko^{45}lai^{13}ti$^{·33}$təɯ^{13}ȵiĩ^{13}，tɑ^{21}io^{24}sɿ^{21}ko^{24}pɑ^{24}sã^{33}ȵiĩ^{13}，

结果才搬过来的第一年，大约是那八三年，

那就是，那就是那种大水唉，就通过箇只堤就浸过来哒，

lᴀ^{45}tɕiəɯ^{21}sɿ^{21}，lᴀ^{45}tɕiəɯ^{21}sɿ^{21}lᴀ^{45}tsən^{41}tai^{21}ʃuei^{41}ai$^{·21}$，tɕiəɯ^{21}tʰəŋ^{33}ku^{45}ko^{24}tsɑ^{24}ti^{13}tɕiəɯ^{21}tɕin^{45}ko^{45}lai^{13}tᴀ$^{·33}$，

① “只”此处读轻声[tsɑ$^{·33}$]。

② 句中“箇只”“箇些”都是话题标记。

③ “箇”是话题标记，译为“那”。

那就是，那就是那场大水啊，然后通过这个（防洪）堤就淹过来了，

把那整个建宁新村嘞就淹咖哒。

pɑ41lᴀ45tsən41ko45tɕiĩ45ȵin13ɕin33tsʰən33lei·33tɕiəɯ21iĩ33kei·33tᴀ·21。

把那整个建宁新村呢就淹掉了。

那你不晓得嘞，我才搬起①去，

lai45li41pu24ɕiɑu41tei24lei·33，ŋo41tsai13pə̃33tɕʰi·21kʰɤ45，

那你不知道呢，我才搬（过）去，

那整个建宁新村，我记得有二十栋房子，

lᴀ45tsən41ko45tɕiĩ45ȵin13ɕin33tsʰən33，ŋo41tɕi45tei24iəɯ41ɤ21sɿ24təŋ45fɑŋ13tsɿ·33，

那整个建宁新村，我记得有二十栋房子，

我们正好屋里又冇得煤烧哒，

ŋo41mən·13tsən45xɑu41u24li·33iəɯ21mɑu21tei24mei13sɑu33tᴀ·21，

我们家里正好又没有煤烧了，

整个把一楼下淹咖哒，只剩二楼哒，

tsən41ko45pɑ41i24ləɯ13xɑ21ŋã33kᴀ·33tᴀ·21，tsɿ24sən21ɤ21ləɯ13tᴀ·21，

把整个一楼都淹掉了，只剩二楼了，

那个的时候有~办法。

lai45ko45ti·33sɿ13xəɯ21mɑuː21pã21fɑ24。

那个时候没有办法。

我就喊哒我几只耍得好的，那就要人多咪，买箇只煤，

ŋo41tɕiəɯ21xã41tᴀ·21ŋo41tɕi41tsɑ24sɑ41tei24xɑu41ti·33，lᴀ45tɕiəɯ21iɑu45zən13to33 lai·21，mai41kei24tsɑ·24mei13，

我便叫了我几个玩得好的（朋友），那要人多啊，（去）买这个煤，

① “起[tɕʰi·21]”是趋向补语标记。普通话中无对应成分。

唉，用那箩筐担哒，就买哒箇只箇只边上唉，

ai^{21}，in^{21}lᴀ^{45}lo^{13}kʰuɑŋ^{33}tã^{33}tᴀ$^{·21}$，tɕiəɯ^{21}mai^{41}tᴀ$^{·21}$kei^{24}tsɑ^{24}kei^{24}tsɑ^{24}piĩ^{33}sɑŋ$^{·21}$ ai$^{·21}$，

啊，用那箩筐挑着，就买了这个这个（小区）边上（煤店的煤）啊，

然后有那救援队的，那我们就笑。

yθ̃^{13}xəɯ^{21}iəɯ^{41}lᴀ^{45}tɕiəɯ^{45}yθ̃^{13}tei^{45}ti$^{·33}$，lᴀ^{24}ŋo^{41}mən$^{·13}$tɕiəɯ^{21}ɕiɑu^{45}。

然后有那救援队的（来帮忙），那我们就自嘲（变成“岛上的渔民”了）。

本来嘞，我们是属于，当时箇整个房子不高，

pən^{41}lai^{13}lei$^{·33}$，ŋo^{41}mən$^{·13}$sɿ^{21}səɯ^{24}y^{13}，tɑŋ^{33}sɿ^{13}ko^{24}tsən^{41}ko^{45}fɑŋ^{13}tsɿ$^{·33}$pu^{24} kɑu^{33}，

本来呢，我们是属于（高楼），当时那整个楼房不高，

我记得株洲市最高的房子嘞，还只七层楼。

ŋo^{41}tɕi^{45}tei^{24}tɕy^{33}tsəɯ^{33}sɿ^{21}tsei^{45}kɑu^{33}ti$^{·33}$fɑŋ^{13}tsɿ$^{·33}$lei$^{·33}$，xai^{13}tsɿ^{24}tɕʰi^{24}tsən^{13} ləɯ^{13}。

我记得（当时）株洲市最高的楼房呢，还只有七层楼。

所以我们那房子有五层楼，也就算高的哒，

so^{41}i^{41}ŋo^{41}mən$^{·13}$lᴀ^{45}fɑŋ^{13}tsɿ$^{·33}$iəɯ^{41}u^{41}tsən^{13}ləɯ^{13}，iɛ^{41}tɕiəɯ^{21}sθ̃^{45}kɑu^{33}ti$^{·33}$tᴀ$^{·21}$，

所以我们那楼房有五层楼，也就算高的了，

那就讲唉，我人住得五楼，

lai^{24}tɕiəɯ^{21}kɑŋ^{41}ai$^{·33}$，ŋo^{41}in^{13}tɕy^{21}tei$^{·33}$u^{41}ləɯ^{13}，

那就是说啊，我们住在五楼，

五楼那好点啊⁼子，就冇被水淹咖。

u^{41}ləɯ^{13}lᴀ^{45}xɑu^{41}tiĩ^{45}ŋei^{45}tsɿ$^{·33}$，tɕiəɯ^{21}mɑu^{21}pei^{21}ʃuei^{41}ŋã^{33}kᴀ$^{·45}$。

五楼那好点儿，就没被水淹掉。

但是箇只煤不得回去唻，箇屋里冇有其他的途径唻，

tã^{21}sɿ^{21}kei^{24}tsɑ^{24}mei^{13}pu^{24}tei^{24}fei^{13}kʰɤ^{45}lai$^{\cdot 33}$，ko^{24}u^{24}li$^{\cdot 33}$mɑu^{21}iəɯ^{41}tɕi^{13}tʰɑ^{33} ti$^{\cdot 33}$təɯ^{13}tɕin^{45}lai$^{\cdot 33}$，

但是这个煤不能（搬）回去啊，这家里没有其他的途径（弄吃的）啊，

那时候又不像现在，唉，实在停水哒停气哒，

lᴀ^{45}sɿ^{13}xəɯ^{21}iəɯ^{21}pu^{24}ɕiɑŋ^{21}ɕiĩ^{21}tsai^{45}，ai^{21}，sɿ^{24}tsai^{21}tin^{13}ʃuei^{41}tᴀ$^{\cdot 21}$tin^{13}tɕʰi^{45} tᴀ$^{\cdot 21}$，

那时候又不像现在，啊，实在停水了停气了，

是咩，还可以到外面店子里去买点东西吃，

sɿ^{21}pai$^{\cdot 33}$，xai^{13}kʰo^{41}i^{41}tɑu^{45}uai^{21}miĩ^{21}tiĩ^{45}tsɿ$^{\cdot 33}$li$^{\cdot 33}$kʰɤ^{45}mai^{41}tiĩ^{41}tən^{33}ɕi$^{\cdot 33}$tɕʰiᴀ^{24}，

是吧，还可以到外面店子里去买点东西吃，

那时候哪里有？什么店子都冇得，

lᴀ^{45}sɿ^{13}xəɯ^{21}lᴀ^{41}li$^{\cdot 33}$iəɯ^{41}？sən^{21}mo$^{\cdot 33}$tiĩ^{45}tsɿ$^{\cdot 33}$təɯ^{33}mɑu^{21}tei^{24}，

那时候哪里有（饭店）？什么饭店都没有，

也冇有到外面吃饭的习惯，条件嘞也不允许。

iɛ^{41}mɑu^{21}iəɯ^{41}tɑu^{45}uai^{21}miĩ^{21}tɕʰiᴀ^{24}fã^{21}ti$^{\cdot 33}$ɕi^{24}kuã^{45}，tiɑu^{13}tɕiĩ^{45}lei$^{\cdot 33}$iɛ^{41}pu^{24} in^{41}ɕy^{41}。

也没有到外面吃饭的习惯，（经济）条件呢也不允许。

所以唻必须要买煤，那买煤就一天都不能停。

so^{41}i^{41}lai$^{\cdot 33}$pi^{24}ɕy^{33}iɑu^{45}mai^{41}mei^{13}，lᴀ^{45}mai^{41}mei^{13}tɕiəɯ^{21}i^{41}tʰiĩ^{33}təɯ^{33}pu^{24}lən^{13} tin^{13}。

所以啊必须要买煤，那买煤即使一天都不能停。

我屋里姊妹又多，我有五姊妹，

ŋo^{41}u^{24}li$^{\cdot 33}$tsɿ^{41}mei^{21}iəɯ^{21}to^{33}，ŋo^{41}iəɯ^{41}u^{41}tsɿ^{41}mei^{21}，

我家里兄弟姐妹又多，我有五（个）兄弟姐妹，

我上面还有两个哥哥两个姐姐，还有爷娘，

ŋo^{41}saŋ^{21}miĩ^{21}xai^{13}iəɯ^{41}liaŋ^{41}ko^{45}ko^{33}ko^{33}iaŋ^{41}ko^{45}tɕiɛ^{41}tɕiɛ^{41}，xai^{13}iəɯ^{41}ia^{13} ȵiã^{13}，

我上头还有两个哥哥两个姐姐，还有爹娘。

平时一吃饭，就是七个人，

pin^{13}sɿ^{13}i^{41}tɕʰiᴀ^{24}fã^{21}，tɕiəɯ^{21}sɿ^{21}tɕʰi^{24}ko^{45}zən^{13}，

平时一吃（起）饭（来），就是七个人，

所以箇只每天箇只①煤的东西消耗大。

so^{41}i^{41}kei^{24}tsa^{24}mei^{41}tʰiĩ^{33}kei^{24}tsa^{24}mei^{13}ti$^{\cdot 33}$tən^{33}ɕi$^{\cdot 33}$ɕiau^{33}xau^{45}tai^{21}。

所以每天这个煤的（之类）东西消耗大。

好，我嘞②喊得几个人，

xau^{41}，ŋo^{41}ei$^{\cdot 33}$xã^{41}tei$^{\cdot 33}$tɕi^{41}ko^{45}zən^{13}，

好，我呢叫了几个人，

涨水哒嘞，就要搞到那箩筐唉，搞那筏子，

tsaŋ^{41}ʃuei^{41}tᴀ$^{\cdot 21}$lei$^{\cdot 33}$，tɕiəɯ^{21}iau^{45}kau^{41}tau^{45}lᴀ^{45}lo^{13}kʰuaŋ^{33}ai$^{\cdot 21}$，kau^{41}lᴀ^{45}fa^{24} tsɿ$^{\cdot 33}$，

涨水了呢，就要弄到那箩筐啊，弄（到）那筏子，

担一担，还不能装多哒，

tã^{33}i^{24}tã^{45}，xai^{13}pu^{45}lən^{13}tsaŋ^{33}to^{33}tᴀ$^{\cdot 21}$，

挑一担，还不能装多了，

然后得那筏子高头，运到屋里去。

yõ^{13}xəɯ^{21}tei^{24}lᴀ^{45}fa^{24}tsɿ$^{\cdot 33}$kau^{33}tei^{13}，yn^{45}tau^{45}u^{24}li$^{\cdot 33}$kʰɤ^{45}。

---

① 此句两个“箇只”都是话题标记。

② 语气词“嘞”本读[lei$^{\cdot 33}$]，此处弱化为[ei$^{\cdot 33}$]。

然后（把煤放）在那筏子上，运到家里去。

后来我人就跟别个开玩笑，

xəɯ^{21}lai^{13}ŋo^{41}in^{13}tɕiəɯ^{21}kən^{33}piɛ^{24}ko^{45}kʰai^{33}uã^{13}ɕiɑu^{45}，

后来我们就跟别人开玩笑，

明明以前我们下是住平房的，好不容易住哒楼房嘞，高兴死哒，

min^{13}min^{13}i^{41}tɕiĩ^{13}ŋo^{41}mən$^{\cdot 13}$xɑ^{21}sɿ^{21}tɕy^{21}pin^{13}fɑŋ^{13}ti$^{\cdot 33}$，xɑu^{41}pu^{24}in^{13}i^{21}tɕy^{21}tᴀ$^{\cdot 21}$ləɯ^{13}fɑŋ^{13}lei$^{\cdot 33}$，kɑu^{33}ɕin^{45}sɿ^{41}tᴀ$^{\cdot 21}$，

明明我们以前都是住平房的，好不容易住了楼房呢，高兴极了，

箇大水一涨嘞，箇就搞醉哒，

ko^{24}tai^{21}ʃuei^{41}i^{41}tsɑŋ^{41}lei$^{\cdot 33}$，ko^{24}tɕiəɯ^{21}kɑu^{41}tsei^{45}tᴀ$^{\cdot 21}$，

这大水一涨呢，那么就（把人）搞晕了，

箇就变咖了么子嘞？

ko^{24}tɕiəɯ^{21}piĩ^{45}kᴀ$^{\cdot 33}$lei$^{\cdot 33}$mo^{41}tsɿ$^{\cdot 33}$lei$^{\cdot 33}$？

那么就变成了什么呢？

别个就笑我人，箇哪里搬的楼房啰，

piɛ^{24}ko^{45}tɕiəɯ^{21}ɕiɑu^{45}ŋo^{41}in^{13}，ko^{24}lᴀ^{41}li$^{\cdot 33}$pã^{33}ti$^{\cdot 33}$ləɯ^{13}fɑŋ^{13}lo$^{\cdot 33}$，

别人就笑我们，这哪儿(是)搬的楼房啊，

才住的新房子，就变咖住到岛上哒，变咖渔民哒。

tsai^{13}tɕy^{21}ti$^{\cdot 33}$ɕin^{33}fɑŋ^{13}tsɿ$^{\cdot 33}$，tɕiəɯ^{21}piĩ^{45}kᴀ$^{\cdot 33}$tɕy^{21}tɑu^{45}tɑu^{41}sɑŋ$^{\cdot 21}$tᴀ$^{\cdot 21}$，piĩ^{45}kᴀ$^{\cdot 33}$y^{13}min^{13}tᴀ$^{\cdot 21}$。

才住的新房子，就变成住在岛上了，变成渔民了。

你们那里涨水啵？

li^{41}mən$^{\cdot 13}$lᴀ^{45}li$^{\cdot 33}$tsɑŋ^{41}ʃuei^{41}po$^{\cdot 45}$？

你们那里涨水吧？

郭：我们那里不涨水，我们那里地势高，

ŋo^{41}mən$^{\cdot 13}$lᴀ^{45}li$^{\cdot 33}$pu^{24}tsaŋ^{41}ʃuei^{41}，ŋo^{41}mən$^{\cdot 13}$lᴀ^{45}li$^{\cdot 33}$ti^{21}ʃʅ^{45}kau^{33}，

郭：我们那里不涨水，我们那里地势高，

我们那里地势高一些。

ŋo^{41}mən$^{\cdot 13}$lᴀ^{45}li$^{\cdot 33}$ti^{21}ʃʅ^{45}kau^{33}i^{24}ɕiɛ^{33}。

我们那里地势高一些。

我记得我那时候我屋里后背，

ŋo^{41}tɕi^{45}tei^{24}ŋo^{41}lᴀ^{45}sʅ^{13}xəɯ^{21}ŋo^{41}u^{24}li$^{\cdot 33}$xəɯ^{21}pei^{45}，

我记得我那时候我家后来，

从七一路派出所箇里搬得那个什么所唉的门口那里，

tsəŋ^{13}tɕ^{h}i^{24}i^{24}ləɯ^{21}p^{h}ai^{45}tɕ^{h}y^{24}so^{41}ko^{24}li$^{\cdot 33}$pã^{33}tei^{24}lᴀ^{45}ko^{45}sən^{21}mo$^{\cdot 33}$so^{41}ai$^{\cdot 33}$ti$^{\cdot 33}$ mən^{13}k^{h}əɯ^{41}lᴀ^{45}li$^{\cdot 33}$，

从七一路派出所这里搬到那个什么所啊的门口那里，

那是现在的老人大那里，

lᴀ^{45}sʅ^{21}ɕiĩ^{21}tsai^{45}ti$^{\cdot 33}$lau^{41}zən^{13}ta^{45}lᴀ^{45}li$^{\cdot 33}$，

那是现在的老人大（办公楼）那里，

那里那时刚开始的时候喊毛坯房，

la^{45}li$^{\cdot 33}$la^{45}sʅ^{13}kaŋ^{33}k^{h}ai^{33}sʅ^{41}ti$^{\cdot 33}$sʅ^{13}xəɯ^{21}xã^{41}mau^{13}p^{h}ei^{33}faŋ^{13}，

那里那时刚开始的时候是毛坯房，

喊"茅草房"那里，它那坡叫"茅草坡"。

xã^{41}mau^{13}ts^{h}au^{41}faŋ^{13}lᴀ^{45}li$^{\cdot 33}$，t^{h}a^{33}lᴀ^{45}p^{h}o^{33}tɕiau^{45}mau^{13}ts^{h}au^{41}p^{h}o^{33}。

叫"茅草房"那里（的那个地方），它那（个）坡叫"茅草坡"。

我们在那里的话，箇就正好在箇只文化宫的箇只广场箇里嘞。

ŋo^{41}mən$^{\cdot 13}$tsai^{21}lᴀ^{45}li$^{\cdot 33}$ti$^{\cdot 33}$fa^{21}，kei^{24}tɕiəɯ^{21}tsən^{45}xau^{41}tsai^{21}kei^{24}tsa^{24}uən^{13}

xua^{45}kən^{33}ti$^{\cdot33}$ko^{24}tsɑ^{24}kuɑŋ^{41}tsɑŋ^{13}ko^{24}li$^{\cdot33}$sã$^{\cdot33}$。

我们在那里的话，那么就正好在这个文化宫的这个广场这里呗。

那时候，专门学有时候冇~事做的时候，

lA^{45}sɿ^{13}xəɯ^{21}，tɕyẽ^{33}mən^{13}ʃo^{24}iəɯ^{41}sɿ^{13}xəɯ^{21}mɑuː^{21}sɿ^{21}tsəɯ^{45}ti$^{\cdot33}$sɿ^{13}xəɯ^{21}，

那时候，经常像有时没有事做的时候，

株洲市开宣判大会的时候唉，就翻围墙过去，

tɕy^{33}tsəɯ^{33}sɿ^{21}kʰai^{33}ɕiĩ^{33}pʰə̃^{45}tai^{21}fei^{21}ti$^{\cdot33}$sɿ^{13}xəɯ^{21}ai$^{\cdot21}$，tɕiəɯ^{21}fã^{33}uei^{13}tɕiɑŋ^{13}ko^{45}kʰɤ^{45}，

株洲市开宣判大会的时候啊，便翻围墙过去，

就看那个唉，株洲市判那死刑的，那枪毙人咻，就开宣判大会。

tɕiəɯ^{21}kʰã^{45}lA^{45}ko^{45}ai$^{\cdot21}$，tɕy^{33}tsəɯ^{33}sɿ^{21}pʰã^{45}lA^{45}sɿ^{41}ɕin^{13}ti$^{\cdot33}$，lA^{45}tɕʰiɑŋ^{33}pi^{45}zən^{13}lai$^{\cdot33}$，tɕiəɯ^{21}kʰai^{33}ɕiĩ^{33}pʰə̃^{45}tai^{21}fei^{21}。

然后看那个啊，株洲市判那死刑的，那枪毙人啊，就会开宣判大会。

开宣判大会嘞，一跟哒过去嘞，

kʰai^{33}ɕiĩ^{33}pʰə̃^{45}tai^{21}fei^{21}lei$^{\cdot33}$，i^{24}kən^{33}tA$^{\cdot21}$ko^{45}kʰɤ^{45}lei$^{\cdot33}$，

开宣判大会呢，一跟着过去呢，

一开完哒以后，送到红旗广场那里。

i^{24}kʰai^{33}uã^{13}tA$^{\cdot21}$i^{41}xəɯ^{21}，səŋ^{45}tɑu^{45}xəŋ^{13}tɕi^{13}kuɑŋ^{41}tsɑŋ^{13}lA^{45}li$^{\cdot33}$。

一开完了以后，送到红旗广场那里。

那红旗广场那时候冇得房子，全部都是那山，

lA^{45}xəŋ^{13}tɕi^{13}kuɑŋ^{41}tsɑŋ^{13}lA^{45}sɿ^{13}xəɯ^{21}mɑu^{21}tei^{24}fɑŋ^{13}tsɿ$^{\cdot33}$，tɕiĩ^{13}pu^{45}təɯ^{33}sɿ^{21}lɑ^{45}sã^{33}，

那红旗广场那时候没有房子，全部都是那山，

放到那里去枪打人，同学你还记得啵？

faŋ^{45}tɑu^{45}lᴀ^{45}li$^{\cdot 33}$k^{h}ɤ^{45}tɕ^{h}iɑŋ^{33}tɑ^{41}zən^{13}，tən^{13}ʃo^{24}li^{41}xai^{13}tɕi^{45}tei^{24}po$^{\cdot 45}$？

放到那里去枪毙（犯）人，同学你还记得吧？

何：那记喋①，你讲的那时候，

lᴀ^{24}tɕi^{45}tiɛ$^{\cdot 41}$，li^{41}kɑŋ^{41}ti$^{\cdot 33}$lᴀ^{45}sɿ^{13}xəɯ^{21}，

何：那记得呢，你说的那时候，

我屋里后背又住过来得，现在的箇只体育广场唉，

ŋo^{41}u^{24}li$^{\cdot 33}$xəɯ^{21}pei^{45}iəɯ^{21}tɕy^{21}ku^{45}lai^{13}tei$^{\cdot 33}$，ɕiĩ^{21}tsai^{45}ti$^{\cdot 33}$kei^{24}tsɑ^{24}t^{h}i^{41}iəɯ^{24}kuɑŋ^{41}tsɑŋ^{13}ai$^{\cdot 21}$，

我家里后来又住过来了，现在的这个体育广场啊，

郭：嗯。

n̩^{33}。

郭：嗯（是）。

何：体育广场那只主席台，我们就住到那主席台，

t^{h}i^{41}iəɯ^{24}kuɑŋ^{41}tsɑŋ^{13}lᴀ^{45}tsɑ$^{\cdot 45}$tɕy^{41}ɕi^{24}tai^{13}，ŋo^{41}mən$^{\cdot 13}$tɕiəɯ^{21}tɕy^{21}tɑu^{45}lᴀ^{45}tɕy^{41}ɕi^{24}tai^{13}，

何：体育广场那个主席台，我们就住在那主席台（那里），

你还不晓得嘞，我住得主席台，

li^{41}xai^{13}pu^{24}ɕiɑu^{41}tei$^{\cdot 33}$lei$^{\cdot 33}$，ŋo^{41}tɕy^{21}tei$^{\cdot 33}$tɕy^{41}ɕi^{24}tai^{13}，

你还不知道呢，我住在主席台，

箇我跟你提你就会晓得。

ko^{24}ŋo^{41}kən^{33}li^{41}ti^{13}li^{41}tɕiəɯ^{21}fei^{21}ɕiɑu^{41}tei^{24}。

这我跟你提你就会知道。

因为住主席台，每年子开大会唉，

① “喋[tiɛ$^{\cdot 41}$]”为“记得”的“得[tei^{33}]”与语气词“耶[iɛ$^{\cdot 41}$]”的合音。

in^{33}uei^{13}tɕy^{21}tɕy^{41}ɕi^{24}tai^{13}，mei^{41}ȵiĩ^{13}tsɿ$^{\cdot 33}$kʰai^{33}tai^{21}fei^{21}ai$^{\cdot 21}$，

因为住（在）主席台（那里），每年开大会啊，

每年子株洲市政府很多的箇只集庆活动唉，都在体育广场。

mei^{41}ȵiĩ^{13}tsɿ$^{\cdot 33}$tɕy^{33}tsəɯ^{33}sɿ^{21}tsən^{45}fu^{41}xən^{41}to^{33}ti$^{\cdot 33}$kei^{24}tsɑ^{24}tɕi^{24}tɕʰin^{45}xo^{24}təŋ^{45} ai$^{\cdot 21}$，təɯ^{33}tsai^{21}tʰi^{41}iəɯ^{24}kuɑŋ^{41}tsɑŋ^{13}。

每年株洲市政府很多的这个集庆活动啊，都在体育广场（举行）。

我记得七六年，唉，在毛主席逝世的时候，

ŋo^{41}tɕi^{45}tei^{24}tɕʰi^{24}ləɯ^{24}ȵiĩ^{13}，ai^{21}，tsai^{21}mɑu^{13}tɕy^{41}ɕi^{24}sɿ^{45}sɿ^{45}ti$^{\cdot 33}$sɿ^{13}xəɯ^{21}，

我记得七六年，啊，在毛主席逝世的时候，

你看我们不是得八中读书啵，还记得啀？

li^{41}kʰã^{45}ŋo^{41}mən$^{\cdot 13}$pu^{24}sɿ^{21}tei^{21}pɑ^{24}tsoŋ^{33}təɯ^{24}ɕy^{33}po$^{\cdot 45}$，xai^{13}tɕi^{45}tei^{24}pai$^{\cdot 45}$？

你看我们不是在八中读书吧，还记得吧？

郭：记得唉。

tɕi^{45}tei^{24}ai$^{\cdot 33}$。

郭：记得啊。

何：唉，我记得好像是九月九号开追悼大会。

ai^{21}，ŋo^{41}tɕi^{45}tei^{24}xɑu^{41}ɕiɑŋ^{21}sɿ^{21}tɕiəɯ^{41}yɛ^{24}tɕiəɯ^{41}xɑu^{21}kʰai^{33}tɕyɛ^{33}tɑu^{45}tai^{21} fei^{21}。

何：啊，我记得好像是九月九号开追悼大会。

九月九，哦，九月九号开追悼大会，

tɕiəɯ^{41}yɛ^{24}tɕiəɯ^{41}，o^{21}，tɕiəɯ^{41}yɛ^{24}tɕiəɯ^{41}xɑu^{21}kʰai^{33}tɕyɛ^{33}tɑu^{45}tai^{21}fei^{21}，

九月九，哦，九月九号开追悼大会，

当时我们是整个学生，全市的学生，特别是我们八中的，

tɑŋ^{33}sɿ^{13}ŋo^{41}mən$^{\cdot 13}$sɿ^{21}tsən^{41}ko^{45}ʃo^{24}sən^{33}，tɕyẽ^{13}sɿ^{21}ti$^{\cdot 33}$ʃo^{24}sən^{33}，tʰɤ^{24}piɛ^{24}

sɿ^{21}ŋo^{41}mən$^{·13}$pɑ^{24}tsəŋ^{33}ti$^{·33}$，

当时我们是全部学生，全市的学生，特别是我们八中的，

都要到箇只体育广场，穿白衣蓝裤，到底下默哀。

təɯ^{33}iɑu^{45}tɑu^{45}kei^{24}tsɑ^{24}tʰi^{41}iəɯ^{24}kuɑŋ^{41}tsɑŋ^{13}，tɕʰyẽ^{33}pɤ^{24}i^{33}lã^{13}kʰu^{45}，tɑu^{45} ti^{41}xɑ^{21}mɤ^{24}ŋai^{33}。

都要到这个体育广场，穿白衣蓝裤，到（主席台）下默哀。

那下午三点钟开始，好大的太阳，你箇只事还记得啵？

lᴀ^{24}ɕiᴀ^{21}u^{41}sã^{33}tiĩ^{41}tsəŋ^{33}kʰai^{33}sɿ^{41}，xɑu^{41}tai^{21}ti$^{·33}$tʰai^{45}iɑŋ^{13}，li^{41}kei^{24}tsɑ^{24}sɿ^{21} xai^{13}tɕi^{45}tei^{24}po$^{·45}$？

那（是）下午三点钟开始，（当时）很大的太阳，你这个事还记得吧？①

郭：记得唉。

tɕi^{45}tei^{24}ai$^{·33}$。

郭：记得啊。

何：我看到那时开追悼会，就放得天安门广场，

ŋo^{41}kʰã^{45}tɑu^{45}lᴀ^{45}sɿ^{13}kʰai^{33}tɕyɛ^{33}tɑu^{45}fei^{21}，tɕiəɯ^{21}fɑŋ^{45}tei^{33}tʰiĩ^{33}ŋã^{33}mən^{13} kuɑŋ^{41}tsɑŋ^{13}，

何：我看到那时候开追悼会，就放在天安门广场，

电视，那唉没有电视，广播直播。

tiĩ^{45}sɿ^{21}，lᴀ^{45}ai$^{·21}$mei^{24}iəɯ^{41}tiĩ^{45}sɿ^{45}，kuɑŋ^{41}po^{45}tsɿ^{24}po^{33}。

电视，然后啊没有电视，广播直播。

我们那只时候，还有~电视机，

ŋo^{41}mən$^{·13}$lᴀ^{45}tsɑ^{24}sɿ^{13}xəɯ^{21}，xai^{13}mɑuː^{21}tiĩ^{45}sɿ^{45}tɕi^{33}，

我们那个时候，还没有电视机，

① 这句按原句语序对译，实际意思是：这个事你还记得吧？

有~电视机，就放得体育广场唉，有只对全市的广播，

mɑuː^{21}tiĩ^{45}sɿ^{45}tɕi^{33}，tɕiəɯ^{21}fɑŋ^{45}tei^{33}tʰi^{41}iəɯ^{24}kuɑŋ^{41}tsɑŋ^{13}ŋa$^{\cdot 21}$，iəɯ^{41}tsɑ^{24}tei^{45} tɕyẽ^{13}sɿ^{21}ti$^{\cdot 33}$kuɑŋ^{41}po^{45}，

没有电视机，（追悼会）就放在体育广场啊，（体育广场）有个对全市的广播，

那只广播里面嘞，就对哒箇体育广场，

lᴀ^{24}tsɑ^{24}kuɑŋ^{41}po^{45}li^{41}miĩ^{21}lei$^{\cdot 33}$，tɕiəɯ^{21}tei^{45}tᴀ$^{\cdot 21}$kei^{24}tʰi^{41}iəɯ^{24}kuɑŋ^{41}tsɑŋ^{13}，

那个广播里（的声音）呢，就对着这体育广场，

号召全市的人嘞，唉，各个单位的，

xɑu^{45}tsɑu^{45}tɕyẽ^{13}sɿ^{21}ti$^{\cdot 33}$zən^{13}lei$^{\cdot 33}$，ai^{21}，ko^{24}ko^{45}tã^{33}uei^{21}ti$^{\cdot 33}$，

（广播里）号召全市的人呢，啊，各个单位的，

就到箇只体育广场箇只大坪肚里唉，开那只追悼大会。

tɕiəɯ^{21}tɑu^{45}kei^{24}tsɑ^{24}tʰi^{41}iəɯ^{24}kuɑŋ^{41}tsɑŋ^{13}kei^{24}tsɑ^{24}tai^{21}pin^{13}təɯ^{21}li$^{\cdot 33}$ai$^{\cdot 21}$，kʰai^{33}lai^{24}tsɑ^{24}tɕyɛ^{33}tɑu^{45}tai^{21}fei^{21}。

就在体育广场那个大操场里啊，开那个追悼大会。

我们学校里嘞因为挨得箇只体育广场最近，学生代表嘞就是我们八中的。

ŋo^{41}mən$^{\cdot 13}$ʃo^{24}ɕiɑu^{45}li$^{\cdot 33}$lei$^{\cdot 33}$in^{33}uei^{13}ŋai^{33}tei$^{\cdot 33}$kei^{45}tsɑ$^{\cdot 45}$tʰi^{41}iəɯ^{24}kuɑŋ^{41}tsɑŋ^{13} tsei^{45}tɕin^{21}，ʃo^{24}sən^{33}tai^{45}piɑu^{41}lei$^{\cdot 33}$tɕiəɯ^{21}sɿ^{21}ŋo^{41}mən$^{\cdot 13}$pɑ^{24}tsəŋ^{33}ti$^{\cdot 33}$。

我们学校呢因为挨着这个体育广场最近，学生代表呢就是我们八中的。

我们全班，我们全校的都来哒，你记得啵？

ŋo^{41}mən$^{\cdot 13}$tɕyẽ^{13}pã^{33}，ŋo^{41}mən$^{\cdot 13}$tɕyẽ^{13}ɕiɑu^{45}ti$^{\cdot 33}$təɯ^{33}lai^{13}tᴀ$^{\cdot 21}$，li^{41}tɕi^{45}tei^{24} po$^{\cdot 45}$？

我们全班，我们全校的（学生）都来了，你记得吧？

郭：记得。

tɕi^{45}tei^{24}。

郭：记得。

何：后背嘞，那时候可能那天太阳好大，

xəɯ^{21}pei^{45}lei$^{\cdot 33}$，lᴀ^{45}sɿ^{13}xəɯ^{21}kʰo^{41}lən^{13}lᴀ^{45}tʰiĩ^{33}tʰai^{45}iɑŋ^{13}xɑu^{41}tai^{21}，

何：后来呢，那时候可能那天太阳很大，

那只看得嘞，开会唉，有些看到毛主席逝世得噉，

lᴀ^{45}tsɿ^{24}kʰã^{45}tei$^{\cdot 33}$lei$^{\cdot 33}$，kʰai^{33}fei^{21}ai$^{\cdot 21}$，iəɯ^{41}ɕiɛ^{33}kʰã^{45}tɑu^{45}mɑu^{13}tɕy^{41}ɕi^{24}sɿ^{45} sɿ^{45}tei$^{\cdot 33}$sã$^{\cdot 41}$，

那只看到呢，开会啊，有些人看到毛主席逝世了吧，

是嗍，虽然我们没有见过面，只有得电影肚里看过，

sɿ^{21}pai$^{\cdot 33}$，sei^{33}yẽ^{13}ŋo^{41}mən$^{\cdot 13}$mei^{24}iəɯ^{41}tɕiĩ^{45}ku$^{\cdot 45}$miĩ^{21}，tsɿ^{24}iəɯ^{41}tei^{21}tiĩ^{45}in^{41} təɯ^{21}li$^{\cdot 33}$kʰã^{45}ku$^{\cdot 45}$，

是吧，虽然我们没有见过面，只在电影里看过（毛主席），

那时候又冇得电视，是嗍。

lᴀ^{45}sɿ^{13}xəɯ^{21}iəɯ^{21}mɑu^{21}tei$^{\cdot 33}$tiĩ^{45}sɿ^{45}，sɿ^{21}pai$^{\cdot 33}$。

那时候又没有电视，是吧。

一讲起毛主席，我们还是很有感情的，晓得不啊？

i^{24}kɑŋ^{41}tɕʰi$^{\cdot 21}$mɑu^{13}tɕy^{41}ɕi^{24}，ŋo^{41}mən$^{\cdot 13}$xai^{13}sɿ^{21}xən^{41}iəɯ^{41}kã^{41}tɕin^{13}ti$^{\cdot 33}$，ɕiɑu^{41} tei^{24}pu^{45}ᴀ$^{\cdot 45}$？

一说起毛主席，我们还是很有感情的，知道不（知道）啊？

每次走到那里，我们上课的第一句话，

mei^{41}tsʰɿ^{45}tsəɯ^{41}tɑu^{45}lᴀ^{45}li$^{\cdot 33}$，ŋo^{41}mən$^{\cdot 13}$sɑŋ^{21}kʰo^{45}ti$^{\cdot 33}$ti^{21}i^{24}tɕy^{45}fɑ^{21}，

每次（上课）走到那（教室）里，我们上课的第一句话，

就是要读《毛主席语录》，是嗍。

tɕiəɯ^{21}sɿ^{21}iɑu^{45}təɯ^{24}mɑu^{13}tɕy^{41}ɕi^{24}y^{41}ləɯ^{24}，sɿ^{21}pai$^{\cdot 33}$。

就要读《毛主席语录》，是吧。

我老是记得，我还记得箇只事。

ŋo^{41}lau^{41}sɿ^{21}tɕi^{45}tei$^{\cdot 41}$，ŋo^{41}xai^{13}tɕi^{45}tei$^{\cdot 41}$kei^{45}tsa$^{\cdot 45}$sɿ^{21}。

我总是记得，我还记得这件事。

你那时候是箇样啵，坐得教室里，一坐好，老师一进教室，

li^{41}lᴀ^{45}sɿ^{13}xəɯ^{21}sɿ^{21}ko^{24}iaŋ^{21}po$^{\cdot 45}$，tso^{21}tei$^{\cdot 33}$tɕiau^{45}sɿ^{24}li$^{\cdot 33}$，i^{24}tso^{21}xau^{41}，lau^{41} sɿ^{33}i^{24}tɕin^{45}tɕiau^{45}sɿ^{24}，

你那时候是这样吧，坐在教室里，一坐好，老师一进教室，

箇①班长就会喊："起立！向毛主席致敬！"

kei^{24}pã^{33}tsaŋ^{41}tɕiəɯ^{21}fei^{21}xã^{41}：tɕʰi^{41}li^{24}！ɕiaŋ^{21}mau^{13}tɕy^{41}ɕi^{24}tsɿ^{45}tɕin^{45}！

那班长就会喊："起立！向毛主席致敬！"

好，然后，背诵《毛主席语录》。

xau^{21}，yẽ^{13}xəɯ^{21}，pei^{21}sən^{45}mau^{13}tɕy^{41}ɕi^{24}y^{41}ləɯ^{24}。

好，然后，背诵《毛主席语录》。

好，箇一般的嘞，我们那教室黑板上面嘞都有八只字，

xau^{21}，kei^{24}i^{24}pã^{33}ti$^{\cdot 33}$lei$^{\cdot 33}$，ŋo^{41}mən$^{\cdot 13}$lᴀ^{45}tɕiau^{45}sɿ^{24}xɤ^{24}pã^{41}saŋ^{21}miĩ^{21}lei$^{\cdot 33}$ təɯ^{33}iəɯ^{41}pa^{24}tsa^{24}tsɿ^{21}，

好，那一般的（情况）呢，我们那教室黑板上边呢都有八个字，

是毛主席写的：好好学习，天天向上！

sɿ^{21}mau^{13}tɕy^{41}ɕi^{24}ɕiɛ^{41}ti$^{\cdot 33}$：xau^{41}xau^{41}ʃo^{24}ɕi^{24}，tʰiĩ^{33}tʰiĩ^{33}ɕiaŋ^{45}saŋ^{21}！

是毛主席写的：好好学习，天天向上！

所以我们讲，每天上课的第一件事，

so^{41}i^{41}ŋo^{41}mən$^{\cdot 13}$kaŋ^{41}，mei^{41}tʰiĩ^{33}saŋ^{21}kʰo^{45}ti$^{\cdot 33}$ti^{24}i^{24}tɕiĩ^{21}sɿ^{21}，

① "箇[kei^{24}]"为话题标记。后文"箇一般的嘞"中的"箇"同此。

所以我们说，每天上课的第一件事，

老师进来，一站到讲台高头，那①班长就喊：“起立！”

lau^{41}sɿ^{33}tɕin^{45}lai^{13}，i^{41}tsã^{45}tau^{45}tɕiaŋ^{41}tai^{13}kau^{33}təɯ^{13}，lᴀ^{45}pã^{33}tsaŋ^{41}tɕiəɯ^{21} xã^{41}：tɕ^{h}i^{41}li^{24}！

老师进来，一站到讲台上，那班长就喊：“起立！”

我们就全部起立，然后背《毛主席语录》。

ŋo^{41}mən$^{\cdot 13}$tɕiəɯ^{21}tɕyõ^{13}pu^{45}tɕ^{h}i^{41}li^{24}，yõ^{13}xəɯ^{21}pei^{21}mau^{13}tɕy^{41}ɕi^{24}y^{41}ləɯ^{24}，

我们就全部起立，然后背《毛主席语录》。

读《毛主席语录》以后，好，背完以后，老师就喊：“坐下。”

təɯ^{24}mau^{13}tɕy^{41}ɕi^{24}y^{41}ləɯ^{24}i^{41}xəɯ^{21}，xau^{21}，pei^{21}uã^{13}i^{41}xəɯ^{21}，lau^{41}sɿ^{33}tɕiəɯ^{21} xã^{41}：tso^{21}ɕiᴀ^{21}。

读《毛主席语录》以后，好，背完以后，老师就说：“坐下。”

箇才开始正式上课。

ko^{24}tsai^{13}k^{h}ai^{33}sɿ^{41}tsən^{45}sɿ^{45}saŋ^{21}k^{h}o^{45}。

这才开始正式上课。

所以在我们生活中嘞，

so^{41}i^{41}tsai^{21}ŋo^{41}mən$^{\cdot 13}$sən^{33}xo^{24}tsəŋ^{33}lei$^{\cdot 33}$，

所以在我们生活中呢，

唉，虽然，对毛主席的印象非常深，也无比的崇拜。

ai^{21}，suei^{33}yõ^{13}，tei^{45}mau^{13}tɕy^{41}ɕi^{24}ti$^{\cdot 33}$in^{45}ɕiaŋ^{45}fei^{33}saŋ^{13}sən^{33}，iɛ^{41}u^{13}pi^{41} ti$^{\cdot 33}$tsən^{13}pai^{45}。

啊，虽然（没见过毛主席），（但）对毛主席的印象非常深刻，也无比地崇拜。

① “那[lᴀ^{45}]”为话题标记。

所以嘞，那次开追悼大会嘞，得全市开追悼大会的时候唉，

so^{41}i^{41}lei$^{·33}$，lᴀ^{45}tsʰɿ^{45}kʰai^{33}tɕyɛ^{33}tɑu^{45}tai^{21}fei^{21}lei$^{·33}$，tei^{21}tɕyẽ^{13}sɿ^{21}kʰai^{33}tɕyɛ^{33}tɑu^{45}tai^{21}fei^{21}ti$^{·33}$sɿ^{13}xəɯ^{21}uai$^{·21}$，

所以呢，那次开追悼大会呢，在全市开追悼大会的时候啊，

那些人咪，好多人哭嘞，我们每个人都要戴朵白花，

lᴀ^{45}ɕiɛ^{33}zən^{13}lai$^{·21}$，xɑu^{41}to^{33}zən^{13}kʰu^{24}lei$^{·33}$，ŋo^{41}mən$^{·13}$mei^{41}ko^{45}zən^{13}təɯ^{33}iɑu^{45}tai^{45}to^{41}pɤ^{24}fɑ^{33}，

那些人啊，好多人哭呢，我们每个人都要戴一朵白花，

我时看到哭晕箇一大□，

ŋo^{41}sɿ$^{·21}$kʰã^{45}tɑu^{45}kʰu^{24}yn^{33}ko^{24}i^{24}tai^{21}pʰiã^{41}，

我呢看见哭晕那一大片（人），

只看得箇里倒得人，那里倒得人。

tsɿ^{24}kʰã^{45}tei^{24}ko^{24}li$^{·33}$tɑu^{41}tei$^{·33}$zən^{13}，lᴀ^{24}li$^{·33}$tɑu^{41}tei$^{·33}$zən^{13}。

只看见这里（晕）倒了人，那里（晕）倒了人。

因为一个是时间，也得太阳底下，

in^{33}uei^{13}i^{24}ko^{45}sɿ^{21}sɿ^{13}kã^{33}，iɛ^{41}tei^{21}tʰai^{45}iɑŋ^{13}ti^{41}xɑ^{21}，

因为一个是时间（长），也在太阳底下，

追悼会的时候，是下午三点钟开的，

tɕyɛ^{33}tɑu^{45}fei^{21}ti$^{·33}$sɿ^{13}xəɯ^{21}，sɿ^{21}ɕiᴀ^{41}u^{41}sã^{33}tiĩ^{41}tsəŋ^{33}kʰai^{33}ti$^{·33}$，

追悼会的时候，是下午三点钟开的，

人又多，天气又热，所以倒箇一大片人。

zən^{13}iəɯ^{21}to^{33}，tʰiĩ^{33}tɕʰi^{45}iəɯ^{21}yɛ^{24}，so^{41}i^{41}tɑu^{41}ko^{24}i^{41}tai^{21}pʰiĩ^{45}zən^{13}。

人又多，天气又热，所以（晕）倒了那一大群人。

所以，我就住到那只主席台高头，发现好多新闻嘞。

so^{41}i^{41}，ŋo^{41}tɕiəɯ^{21}tɕy^{21}tɑu^{45}lᴀ^{45}tsɑ^{24}tɕy^{41}ɕi^{24}tai^{13}kɑu^{33}təɯ^{13}，fɑ^{24}ɕiĩ^{45}xɑu^{41}to^{33}ɕin^{33}uən^{13}lei$^{\cdot 33}$。

我就住在那个主席台上边，所以，发现很多新闻呢。

郭：是的嘞。小黄，你们箇时候，

sɿ^{21}ti$^{\cdot 33}$lei$^{\cdot 33}$。ɕiɑu^{41}uɑŋ^{13}，li^{41}mən$^{\cdot 13}$ko^{24}ʃʅ^{13}xəɯ^{21}，

郭：是的呢。小黄，你们这个时候，

细伢唧，你们箇年代，现在箇怎么搞哦？

ɕi^{45}ŋa^{13}tɕi$^{\cdot 45}$，li^{41}mən$^{\cdot 13}$ko^{24}ȵiĩ^{13}tai^{45}，ɕiĩ^{21}tsai^{45}ko^{24}tsən^{41}mo$^{\cdot 33}$kɑu^{41}o$^{\cdot 33}$？

小孩子，你们这个年代，现在那（会）怎么做呢？

有好多事情怎么搞的啰，现在？

iəɯ^{41}xɑu^{41}to^{33}sɿ^{21}tɕin^{13}tsən^{41}mo$^{\cdot 33}$kɑu^{41}ti$^{\cdot 33}$lo$^{\cdot 33}$，ɕiĩ^{21}tsai^{45}？

有很多事情怎么做的呢，现在？

黄：我们现在都是通过网络、电视那些传播手段，

ŋo^{41}mən$^{\cdot 13}$ɕiẽ^{21}tsai^{45}təu^{33}ʃʅ^{21}t^{h}əŋ^{33}ko^{45}uɑŋ^{41}lo^{24}、tiẽ^{45}ʃʅ^{45}lai^{24}ɕiɛ^{33}tɕyɛn^{13}po^{33}səɯ^{41}tõ^{45}，

黄：我们现在都是通过网络、电视之类传播手段，

所以我们晓得、所了解到的消息，可能比你们就会要快一些，

so^{41}i^{41}ŋo^{41}mən$^{\cdot 13}$ɕiɑu^{41}tei^{24}、so^{41}liɑu^{41}kai^{41}tɑu^{45}ti$^{\cdot 33}$ɕiɑu^{33}ɕi^{24}，k^{h}o^{41}lən^{13}pi^{41}li^{41}mən$^{\cdot 13}$tɕiəu^{21}fei^{21}iɑu^{45}k^{h}uai^{45}i^{41}ɕiɛ^{33}，

所以我们知道的、所了解到的消息，可能比你们就会要快一些，

而且更清楚一些新闻，比你们以前的信息传播速度也快些。

ɤ^{13}tɕ^{h}iɛ^{41}kən^{45}tɕ^{h}in^{33}ts^{h}əu^{41}i^{41}ɕiɛ^{33}ɕin^{33}uən^{13}，pi^{41}li^{41}mən$^{\cdot 13}$i^{41}tɕiẽ^{13}ti$^{\cdot 33}$ɕin^{45}ɕi^{24}tɕyɛn^{13}po^{33}səu^{24}təu^{45}iɛ^{41}k^{h}uai^{45}ɕiɛ^{33}。

而且更清楚一些新闻，比你们以前的信息传播速度也快一些。

何：所以讲嘞，你还是幸福的。

so^{41}i^{41}kɑŋ^{41}lei$^{\cdot 33}$，li^{41}xai^{13}sɿ^{21}ɕin^{45}fu^{24}ti$^{\cdot 33}$。

何：所以说呢，你还是幸福的。

所以随哒株洲的变化，箇地整个的箇只城市发生哒很大的变化，

so^{41}i^{41}sei^{13}tᴀ$^{\cdot 21}$tɕy^{33}tsəɯ^{33}ti$^{\cdot 33}$piĩ^{45}fɑ^{45}，kei^{24}ti$^{\cdot 33}$tsən^{41}ko^{45}ti$^{\cdot 33}$kei^{24}tsɑ^{24}tsən^{13}sɿ^{45}fɑ^{24}sən^{33}tᴀ$^{\cdot 21}$xən^{41}tai^{21}ti$^{\cdot 33}$piĩ^{45}fɑ^{45}，

所以随着株洲的变化，这里整个的这个城市发生了很大的变化，

很多现代化的大楼，原来从七层楼，一直到现在有三十多层，

xən^{41}to^{33}ɕiĩ^{45}tai^{45}fɑ^{45}ti$^{\cdot 33}$tai^{21}ləɯ^{13}，yõ^{13}lai^{13}tsən^{13}tɕʰi^{24}tsən^{13}ləɯ^{13}，i^{24}tsɿ^{24}tɑu^{45}ɕiĩ^{21}tsai^{45}iəɯ^{41}sã^{33}sɿ^{24}to^{33}tsən^{13}，

很多现代化的大楼，从原来七层楼，一直到现在有三十多层，

最高的现在得箇里①建四十五层，所以变化蛮大。

tsei^{45}kɑu^{33}ti$^{\cdot 33}$ɕiĩ^{21}tsai^{45}tei^{21}kei^{24}li$^{\cdot 33}$tɕiĩ^{45}sɿ^{45}sɿ^{24}u^{41}tsən^{13}，so^{41}i^{41}piĩ^{45}fɑ^{45}mã^{13}tai^{21}。

最高的现在在建四十五层，所以变化很大。

我讲嘞，小黄哎，我们大家要珍惜箇只生活。

ŋo^{41}kɑŋ^{41}lei$^{\cdot 33}$，ɕiɑu^{41}uɑŋ^{13}ei$^{\cdot 33}$，ŋo^{41}mən$^{\cdot 13}$tai^{21}kᴀ^{33}iɑu^{45}tsən^{33}ɕi^{24}kei^{24}tsɑ^{24}sən^{33}xo^{24}。

我说呢，小黄啊，我们大家要珍惜这个生活。

唉，我看我们今天嘞就讲得箇里算得。

ai^{21}，ŋo^{41}kʰã^{45}ŋo^{41}mən$^{\cdot 13}$tɕin^{33}tʰiĩ^{33}lei$^{\cdot 33}$tɕiəɯ^{21}kɑŋ^{41}tei^{24}ko^{24}li$^{\cdot 33}$sõ^{45}tei$^{\cdot 33}$。

啊，我看我们今天呢就说到这儿算了。

---

① “得箇里”为进行体标记，相当于普通话副词“在”，由介词结构“得箇里在这里”语法化而来。

（二）生活变迁

对话人：

何——何敏捷，老派（男）

王——王曦勤，老派（女）

黄——黄熙涵，青派（男）

王：我嘞也是老株洲市人，我叫王曦勤。

王：我呢也是老株洲市人，我叫王曦勤。

呃，那时候我读书嘞就是在解放街的向东小学。

呃，那时候我读书呢就是在解放街的向东小学。

我们那向东学校当时很小的，

我们那向东学校当时很小的，

一个操坪可能也就是个三四十个平方，

一个操场可能也就是个三四十个平方（米），

反正就是一只箇围墙里头。

反正就是（在）一圈那围墙里头。

在那里读书唉，我们打球唉，踢燕子唉。

在那里读书啊，我们打球啊，踢毽子啊。

下课反正就是一操坪的学生，

下课反正就是整个操场（都是）学生，

因为地方小嘛，那时候环境也不像现在左一层楼右一层楼，

因为地方小嘛，那时候环境也不像现在左一层楼右一层楼（的），

我们全部都是平房学校。

我们学校全部都是平房。

我在向东小学读书的时候，虽然只有十一二岁啊，
我在向东小学读书的时候，虽然只有十一二岁啊，

那时唧屋里困难，我们旁边就有一个酱厂，
那时候家里困难，我们旁边就有一个酱厂，

我们放学哒的时候，我们就到酱厂里头去揪辣椒蒂子。
我们放学了的时候，我们就到酱厂里去拧辣椒头。

就是他们做现在的卜辣椒唉、醋辣椒唉，那时候就，要剪辣椒蒂子啵。
就是他们做现在（叫）的白辣椒啊、醋辣椒啊，那时候就，要剪（掉）辣椒头不是。

我记得我们细时候，就每次辣得那手都哭脸回去就。
我记得我们小时候，然后每次回去手都辣得就哭脸（了）。

为的就是去赚得那几分钱。
为的就是去赚到那几分钱。

嗯，反正虽然我们那时候年纪细啊，
嗯，虽然我们那时候反正年纪小啊，

都晓得为屋里的爷娘分担一点，嗯，不好的生活，
都知道为家里的爹娘分担一点，嗯，不好的生活，

就让屋里过好一点唉，就大家都会去，呃嗯，去努力的做。
就（为了）让家里过好一点啊，然后大家都会去，呃嗯，去努力地做。

就是回去的路上，我们都可以去捡那些什么铁屑子唉、玻璃唉，
就是（在放学）回家的路上，我们都可以去捡那些什么铁屑子啊、玻璃啊，

反正就是像现在捡那些废铜烂铁啰，就那时候就是捡铁屑子。

反正就是像现在捡那些废铜烂铁吧，而那时候就是捡铁屑子。

嗯，反正一点啊⁼子点啊⁼子，我们带个袋子都去捡哒，去卖钱。
嗯，反正一点点一点点，我们（都会）带个袋子去捡了，去卖钱。

反正就是想方设法的给屋里在经济上能够补充一点啊⁼子。
反正就是想方设法地给家里在经济上能够补充一点儿。

嗯，也不会像现在样爷娘有好多钱给我们唉，
嗯，也不会像现在一样爹娘有很多钱给我们啊，

真的是我们能够吃饱就赫不错哒，
真的我们能够吃饱就很不错了，

什么有钱放到口袋里去买零食吃唉，几乎是零。
什么有钱放在口袋里去买零食吃(的情况）啊，几乎是没有。

呃，不晓得我们老兄是不是箇样子哦。
呃，不知道我们老兄是不是这样呢。

我那时唧屋里确实是箇样范，因为我四姊妹，我老大。
我那时候家里确实是这样，因为我（家里有）四个兄弟姐妹，我（是）老大。

何：你讲的箇只酱厂，王姐，
何：你说的这个酱厂，王姐，

我还蛮熟悉嘞，我们也是得酱厂那边读书嘞。
我还很熟悉呢，我们也是在酱厂那里读书呢。

其实你还是蛮正宗的箇徐家桥的人。
其实你还是很正宗的徐家桥的人。

唉，我们有时出去玩，跑到大胜岭酱厂，

啊，我们有时出去玩，（会）跑到大胜岭酱厂（那里），

在箇只大胜岭的最靠河边上那一边。

（酱厂）在这个大胜岭的最靠（近）河边上（的）那一边。

我那时候读书时，就在箇只建设百货商店隔壁唉，

我那时候读书呢，就在这个建设百货商店隔壁呢，

过条小马路就到哒那栗树山。

过条小马路就到了那栗树山（小学）。

我们那栗树山小学嘞，到目前为止唉，

我们那栗树山小学呢，到目前为止啊，

随着箇只发展唉，基本属于一只叫做外来人口的学校得。

随着这个发展啊，基本属于一个叫做外来人口的学校了。

因为那边在南大门做生意的比较多。

因为那边在南大门做生意的比较多。

我们那时候读书的条件嘞那也真的还比较艰辛。

我们那时候读书的条件呢那也真的还比较艰苦。

以前嘞也不晓得怎么的，

以前呢也不知道怎么（回事）呢，

反正我是从一年级读到五年级，其实学~费[①]有交过。

反正我是从一年级读到五年级，其实（连）学费都没交过。

我们那时读书唉，每年子开学哒，一直到放假，

我们那时读书啊，每年开学了，一直到放假，

---

① “学~[ʃoː^{24}]费学费都”是个双音节型省合长音，长音为前一音节“学~”，由“学费下[ʃo^{24}fei^{45}xɑ^{21}]学费都”组合省合副词“下都”而成。

读咖四年书嘞，超满，那就何解搞嘞？

读了四年书啊（没交学费），超满（黄熙涵小名），那怎么办呢？

搞得一只那红纸，写得名字，

弄了一张那红纸，写上名字，

冇交学费的人，哪些哪些名字。

没交学费的人，（有）哪些哪些名字。

可能我们班上绝大部分的都是冇交。

可能我们班上绝大部分的都没交。

但是嘞只写得高头，冇交学费唉，又冇得哪个找你。

但是呢只写在（纸）上，没交学费呢，又没有谁找你。

你①第二年又去读书，最终一读完了，

第二年又去读书，最终一旦读完（书）了，

哎，哪个哪个冇交学费，箇我还记得蛮清楚的。

哎，哪个哪个（又还是）没交学费，这我还记得很清楚的。

因为我们那时候读书其实贵还不贵，

因为我们那时候读书其实贵还是不贵，

三块钱四块钱，但是冇得人交，

三块钱（或是）四块钱，但是没有人交，

虽然国家没有只政策是喊免费的，但是那时可以欠。

虽然国家没有一个政策是说免费的，但是那时可以欠（学费）。

虽然我们那只小学读书嘞还比较近，

虽然我们那个小学读书呢还比较近，

---

① “你[li^{41}]”为交互主观化话语标记。

唉，我们那时候嘞也是哦，还要，
啊，我们那时候呢也是啊，还要，

赶上小学读书，那学校里搞建设，还要我们去削砖脑壳。
赶上小学读书（的同时），那学校里搞建设，还要我们去削砖头。

我们那时候嘞个子矮，怕还是箇①读哒个二年级，
我们那时候呢个子矮，大概还是（只）读了个二年级，

背得那些砖脑壳去削。
搬了那些砖头去削。

我记得我那时候削砖脑壳唉，
我记得我那时候削砖头啊，

把那屋里那旧菜刀，唉，拿哒去削砖脑壳，削咖以后，
把那家里那旧菜刀，啊，拿了去削砖头，削了以后，

我还被那砖脑壳打咖只指甲子去哒。
我还被那砖头打掉一个指甲了。

指甲子打起，当时时！②我其实可能是长大第一次把指甲子打咖。
指甲打得，当时呢！我其实可能是长大第一次把指甲打掉。

就是我唉还记得在栗树山读书唉，
就是我啊还记得在栗树山（小学）读书啊，

唉，读书的时候削砖，把手指脑打咖的。
啊，读书的时候削砖，把手指头打掉的。

---

① “是箇[sɿ^{21}ko$^{\cdot 24}$]”对译普通话的“是”。

② 此句的常规语序是：当时呢，指甲打得！第二个“时呢”为后置话题标记，读轻声[sɿ$^{\cdot 21}$]。

从小学读咖书以后，因为我们那只，

从小学读完书以后，因为我们那个，

其实我们那只地段，应该一般就是分到一中去，

其实我们那个地段（的学生），一般应该就分到一中去（读书），

但是有一部分人嘞就得八中读书。

但是有一部分人呢就在八中读书。

我们那一中嘞也就是大胜岭那里嘞，

我们那一中呢也就是大胜岭那里呗，

唉，但是嘞我们也还晓得嘞，

啊，但是呢我们也还知道呢，

得徐家桥读书，当时一中那读书的风气不是赫好。

在徐家桥（所在的一中）读书，当时一中那读书的风气不是很好。

唉，到底下是箇号①的，徐家桥嘞还比较复杂。

啊，到底都是这样的（生源），徐家桥呢还比较复杂。

我们一般的嘞，有门路的唉，就可以搞到八中去读书。

我们一般的（情况）呢，有门路的啊，就可以弄到八中去读书。

八中就在箇只文化宫那里，所以我们后来就在八中读书。

八中就在这个文化宫那里，所以我们后来就在八中读书。

嗯，后来嘞，箇下读咖八中，

嗯，后来呢，那会儿读了八中，

我还快毕业的时候，我倒是搞运动队去得。

---

① “箇号[kei^{24}xau^{21}]这样”是代词。

我还（在）快毕业的时候，我倒是参加运动队去了。

唉，超满，你那时候，我们株洲箇号情况，

啊，超满，你那时候（还小），我们株洲这个情况，

你怕还基本上不晓得呀。

你恐怕基本上还不知道吧。

后背，那时候你得哪里读书嘞？

后来，那时候你在哪里读书呢？

黄：我后面，呃，因为搬家搬到株洲火车站附近，

黄：我后来，呃，因为搬家搬到株洲火车站附近，

所以嘞就近嘞，我就得何家坳小学读书。

所以呢就近呢，我就在何家坳小学读书。

你们小时候经历的箇些东西，随着经济发展，

你们小时候经历的这些事情，随着经济发展，

嗯，我反正都有经历过，也可能只是，

嗯，我反正都没经历过，也可能只是，

听父亲可能之前讲过，可能是不是讲，听说过一些东西。

可能听父亲之前说过，可能是不是说，听说过一些东西。

你们讲什么，可能细时候，呃，有可能经济状况。

你们说什么，可能小时候，呃，有可能经济状况（不同）。

反正我觉得我细时候读书，

反正我觉得我小时候读书，

从开始读书起，我爷娘就早上就已经可以接送我唉，

从开始读书起，我爹娘然后早晨就已经可以（开车）接送我啦，

然后到后面，就是读二年级三年级觉得还细吧，

然后到后来，就是读二年级三年级（时父母）觉得还小吧，

早上就，反正是早上就可以开车送我去，

早上就，反正早上就可以开车送我去，

然后下午嘞本来要接嘞，我就不肯他们接，

然后下午呢本来要接呢，我却不同意他们接，

愿意自己跟哒几个同学一起啰，走路放学回来。

愿意自己跟着几个同学一起吧，走路放学回家。

因为还可以从那个何家坳小学门口嘞，七一路那里，

因为还可以从那个何家坳小学门口呢，（也就是）七一路那里，

因为要穿过中心广场，可能就可以吃零食，

因为要穿过中心广场，可能就可以吃零食，

我们可以从那只七一路一直吃到中心广场，一直吃到屋。

我们可以从那个七一路一直吃到中心广场，一直吃到家。

我觉得当时，我觉得，呃，我们的生活应该比你们还是幸福蛮多，

我觉得当时，我觉得，呃，我们的生活应该比你们还是幸福很多，

包括哒你讲你们细时候可能玩的那些东西。

包括了你说你们小时候可能玩的那些东西。

我们细时候，我在我四年级，

我们小时候，我在我（读）四年级（的时候），

好像是三年级还是四年级我就已经用 CD 机，呃，有手机。

好像是三年级还是四年级我就已经用 CD（播放）机，呃，有手机。

我觉得跟现在目前的箇种生活状态，

我觉得跟现在目前的这种生活状态，

应该跟目前的情况应该是[①]差不蛮多。

应该跟目前的情况应该差不太多。

不晓得跟你们那里未必差距有箇么大吗？

不知道跟你们那时未必差距有这么大吗？

何：咹[②]，你现在，等你箇大哒，

何：嗯，你现在，等你这么大了，

你肯定下是玩的，有什么电动玩具得啦，下是买的箇玩具玩唻，

你肯定都是玩的，有什么电动玩具了啦，都是买的那玩具（来）玩啊，

是啰，那冲锋枪唻。

是吧，（比方）那冲锋枪啊。

我们那时候的玩具，你晓得啰，株洲有只玻璃厂，

我们那时候的玩具，你知道吧，株洲有个玻璃厂，

有那弹子唉，那玻璃弹子唉，我们有那弹子玩，

有那弹珠啊，那玻璃弹珠啊，我们有那弹珠玩，

哪个屋里弹子多嘞，也还蛮有格样的嘞。

谁家里弹珠多呢，也还挺神气的呢。

嗯，我们那时候哪里有玩具？

嗯，我们那时候哪里有玩具？

从来冇看到哪个屋里买过一只玩具，

---

① 能愿动词“应该是应该”中的“是”为词内成分，具有后缀性质。

② 此类独用的“咹[ã²¹]嗯”是话语标记的一种特殊形式，无实义，主要表示话题的延续。

从来没看见谁家里买过一个玩具，

都是我们拿哒什么家伙，唉，就做什么家伙玩，

都是我们拿了什么东西，啊，就当做什么东西玩，

我们可以拿把刀子，拿把箇菜刀啊，

我们可以拿把刀，拿把那菜刀啊，

搞块木板子，变得箇手枪样范的，

弄块木板，变成那手枪样儿，

然后手枪样范要搞只扳机，箇只扳机箇只地方要伸手去打唻，

然后手枪样儿要弄个扳机，这个扳机这个地方要伸手去打啊，

打都打不死，箇只扳机箇里何至搞嘞？

打都打不死，这个扳机这里怎么弄呢？

是咈，我们①就是搞得，搞个嘞铁棍放到火高头去烧，

是吧，我们就弄了，弄根呢铁棍放到火上去烧，

烧红，钻只箇眼，箇就是扳机。

烧红，钻个那孔，这就是扳机。

唉，你看你细时候玩的什么玩具啰？

啊，你看你小时候玩的什么玩具呢？

黄：我们细时候玩的玩具，基本上是跟哒动画片里面的箇些，

黄：我们小时候玩的玩具，基本上跟着动画片里的那些，

呃，动漫里面的箇些玩具走。

呃，动漫里的那些玩具走。

---

① 此“们”读弱化音[ṇ·33]，原本读[mən·13]。

因为细时候看的我有印象的几部动画片，
因为小时候看的我有印象的几部动画片，

呃，一个《四驱小子》，然后嘞我们就都玩四驱车；
呃，一个《四驱小子》，然后呢我们就都玩四驱车；

然后看《足球小子》，就都踢足球；然后看《灌篮高手》，就都打篮球。
然后看《足球小子》，就都踢足球；然后看《灌篮高手》，就都打篮球。

都是买的玩具，冇得哪一次，我们冇自家做过什么玩具玩。
都是买的玩具，没有哪一次，我们自己没做过什么玩具玩。

我们那只时候，以前箇些玩具好像每个商店都有卖样的。
我们那个时候，以前那些玩具好像每个商店似乎都有卖的。

何：冇搞过自己做的玩具啀？
何：没玩过自己做的玩具吧？

黄：冇。
黄：没。

王：我们那年代嘞，冇得电视看，也冇得手机，所有的电器都冇得。
王：我们那年代呗，没有电视看，也没有手机，所有的电器都没有。

箇什么箇[①]如今烧开水都是用电器唉，我们根本就冇看过箇东西，
这什么这如今烧开水都用电器啊，我们根本就没看过这些东西，

就是用柴、煤，箇还是算那号条件，基本上好多是烧柴。
就是用柴、煤，这还算那种条件（比较好的），基本上很多（人家）是烧柴（的）。

① “箇[ko^{24}]”是话题标记。

所以讲嘞，我们株洲是越过越好，啊。

所以说呢，我们株洲是越过越好，是吧。

嗯，你们属于我们的下一辈，所以你们。

嗯，你们属于我们的下一辈，所以你们（是幸福的）。

形势箇些东西嘞发展嘞也是非常非常的快，

形势这些之类呢发展呢也是非常非常地快，

真的我们那时候，细时候好苦好苦的，

真的我们那时候，小时候很苦很苦的。

到底是，你们是在时代不同的情况下，

到底，你们是在时代不同的情况下，

所以你们就朝着时代的发展，会越来越过得越好。

所以你们就朝着时代的发展，会过得越来越好。

真的我们细时候我有看过汽车，呃，你不要讲玩具。

真的我们小时候我没看见过汽车，呃，你（更）不用说玩具。

我们，我记得我屋里娘打毛衣都是自己到山上去敪[$tɕ^hyõ^{41}$]，

我们（小时候），我记得我娘织毛线衣都是自己到山上去折（竹子做针），

去搞那竹子啊，自家去削，削咖削咖，

去弄那竹子啊，自己去削（皮），削掉削掉，

又去刨，刨咖刨咖，又放到脑壳肚里去插，

又去刨，刨掉刨掉，又放到头（上的头发）里去插，

插得光哒才可以打衣服。

插得光滑了才可以织衣服。

去买都基本上是，真的是，

去买都基本上，真的是（没有），

基本上都是自己动手，所有的东西都是。

基本上都是自己动手，所有的东西都是。

何：在八十年代，株洲才有一个飞速的发展。

何：在八十年代，株洲才有一个飞速的发展。

王：我们大胜岭那里还有一个一中的学校咏，

王：我们大胜岭那里还有一个一中（这样）的学校啊，

还有一个，嗯，叫樟树坪小学吧？

（另外）还有一个（小学），嗯，叫樟树坪小学吧？

何：樟树坪小学。南湖塘小学。

何：樟树坪小学。（还有）南湖塘小学。

王：对，还有南湖塘小学。不过，结谷街门口箇个小学叫？

王：对，还有南湖塘小学。不过，结谷街门口那个小学叫？

何/王：栗树山。

何/王：栗树山（小学）。

何：栗树山小学，我得栗树山小学读的书。

何：栗树山小学，我在栗树山小学读的书。

所以讲栗树山的箇旁边，我过条小马路。

所以说栗树山（小学）的那旁边（近），我过条小马路（就到学校了）。

我大概是六九年就搬得到，从结谷街搬得到建设百货商店，

我大概是六九年就搬到，从结谷街搬到建设百货商店，

建设百货商店里面，后面嘞有一只小院子。

建设百货商店后面，后面呢有一个小院子。

我们那只商店里也有几十户人，

我们那个商店里也有几十户人家，

我记得我们小时候住，那时候条件又不好，

我记得我们小时候居住，那时候条件又不好，

我们住的那房子冇厨房的，只有一个共同的。

我们住的那房子（是）没厨房的，只有一个共同（用）的（厨房）。

那单位上嘞划了一间房子唉，就有，就每家每户的，

那单位上呢划（出）了一间房啊，就有，然后每家每户的，

特别是我人住得箇只商店楼上的。

特别是我们住在这个商店楼上的（就一起来共用）。

我们那个商店，建设百货商店嘞，

我们那个商店，建设百货商店呢，

我记得我们嘞，当年建的时候，是那个苏联的那专家来设计的，

我记得我们呢，当年建的时候，是那苏联的那专家来设计的，

所以里面的楼板唉苏式建筑，我们那窗子都是苏式的。

所以里面的楼板啊（是）苏式建筑，我们那窗户都是苏式的。

所以楼板嘞都是木的。

所以楼板呢都是木头的。

王：但是你那只后旁边还有一个好大的工厂嘞，

王：但是你（们）那个后（面）旁边还有一个很大的工厂呢，

叫风动工具厂，是吧，在你那旁边吧。

叫风动工具厂，是吧，在你（们）那旁边吧。

何：风动工具厂是左边，就是隔壁，也算是就在隔壁。

何：风动工具厂是（在）左边，就是隔壁，也算就在隔壁。

所以我们那只楼上面嘞就不准搞饭吃。

所以我们那个楼上呢（家里）就不准做饭吃。

以前冇得，不像现在，都只能烧煤，而且是散煤。

以前没有（煤气），不像现在（烧煤气），都只能烧煤，而且是散煤。

我记得六十年代还冇得哪个家里有藕煤，

我记得六十年代还没有谁家里有藕煤，

箇是到哒后背七十年代末哒，才引进哒做藕煤，

这是到了后来七十年代末了，才引进了做藕煤（的方法），

所以我们那时候烧散煤。

所以我们那时候烧散煤。

散煤嘞就共同的嘞一个厨房，那时候那只厨房里嘞，也有味，

（烧）散煤呢就共同（用）的呢一个厨房，那时候（在）那个厨房里（做饭）呢，也有趣，

家家户户嘞就在箇只厨房里，你屋里一个灶，我屋里一只灶。

家家户户呢就（都）在这个厨房里，你家一个灶，我家一个灶。

水都是要担，冇得自来水，靠担过来。

水都要挑，没有自来水，靠挑过来。

而且你屋里搞什么饭，你屋里搞什么菜，那都可以讲是，

而且你家里做什么饭，你家里做什么菜，那都可以说，

你也可以到我屋里吃，我也可以到你屋里吃，没有彼此之分。

你也可以到我家吃，我也可以到你家吃，（邻里之间）没有彼此之分。

而且那碗柜肚里没有哪家像现在的还有储存的菜，

而且那碗柜里没有哪一家像现在的（情况一样）还有储存的菜，

那基本上一餐买一餐，唉，大家条件都是差不多。

那基本上（吃）一餐买一餐，啊，大家条件都差不多。

所以讲嘞，我们那只厨房里面嘞，

所以说呢，我们那个厨房里呢，

有时候讲，你屋里炒什么菜都看得清清楚楚。

有时候说，你家炒什么菜都看得清清楚楚。

每个人就会，一个共同的箇桌子高头，

每个人就会，（把菜端到）一个共同（用）的那桌子上，

你屋里炒哒什么菜端到桌子高头，我屋里炒哒什么菜端到桌子高头。所以那时候……

你家炒了什么菜端到桌子上，我家炒了什么菜端到桌子上。所以那时候……

王：那时候吃的菜、剩的汤我们都要救哒第二餐吃，不会倒咖的。

王：那时候吃的菜、剩的汤我们都要留着第二餐吃，（是）不会倒掉的。

还有饭唉，打个比方馊咖哒，

还有饭啊，打个比方（说）馊了，

我记得我屋里外婆在那里炒，我外婆也是住结谷街的哦，

我记得我外婆在炒（馊饭的场景），我外婆也是住（在）结谷街的呢，

那饭馊咖哒，她们就边炒就边吹，边炒就边吹，

那饭馊了，她们就边炒就边吹，边炒就边吹，

就是把那种气味吹掉，把那饭炒得毛毛的。

就是（为了）把那种气味吹掉，把那饭炒得脆脆的。

所以讲在我们那个年代真的是什么都不会随便浪费的。

所以说在我们那个年代真的什么都不会随便浪费的。

我记得我外婆屋里的客厅里头，那时候冇得电风扇，

我记得我外婆家的客厅里，那时候没有电风扇，

呃，也冇得空调，那更不要谈起是空调。

呃，也没有空调，那更不用说是空调，

就是用什么唉，就是用农村里头那稻草唉，打成那种喊蒲扇吧，啊。

就用什么啊，就用农村里那稻草啊，编成那种叫蒲扇（的）吧，是吧。

嗯，我舅舅就把根绳子就扯得脚上，

嗯，我舅舅就把一根绳就绑在腿上，

边吃饭就边用脚踩，就是那一种风扇。

边吃饭就边用脚踩，就是那一种风扇。

天气还是跟我们箇里现在天气，

（那时的）天气还是跟我们这里现在（的）天气（一样），

变化还是冇变，只是冇得以前那冷哒。

变化还是没变，只是没有以前那么冷了。

以前的时候，冷的时候，那号凌构子唉，啊，

以前的时候，冷的时候，那种冰凌啊，是吧，

结起好大一根很长一根，但是我们现在看不到。

一根根结得很大很长，但是我们现在看不到（了）。

何：那时候对面，我们那只建设百货商店对面就往河边上就冇得好远，

何：那时候对面，我们那个建设百货商店对面然后往河边上（走）就没有多远，

记得那里有只喊“毛主席活动纪念地”，

记得那里有一个叫“毛主席活动纪念地”（的地方），

也就是讲，可能是毛主席什么时候到过箇边，
也就是说，可能是毛主席什么时候到过这边，

打个转身，有个纪念地，就是现在的石棉厂那里。
来（了）一趟，有个纪念地，就是现在的石棉厂那里。

那只石棉厂那里有个，那时候，我记得那文工团就在那只河边上。[①]
那个石棉厂那里有个(文工团)，那时候，我记得那文工团就在那河边上。

那里有个小潭，我们小时候那只小潭肚里可以滑冰，
那里有个小潭，我们小时候那个小潭里（冬天）可以滑冰，

可能超满，你们就冇看过啊？
可能超满（黄熙涵小名），你们就没看过吧？

你长大，你出生以后，就冇得箇构冰凌子的，还是冇得唻，啊？
你长大，你出生以后，就没有那结冰的（情况），还是没有啊，是吧？

黄：我们出生的时候，你们讲的箇些东西我时，
黄：我们出生的时候，你们说的这些事情我呢，

我从细到大的生活当中我都冇碰到过，
我从小到大的生活当中我都没碰到过，

也冇经历过箇里面的箇些，呃，那个年代的箇些事情。
也没经历过这（谈话）里（聊到）的那些，呃，那个年代的那些事情。

何：超满，你后背得何家坳读咖得，又到哪里去读的初中嘞？
何：超满，你后来在何家坳（小学）读完了，又到哪里去读的初中呢？

① 此句中，两个“那只[$lA^{45}ts\alpha^{45}$]”和“文工团”前的“那[lA^{45}]”都是话题标记。

黄：初中我开始是在外国语学校，后背读得一年，

黄：初中我开始是在外国语学校，后来读了一年，

因为寄宿，后面爷娘不是赫放心，

因为寄宿，后来爹娘不是很放心，

后背还是把我搞得箇只株洲箇只天元区，

后来还是把我搞到这个株洲这个天元区（师专附中读书），

因为自己……本来我们屋里后背搬家，又搬到河西来哒。

因为自己……本来我们家后来搬家，又搬到河西（指天元区）来了。

何：还得箇师专附中读的。

何：还（是）在那师专附中读的。

黄：对，后背搬到师专附中箇里读的，后面两年。箇是初中。

黄：对，后来搬到（河西，就在）师专附中这里读的，后来两年。这（说的）是初中。

高中就因为就近，就直接读的株洲的箇只二中。

高中就因为就近，就直接读的株洲的这个二中。

所以我反正每天也是爷娘接送唉。

所以我反正每天也是爹娘接送啊。

箇些，你们那时候经历的我都冇经历过。

那些（事情），你们那时候经历的我都没经历过。

何：冇经历过，你的日子过得好些唻。

何：没经历过，你的日子过得好些啊。

你看我们那时候在读书的时候，哪里还有钱去搞什么乐器唉，是咞。

你看我们那时候在读书的时候，哪里还有钱去弄什么乐器啊，是吧。

还有什么参加文艺队唉，那都只晓得[①]跳舞唱歌，那就不要花本钱的。
还有什么参加文艺队啊，那都只能（去）跳舞唱歌，那么就不用花本钱的。

我记得那时候你还学哒敲那只架子鼓呀。
我记得那时候你还学了打那架子鼓吧。

黄：对，我那是原来读小学的时候学的架子鼓。
黄：对，那是我原来读小学的时候学的架子鼓。

后背一直读到高中啰，学咖十几年的架子鼓。
后来一直读到高中吧，学了十几年的架子鼓。

何：打到几级得唻？
何：打到几级了啊？

黄：那时候，呃，怎么讲嘞，
黄：那时候，呃，怎么说呢，

爷娘对我也不是赫高的什么要求，硬要学赫专业怎么样的，
爹娘对我也不是（有）什么很高的要求，一定要学（得）很专业怎么样的，

只不过认为嘞让人出去以后嘞，
只不过认为呢让人出去以后呢，

爱好多一点，也有点特长，出去人冇得箇单调。
爱好多一点，也有点特长，出去（以后）人没有那么单调。

呃，考级嘞，呃，军鼓跟架子鼓嘞都是过哒十级，
呃，考级呢，呃，军鼓和架子鼓呢都过了十级，

---

① 此“晓得[çiau^{41}tei$^{\cdot33}$]能”为能愿动词。“晓得知道”的常用功能是充当知晓义动词。

但是现在，因为到现在三十岁哒吧，
但是现在，因为到现在三十岁了吧，

进入社会，架子鼓嘞也丢咖有几年哒，
进入社会，架子鼓呢也丢了有几年了，

因为冇得时间再玩乐器、搞箇些东西哒。
因为没有时间再玩乐器、搞这些事情了。

哎，我希望，我现在自己做父亲哒，我觉得，
呃，(但) 我希望，我现在自己做父亲了，我觉得，

我会想要我崽嘞也继续学架子鼓啰。
我会想要我儿子呢也继续学架子鼓吧。

起码让他，呃，真正到哒二十几岁的时候嘞，成年得以后嘞，
起码让他，呃，真正到了二十几岁的时候呢，成年了以后呢，

自己嘞不管是进入某一个单位参加工作唉，
自己呢不管是进入某一个单位参加工作啊，(还是自主创业啊，)

起码有自家的特长，就会也有一份爱好啰。
起码有自己的特长，就会也有一个爱好吧。

何：你们那个架子鼓老师唉，后背好像也跳槽得呀。
何：你们那个架子鼓老师啊，后来好像也跳槽了吧。

黄：嗯，呵呵呵。对，我们那只架子鼓老师因为……
黄：嗯 (是)，呵呵呵 (笑)。对，我们那个架子鼓老师因为……

呃，在我当时学架子鼓的时候嘞株洲嘞确实，
呃，在我当时学架子鼓的时候呢株洲呢确实，

学架子鼓嘞，不像现在想学乐器箇样方便，有很多培训中心。

学架子鼓呢，不像现在想学乐器这么方便，有很多培训中心。

当时嘞在株洲嘞，架子鼓老师可能也就那么上十个，
当时呢在株洲呢，架子鼓老师可能也就那么十来个，

所以当时学架子鼓还算比较俏的，并不像现在赫多年轻人，可能讲，
所以当时学架子鼓还算比较俏的，并不像现在很多年轻人，可能说，

读大学唉，因为音乐学院唉毕业唉就很多，
读大学啊，因为音乐学院啊毕业啊就（有）很多，

好多的箇些院校毕业出来的，然后开培训中心。
很多的那些院校毕业出来的（学生），然后开培训中心。

所以当时嘞确实，呃，学打鼓嘞我爷娘嘞也是费哒不少功夫，
所以当时呢确实，呃，学打鼓呢我爹娘呢也是费了不少功夫，

帮我找哒很多老师。
帮我找了很多老师。

从细嘞也是对箇个方面嘞也是①比较有兴趣啰。
从小呢也对这个方面呢也比较有兴趣吧。

何：那还是培养有好处唻，
何：那培养还是有好处啊，

最终你的考的大学的箇只方向，还是跟箇只架子鼓有关唻。
最终你的考的大学的这个方向，还是跟这个架子鼓有关啊。

黄：呃，对，稍微会有些关系啰，
黄：呃，对，稍微会有些关系吧，

① 此句两个“也是也”中的“是”均为词内成分，具有词缀性质。

但是毕竟还是不是像现在很多，不是那么专业啰。

但是毕竟还是不像现在很多（学生），不是那么专业吧。

何：那本来就是爱好就可以得啰。

何：那本来就是爱好就可以了呢。

黄：对对对。

黄：对对对。

王：像我们那时候，想看箇些乐器唉，

王：像我们那时候，想看这些乐器啊，

听得箇个[①]锣鼓什么东西响唉都是在剧院里头。

听到那锣鼓什么东西响啊都是在剧院里。

我们株洲市有一个红心剧院嘛，那时唧。

我们株洲市有一个红心剧院嘛，那时候。

何：就是人民电影院，后来就。是啰，那只红心剧院。

何：就是人民电影院，后来就（改了名）。是吧，那个红心剧院。

王：嗯啰，就不会在外面，到处可以看到箇些东西。

王：是呢，就不会在外面，到处可以看到这些（乐器之类的）东西。

像箇[②]如今结婚唻，到处都是请狮唉，请鼓唉，跳舞的唉，都有。

像如今结婚啊，到处都请（舞）狮的啊，请鼓队啊，跳舞的啊，都有。

那时候，除咖是文艺宣传队上山下乡去演出节目，

那时候，除非是文艺宣传队上山下乡去演出节目（可以观看，其他时候都看不到），

① “箇个[ko²⁴ko⁴⁵]”是话题标记，译为“那”。

② “箇[ko²⁴]”是话题标记。

哎，都是文工团的人，是吧，啊。

呃，都是文工团的人，是吧，啊（是吧）

当然学校里头嘞除非就是搞活动，那个下子。

当然（在）学校里呢除非是搞活动，那样（演奏）一下（乐器）。

就以前读书唉，箇老师嘞确实是不像现在，

然后以前读书啊，那老师呢确实不像现在，

我记得我们那时候读书成绩不好的唉，有些屋里困难的唉，

我记得我们那时候读书成绩不好的啊，有些家里困难的啊，

老师经常性是[1]放学以后就到学生屋里去走访。

老师是经常放学以后就到学生家里去走访。

走家访唉，跟同学补课唉，呃，反正都真的是无偿的做箇些事。

做家访啊，给同学补课啊，呃，反正都真的是无偿地做这些事情。

唉，有的有困难的唉，读不起书的唉，

啊，有的有困难的啊，读不起书的啊，

老师到屋里去跟家长讲好话，不要学费，都要我们读书。

老师到家里去跟家长说好话，不要学费，都要我们读书。

不像现在成绩不好的，就不管你不读，

不像现在成绩不好的，就不管你（读）不读，

不好，反正你就拿钱来补课。

（成绩）不好，反正你就拿钱来补课。

所以现在的学生也累，就是动不得箇号课那号课啊全部都是补。

---

① “经常性是经常”中的“是”为词内成分，具有词缀性质。

所以现在的学生也累，就是动不动这种课那种课全部都是（要）补。

自己真正去读书的时间。

自己真正去读书的时间（很少）。

箇种子风气啰，确实我觉得，嗯，我们株洲还是存在。

这种风气吧，确实我觉得，嗯，我们株洲还是存在。

我讲，我们现在有孙啊，就是箇样子，

我说，我们现在有孙子啊，就是这样（指学费很贵），

真的是，我的孙，喋，你看啰，喋，

真的，我的孙子，瞧，你看吧，瞧，

在学校里头，一年的学费几万块钱。

在学校里（读书），一年的学费（含补课费）几万块钱。

虽然箇有些功课补不上，就是讲，嗯，要差一点，

虽然有些那功课补不上，就是说，嗯，要差一点，

所以爷娘嘞为哒他们更好的以后有发展，有出息唉，花钱去补。

所以爹娘呢为了他们以后有更好的发展，有出息啊，花钱去补。

是唦，像你们讲学乐器也是的，几百块一堂的课。

是吧，像你们说学乐器也是（一样）的，几百块钱一节的课。

你看，像我们那时候时想都不可以想的事。

你看（现在的学费情况），像我们那时候呢想都不能想的事情。

所以讲，确实是讲，风气有不好的。

所以说，确实是说，风气有不好的（一面）。

但是嘞我觉得我们以前的优良传统嘞，

但是呢我觉得我们以前的优良传统呢，

还是应该告诉我们箇些①后一代的人。
还是应该告诉我们后一代的人。

嗯，听哒我们今天讲的箇些东西嘞，
嗯，听了我们今天说的这些事情呢，

有些东西还值得发扬，嗯，不要失传了，我觉得是②。
有些东西还值得发扬，嗯，不要失传了，我觉得。

何：总之嘞，株洲市嘞是由火车拉来的城市，
何：总之呢，株洲市呢是由火车拉来的城市，

株洲的飞速发展，也跟箇只火车有关，也跟城市的交通发达有关。
株洲的飞速发展，也跟这个火车有关，也跟城市的交通发达有关。

随着改革开放，株洲市通过引进的箇只企业唉，
随着改革开放，株洲市通过引进的那企业啊，

高科技唉，是啰，高新技术企业唉，是咹[ã²¹]，是越来越好。
高科技啊，是吧，高新技术企业啊，是吧，是越来越好（了）。

我们也嘞看到株洲的变化，
我们也呢看到株洲的变化，

也根本就不是我们原来的，唉，想象中的样子。
也根本就不是我们原来的，啊，想象中的样子。

原来我们亲身经历哒，经历哒株洲从一个河东，河西，
原来我们亲身经历了，经历了株洲从（只有）一个河东，（再发展到还有一个）河西，

① “箇些[ko²⁴ɕiɛ³³]”是话题标记。
② 动词“觉得是觉得”中的“是”为词内成分，具有词缀性质。

两个截然不同的发展方向的地方，
两个截然不同的发展方向的地方，

唉，河西时根本是、完全是一块菜地，
啊，河西呢（当时）根本是、完全是一块菜地，

到现在的，城部八八年建哒株洲一桥后，
到现在的，城部八八年建了株洲一桥后，

现在已经建咖六座桥哒，有株洲六桥哒。
现在已经建了六座桥了，有株洲（第）六桥了。

所以株洲在箇里[①]发展的，也是将来，
所以株洲正在发展的，也是将来（发展的基础），

唉，我也相信株洲会发展得更好。
啊，我也相信株洲会发展得更好。

从各方面咻，来祝愿我们株洲，唉，将取得更大的成就。
从各方面啊，来祝愿我们株洲，啊，将取得更大的成就。

二、讲述

（一）城市变革

讲述人：何敏捷

我叫何敏捷，出生在株洲市徐家桥的结谷街。
我叫何敏捷，出生在株洲市徐家桥的结谷街。

我们株洲其实是个很小的城市，解放以前，也就是五一年以前，

① “在箇里在”为进行体标记。

我们株洲其实是个很小的城市，解放以前，也就是五一年以前，

就属于箇只湘潭底下的一个镇，喊株洲镇。
是属于这个湘潭下面的一个镇，叫株洲镇。

株洲镇是个只有七千多人口的一个小镇，
株洲镇是一个只有七千多人口的一个小镇，

在解放前嘞，根本就没有什么工业，只是一个小街道。
在解放前呢，根本就没有什么工业，只是一个小街道。

解放后，呃，正是因为株洲有个小火车站，得株洲火车站，
解放后，呃，正是因为株洲有个小火车站，在株洲火车站，

它是南北嘞就通京广线，东西就是湘黔线，交通比较方便，
它是南北呢就通京广线，东西就（通）湘黔线，交通比较方便，

所以嘞国家可能就得箇只株洲投入哒大量的资金，
所以呢国家可能就在这个株洲投入了大量的资金，

建哒呀很多箇个①大型的企业。
建了呀很多这个大型的企业。

五一年那时候，株洲市才改为建成市。
五一年那时候，株洲市才改建成（县级）市。

所以我们那时候的株洲其实是很小，
所以我们那时候的株洲其实很小，

从火车站过来，由北往南过来就是堤升街，
从火车站过来，由北往南过来就是堤升街，

① “箇个[$ko^{24}kei^{33}$]”是话题标记，译为“这个”。

堤升街再往南走点啊⁼子就是结谷街，结谷街过来嘞就是喊建宁街，

堤升街再往南走一点儿就是结谷街，结谷街（再）过去呢就是叫建宁街，

建宁街过完嘞，就是挨哒建宁街的一座石板桥，

建宁街走完呢，就是挨着建宁街的一座石板桥，

那是古老的石板桥，那只桥叫做徐家桥。

那是（座）古老的石板桥，那座桥叫做徐家桥。

徐家桥其实不宽，按现在的来算嘞，要过部大货车都过不了。

徐家桥其实不宽，按现在的（标准）来算呢，要过辆大货车都过不了。

那就讲，它全部是只拱桥，它都是箇只由老麻石建的。

那就是说，它全部是座拱桥，它都是由这个老麻石建的。

从徐家桥往南走上去就属于解放街，

从徐家桥往南走上去就属于解放街，

解放街上去，是一只坡上面上来，它分东西两向，

解放街上去，是（从）一个坡上上来，它分东西两（个）方向，

那就是讲大胜岭，我们叫大胜岭，

那就是（人们所）说（的）大胜岭，我们叫大胜岭，

大胜岭的箇只上面全部都是麻石的，

大胜岭的这个（路）面全部都是麻石的，

它是什么地势比较高，都是由麻石啊。房屋子都是那木板子的木板房。

它是什么地势比较高，（所以）都是由麻石啊（做成）。房屋都是（用）那木板（做）的木板房。

当时的箇只徐家桥的底下箇只港，就以前我们应该是叫做是[①]建宁港。

① 动词“叫做是叫做”中的“是”为词内成分，具有词缀性质。

当时的这个徐家桥的底下这个（水）港，就是以前我们应该是叫做建宁港（的）。

箇只港嘞其实水不深，宽大概是有十几米宽。
这个港呢其实水不深，宽大概是有十几米宽。

水还是清，一直到八一年，箇些①水都是清澈透底。
水还是清（的），一直到八一年，这水都是清澈见底。

我们有个从细耍得好的，我是住得结谷街，
我们有个从小玩得好的（朋友），我是住在结谷街，

我箇只朋友嘞就是住得箇只大胜岭，就住得大胜岭的箇只故迹桥，
我这个朋友呢就是住在这个大胜岭，就住在大胜岭的这个故迹桥（即徐家桥）。

就得箇只最高的箇只制高点上面，他屋里就可以一看就是看到大胜岭，
就在这个最高的这个制高点上，（从）他家里就可以一看就看到大胜岭，

我们笑他是"守桥部队"，他屋里住得"桥头堡"。
我们笑他是"守桥部队"，他家里住在"桥头堡"。

但是嘞八〇年以前，我们经常到他屋里去串门的时候嘞，
但是呢八〇年以前，我们经常到他家里去串门的时候呢，

那条河水，那条港水要讲也是，名义上也是，都是好清澈的。
那条河水，那条港水要说也是，名义上也是，都是很清澈的。

我们那时候，冇得事哒还得箇只港水里面洗澡，
我们那时候，没事了（的时候）还在这个港水里洗澡，

---

① "箇些[kei^{24}ɕiɛ^{33}]"是话题标记。

唉，那大人还得那洗衣服，

啊，大人（们）还在那里洗衣服，

唉，除非吃水啊，吃水嘞就，

啊，除非喝（的）水啊，喝（的）水呢就（要去水站里挑），

我们那时候没有自来水，只有那水站肚里去担水，

我们那时候没有自来水，只有（到）那水站里去挑水，

家家户户都是担，担得屋里去。

家家户户都是挑（水），挑到家里去。

但是担水嘞好累，所以嘞，基本只用来生活中做做饭洗洗菜，

但是挑水呢很累，所以呢，基本（上）只用来（在）生活中做做饭洗洗菜，

唉，洗衣服啊洗澡哇，我们就到港里面去喽。

啊，洗衣服啊洗澡啊，我们就到港里去（洗）啦。

八一年以后，株洲由于地理交通方便，它就引进哒、做哒一个小市场。

八一年以后，株洲由于地理交通方便，它就引进了、做了一个小市场。

最开始的市场是从火车站往南，在堤升街摆哒，

最开始的市场是从火车站往南，在堤升街摆着（摊），

它的发展历史从八一年开始做一个小市场，

它的发展历史从八一年开始做一个小市场，

最多也就是讲，整个市场就是只有四百多米长。

最多也就是说，整个市场就只有四百多米长。

里面卖的都是百货、日用品，从外地贩来的一些衣服。

里面卖的都是百货、日用品，从外地贩卖来的一些衣服。

因为箇里，株洲发展很快。

因为这里，株洲发展很快。

还有，株洲有几个得全国当时很响亮的大厂矿，都坐落得株洲。

还有，株洲有几个当时在全国很响亮的大厂矿，都坐落在株洲。

所以外地人到株洲来的人也比较多，

所以外地人到株洲来的人也比较多，

所以嘞得火车站箇里嘞，那是株洲市最早的一个商贸市场。

所以呢在火车站这里呢，那是株洲市最早的一个商贸市场。

自由市场，专门做服装、小百货、鞋子。

（是个）自由市场，专门做服装、小百货、鞋子（生意）。

那就讲，株洲南面，最开始引进的就是我们当时叫做 331 厂，

那就是说，株洲南边，最先引进的就是我们当时叫做 331 厂（的），

也就是现在的南方机械厂，它是做航空发动机的，

也就是现在的南方机械厂，它是做航空发动机的，

这个厂子嘞一万多人。

这个厂子呢（有）一万多人。

北面呢有个冶炼厂，冶炼厂到现在都是亚洲最大的铅锌冶炼基地，

北边呢有个冶炼厂，冶炼厂到现在都是亚洲最大的铅锌冶炼基地，

当时都是属于国家最大的冶炼厂。

当时都是属于国家最大的冶炼厂。

东面有个田心机车厂，也就是现在的“南车”，后来改为“中车”，

东边有个田心机车厂，也就是现在的“南车”，后来改为“中车”，

当时是做我们国家最早的电力机车。

当时是做我们国家最早的电力机车。

就是由株洲电力机车厂，改为电力机车厂后，叫株洲电力机车厂。

（南车）就是由株洲电力机车厂（改建的），（田心机车厂）改为电力机车厂后，叫株洲电力机车厂。

铁道部的一个研究所专门来研究，

铁道部的一个研究所专门来研究（电力机车），

最后搞哒一个大型研究所在电力机车厂里面，就叫做电力机车研究所。

最后弄了一个大型研究所在电力机车厂里，就叫做电力机车研究所。

现在车部发展，叫中车机车研究所。

现在电力机车部门发展（后），（就改）叫中车（株洲电力）机车研究所。

中车发展得很快，从做电力机车的车头，

中车发展得很快，从做电力机车的车头，

到后背我们国家最先进的高铁里面“和谐号”的机头，

到后来我们国家最先进的高铁里（的）“和谐号”的机车头，

都是由株洲电力机车研发的。

都是由株洲电力机车研发的。

最东面有一个叫430厂，430厂的地方嘞，

最东边有一个叫430厂（的），430厂的（这个）地方呢，

那是一个全国铁道部的、全国生产火车货箱的最大的厂子。

那是一个全国铁道部的、全国生产火车货箱的最大的厂家。

株洲的北面，在杉木塘箇里有个株洲桥梁厂，都是那时候引进来的，

株洲的北边，在杉木塘那里有个株洲桥梁厂，都是那时候引进来的，

桥梁厂是全国铁道部在全国做轨枕最大的厂子。

桥梁厂是全国铁道部在全国做轨枕最大的厂家。

株洲的箇只[①]东区箇里现在喊钻石路，

株洲的这个东区（即荷塘区）这地方现在叫钻石路，

当时开办哒一个全国最大的钻石合金钢生产厂。

当时开办了一个全国最大的钻石合金钢生产厂。

当然我们记得我们小时候，在六八年的时候，

当然我们记得我们小时候，在六八年的时候，

中国和当时叫苏联，现在的俄罗斯，跟苏联在珍宝岛打仗，

中国和当时叫苏联，现在的俄罗斯，跟苏联在珍宝岛打仗，

我们国家的那只火箭筒咻，还打不穿箇只苏联的坦克。

我们国家的那个火箭筒啊，还打不穿这个苏联的坦克。

后来我有个表哥，也是在箇只 601 厂，

后来我有个表哥，也是在这个 601 厂（即钻石合金钢厂）

叫 601 厂，现在叫硬质合金厂，专门做合金钻。

叫 601 厂，现在叫硬质合金厂，专门做合金钻。

我有一个表哥就是那厂里面的一个车间主任，他们接到得箇[②]紧急任务，

我有一个表哥就是那厂里的一个车间主任，他们接到了那紧急任务，

专门研究合金钢的火箭头，火箭弹的那头。

专门研究合金钢的火箭头，火箭弹的那弹头。

据说，唯一当时能够打穿苏联的坦克的箇只火箭筒的弹头，

据说，当时唯一能够打穿苏联的坦克的这个火箭筒的弹头，

就是用株洲生产的合金钢做的。

---

① “箇只[kei^{24}tsa^{24}]”是话题标记。

② “箇[kei^{24}]”是话题标记。

就是用株洲生产的合金钢做的。

虽然代价是相当高，但是我们毕竟还是做成功哒。

虽然代价是相当（地）高，但是我们毕竟还是做成功了。

株洲也有全国最大的化工厂，当时的最大。

株洲也有全国最大的化工厂，当时最大的。

随着时代的发展，随着株洲的变迁，

随着时代的发展，随着株洲的变迁，

现在就在箇只几年，国家的环保的需要，

现在就在这几年，（因为）国家的环保的需要，

像当时引进来的氮肥厂、选矿药剂厂，

像当时引进来的氮肥厂、选矿药剂厂，

唉，那只冶炼厂，都拆的拆迁，搬的搬走。

啊，那个冶炼厂（等厂矿），都（是）拆迁的拆迁，搬走的搬走。

株洲得八十年代，我们正在读书的时候，

株洲在八十年代，我们正在读书的时候，

就有个，据说是亚洲污染最重的城市。

就有个（说法），据说是亚洲污染最重的城市。

它为什么污染？最大的污染源就是株洲冶炼厂。

它为什么污染？最大的污染源就是株洲冶炼厂。

据说是株洲冶炼厂有亚洲最高的烟筒，排放的气体都有毒。

据说株洲冶炼厂有亚洲最高的烟囱，排放的气体都有毒。

那然后是引进得选矿药剂厂、氮肥厂。氮肥厂是做么子唉？

那然后引进了选矿药剂厂、氮肥厂。氮肥厂是做什么呢？

那还是当时得全国算大的，做那个①氨水尿素，那些都有好大的气味。
那还是当时在全国算（规模）大的，做那氨水尿素，那些都有很大的气味。

箇些化工厂系列的，冶炼化工系统都得我们北区的清水塘地区，
这些化工厂系列的，冶炼化工系统都在我们北区（即石峰区）的清水塘地区，

清水塘地区就变成只重灾区，那就是讲，全球都排得上名。
清水塘地区就变成（了）一个重灾区，那就是说，（污染程度）在全球都能排上名。

当时是讲亚洲最污染的城市得株洲，株洲最容易污染的地方就得清水塘。
当时是说亚洲最污染的城市在株洲，株洲最容易污染的地方就在清水塘。

那里冶炼厂、化肥厂、化工厂都林立，
冶炼厂、化肥厂、化工厂都林立（在）那里，

烟筒，唉，我们当时喊大型厂矿的烟筒，就有好几百，都好高。
烟囱，啊，我们当时（所）说（的）大型厂矿的烟囱，就有好几百（个），都很高。

所以至今我们感觉的那块地方它不宜人住。
所以至今我们感觉的那个地方它不宜住人。

现在随着国家搞环保政策，
现在随着国家实施环保政策，

目前的我们的那只②钢厂、氮肥厂、冶炼厂都拆除哒，
目前的我们（株洲）的那钢厂、氮肥厂、冶炼厂都拆除了，

① “那个[lᴀ^{45}ko^{45}]”是话题标记。
② “那只[lᴀ^{45}tsɑ·^{45}]”是话题标记。

就变成哒株洲市的工业展览遗址，留下哒以前五十年代所见的车间，

就变成了株洲市的工业展览遗址，留下了以前五十年代所见的车间，

车间里面的机器就变成一个工业博览园，要永久留哒，保存。

车间里的机器就变成一个工业博览园，要永久留着，保存。

株洲半边，就是讲受到，

株洲半座（城），就是说受到（阻碍），

虽然交通发达，既有铁路，又有湘江流经，

虽然交通发达，既有铁路，又有湘江流过，

但是正因为方便的交通，也约束得株洲的发展。

但是正因为方便的交通，也约束了株洲的发展。

株洲的各向地方，东西南北，都被铁路和湘江阻断。

株洲的各个方向（的）地方，东西南北，都被铁路和湘江阻断。

就像我们整个的京广线就得株洲南北通过，接着跟它平行的就是湘江，

就如我们整个的京广线就在株洲南北通过，然后跟它平行的就是湘江，

所以株洲是个只有一条街道的城市，

所以株洲是个只有一条街道的城市，

一直到九十年代，才慢慢形成了有多条街道。

一直到九十年代，才慢慢形成了有多条街道（的城市）。

我们小时候只晓得株洲，箇是通过后来的发展唉。

我们小时候只知道株洲（只有一条街道），这是通过后来的发展啊（才有多条街道的）。

株洲只是个十字架的城市，

株洲（开始）只是个（道路像）十字架的城市。

东西就叫红卫路，那就是现在喊新华路。

东西就叫红卫路，那就是现在喊新华路。

从株洲的现在的箇只希尔顿酒店箇里，

从株洲的现在的这个希尔顿酒店这里，

一直到430，全长有十公里，以前叫红卫路。

一直到430（厂），全长有十公里，以前叫红卫路。

南北就叫建设路，从化校一直到南站，也就是十公里。

南北就叫建设路，从化校一直到（火车）南站，也就是十公里。

所以株洲市的所有的住宅、工厂、商店，

所以株洲市的所有的住宅、工厂、商店，

都就是沿哒箇两条路来布置发展的，所以就是形成了一个十字架。

全部就是沿着这两条路来布置发展的，所以就形成了一个十字架。

但是十字架也不完整，往东边去有京广线，

但是十字架也不完整，往东边去有京广线，

所以我们很多往东走的唯一只有个红卫桥，所以我们那条路叫红卫路，

所以我们很多往东走的（道路）唯一只有一个红卫桥，所以我们那条路叫红卫路，

因为是红卫路，就叫做红卫桥，唯一一个桥，进行东西贯通。

因为是红卫路，（所以那座桥）就叫做红卫桥，唯一一座桥，进行东西贯通。

往西边，株洲市整个的河西当时都是菜园，没有一座桥，

往西边，株洲市整个的河西当时都是菜园，没有一座桥，

整个的河西地方都是种菜的地方。

整个的河西地方都是种菜的地方。

箇只到哒一九八六年三月份，国家才投资建设得株洲的湘江一桥，

这个（情况一直持续）到了一九八六年三月份，国家才投资建设了株洲的湘江一桥，

从八六年三月开工，一直到八八年十二月底通桥，

从八六年三月开工，一直到八八年十二月底通桥，

当时的，这是株洲唯一一座跨过湘江的大桥。

这是当时的株洲唯一一座跨过湘江的大桥。

八八年十二月底开通以后，一直到九〇年，株洲的河西还是一片菜地。

八八年十二月底开通以后，一直到九〇年，株洲的河西还是一片菜地。

但是随着桥的架通，株洲的河西马上就发展迅速，

但是随着桥的架通，株洲的河西马上就发展迅速，

被申请到国家高新技术开发区，也就是湖南省重点的开发区。

被申请到国家高新技术开发区，也就是湖南省重点的开发区。

也就是讲，我们现在株洲的政治、经济、文化、娱乐、生活，

也就是说，我们株洲现在的政治、经济、文化、娱乐、生活，

基本上都布置得河西，也就是我们现在的天元区。

基本上都布置在河西，也就是我们现在的天元区。

株洲受到哒，桥的东西两边，才慢慢有哒这座桥后才进行贯通。

株洲受到了（建桥带来的福利），桥的东西两边，有了这座桥后才慢慢进行贯通。

随着经济的发展，株洲的车辆、行人和货物的流量与日俱增，

随着经济的发展，株洲的车辆、行人和货物的流量与日俱增，

一座桥是完全解决不了箇些问题，唉，

一座桥是完全解决不了这些（流量）问题（的），啊，

慢慢就有湘江二桥，湘江三桥、四桥、五桥、六桥，

慢慢就有湘江二桥，湘江三桥、四桥、五桥、六桥，

现在我们株洲箇湘江，只光市区的就有湘江七桥哒。

现在我们株洲这湘江，光市区的（桥）就有湘江七桥了。

所以株洲的变化也很大，从城市里原来只有七千多人的本地的地方，

所以株洲的变化也很大，从城市里原来只有七千多人的本地（人）的地方，

发展到现在城市人口有将近一百万，所以它的变化是很大的。

发展到现在城市人口有将近一百万，所以它的变化是很大的。

我们株洲原来的老街，我们整个叫徐家桥，徐家桥是分成几个街道组成。

我们株洲原来的老街，我们整个叫徐家桥，徐家桥是分成几个街道组成（的）。

所以讲，我们还有，现在唯一留下的就是我们现在一个李家坪，

所以说，我们还有，现在唯一留下的就是我们现在（的）一个李家坪，

李家坪，就是讲，它没有任何商业，就是一个群居的居民小区。

李家坪，就是说，它没有任何商业，就是一个群居的居民小区。

所以讲，随着我们老街的，像堤升街的发展，

所以说，随着我们老街的，像堤升街的发展，

随着人口的增多，发现做哒箇只事情做得很好哇，

随着人口的增多，发现做了这个事情做得很好哇，

然后就不够了，那只地方，

然后就不够（用）了，那个地方，

我们徐家桥的那个堤升街的那个工业品市场，

我们徐家桥的那个堤升街的那个工业品市场，

就搬到箇只石棉厂的那只拥军路，把它扩大哒。

就搬到这个石棉厂的那拥军路，把它扩大了。

拥军路没想到只有两年又做大哒，

没想到拥军路只有两年又做大了，

就把结谷街拆咖，做成得现在的南大门。

就把结谷街拆掉，做成了现在的南大门。

南大门做起来哒，一直得短短的十年，

南大门做起来了，一直在短短的十年，

我人株洲做成哒，变成中南地区最大的小货铺服装的批发基地。

我们株洲做成了，变成中南地区最大的小货铺服装的批发基地。

株洲来了很多的外省人，

株洲来了很多的外省人，

几乎覆盖哒四川、广东、江西、湖北、贵州的那些小商品经营户，

几乎覆盖了四川、广东、江西、湖北、贵州的那些（省的）小商品经营户，

他们都是晚上从本地坐咖火车到株洲，得火车上面睡一晚，

他们都是晚上从本地坐了火车到株洲，在火车上睡一晚，

然后清早就到株洲来批发一些商品，唉，然后坐上中午的车又赶回去。

然后清早就到株洲来批发一些商品，啊，然后坐上中午的车又赶回去。

所以讲株洲的建设就是随着箇些经贸的发展。

所以说株洲的建设就是随着这些经贸的发展（而发展起来的）。

随着外地人到这里提货的多，所以我们株洲从南站一直到现在的解放街，

随着外地人到这里提货的（增）多，所以我们株洲从南站一直到现在的解放街，

整个株洲的小城区，全部都属于株洲市小商品经营区。

整个株洲的小城区，全部都属于株洲市小商品经营区。

也是代表哒株洲的箇只小商品市场，

也代表了株洲的这个小商品市场，

是中南地区当时最大的，得全国也进入哒十强。

是当时中南地区最大的，在全国也进入了十强。

所以在株洲的发展中，我们也看到了很大的变化。

所以在株洲的发展中，我们也看到了很大的变化。

我们看到那时候，我们小时候整个玩的时候，

我们看到那时候，我们小时候整个玩的时候，

没有高楼，最高的房子就是三层楼，一直到七九年，才有几栋，

没有高楼，最高的房子就是三层楼，一直到七九年，才有几栋，

得那主要的十字路口，才有五层楼的房子，我们当时感到好新奇。

在那主要的十字路口，才有五层楼的房子，我们当时感到很新奇。

啊[1]，到得八十年代，就最高的房子达到得七层楼，我们都感到很高。

啊，到了八十年代，然后最高的房子达到了七层楼，我们都感到很高。

唉，随着时间的发展，箇只现在的房子，

啊，随着时间的发展，这个现在的房子，

我们株洲目前也有最高的房子哒，

① 此类独用的“啊”是话语标记的一种特殊形式，无实义，主要通过有声停顿来表示话题的延续。

我们株洲目前也有最高的房子了，

建到哒一百五十米高哒，四十五层楼高哒，
建到了一百五十米高了，四十五层楼高了，

所以我们原来刚开始建哒一栋三十层楼的房子，一百米高的房子，
所以我们原来刚开始建了一栋三十层楼的房子，一百米高的房子（时），

那简直是惊奇，从来没有看到过。所以，我们株洲的变化还是很大的。
那简直是惊奇，从来没有看到过。所以，我们株洲的变化还是很大的。

我又想我们小时候，得株洲的生活其实物资缺乏，
我又想我们小时候，在株洲的生活其实物资缺乏，

根本没有，谈不上有什么文化生活，
根本没有，谈不上有什么文化生活，

既没有电视，也没有广播，连家里面嘞买个收音机的钱都没有。
既没有电视，也没有广播，家里呢连买台收音机的钱都没有。

我们虽然过得很清寒，但实际上是很充足，
我们虽然过得很清寒，但实际上很充足，

它充足得不是什么花钱的东西。
它充足（表现）在不是什么花钱的东西（上）。

大家，箇只每个家庭的生活条件都一样，谁也没有比谁家好到哪里去，
所有人，这个每个家庭的生活条件都一样，谁（家）也没有比谁家好多少，

哪怕是你屋里姊妹多几个，呃，都不要紧，
哪怕是你家兄弟姐妹多几个，呃，都不要紧，

也就是讲，我们就叫一个，咹，“多个人就多双筷子”。

也就是说，我们就说一句（俗话来表达），嗯，“多个人就多双筷子”（指不会增加生活开支）。

吃的东西都是白菜唉、萝卜唉，很少有什么现在讲的荤菜。

吃的东西都是白菜啊、萝卜啊，很少有什么现在所说的荤菜。

唉，很多东西，没有一样物资不是[①]要凭票，

啊，很多东西，没有一样物资不要凭票（购买的）。

唉，买粮食有粮票，买布有布票，买盐有盐票，

啊，买粮食有粮票，买布有布票，买盐有盐票，

连打酱油、豆腐都要票，豆豉、粉丝都是票。

连打酱油、（买）豆腐都要票，豆豉、粉丝都是（凭）票（购买）。

所以嘞，你就是讲，有些家庭条件稍微好点的，

所以呢，就是说，有些家庭条件稍微好点的，

他箇只票，他就少哒，就会去弄。

他（家）这个票，他就会少了，就会去弄。

唉，像我们姊妹多，本身经济收入又不高，

啊，像我们兄弟姐妹多，自身经济收入又不高，

唉，也只能吃点啊⁼子票里面的东西，多得也买不起。

啊，也只能吃点儿票里所包括的东西，多了也买不起。

那时唧计划经济，那是完全是靠凭票供给。

那时候（是）计划经济，那是完全靠凭票供给（的）。

唉，我记得我们小时候我们[②]家里困难，

---

① 否定副词“不是不”中的“是”为词内成分，具有词缀性质。

② “我们”充当领属性定语，译为“我”。

啊，我记得我们小时候我家里困难，

几姊妹轮流，早上五点钟就要到我们那钟鼓岭市场。
几个兄弟姐妹轮流，早上五点钟就要到我们那钟鼓岭市场（去排队买吃的）。

当时在六十年代、七十年代，
当时在六十年代、七十年代，

在我们株洲还是没有私营经济的，全部都是国营的。
在我们株洲还是没有私营经济的，全部都是国营的。

钟鼓岭嘞有个最大的市场，蔬菜市场，那都是国营的啰。
钟鼓岭呢有个最大的市场，蔬菜市场，那都是国营的呢。

那就讲，我们在那只，我屋里隔箇只钟鼓岭，
那就是说，我们（家）在那个（地方），我家里隔这个钟鼓岭，

实际上按现在算，起码还有两公里多，住的地方。
实际上按现在（来）算，起码还有两公里多（的路程），（离我家）住的地方。

所以我们每天早上五点钟，就几姊妹，我有五姊妹，我们是轮流。
所以我们每天早上五点钟，然后几个兄弟姐妹，我有五个兄弟姐妹，我们是轮流（去排队买吃的）。

唉，我们那时候的生活并不像现在，唉，我们家人多，一次嘞给一毛钱，
啊，我们那时候的生活并不像现在，啊，我们家人多，每一次呢（只）给一毛钱，

一毛钱拿一个好大的盆子，早上排队要排好久，
（买）一毛钱（豆腐脑要）拿一个很大的盆子（装），早上排队要排很久，

打一毛钱，实际上不是买一毛钱豆腐脑，

买一毛钱（豆腐脑），实际上不是买一毛钱豆腐脑，

买九分钱的豆腐脑，然后买一分钱葱。

买九分钱的豆腐脑，然后买一分钱葱。

箇葱一分钱，以前嘞也好，箇一分钱葱，它不会去按秤称，

这葱一分钱，以前呢也好，这一分钱葱，它不会按秤称，

其实就根据你①箇只服务员的心情来讲，

其实就根据这个服务员的心情来说（的），

一分钱可以抓得一把得，给你一蔸。我们都是。

一分钱（服务员）可以抓一把（葱），给你一蔸（葱）。我们都是（这样买葱的）。

根据你两分钱，就给一蔸更大，她就抓一点给你，其实整个一天都够哒。

根据你两分钱，就给一蔸更大（的），她就抓一点给你，其实（葱）一整天都够了。

条件更好点啊⁼子的，就顺便还带根油条，

条件更好点儿的，就顺便还带根油条，

我们一个葱，就是讲一碗豆腐脑，

我们一点葱，就是说一碗豆腐脑，

回来吃，从早餐吃得到晚餐，箇是我们屋里主要的汤菜。

回来吃，从早餐能吃到晚餐，这是我家主要的汤菜。

那就讲豆腐脑放点葱，那感觉到好香的，

那就是说豆腐脑放点葱，那感觉到很香的，

---

① “你[li⁴¹]”为交互主观化话语标记。

唉，条件好的里面豆腐脑就放根油条，把它切碎切碎，
啊，条件好的（人家）豆腐脑里就（再）放根油条，把它切碎切碎，

箇是要条件好的，那我们家还是条件做不到。
这是要条件好的，那我们家条件还是达不到。

我们小时候，唉，没有任何玩具，唉，也没有报纸，也听不到什么新闻，
我们小时候，啊，没有任何玩具，啊，也没有报纸，也听不到什么新闻，

唉，所以人的心还是很纯洁的。
啊，所以人的心还是很纯洁的。

唉，对外面的事情完全靠大人子开大会，是呀，才了解得一些情况。
啊,对外面的事情完全靠大人开大会(才知道),是吧,才了解了一些情况。

我们才能进行箇只，唉，有所了解箇只世界上的箇些形势。
我们才能进行这个，啊，有所了解这个世界上的这些形势。

我们那院子里面就装哒一个高音喇叭，
我们那院子里然后装了一个高音喇叭，

大体每天只是早上，唉，播放几个新闻。
大概每天只是早上，啊，播放几条新闻（才了解一些外面的形势）。

也是讲，它是定时的，它不是时时有，所以我们也不晓得外面的世界。
也（就）是说，它是定时的，它不是时时有，所以我们也不知道外面的世界。

我们玩起来也很简单，但是很充实，
我们玩起来也很简单，但是很充实，

唉，没有东西玩，我们就捞大人吃的箇烟盒子，
啊，没有东西玩，我们就拿大人抽的那烟盒（玩），

根据烟盒子的价值的大细，再定箇只烟盒子的箇只抵的分数是好多。
根据烟盒的价值的大小，再定这个烟盒的这个抵的分数是多少。

就是讲，我们讲我箇只烟盒子抵十分，你的烟盒子抵一百分，
就是说，我们说我这个烟盒抵十分，你的烟盒抵一百分，

那你拿一个烟盒子，我就有个抵一百分的，就可以抵得你十个烟盒子。
那你拿一个烟盒，我就有个抵一百分的（烟盒），就可以抵你十个烟盒。

所以我们都大大小小走路都是望哒地下的，只看哪里有烟盒子纸捡哒。
所以我们大大小小（的伙伴）走路都是看着地下的，就看哪里有烟盒纸（就）捡着。

捡哒有，非常的珍贵，所以我们那时候集烟盒子，
有（烟盒纸）捡了，（就觉得）非常地珍贵，所以我们那时候收集烟盒，

然后把烟折成三角板，然后再放到手上，去喊吃。
然后把烟（盒）折成三角板，然后再放在手上，说去吃。

唉，吃烟盒子纸，喊吃就是喊玩啰，赢。
啊，吃烟盒纸，说吃就是说玩呢，（来）赢（烟盒）。

所以我们的生活过得简单充实，也愉快。
所以我们的生活过得简单充实，也愉快。

株洲的变化很大，唉，也不是我能够在箇里两三分钟，可以概述完的。
株洲的变化很大，啊，也不是我能够在这儿两三分钟，可以概述完的。

我觉得在株洲生活还是很幸福的，它的幸福指数是很高的。
我觉得在株洲生活还是很幸福的，它的幸福指数是很高的。

我们也希望全国各地的人都到株洲来参观，到株洲来旅游。欢迎大家！
我们也希望全国各地的人都到株洲来参观，到株洲来旅游。欢迎大家！

（二）幸福家庭

讲述人：王曦勤

大家上午好，我是老株洲人，我叫王曦勤。
大家上午好，我是老株洲人，我叫王曦勤。

下面嘞就跟你们讲一下，我自己晓得的事，和父母亲告诉过我们的事，
下面呢就给你们讲一下，我自己知道的事，和父母亲告诉过我们的事，

回忆的述说一下啊。
回忆（性）地叙说一下吧。

我啊细时候是娭唧和公唧带大的，
我啊小时候是奶奶和爷爷带大的，

然后嘞小时候，就听到我娭唧跟我公公讲我们屋里的故事。
然后呢小时候，就听到我奶奶和我爷爷讲我们家里的故事。

就讲啊："嗯，你屋里的爷啊，你的娘啊，

就讲啊："嗯，你的爹啊，你的娘啊，

都是在我们这一片天算长得漂亮的，还有你的伯妈嘞，也长得漂亮。
都是在我们这一地带算长得漂亮的，还有你的伯母呢，也长得漂亮。

你伯妈是田心那边的一家地主屋里的女，也算大家闺秀。
你伯母是田心那边的一个地主家里的女儿，也算大家闺秀。

你的娘嘞是结谷街的，屋里的爷嘞是打铁的，有名的'郭满铁子'。
你的娘呢是结谷街的，家里的爹呢是打铁的，有名的'郭满铁子'（外号）。

屋里嘞也还很富有，屋里有铁铺、有米铺，

家里呢也还很富有，家里有铁铺、有米铺，

你屋里爷啊，就细时唧，嗯，屋里穷唉，
你爹啊，然后小时候，嗯，家里穷啊，

就到外头嘞去打工，担柴卖。
然后到外面呢去打工，挑柴卖。

在徐家桥担柴卖的时候，就被你的外公看见哒你屋里爷，
在徐家桥挑柴卖的时候，就被你的外公看见了你爹，

然后嘞，就请他到他的米铺去帮忙，去做事。”
然后呢，就请他到他的米铺去帮忙，去干活。”

箇样嘞，我屋里爷就定得我外公屋里的米铺肚里呀，就当伙计，
这样呢，我爹就定在我外公家里的米铺里呀，就当（了）伙计，

就搞咖怕有三四年唉，
然后干了怕有三四年吧，

然后就①，我外公看得我屋里爷老实，也淳厚，脑壳也好用，
然后就是，我外公看见我爹老实，也淳厚，脑子也好用，

也算得一个有面子的箇只②人吧。
也算得（上）一个有面子的那种人吧。

“那时候你屋里爷虽然年轻唉，也爱时髦，
“那时候你爹虽然（穷，但）年轻哪，也爱时髦，

所以嘞你外公看得他老实唉，各方面也配得起他女唉。”

① “然后就”是“然后[yɛn13xəɯ21]”和“就[tɕiəɯ21]就是”两个话语标记的连用，功能是开启新话轮。

② “箇只[kei24tsɑ24]”是话题标记，结合语境，此处译为“那种”。

所以呢你外公看到他老实吧，各方面也配得起他女儿吧。”

他就把他的箇只女嘞，就硬要嫁得给我屋里爷。

他就把他的这个女儿呢，就一定要嫁给我爹。

当时我人屋里也就好穷的啵，

当时我们家里也就因为很穷吧，

公公娭毑屋里冇得饭吃，下是地地道道的乡里人，

（以至于）爷爷奶奶家里没有饭吃，都是地地道道的乡里人，

外公屋里嘞是城市里的人，

外公家里呢是城市里的人，

所以讲嘞，我外公唉就把我屋里的娘嫁得给我屋里爷啊，

所以说呢，我外公啊就把我的娘嫁给我爹啊，

确实，在那个年代来讲是门不当户不对，

确实，在那个年代来说是门不当户不对，

自己的崽虽然长得好，什么都冇得，

自己的儿子虽然长得好，（但）什么都没有，

他们就下靠外公啊屋里资助，养咖四个细伢子，

他们就全靠外公啊家里资助，养了四个小孩子，

生活上唉，各方面唉，就有好多都是靠外婆屋里。

生活上啊，各方面啊，就有很多（方面）都是靠外婆家里（救济）。

嗯，所以嘞我公公娭毑嘞，其实就[①]两个人嘞都笑哈哒，

嗯，所以呢我爷爷奶奶呢，其实就是两个人呢都乐坏了，

① “就[tɕiəɯ^{21}]就是”为话语标记，功能是延续话题。

让一屋的箇农村人，就下找得箇屋里箇富豪千金小姐，
让全家的这农村人，然后都找了那（富裕）家庭里那富豪千金小姐，

在当地嘞都是，反正就是讲，对现在来讲，就是讲响咖一遍天地啰，
在当地呢都是，反正就是说，就现在来说，就是说（名声）响遍了一方天地吧，

都晓得，呃，箇只屋里是个穷泻得屎的屋里唉，
都知道，呃，这个家是个穷得要死的家啊，

呃，找两只箇好的箇[①]媳妇回来哒。
呃，找两个这么好的媳妇回来了。

但是嘞，还有有意义的事嘞就是，
但是呢，还有有意思的事呢就是，

我屋里爷两兄弟，当时我伯伯他是到抗美援朝去当兵的时候，
我爹两兄弟，当时我伯伯他是到抗美援朝去当兵的时候，

当兵之前，别个就跟他牵哒我伯唧，
当兵之前，别人就给他牵了我伯母(的线)，

就也是一号富豪人家，地主屋里的女，给他做媳妇，
然后也是一户富豪人家，地主家里的女儿，给他做媳妇，

两个人结婚先后，我屋里爷跟我伯伯，
两个人先后结婚，我爹和我伯伯，

等我伯伯参咖军回来一年之后，退伍的时候，
等我伯伯参完军回来一年之后，退伍的时候，

① “箇[ko^{24}]”是话题标记。

那等于是，就两个人前后一年结的婚。
那等于是，然后两个人前后一年（内）结的婚。

结咖婚以后，两兄弟嘞就跟得比赛一样，
结完婚以后，两兄弟呢就跟比赛一样，

我伯伯养一个女，我爷嘞他就也养一个女，
我伯伯生一个女儿，我爹呢他然后也生一个女儿，

呃，我伯伯接下来养三个崽，我屋里爷嘞就也接下来是三个崽，
呃，我伯伯接下来生三个儿子，我爹呢就也接下来是三个儿子，

但是嘞下是同年的。所以别个就讲："箇只两兄弟啊，连养崽都比赛。"
但是呢都是同年的。所以别人就说："这两兄弟啊，连生孩子都比赛。"

也是作为我们当地的一种佳话。
也是作为我们当地（流传）的一段佳话。

但是我屋里公公就讲，我屋里姥姥啊上面箇届子，
但是我爷爷就说，我老奶奶呢上辈这代，

从我公公的上面的人都是单传，都是男孩子只有一个，
从我爷爷的上辈的人（算起）都是单传，都是男孩子只有一个，

然后到哒我公公箇里嘞就生了我伯伯和我爷，就是两个崽。
然后到了我爷爷这里呢就生了我伯伯和我爹，就是两个儿子。

然后到我们箇代嘞，就变成了六个崽、两个女，就一起就是八个，
然后到我们这代呢，就变成了六个儿子、两个女儿，然后一共就是八个，

到我人箇代啊，现在就已经是三十多哒。
到我们这代啊，现在就已经是三十多（人）了。

所以讲我们王家里嘞，也是讲，从最穷的时候，

所以说我们王家呢，也就是说，从最穷的时候，

到现在来讲嘞，在株洲吧，也算得上中上等的生活水平。

到现在来说呢，在株洲吧，也算得上中上等的生活水平。

呃，由于箇[①]崽女都比较努力，嗯，也是家教啊、各方面嘞也还是好。

呃，由于这子女都比较努力，嗯，也是家教啊、各方面呢也还是好。

我们从我懂事起，从我爷爷手上到我屋里现在，

我们从我懂事起，从我爷爷手上到我们家现在，

也冇得坐过牢的，嗯，不听话的，都还冇得。

也没有坐过牢的，嗯，不听话的，都还没有。

总的来讲，都算比较争气的啰。箇是我娘屋里的箇些事。

总的来说，都算比较争气的吧。这是我娘家的那些事情。

当时我出生的年代是比较苦的时候，

当时我出生的年代是比较苦的时候，

本来嘞爸爸是在大米厂工作，我娘是邮电局的，

本来呢爸爸是在大米厂工作，我娘是邮电局的，

由于生下了四个细伢子嘞，生活条件不好，

由于生下了四个小孩子呢，生活条件不好，

吃饭嘞，那时候冇~饭吃，就选择下放。

吃饭呢，那时候没有饭吃，就选择下放。

下放嘞，就我爷就带哒我娘嘞，一起就下到我爷爷的农村里头，

下放呢，然后我爹就带着我娘呢，一起就下放到我爷爷（所在）的农村里，

① “箇[ko^{24}]”是话题标记。

就自家种田作菜，箇样嘞，饭嘞是喊有点吃啰，也吃不饱。

然后自己种田种菜，这样呢，饭呢是说有点吃吧，（但）也吃不饱。

我记得我们细时候唉，吃过糠饼，呃，肚子饿呔[①]，

我记得我们小时候啊，吃过糠饼，嗯，肚子饿了啊，

又去地头里挖红薯、芋头唉，嗯，箇些东西撑饱。

又去地里挖红薯、芋头啊，嗯，（用）这些东西撑饱（肚子）。

吃得最好的时候就是芋头丝拚[$pən^{21}$]饭，吃红薯丝，

吃得最好的时候就是芋头丝拌饭，吃红薯丝，

箇都是算我们屋里过得好的，有饭吃。

这都算我们家里过得好的（时候），有饭吃。

我六岁开始上学，那个年代的交通不像现在有汽车呀，

我六岁开始上学，那个年代的交通不像现在有汽车呀，

嗯，箇些东西，最好的屋里就有自行车。

嗯，这些东西，最好的家里只有自行车。

我们六岁读书的时候，爷娘带你[②]上过一次学，

我们六岁读书的时候，爹娘带你（实指我）上过一次学，

以后就必须天天跟哒箇乡里的大点啊⁼子细伢子，

以后就必须天天跟着那乡里的大一点儿（的）小孩子，

跟得屁股头鹏，到学校里去，

跟在屁股后面跑，到学校里去，

然后放咖学哒，照哒现路嘞自家就回来，每天唉要走两三里路。

---

① “呔[$tai^{\cdot 33}$]”为实现体貌助词“得[$tei^{\cdot 33}$]了”与语气助词“唉[$ai^{\cdot 33}$]啊”的合音。

② “你”为交互主观化话语标记。

然后放了学了，就照着旧路呢自己回家，每天啊要走两三里路。

还要带中饭去吃，到得冬天唉，那饭菜嘞就放哒学校里的食堂里头，

还要带午饭去吃，到了冬天啊，那饭菜呢就放在学校的食堂里，

一起一只锅子去气，不要收费。

一起（用）一个锅子去蒸，不要收费。

总的来讲，我们细时候好苦的，因为那时候的粮食要计划，

总的来说，我们小时候很苦的，因为那时候的粮食要计划（着吃），

穿衣服要布票，盐啊，豆豉唉，反正所有的东西都是由统一分配，

穿衣服要布票，盐啊，豆豉啊，反正所有的东西都是由（政府）统一分配，

粮食嘞就按年纪的大细定量发给，

粮食呢就按年龄的大小定量发放，

所以不像现在敞开肚子吃唉，想吃什么就吃什么，冇得箇好。

所以不像现在敞开肚子吃啊，想吃什么就吃什么，没有这么好。

在学校读书吧，我们八姊妹都是九年制高中毕业生，

在学校读书吧，我们八个兄弟姐妹都是九年制高中毕业生，

大的嘞早六七年读书，就是我跟我姐姐，

大的呢早六七年读书，就是我和我姐姐，

毕业以后啊，就要承担屋里洗衣，

毕业以后啊，就要承担家里洗衣(的任务)，

跟哒爷娘，帮忙做饭烧火，然后还要带三个老弟。

跟着爹娘，帮忙做饭烧火，然后还要带三个弟弟。

所以讲像我们箇代人嘞，确实还是苦过来的。

所以说像我们这代人呢，确实还是（一路）苦过来的。

所以我嘞十九岁多就找男人嫁咖人哒，二十岁就生得[1]崽哒，
所以我呢十九岁多就找男人嫁了人了，二十岁就生了儿子了，

生得崽以后唉，嗯，结咖婚以后，
生了儿子以后啊，嗯，结了婚以后，

自家也就进入哒社队企业工作，也在社队企业干哒也喊[2]一辈子吧，
自己也就进入了社队企业工作，也在社队企业干了也是一辈子吧，

到现在退休咊，冇得退休工资。
到现在退休了啊，没有退休工资。

崽女嘞都还搞得好。嗯，特别是我的三个细伢子，也是我的骄傲。
儿女呢都还混得好。嗯，特别是我的三个小孩子，也是我的骄傲。

大崽毕业以后当兵四年，在海南武警部队，
大儿子毕业以后当兵四年，在海南武警部队，

转业以后回来抵他爸爸的职，在织布厂，
转业以后回来顶他爸爸的职，在织布厂，

后来织布厂倒闭以后，他就自己下海，自己干自己的事业，
后来织布厂倒闭以后，他就自己下海，自己干自己的事业，

现在还可以啰，都是为人民服务的行业，
现在还可以吧，都是为人民服务的行业，

饭店，呃，再开得一个敬老院。
（开了）饭店，呃，又开了一个敬老院。

开敬老院嘞也是一个非常好的服务行业，

---

① 实现体貌助词“得了[tei·33]”因顺同化读[ŋei·33]。后句“得了”的读音同此。

② “喊[xã41]是”具有替代系词功能。

开敬老院呢也是一个非常好的服务行业，

也可能就是将来给我也是一个好归宿的地方吧。
也可能就是将来给我也（算）是一个好归宿的地方吧。

因为现在的细伢子都要有自己的工作，也冇那么多时间照顾自己的父母。
因为现在的小孩子都要有自己的工作，也没那么多时间照顾自己的父母。

两个女儿吧，呃，各自也还可以，都是自谋职业，都还过得非常好。
两个女儿吧，呃，各自也还可以，都是自谋职业，都还过得非常好。

我有四个孙，也冇要我带过，
我有四个孙子，也没要我带过，

觉得我们那个年代的人很辛苦，他们为了一副爱心唉，也孝顺唉，
（子女）觉得我们那个年代的人很辛苦，他们为了一片爱心啊，也孝顺啊，

就讲："妈妈唉。"其实我自己想带孙，他们不要我带，
就说："妈妈啊。"其实我自己想带孙子，他们不要我带，

意思就是讲："你们箇一辈都辛苦哒，
意思就是说："你们这一辈都辛苦了，

你嘞也开开心心的去玩，不要管屋里的事，
你呢也开开心心地去玩，不要管家里的事，

如果是讲你在经济上有困难，嗯，要出去玩，去旅游，少咖钱哒，
如果是说你在经济上有困难，嗯，要出去玩，去旅游，少了钱了，

或者是[1]有什么困难唉，你都直接跟崽女讲就是的。"
或者有什么困难啊，你都直接跟儿女说就是了。"

① 连词"或者是或者"中的"是"为词内成分，具有后缀性质。

我觉得箇些都是我比较成功的一面。

我觉得这些都是我比较成功的一面。

我还有四个孙，大孙嘞是十五岁哒，在北师大上学，

我还有四个孙子，大孙子呢是十五岁了，在北师大（株洲附属学校）上学，

成绩也非常好，他的语文成绩特好，呃，作文嘛在湖南省也得过前三名，

成绩也非常好，他的语文成绩特好，呃，作文嘛在湖南省也得过前三名，

呃，孙子在栗树山小学读一年级，

呃，孙子（指外甥）在栗树山小学读一年级，

就还有两个是一对双胞胎，在上幼儿园。

然后还有两个是一对双胞胎，在上幼儿园。

我们屋里还有八姊妹唉，

我们家里还有八个兄弟姐妹啊，

从目前来讲，弟弟，大弟弟是最优秀的，能歌善舞的、又帅气的男孩，

从目前来说，弟弟（中），大弟弟是最优秀的，（是一个）能歌善舞的、又帅气的男孩，

还有小弟弟唉，他们啊，他们都是很努力很努力的企业家，

还有小弟弟啊，他们啊，他们都是很努力很努力的企业家，

也希望我们的弟弟他们，把箇些能力、智慧都传给我们的下一代，

也希望我们的弟弟他们，把这些能力、智慧都传给我们的下一代，

让他们都能够为国家作贡献。

让他们都能够为国家作贡献。

作为我自己，奔奔波波的，在企业上干了一辈子，

作为我自己，奔奔波波地，在企业里干了一辈子，

多少啰也还是为国家做哒一点贡献。

多少呢也还是为国家做了一点贡献。

从生活上嘛，我是农村社队企业工作，

从生活上嘛，我是（在）农村社队企业工作，

所以讲，嗯，到晚年哦，我们的医保社保，

所以说，嗯，到晚年呢，我们的医保社保，

就不像城市里头的工人唉，那些人的工资高，我们拿基本社保工资，

就不像城市里的工人啊，那些人的工资高，我们拿基本社保工资，

所以讲嘞，在生活上来讲嘞，还是要靠子女他们援助，

所以说呢，在生活上来说呢，还是要靠子女他们援助，

总的来讲啰，我还是很幸福的，

总的来说吧，我还是很幸福的，

嗯，自己节约一点吧，然后也少给晚辈带来一些麻烦。

嗯，自己节约一点吧，然后也少给晚辈带来一些麻烦。

他们不过还是好啰，平时吃的啊用的啊，总是提回来哒。

不过他们还是好呢，平时吃的啊用的啊，总是提回来了。

有时候啊我要有点不舒服啊，或三病两痛啊，

有时候啊我要是有点不舒服啊，或者小病小痛啊，

就会讲：“崽唉，我可能会要你支援点啊⁼子啊。”或怎么样。

就会（跟他们）说：“儿子啊，我可能会要你支援一点儿啊。”或者其他的（要求）。

我崽就讲：“那你冇得，你就要开口嘞，

我儿子就说：“那你没有（钱了），你就要开口呢，

哪有我何解会可以让我娘过得不好嘞？

哪有我（做儿子的）怎么可以让我娘过得不好呢？

或者是我让我娘过得不开心，那我箇做崽的不就失职哦。”

或者是我让我娘过得不开心，那我这做儿子的不就失职（了）啊。”

所以讲，有些东西我们从子女中间我们的交流，

所以说，有些事情我们从（和）子女之间的交流（可以解决），

也平时，也不像长辈啊怎么啊，就是非常的含积，

平时也，也不像（有些）长辈啊（硬要）怎么样啊，就是非常地含蓄，

也就非常的互相理解，所以讲我很幸福。

也就非常地互相理解，所以讲我很幸福。

希望所有的子女，所有做晚辈的，都能体谅父母亲的，

希望所有的子女，所有做晚辈的，都能体谅父母亲的，

有些生活上啊精神上啊的一些不舒服，因为年老哒吧，

有些（在）生活上啊精神上啊的一些不舒服，因为年老了吧，

多多少少都有一些，嗯，箇里痛啊那里痛啊，箇都不是装出来的。

多多少少都有一些，嗯，这里痛啊那里痛啊，这都不是装出来的。

总的来讲啰，等你们长大哒，你们都会体会到。

总的来说呢，等你们长大了，你们都会体会到。

希望你们多关心老人，多疼爱自己的父母，关照好全家，

希望你们多关心老人，多疼爱自己的父母，关照好全家，

箇是你们的责任。我就讲箇些。

这是你们的责任。我就说这些。

我啊现在已经进入夕阳的老年哒，

我啊现在已经进入夕阳（期）的老年了，

作为我来讲，我也很为自己的一切而开心幸福快乐。
作为我来说，我也很为自己的一切而开心幸福快乐。

最开心的是我自己的身体到目前为止是很健康，
最开心的是我自己的身体到目前为止是很健康（的），

我参加哒很多团队，有像打鼓，
我参加了很多团队，有像打鼓，

就是那种开业典礼呀，奠基呀，嗯，婚庆啊，丧事啊，
就是那种开业典礼呀，奠基呀，嗯，婚庆啊，丧事啊，

箇些派上用场的鼓队。
那些（场合能）派上用场的鼓队。

我们箇个鼓队有四五十个人，
我们这个鼓队有四五十个人，

小的都有四十多岁以上，老的有七十多岁的，我们过得很开心。
小的都有四十多岁以上，老的有七十多岁的，我们过得很开心。

但是嘞，哼[η^{33}]，觉得自己怕老咖，驼咖背去[1]嘞，
但是呢，嗯，觉得自己怕老了，驼了背了呢，

现在我又参加了走秀队伍，已经有一年多哒，
现在我又参加了走秀队伍，已经有一年多了，

但是在箇一年多中间，由于自己的努力和老师的辛苦教导，
但是在这一年多之间，由于自己的努力和老师的辛苦教导，

① “去[$k^h\gamma^{45}$]”为将实现体标记。

我们团队也得了不少的奖，

我们团队也得了不少的奖，

我们今年的三月，也去了北京的横店参加哒全国的旗袍秀，

我们今年的三月，也去了北京的横店参加了全国的旗袍秀，

在箇个中间我也得哒优秀的T台奖。

在这个（比赛）中我也得了优秀的T台奖。

然后我们去年的春节晚会，就是株洲市的春节晚会，我们也上了电视台，

然后我们去年的春节晚会，就是株洲市的春节晚会，我们也上了电视台（的节目），

呃，也拿得奖项，还得得奖金，

呃，也拿了奖项，还得了奖金，

现在就是讲，株洲市很多的，嗯，能够有比赛的和表现自己的时候，

现在就是说，株洲市很多的（机会），嗯，能够有比赛的和表现自己的时候，

我们都会尽量的去参加箇些队伍，

我们都会尽量地去参加这些队伍，

到目前为止吧，我好像也有四个奖项哒。

到目前为止吧，我好像也有四个奖项了。

所以讲，箇些成绩其实都是子女给的，

所以说，这些成绩其实都是子女给予的，

如果冇得子女的孝顺，也冇得自己的努力和身体，也拿不到箇些东西。

如果没有子女的孝顺，也没有自己的努力和身体，也拿不到这些东西。

所以希望我们的老年人都能向我学习，能够幸福快乐的度过夕阳，

所以希望我们的老年人都能向我学习，能够幸福快乐地度过夕阳（期），

我就讲了箇些。希望大家开心！

我就说了这些。希望大家开心！

（三）苦尽甘来

讲述人：郭翠娥

我叫郭翠娥，我是株洲人。

我叫郭翠娥，我是株洲人。

爸爸是株洲市委的，妈妈是株洲电焊条厂的。

爸爸是株洲市委的，妈妈是株洲电焊条厂的。

屋里有四姊妹，从小就放在公公娭唧家里带，跟我叔叔生活在一起。

家里有四姐妹，从小就放在爷爷奶奶家里带，跟我叔叔生活在一起。

大老妹身体不好，我妈妈交代我要照顾她。

大妹妹身体不好，我妈妈交代我要照顾她。

我在乡里上学的时候哎，我比我屋里的大老妹大四岁。

我在乡里上学的时候呢，我比我的大妹妹大四岁。

我上学的时候，她有时候要跟我一起去，

我上学的时候，她有时候要跟我一起去，

听到我们学校有电影看，一看嘞我又怕老师骂，

听到我们学校有电影看，（大妹妹就要去看，）一旦看呢我又怕老师骂，

我穿只长衣服，把我妹妹带进学校，

（于是）我穿件长衣服，把我妹妹带进学校，

就把我妹妹，是的啰，那时候，
就把我妹妹，是的呢，那时候，

带到箇学校，把衣服盖得，盖得放得课桌脚下。
带到那学校，用衣服遮住（妹妹），盖着放在课桌底下。

箇一出去集合嘞，就把我妹妹把她，把她衣服一夹到后，
这一出去集合呢，就把我妹妹把她，把她（用）衣服夹住后，

逮到[①]老师发现哒，老师讲："你怎么把你妹妹带过来？"
被老师发现了，老师说："你怎么把你妹妹带过来？"

我讲我妹妹冇˜人，我屋里爷娘都不在家，
我说我妹妹没有人（带），我爹娘都不在家，

属于我是跟得叔叔过，所以我妹妹跟哒我过来哒。
等于我是跟着叔叔生活，所以我妹妹跟着我过来了。

就带得那个 430 电影院去看电影。
（后来）就带到那 430（厂）电影院去看电影。

从此以后嘞，妹妹嘞就一直跟着我，不管我到哪里，她都要跟得我。
从此以后呢，妹妹呢就一直跟着我，不管我到哪里，她都要跟着我。

后背我妹妹也读书，也读一年级，也在一起，也在那个乡里读书，
后来我妹妹也读书，也读一年级，也在一起，也在那个乡里读书，

就每天带她去上学，带她去上学，有时候嘞冇东西吃嘞，
然后每天带她去上学，带她去上学，有时候呢没东西吃呢，

就到我叔叔菜地那里面去偷黄瓜，去读书嘞偷黄瓜吃。

① "逮到[$tai^{41}tɑu^{\cdot 45}$]被"为双音节被动介词。

就到我叔叔菜地那里去偷黄瓜，去读书（的路上）呢偷黄瓜吃。

搞得我叔叔婶婶一发现哒，读书回来就要挨打。
被我叔叔婶婶发现了，读书回来就要挨打。

一打嘞，因为我屋里娭毑还是看得我老妹重。
一打呢，因为我奶奶还是看我妹妹看得重（些，只打我）。

我屋里的箇只大老妹身体不好嘞，
我的这个大妹妹身体不好呢，

就每次带饭嘞，就煎得箇蛋藏得饭里面。
然后每次带饭呢，（奶奶）就煎了那蛋藏在饭里。

要是今天一冇带饭嘞，就我自己回来，带饭带得学校去伺候我老妹吃。
要是今天一旦没带饭呢，然后我自己（得）回来，带饭带到学校去伺候我妹妹吃。

老妹嘞在学校嘞一被欺负了嘞，我就代表她去打那只同学，嗯，帮她。
妹妹呢在学校呢一旦被欺负了呢，我就代表她去打那个同学，嗯，帮她。

就是箇，从此以后，后面就一直在箇里打。
就一直，从此以后，后来就一直在打。

后背放~学以后，在我伯伯屋里嘞，读书放~①学，
后来放了学以后，在我伯伯家里呢，读书放了学，

放咖学以后，天气一热的话，有李子吃的时候，
放了学以后，天气一热的话，有李子吃的时候，

到我伯伯屋里树上面去偷李子吃，爬到树上面去，那树脱咖哒，

① 此行两个“放~[faŋː^{45}]放了”为省合长音，由“放咖[faŋ^{45}kA$^{·33}$]放了”组合省合完成体貌助词“咖了”而成。

到我伯伯家里（的）树上去偷李子吃，（我）爬到树上去，那树断掉了，

绊得那只石头上面，绊得！差点啊⁼子绊死哒。

摔在那石头上，摔得！差一点儿摔死了。

绊死哒以后嘞，绊得冇得气嘞，又看到我冇醒，

摔死了以后呢，摔得没有气呢，又看到我没醒，

我屋里娭唨就给那乡里个①那老摇窝唉，那摇小孩的摇窝，

我奶奶就用那乡里的那老摇篮啊，那摇小孩的摇篮，

把那个农村里面的那烧柴的那灰，把它一焴②到里面，一焴哒。

把那农村里的那烧柴的那灰，把它给埋在里面，给埋着。

什么讲，我屋里娭唨信迷信，讲什么扯阳气。

说什么，我奶奶信迷信，说什么吸阳气。

睡咖三③天三晚冇醒。

睡了三天三夜都没醒。

冇醒以后，也冇给我屋里爷娘电话，也冇去喊我爷娘。

没醒以后，也没给我爹娘电话，也没去叫我爹娘。

正好碰到礼拜二我娘休息了，休息以后嘞，

正好碰到礼拜二我娘休息了，休息以后呢，

在大队上嘞，底下嘞，就听见别人讲，

在大队上呢，底下（生产队里）呢，就听到别人说，

---

① “个[kei·³³]的”为结构助词，老派株洲话里还保留其少量用法。

② “焴[o²⁴]”，动词，用柴灰埋着/盖着的意思。

③ “三[sãˈ³³]”读省合重音，由“三天三晚都[sã³³tʰiĩ³³sã³³uã⁴¹təɯ³³]”组合省合副词“都[təɯ³³]”而成。

他讲唉上面青塘湾绊死只娥妹唧，摘李子吃从树上绊下来的。
他说啊上头青塘湾摔死个娥妹子，摘李子吃从树上摔下来的。

好，我妈妈嘞就赶快跑上去，结果一看，真的是我。
好，我妈妈呢就赶快跑上去，结果一看，真的是我。

一证明是我以后，等我妈妈回来，
一（经）证明是我以后，等我妈妈回来，

怕大概是箇①回来哒半天还没得，我就自己慢慢慢慢的醒来哒。
估计大概是回来了半天还不到，我就自己慢慢（地）慢慢地醒来了。

醒来咖以后嘞，从出那事以后，
醒来了以后呢，从出那事以后，

我爸爸妈妈就把我带回株洲，转回何家坳上小学。
我爸爸妈妈就把我带回株洲（市里），转回何家坳上小学。

就只救得我二老妹在乡里，跟我叔叔他一起过。
就只留下我二妹妹在乡里，跟我叔叔他一起过。

我屋里最细的老妹嘞，生下来嘞就放得我外婆屋里。
我家里最小的妹妹呢，生下来呢就放在我外婆家里（带）。

因为电焊条隔我外婆屋里隔得好近的，
因为电焊条（厂）离我外婆家里离得很近的，

我屋里的娘嘞就只有礼拜二休息箇一天，
我的娘呢就只有礼拜二休息这一天，

就把我屋里的小老妹带得跟我们在一起。
就把我的小妹妹带着跟我们在一起。

---

① “箇[ko^{24}]”是话题标记。

在何家坳读书的时候嘞，反正就是，

在何家坳读书的时候呢，反正就是，

我们家的事唉，放咖学回去要搞饭吃咪，要买菜咪，

我们家的事啊，放了学回去要做饭吃啊，要买菜啊，

嗯，还要担水饮菜啦，我们屋里作得菜，

嗯，还要挑水浇菜啦，我家里种了菜，

还要担水做菜咪，箇还要等搞咖饭吃。

还要挑水做菜啊，这还要等搞了饭吃（之后）。

有时候还要等我爸爸下~ ①班才回来吃饭，

有时候还要等我爸爸下了班才回来吃饭，

我还要给我屋老妹他们②洗澡。

我还要给我妹妹们洗澡。

后面慢慢慢慢就读高中哒，读高中我就进入八中，

后来慢慢（地）慢慢（地）就读高中了，读高中我就进入八中，

进入八中嘞，成绩嘞就不好，进了三十一班。

进入八中呢，成绩呢就不好，进了三十一班。

成绩不好嘞，就班上里的那③同学嘞，

成绩不好呢，然后班里的那同学呢，

反正就是看到我讲的那个土话子，也不蛮愿意齿我样范啰。

反正就是看到我说的那种土话，也（一副）不太愿意理我（的）样子吧。

---

① “下~[xɑː^{21}]下了”为省合长音，由“下咖[xɑ^{21}kA$^{\cdot 33}$]下了”组合省合完成体貌助词“咖了”而成。

② “他们”充当普通指人名词复数后缀，意义相当于普通话的“们”。

③ “那[lA^{45}]”是话题标记。

我嘞就反正读书嘞也隔得远，
我呢就因为反正读书呢也离得远，

反正嘞横直嘞走车路箇边去嘞隔学校隔得太远，
反正呢横竖呢走马路这边去呢离学校离得太远，

我每次嘞就走株洲奔龙公园，爬围墙过去读书。
（于是）我每次呢就走株洲奔龙公园，爬围墙过去读书。

回来嘞一晓得得，逮到①我爸爸又要打一顿。
回来呢一旦知道了，又要被我爸爸打一顿。

在学校里成绩不好啰，反正就是体育各方面都还可以啰。
在学校里（文化）成绩不好吧，反正就是体育各方面都还可以吧。

读书的时候嘞人嘞个子嘞也很矮，好瘦，
读书的时候呢人呢个子呢也很矮，很瘦，

也好矮的，又瘦，读书坐得一二排。
也很矮的，又瘦，读书坐在一二排。

箇毕咖业以后嘞，个子嘞长高得，别个一句：
这毕了业以后呢，个子呢长高了，别人（就问）一句：

“耶，郭翠娥你怎么，怎么我们都不认得你去哒啦，长起②箇高巴高哒！”
“哎，郭翠娥你怎么，怎么我们都不认识你了啦，长得高高的了！”

读咖书以后，我就跍到③外面打暑假工，就认识哒我现在的先生，
读了书以后，我就在外面打暑假工，就认识了我现在的先生，

① “逮到[tai⁴¹tau·⁴⁵]被”为双音节被动介词。

② “起[tɕʰi·²¹]得”为状态补语标记。

③ “跍到[ku¹³tau⁴⁵]在”是处所介词。“跍”单用时为动词，“蹲”义。

先生谈咖八年，我们家不同意。

（跟）先生谈了八年，我们家不同意。

我爸爸把我搞到331去上班，上班嘞，我上哒三个月把职离咖。

我爸爸把我弄到331（厂）去上班，上班呢，我上了三个月（就）把职离了。

把职离咖以后嘞，就跍到堤升街做生意，做生意卖裤子卖衣服，

把职离了以后呢，就在堤升街做生意，做生意卖裤子卖衣服，

到广州去，两天去跑一次广州。

到广州去（进货），两天去跑一次广州。

在做生意的时候嘞，呃嗯①，那时候交通不方便，

在做生意的时候呢，呃嗯，那时候交通不方便，

在广州的士都冇得搭，人力车都冇得，就靠自己的肩膀扛回来，

在广州（连）的士都没有搭，人力车都没有，（进的货）就靠自己的肩膀扛回来，

一在火车上面嘞就铺一块箇布，

一到火车上呢就铺一块那布，

要么困得行李架上面，要么就睡得地下，

要么睡在行李架上，要么就睡在地上，

也就是箇慢慢的是箇②做生意，才慢慢的过来。

也就这样慢慢地这样做生意，才慢慢地（走）过来。

① 这类独用的“呃嗯”是话语标记的一种特殊形式，无实义，主要功能是表示话题的延续。

② 此句两个“是箇[sɿ²¹ko²⁴]这样”均为代词。

等我爸爸妈妈发现哒以后嘞，又把我搞得 331 去上班。

等我爸爸妈妈发现了以后呢，又把我弄到 331（厂）去上班。

箇上班以后嘞，就分得 104 干活，

这上班以后呢，就分到 104（分厂）干活，

我在那里就受不了，我又离职，又离职又把我搞得去。

我在那里就受不了，我又离职，又离职（爸爸）又把我弄（回厂里）去。

经过几次的周折，后面还是在 331 上的班。

经过几次的周折，后来还是在 331（厂）上的班。

上咖班以后嘞，就慢慢成家，就结哒婚。

上了班以后呢，然后慢慢（地）成家，然后结了婚。

结咖婚以后嘞，呃嗯，结咖婚不到几年的时候，

结了婚以后呢，呃嗯，结了婚不到几年的时候，

我屋里就结咖①婚四年它就生哒小孩，

我家然后结了婚四年它（指家里）就生了小孩，

生哒小孩嘞，老公嘞就到广州做生意，

生了小孩呢，老公呢就到广州做生意，

在株洲 331 厂一个人带得那小孩，带得箇个②株洲上班，

（我）在株洲 331 厂一个人带着那小孩，带着那小孩在株洲上班，

只有七八个月就送到托儿所，送到托儿所嘞，托儿所的那阿姨讲，

只有七八个月就送到托儿所，送到托儿所呢，托儿所的那阿姨说（小孩太小了），

---

① 此处完成体貌助词“咖了”读弱化音[ᴀ$^{\cdot 33}$]，原本读[kᴀ$^{\cdot 33}$]。

② “那[lᴀ^{45}]”“箇个[ko^{24}ko^{45}]”都是话题标记。

我就讲："阿姨，麻烦你多照顾我小孩一下啰。
我就说："阿姨，麻烦你多照顾我小孩一下吧。

冇~办法，他爸爸不得屋里。"
没有办法，他爸爸不在家里。"

我讲我屋里双方的父母，都不在厂里，都在株洲，我讲冇~人管。
我说我家里双方的父母，都不在厂里，都在株洲（市区），我说（小孩）没有人管。

小孩后面在幼儿园，他在幼儿园打别个不赢，他就咬别个的屁股，
小孩后来在幼儿园，他在幼儿园打不过别人，他就咬别人的屁股，

那阿姨告状，告状回来嘞，我看哒他好可怜的，我也不打他。
那阿姨告状，告状回来呢，我看着他好可怜的，我也不打他。

慢慢唧每天是箇接送接送，所有的事情都是我。
慢慢（地）每天一直接送接送，所有的事情都是我（来做）。

是箇接送，后面就上小学得，
一直接送，后来就上小学了，

上小学在那个安装公司小学读哒一年，放得我妈妈家，
上小学在那安装公司小学读了一年，（就）放在我妈妈家，

他跍到箇里，我爸爸妈妈也带不成器。
他待在那里，我爸爸妈妈也带不了。

他到江边去玩，怕掉得水里面淹死去①，我又把他转回331读二年级。
他到江边去玩，怕掉到水里淹死了，我又把他转回331（厂）读二年级。

① "去[$k^{h}ɤ^{45}$]"为将实现体标记。

读二年级的时候嘞，我后面在那个 104 干活，没有干几年，
读二年级的时候呢，我后来在那 104（厂）干活，没有干几年，

我就到，就箇朋友帮忙，就把我搞得 331 一分厂供应科。
我就到，就有那朋友帮忙，就把我弄到 331 一分厂供应科（上班）。

那时候的小孩子就七八岁子，就搞得每天子有事出去了嘞，
那时候的小孩子就只七八岁，就弄得每天（一）有事出去了呢，

他就冇~饭吃，冇饭吃嘞，
他便没有饭吃，没饭吃呢，

就我就把箇号钱较散较散①，丢得抽屉里面，
然后我就把那钱打散打散，丢在抽屉里，

要他自己去拿哒去饭店里去买饭吃，
要他自己去拿着去饭店里去买饭吃，

如果一冇得哒嘞，我就订得一个箇小小的箇号餐厅，
如果（钱）一没有了呢，我就订了一个那小小的那种餐厅，

我就讲我的崽一放咖学来哒吃饭，冇~钱，我讲你就记账就是的，
我就说我的儿子一放了学来了(就)吃饭，没有钱，我说你就记账就是了，

我讲我一回来我就跟你去结账，那老板也同意哒。那老板也蛮好嘞。
我说我一回来我就跟你去结账，那老板也同意了。那老板也挺好呢。

后面放假哒嘞，我把他送得去，放得青少年宫学画画。
后来放假了呢，我把他送去，放在青少年宫学画画。

画画嘞，我 331 厂嘞早上嘞一上班嘞，

---

① “箇号[$ko^{24}xau^{21}$]”为话题标记，下文“箇号餐厅”中的“箇号”同此。另“较散”的“较”读[kau^{45}]。

画画呢，我 331 厂呢早上呢一上班呢，

跟株洲的企业上班早半个小时，就是七点半钟上班，
比株洲的（其他）企业上班早半个小时，就是七点半钟上班，

我就六点多钟就要送得老师那里去画画，
我然后六点多钟就要送到老师那里去画画，

画画嘞，那老师嘞也看哒我比较作孽，一个人带哒小孩，
画画呢，那老师呢也看着我比较可怜，一个人带着小孩，

画~[①]画嘞，整个中午放得那老师那里。
画了画呢，整个中午放在那老师那里。

老师画画，大概十点多钟就下咖课哒，
（小孩跟）老师画画，大概十点多钟就下了课了，

就放到老师那里，我十一点半钟下班，
就放在老师那里，我十一点半钟（才）下班，

十一点半钟下班，我又要骑哒摩托车到那个[②]二医院那里去接他，
十一点半钟下班（以后），我又要骑着摩托车到那二医院那里去接他，

一接回去又要送到株洲我爷娘那里，送到我爷那里，
一接回去又要送到株洲（市区）我爹娘那里，送到我爹那里，

我吃几粒饭，我又要跑回 331，两点半钟又要上班。
我吃几颗饭，我又要跑回 331（厂），两点半钟又要上班。

上班到哒六七点钟，我又要骑哒摩托车跑到爷娘那里去，

---

① “画~[fɑː^{21}]画了”为省合长音，由“画咖[$\text{fɑ}^{21}\text{kᴀ}^{\cdot 33}$]画了”组合省合完成体貌助词“咖了”而成。

② “那个[$\text{lᴀ}^{45}\text{ko}^{45}$]”是话题标记。

上班到了六七点钟，我又要骑着摩托车跑到爹娘那里去，

接得我细伢子过来，细伢子过来，第二天我又要送他去画。
接了我小孩子过来，小孩子过来，第二天我又要送他去画（画）。

所以每天是箇周折。
所以每天一直折腾。

那个么子老师嘞，看得我好可怜的，就把我屋里的小孩嘞，
那个什么老师呢，看到我好可怜的，就把我的小孩呢，

他屋里妻子嘞就在五公司箇里开只门面，得箇做鞋子生意，
他妻子呢就在五公司那里开（了）个门面，在那做鞋子生意，

就每天子唧，横直她把他送得五公司店子箇来，
然后每天（下了课后），反正她把他送到五公司店铺那里来，

就我屋里的小孩嘞就自己嘞就回我爷娘家。
然后我的小孩呢就自己呢就回我爹娘家。

就每天子唧晚上嘞，再回去接我屋里崽。
然后每天晚上呢，再回去接我儿子。

我屋里的崽嘞，读书的成绩嘞，
我的儿子呢，读书的成绩呢，

反正成绩也还可以啰，就各方面都还好啰。
反正成绩也还可以吧，然后各方面都还好吧。

在那个湖南省队来招那个乒乓球、羽毛球，还和得①那个篮球，
在那个湖南省队来那招乒乓球、羽毛球，还跟那个篮球（队员的时候），

① “和得[$xo^{13}tei^{\cdot 33}$]”为双音节并列连词。

那个省队招他，也看中得他，
那个省队招他，也看中了他，

看中得他嘞，我看得他有病，身体不好，我冇送他去。
看中了他呢，我看到他有病，身体不好，我没送他去。

好，一冇送他去嘞，就慢慢得箇里读吧，
好，一旦（决定）没送他去呢，然后慢慢在这里（指株洲）读吧，

在那个三校读书，一直是箇，每天是箇读，读嘞他也比较作孽嘞。
在那三校读书，一直这样，每天这样读，读呢他也比较可怜呢。

就每天我晚上上晚班的时候，有时候，要一点多钟回来的时候，
然后我每天晚上上晚班的时候，有时候，要一点多钟回来的时候，

一点多钟才下班，我有时候就把他脱咖裤子家①睡觉，
一点多钟才下班，我有时候就把他裤子之类（衣服）脱了（让他）睡觉，

睡~②睡觉嘞，等我上班的时候再把电视机家下打开，
睡觉睡觉呢，等我上班的时候再把电视机之类（电器）都打开，

怕他怕，那电视机的声音就影响外界，不干扰他，
怕他害怕，那电视机的声音就只影响外界，不干扰他，

就回来给他脱咖衣服啊，给他睡觉。
然后回来给他脱掉衣服啊，让他睡觉。

小孩就一直是箇跟得我，他爸爸嘞四十多岁嘞就死咖哒，
小孩就一直这样跟着我，他爸爸呢四十多岁呢就死了，

---

① “家[tɕiᴀ^{33}]”后省去了读轻声的“伙[xo$^{\cdot 33}$]”，实为“家伙[tɕiᴀ^{33}xo$^{\cdot 33}$]”，义同普通话表列举的“之类”。后句“电视机家”中的“家”音义同此。

② “睡~[ʃueiː^{45}]睡觉”为省合长音，由“睡觉[ʃuei^{45}tɕiau^{45}]”省合“觉”而成。

死咖①哒，也是我一直把他送上读大学。

死了，也是我一直把他送到读（完）大学。

在读高中的时候嘞，就在那个北京航空大学②来招人的时候，

在读高中的时候呢，就在那北京航空大学来招人的时候，

我屋里儿子所有方面都达标，就招哒去哒，

我儿子所有方面都达标，就招了去了，

招哒去读得一年都冇读哒，他不肯读，

招了去读了一年都（不到，就）没读了，他不愿读，

他那鼻子流血，身体不行，就回来哒。

他那鼻子流血，身体不行，就回来了。

回来哒，继续读书，继续读高三，就考起哒湖南师范大学，

回来了，继续读书，继续读高三，就考起了湖南师范大学，

湖南师范大学一毕咖业嘞，就在那个③深圳那边，

湖南师范大学一毕了业呢，就在那深圳那边，

不晓得，我不记得叫什么公司，就在那里打工搞设计。

不知道，我不记得叫什么公司，就在那里打工搞设计。

搞咖两年，搞咖两年以后回来，自己又跟得，

搞了两年，搞了两年以后回来，自己又跟着（同学玩），

回来，他不想在那里上班，又回来哒，

回来，他不想在那里上班，又回来了，

① “咖[$\text{kA}^{.33}$]”此处读弱化音[$\text{ə}^{.33}$]。

② 此处应为“北京航空航天大学”，原名“北京航空学院”。

③ “那个[$\text{lA}^{45}\text{ko}^{45}$]”是话题标记。

回来以后嘞，就跟得他们那玩得好那同学。
回来以后呢，就跟着他们那玩得好（的）那同学（一起玩）。

别个讲你去搞设计啰。
别人（建议）说你去搞设计吧。

搞设计的时候，他就跟哒学咖半年的设计，
搞设计的时候，他就跟着学了半年的设计，

学咖半年的设计嘞，又冇得工资啵，
学了半年的设计呢，又没有工资不是，

他爸爸那时候就，读大学还冇去的时候就死咖哒，
他爸爸那时候就，（在他）读大学还没去的时候就死了，

箇一死咖哒，就只我一个人的来源。
这一死了，就只我一个人的（经济）来源。

331厂在十年之前就冇发工资啵，
331厂在十年之前就没发工资不是，

我记得我有一个月发工资的时候，只有，
我记得我有一个月发工资的时候，只有，

扣咖房子、水电，发哒一百三十块钱吧，
扣了房子（租金）、水电，发了一百三十块钱吧，

我就回来问我爷娘要钱嘛，我讲箇个月伙食费都冇得。
我就回来问我爹娘要钱嘛，我说这个月伙食费都没有。

我又不可能去离职，我有箇长的工龄，
我又不可能去离职，我有这么长的工龄，

我也晓得他横直会要给我一只安排啵。

我也知道（爸爸）他横竖会要给我一个安排不是。

后背那不行哒的时候，好像记得，

后来那（工厂效益）不行了的时候，记得好像，

发咖十年的一百多块钱一个月的工资。

一百多块钱一个月的工资（一共）发了十年。

就我就自己在外面打得一份工。

然后我就自己在外面打了一份工。

每天去报下到，有时候单位上面嘞喊我去嘞我就过去。

（单位）每天去报一下到，有时候单位上呢叫我去呢我就过去。

过去哒我就跟得那老板讲，我讲我晚上来，

过去了我就跟那老板说，我说我晚上来，

我讲我白天做不成器，我单位要我，

我说我白天做不成事，我单位要我（去），

我讲你嘞，也麻烦你嘞照顾我一下，

我说你呢，也麻烦你呢照顾我一下，

我讲我一个人带哒小孩啊，我讲我也比较苦。

我说我一个人带着小孩呢，我说我也比较苦。

他讲要得，他讲冇事，只要你把你自己的事做完。

他说可以，他说没事，只要你把你自己的事做完。

好，我后面把他送上大学毕咖业，

好，我后来把他送进大学毕了业，

小孩自己后面在外头搞，就苦咖几年以后，

小孩自己后来在外面做（事），然后苦了几年以后，

后面小孩自己就跟别个在一家装修公司，好像是龙腾公司，
后来小孩自己呢跟别人在一家装修公司，好像是龙腾公司，

龙腾公司嘞，跟做设计做哒两年，
龙腾公司呢，跟（着）做设计做了两年，

开公司以后嘞就认识哒一个北区的一只女孩，结咖婚。
开公司以后呢就认识了一个北区的一个女孩，结了婚。

结咖婚以后嘞，那个[①]什么预算的，结婚生哒两个孙子，
结了婚以后呢，那个女孩是做那个什么预算的，结婚生了两个孙子，

孙子大的有两岁半哒，孙子还蛮可爱嘞。
孙子大的有两岁半了，孙子还挺可爱呢。

现在就在外面打工，经常回来唉，把房子家转咖。
现在（儿子儿媳）就在外面打工，经常回来呢，把（开公司的）房子之类转（租）了。

现在就在屋里带两个孙子，孙子一天二十四个小时是我带。
现在就在家里带两个孙子，孙子一天二十四个小时是我带（着）。

孙子嘞各方面嘞也比较可爱，长也长得漂亮嘞。
孙子呢各方面呢也比较可爱，长也长得漂亮呢。

第二个孙子嘞也出世哒，出世两个月哒，
第二个孙子呢也出生了，出生两个月了，

也一直在箇一起，有时候一起在箇里带，[②]
也一直在一起，有时候一起在（我）这里带，

① “那个[lᴀ^{45}ko^{45}]”为话题标记。

② “在箇[tsai^{21}kei^{24}]在”“在箇里[tsai^{21}kei^{24}li$^{\cdot 33}$]在”都是进行体标记。

有时候嘞我一带不赢嘞，就到他外婆屋里去哒。

有时候呢我一带不过来呢，就到他外婆家里去了。

慢慢的就是箇号，快点过吧。

慢慢地就是这样，快点过吧。

哦豁，我每天大概五点四五十起来，就搞卫生啦，

哎哟，我每天大概五点四五十起来，就搞卫生啦，

买菜呀，搞饭吃啊，带他出去散步啊，

买菜呀，搞饭吃啊，带他出去散步啊，

跟他洗，箇①每天都洗澡哇，一天的三餐饭啊，所有的事情唉都是我。

给他洗（澡），那每天都洗澡啊，一天的三餐饭啊，所有的事情啊都是我（做）。

细伢子小时候就是，把那个肉蒸哒，把饭蒸哒，

小孩子小时候就是（这样做饭给他吃），把那肉蒸了，把饭蒸了，

放得那个打碎机里面打碎呀，喂得给他吃唉。

放在那打碎机里打碎啊，喂了给他吃啊。

慢慢的长大得以后就是，早晨起来就吃牛奶唉，洗脸涮口唉，

慢慢地长大了以后就是，早晨起来就喝牛奶啊，洗脸漱口啊，

嗯，我中途就煮蛋唉，肉片蒸蛋唉，

嗯，我中途就煮蛋啊，肉片蒸蛋啊，

有牛肉蒸蛋唉，虾子搞碎、剁哒蒸蛋啊，

有牛肉蒸蛋啊，虾子弄碎、切了蒸蛋啊，

---

① “箇 [ko^{24}]” 为话题标记。

箇号就土豆啊炖牛肉汤啊，箇号排骨炖汤啊，箇号玉米汤啊，淮山啊，①
然后那土豆啊炖牛肉汤啊，那排骨炖汤啊，那玉米汤啊，淮山（汤）啊，

做茄子包啊，做茄子包剁得很碎很碎的，做哒给他吃。
做茄子包啊，做茄子包剁得很碎很碎的，做好给他吃。

就是箇样，小孩吃哒，反正各方面还可以啰，就是生病也生得少啰。
就是这样，小孩吃了，反正各方面还可以呢，就是生病也生得少呢。

小屁股也比较活跃啰，那啊，在家里唉，
小屁孩也比较活跃呢，哎呀，在家里啊，

在家里箇床铺上面跳得床铺下面，
在家里那床铺上跳到床铺下，

一天到晚嘞就拿哒那个，你不要他看电视，他就是去开电视，
一天到晚呢就拿着那个（遥控器），你不要他看电视，他就（偏要）去开电视，

你不一看到，你把电视机一关，那他拿 iPad 看，
你（如果）不看着，（那他就打开电视，）你把电视机一关，那他（就）拿 iPad 看，

iPad 你把它关咖以后，他拿它开电脑，
iPad 你把它关了以后，他拿（着）它开电脑，

开电脑一开咖哒，他也不看，你把它去关咖，
开电脑一打开了，他也不看，你去把它关掉，

他又拿你的手机看，看得那眼睛嘞都睁不开哒，

---

① 此行三个“箇号[$ko^{24}xɑu^{21}$]”均为话题标记；第一个句子中的“就[$tɕiəɯ^{21}$]然后”为话语标记，主要功能是延续话题。

他又拿你的手机看，看得那眼睛吧都睁不开了，

我讲："孙孙，宝贝你不要再看了。"

我说："孙孙，宝贝你不要再看了。"

我讲："你的眼睛你还要不要？"

我说："你的眼睛你还要不要？"

我说："你要就不要看了嘛。奶奶带你去外面去玩好不好啰？"

我说："你要（眼睛）就不要看了嘛。奶奶带你去外面去玩好不好呢？"

"好哇，那我要到希尔顿，到那游乐场去玩。"

"好哇，那我要到希尔顿，到那游乐场去玩。"

我讲："可以唉。"他反正就是箇样范的。

我说："可以啊。"他反正就是这样的。

告诉他讲话啊，告诉他走路哇。

告诉他讲话啊，告诉他走路啊。

带得坪里面，每天带哒外面。

带到（屋前）平地里，每天带到外面（玩）。

从此，每天带到外面去旅游，有时候到很近的地方旅游哇，

从此，每天带到外面去旅游，有时候到很近的地方旅游啊，

就反正就是箇样范带过来的唉。

然后反正就是这样带过来的啊。

我媳妇妹子跟我屋里的崽，是在装修公司上班的时候认识的，

我媳妇妹子（儿媳）跟我的儿子，是在装修公司上班的时候认识的，

谈爱怕谈了两年多，谈咖两年之后发现怀孕哒，

谈爱大概谈了两年多，谈了两年之后发现怀孕了，

不就扯结婚证，就结婚啦。
何不就打结婚证，就结婚啦。

当时结婚，女孩屋里的妈妈讲。呃嗯，反正我们家的条件不好。
当时结婚，女孩的妈妈说（彩礼的事情）。呃嗯，反正我们家的条件不好。

我讲要彩礼嘞，就冇得，我讲我们家确确实实冇得，
我说要彩礼呢，就没有，我说我们家确确实实没有，

我们唯一的就是一栋屋得那里，现金冇得，房子还是有。
我们唯一的（财产）就是（有）一栋房子在那里，现金没有，房子还是有。

我讲反正箇个家你自己看着办。
我说反正这个家你自己看着办。

我讲，反正就是讲，随你跟哪位女孩谈爱，
我说，反正就是说，随你跟哪位女孩谈恋爱，

我一进屋就讲，我就讲，我又不隐瞒，我们家里条件只箇样子，对不对？
我（见女孩）一进门就说，我就说，我又不隐瞒，我们家条件就这样，对不对？

我就讲："妹坨哎，我们家的条件不好。"
我就说："姑娘啊，我们家的条件不好。"

我讲："你跟我屋里崽谈恋爱，呃，你觉得在我们家里能够承受得了，
我说："你跟我儿子谈恋爱，呃，你觉得在我们家里能够承受得了，

你就继续跟他谈，承受不了，就不要谈。"
你就继续跟他谈，承受不了，就不要谈。"

我讲："你又可以带你爸爸妈妈到我们家来看。
我说："你还可以带你爸爸妈妈到我们家来看。

啊，就条件就是只只箇样范[①]。”
啊，然后条件就只这样。”

我讲他爸爸已经死了，就是箇样子，只有一只娘。
我说他爸爸已经死了，就这样，只有一个娘。

我娘嘞 331 嘞十多年冇发工资。
（让儿子告诉女友）我娘呢（在）331（厂工作）呢十多年没发工资。

我讲后面搞买断的时候，才安排得我们。
我说后来搞买断的时候，才安排了我们。

我嘞正好可以歇保，歇保嘞就是讲拿歇保啰，
我呢正好（自己）可以停保，停保呢就是说拿停保（类）社保呢，

就是讲不交钱，就给你买五险一金，
就是说不交钱，只给你买五险一金，

但是嘞你[②]吃饭的钱都冇得，那就在外面去打工。
但是呢吃饭的钱都没有，那就（得）到外面去打工。

它反正就是给你把五险一金把它买咖，
它反正就（只）替你把五险一金把它买了，

自己箇一份嘞，就到得后面歇保的时候就，它就扣咖你的了，
自己这一份（工资）呢，然后到了后来停保的时候就，它就扣掉你的了，

我本来是拿六七万块钱，扣咖回来，
我本来是拿六七万块钱（的），扣除下来，

① 句首的“就然后”为话语标记，主要功能是延续话题；“就是就”为副词；两个“只”的音义有别，前一个“只[tsɿ²⁴]只”是唯一性范围副词；后一个“只[tsɑ²⁴]个”是通用个体量词，相当于普通话的“个”，“只只箇样范”直译为“只个这样”。

② “你[li⁴¹]”为交互主观化话语标记。

把五险一金扣咖，只拿得三万多块钱回来哒。
把五险一金扣除，只拿了三万多块钱回来了。

空咖五年以后我才退得休吧，就跍到外头打工，
隔了五年以后我才退了休吧，就在外面打工，

打工打咖十多年哎，也比较辛苦哎。
打工打了十多年呢，也比较辛苦呢。

我跟那个房地产有时候做推销，一做做①熟哒，
我有时候给那个房地产做推销，一做就做熟了，

后面我又跟哒那只建筑单位，别个建房子，开那个吊车唉，
后来我又给那个建筑单位，别人建房子，开那吊车啊，

我开那个吊车，开那个吊车搞得六七千块钱一个月嘛，那时候。
我开那吊车，开那吊车能弄六七千块钱一个月嘛，那时候。

我就是箇样养活小孩的嘛。
我就是这样养活小孩的嘛。

所以我屋里的崽伢子比较孝顺我，因为嘞我带他也不容易嘛。
所以我的儿子比较孝顺我，因为吧我带他也不容易嘛。

他屋里的爸爸死咖去的时唧，癌症死咖，用咖所有做生意的钱，
他的爸爸死了的时候，癌症死掉，用掉所有做生意的钱，

那房子时早就起咖哒吧，那算后背那点钱全部用咖哒嘛。
那房子呢早就建好了嘛，那算后来（赚的）那点钱全部用掉了嘛。

我还买哒一块地吧，埋的吧，

---

① 两个“做[tsəɯ⁴⁵]”之间存在明显的语音停顿，其间隐含副词“就[tɕiəɯ²¹]”。

我还买了一块地嘛，土葬的嘛，

我怕它长草，我把大理石做咖哒嘛。
我怕它长草，我用大理石铺了嘛。

那时候小孩还不大嗽，我就全部把①大理石做哒，
那时候小孩还不大呗，我就全部用大理石铺了，

你要是不去扫墓它不得长草嗽，就。
你要是不去扫墓它不会长草呗，就。

因为他死，他也比较作孽啵，跍得②外头做咖箇么久的生意，
因为他死（了），他也比较可怜不是，在外面做了这么久的生意，

你不可能去给③他烧咖不是，我就是埋的吧。
你不可能去把他烧掉不是，我就是土葬的嘛。

所以把只经济条件就把它搞死哒啵。
所以把个经济条件就把它搞差了不是。

所以后面小孩结婚唉，各方面就差些吧，冇~钱嗽。
所以后来小孩结婚啊，各方面就差些嘛，没有钱呗。

反正箇④就是冇~钱，箇不，妹子屋里反正条件也不讲。
反正就是没有钱，这不，反正姑娘家里条件也不谈。

看中得我屋里崽，不就结咖婚啰。生哒两个小孩唉。
（姑娘）看中了我儿子，何不就结了婚呢。（现在）生了两个小孩啊。

---

① “把[pɑ^{41}]用”为工具介词。

② “跍得[ku^{13}tei$^{·33}$]在”是处所介词，也说“跍到[ku^{13}tɑu^{45}]在”。另此句中的完成体貌助词“咖了”读弱化音[ə$^{·33}$]，原本读[kA$^{·33}$]。

③ “给[kei^{41}]”是处置介词。

④ “箇[ko^{24}]”是话题标记。

就是，反正就是，箇家里就是箇慢慢的是箇过唉，一天天是箇①过。

就是，反正就是，家里就这样慢慢地这样过啊，一天天这样过。

后面是，反正我也苦唉，我也冇请保姆，

后来，反正我也苦啊，我也没请保姆，

但是因为箇只小孩嘅，我也晓得请得箇保姆带嘅也不好。

但是因为这个小孩吧，我也知道请了那保姆带吧也不好。

后面我不就是讲，既然我已经苦，

后来我不就说，既然我已经苦（惯了），

我也本来就是苦过来的人，是唲，啊，苦过来的嘞，带哒箇只小孩嘞，

我也本来就是苦过来的人，是吧，啊（是吧），苦过来的呢，带着这个小孩呢，

就也比较苦嘞，我也还是坚持得住啰。我讲我一个人搞唲，就。

然后也比较苦呢，我也还是能坚持住吧。我说我一个人弄吧，然后。

后面找得个，也帮我一点忙嘛，

后来找了个（丈夫），也帮我一点忙嘛，

后面找的箇个，他也帮我不少忙，

后来找的这个，他也帮我不少忙，

他现在还没退休唲，他一休息就也帮我带唉。

他现在还没退休吧，他一休息就也帮我带呢。

反正就是箇么过唲，日子要过下去嘛，

反正就这么过吧，日子要过下去嘛，

① 此句的三个“是箇[sɿ²¹ko²⁴]这样”都是代词。另“家里”前的“箇[ko²⁴]”是话题标记。

它冇得钱也要过，有钱要过唉，就日子唉！
它没有钱也要过，有钱要过啊，（这）就是日子啊！

（四）自强之路

讲述人：黄熙涵

大家好，我叫黄熙涵，我是株洲人，祖屋现在在株洲市芦淞区徐家桥。
大家好，我叫黄熙涵，我是株洲人，祖屋现在在株洲市芦淞区徐家桥。

但是嘞因为株洲经历哒那个“文化大革命”之后，
但是呢因为株洲经历了那“文化大革命”之后，

我们箇一代人，株洲的老街、老风貌、风土人情，
我们这一代人，对株洲的老街、老风貌、风土人情，

我们嘞现在接触得越来越少，特别是，呃，因为父亲嘞后面的工作原因，
我们呢现在接触得越来越少，特别是，呃，因为父亲呢后来的工作原因，

等于我嘞，在徐家桥嘞，也不是徐家桥生的，
等于我呢，在徐家桥呢，也不是在徐家桥出生的，

就也不是在徐家桥长大的，也冇在那里生活过一天。
然后也不是在徐家桥长大的，也没在那里生活过一天。

后面嘞因为父亲的工作原因的话嘞，我们住的是单位的宿舍。
后来呢因为父亲的工作原因的话呢，我们住的是单位的宿舍。

我今天嘞跟大家只能讲的就是，
我今天呢跟大家只能说的就是，

讲我所经历过的株洲的到今天为止的一些变化，

讲我所经历过的株洲的到今天为止的一些变化，

所以我只能是，而且还是我所了解到的一些变化。
所以我只能是，而且还是（只能说）我所了解到的一些变化。

像我细时候，是读书的时候，
像我小时候，是读书的时候，

呃，还冇得像现在交通箇么发达，交通箇么便利，当时株洲只有一桥。
呃，还没有像现在交通这么发达，交通这么便利，当时株洲只有一桥。

然后嘞，我幼儿园是在机关幼儿园，
然后呢，我（上的）幼儿园是在机关幼儿园，

也就是在现在的老妇幼的后面，现在听说好像也已经搬迁了。
也就是在现在的老妇幼（医院）的后面，好像听说现在也已经搬迁了。

后面就因为小学是在株洲市何家坳小学，
后来就因为小学是在株洲市何家坳小学（读书），

但是住嘞，我是住得现在的平和堂对面。
但是住呢，我是住在现在的平和堂对面。

现在的平和堂之前是粮食局的大米厂，
现在的平和堂之前是粮食局的大米厂，

后面嘞就因为大米厂拆迁之后嘞，然后改为现在的平和堂。
后来呢就因为大米厂拆迁之后呢，然后改为现在的平和堂。

后面我再读小学的时候，后面九八年我就已经搬到了株洲市天元区。
后来我再（继续）读小学的时候，后来九八年我就已经搬到了株洲市天元区。

当时才刚搬到天元区来的时候，天元区箇边还是农田，还是农村，

当时才搬到天元区来的时候，天元区这边还是农田，还是农村，

路嘞就只有株洲市天台路，箇一条路才通过天元区，然后就到哒泰山路，

路呢就只有株洲市天台路，（只有）这一条路才通过天元区，然后就到了泰山路，

当时是只有通过泰山小学门口箇条路，还不像现在，双向都有六车道。

当时是只有通过泰山小学门口这条路，还不像现在，双向都有六车道。

后面初中嘞我就到哒株洲外国语学校，

后来初中呢我就到了株洲外国语学校，

株洲外国语学校在 331，我在那里读书读哒一年，

株洲外国语学校在 331（厂），我在那里读书读了一年，

后背是因为寄宿，自己有很多的不习惯，

后来是因为寄宿，自己有很多的（地方）不习惯，

父母嘞就帮我还是转学，转回到天元区，离屋里也比较近，

父母呢然后还是帮我转学，转回到天元区，离家里也比较近，

在师专附中读的初中，读哒后面两年。

在师专附中读的初中，读了后来（的）两年。

然后高中嘞，我是在株洲市二中读的高中，读的三年。

然后高中呢，我是在株洲市二中读的高中，读了三年。

呃，市二中读的三年，就参加哒株洲的箇个二中的那个交响乐团。

呃，（在）市二中读的三年（期间），就参加了株洲的那个二中的那个交响乐团。

当时进二中嘞也是因为自己会打架子鼓，特招进的二中。

当时进二中呢也是因为自己会打架子鼓，特招进的二中。

后面，就毕业之后嘞，就到长沙读的书。
后来，然后（高中）毕业之后呢，就到长沙读书。

呃，我的深刻的一些经历，细时候因为是住得芦淞区，
呃，我的一些深刻的经历，小时候因为是住在芦淞区，

所以就，从小学放学之后嘞，就习惯性的，
所以就，从小学放学之后呢，就习惯性地，

唉，跟父母要求，因为我想要跟同学一起走路回来。
啊，向父母要求（不要接），因为我想跟同学一起走路回来。

当时发现株洲的箇个唉治安也比较好，也不像现在箇些人贩子，
当时发现株洲的这个啊治安也比较好，也不像现在（有）这些人贩子，

父母嘞肯定会有些担心，但是嘞也不像现在箇种，
父母呢肯定会有些担心，但是呢也不像现在这种（有人贩子的情况），

因为车也少些嘞，就人也少些。
因为（那时候）车也少一些呢，然后人也少一些。

然后就，呃，在小学的时候就，
然后就是，呃，在小学的时候就（学架子鼓），

第一次是四年级的时候接触到的架子鼓，就从那个时候开始嘞，就，
第一次是四年级的时候接触到了架子鼓，就从那个时候开始呢，就，

父亲就给我找哒架子鼓老师，就开始学打鼓。
父亲就给我找了架子鼓老师，就开始学打鼓。

每天放咖学之后嘞，要求的嘞是，要求我先回来先打两个小时鼓，
每天放了学之后呢，要求的呢是，要求我回家（后）先打两个小时（的）鼓，

然后再吃饭，所以在院子里面玩的时间嘞也不是很长。

然后再吃饭，所以在院子里玩的时间呢也不是很长。

然后，两千年的时候嘞，
然后，两千年（二〇〇〇年）的时候呢，

就我妈妈嘞在大联院内嘞，就开哒，嗯，一个汽车修理厂。
然后我妈妈呢在大联院内呢，就开了，嗯，一个汽车修理厂。

当时唉在株洲嘞上规模的汽车修理行业，
当时啊在株洲呢上规模的汽车修理行业（里），

我妈妈嘞她也是，唉，箇只行业里面嘞第一个女性，
我妈妈呢她也是，啊，这个行业里呢第一个女性，

所以呀很多人都比较佩服她。
所以呀很多人都比较佩服她。

当时厂里面的规模嘞是有四十个员工，六台起重机，一个烤箱。
当时厂里的规模呢是有四十个员工，六台起重机，一个烤箱。

嗯，然后我等于小时候嘞，就是在汽车修理厂，呃，待过几年，
嗯，然后我小时候等于呢，就在汽车修理厂，呃，待过几年，

后面是因为读中学得嘞，母亲的意思就是讲，不想荒废哒细伢子读书，
后来是因为读中学了呢，母亲的意思就是说，不想荒废了小孩子的学习，

所以嘞把修理厂嘞就关门。
所以呢把修理厂呢就关门（了）。

然后就，我的爸爸是之前在邮政局的转运班上工作，
然后就是，我的爸爸以前是在邮政局的转运班上工作，

后面九三年嘞，就调入到，呃，税务局。
后来九三年呢，就调到，呃，税务局。

在九三年之前嘞，我细时候嘞有印象就是，
在九三年之前呢，我小时候呢有印象就是，

嗯，转运班在现在的株洲火车站的旁边，
嗯，转运班在现在的株洲火车站的旁边，

当时细时候最兴奋的，也就是爸爸上班的时候能够带我去看下火车，
当时小时候最兴奋的，也就是爸爸上班的时候能够带我去看一下火车，

因为当时细伢子对火车还是比较好奇。
因为当时小孩子对火车还是比较好奇。

后背九三年之后嘞，就父亲因为工作原因调到哒税务局，
后来九三年之后呢，然后父亲因为工作原因调到了税务局，

调到税务局之后，我们也跟哒从邮政的宿舍嘞就搬到了税务局宿舍。
调到税务局之后，我们也跟着从邮政的宿舍呢就搬到了税务局宿舍。

当时是在九几年的时候嘞，第一次接触到自己屋里的汽车。
当时是在九几年的时候呢，第一次接触到自己家里的汽车。

当时可能嘞，你像细伢子小朋友嘞，都对箇些①汽车会比较感兴趣，
当时可能呢，像小孩子小朋友呢，都对那汽车会比较感兴趣，

在我读高中十六岁的时候嘞，是自己嘞，
在我十六岁读高中的时候呢，是（我）自己呢，

呃，偷偷的把父亲的车钥匙偷出来，
呃，偷偷地把父亲的车钥匙偷出来，

自己开车嘞，在株洲嘞开咖一通晚。

① “箇些[kei^{24}çiɛ^{33}]”为话题标记。

自己开车呢，在株洲呢开了一个通宵。

当时嘞，呃，还从自家屋里车库出来的时候嘞，
当时呢，呃，还从自己家里车库出来的时候呢，

就把车撞咖哒，当时父亲不晓得，
就把车撞了，当时父亲不知道，

后面也是第二天发现：“哎？昨天晚上回去车还是蛮好的，
后来也是第二天（才）发现：“哎？昨天晚上回去（时）车还是挺好的，

第二天回来我箇只车的反光镜都冇看到哒。”
第二天回来我这个车的反光镜都没看到了。”

但是父亲嘞也冇生气，也冇发脾气，也只是跟我讲：
但是父亲呢也没生气，也没发脾气，也只是跟我说：

“你冇得驾驶证，而且是未成年，
“你没有驾驶证，而且是未成年，

尔把车开出去，尔撞到车都不要紧唻，尔哪何时撞到人，何得完唉？”
你把车开出去，你撞到车都不要紧啊，你啊（要是）什么时候撞了人，
怎么得了啊？”

所以是自从那次以后嘞，就再也不敢碰车。
所以自从那次以后呢，就再也不敢碰车（了）。

硬是到了十八岁高中毕业之后，第一件事是先去把驾驶证考好。
硬是到了十八岁高中毕业之后，第一件事是先去把驾驶证考好。

当我考咖驾驶证之后，我的第一天拿咖驾驶证，
当我考完驾驶证之后，我拿了驾驶证的第一天，

上午拿的驾驶证，下午就一个人开车嘞，就跑一趟武汉。

上午拿的驾驶证，下午就一个人开车呢，然后跑（了）一趟武汉。

当时可能嘞年轻的时候嘞，呃，对箇些东西还是比较有兴趣哦。

当时可能呢年轻的时候呢，呃，对这些东西还是比较感兴趣呢。

就，呃，我的父亲后面是调入到，呃，石峰区税务局，

然后，呃，我的父亲后来调到，呃，石峰区税务局，

所以箇就是我父亲的一些经历。

所以这就是我父亲的一些经历。

然后就，嗯，我的姆妈[①]嘞她，她是后面嘞，

然后就是，嗯，我的妈妈呢她，她是后来呢，

在修理厂冇搞之后嘞，自己就是做的是贸易公司，

在修理厂没搞之后呢，自己然后做的是贸易公司，

做的一些单位企业的贸易生意。

做的（是）一些单位企业的贸易生意。

呃，我在高中毕业之后嘞，在暑假的时候嘞，

呃，我在高中毕业之后呢，在暑假的时候呢，

也跟哒在我妈妈的公司嘞实习，上过班，

也跟着在我妈妈的公司呢实习，上过班，

之后，就是在读高一的时候，就认得得我现在的堂客，

之后，就是在读高一的时候，就认识了我现在的老婆，

呃，实际上也是通过我初中同学，我们的共同的初中同学。

呃，实际上也是通过我初中同学，我们的共同的初中同学（认识的）。

① “姆妈[m̩^{41}mɑ^{33}]妈妈”中的“姆”发自成音节的[m̩^{41}]。

他和我堂客是在株洲市四中读书，
他和我老婆是在株洲市四中读书，

就后面认得之后嘞就，高中毕业就，
就是后来认识之后呢就，高中毕业就（读大学了），

我堂客她是，学的是美术，读的学校是重庆师范大学。
我老婆她是，学的是美术，读的学校是重庆师范大学。

呃，后面就在高中毕业之后嘞，大概我去过四十几趟重庆。
呃，后来就在高中毕业之后呢，我大概去过重庆四十几趟。

但是重庆去印象最深的一次是汶川地震，五月一十二号，
但是去重庆印象最深的一次是汶川地震，五月一十二号，

当时两点二十八分汶川地震的时候嘞，我正好在去重庆的飞机的空中，
当时（下午）两点二十八分汶川地震的时候呢，我正好在去重庆的空中的飞机（上），

当时飞机的意思是讲两点二十五降落，后边一直在空中盘旋，
当时飞机（广播）的意思是说两点二十五分降落，后来一直在空中盘旋，

盘旋之后，一降落，一下去以后嘞，
盘旋之后，一降落，一下去以后呢，

一出机场，我堂客就跟我讲，她讲唉：“刚才地震哒。”
一出机场，我老婆就跟我说，她说啊：“刚才地震了。”

我讲：“我箇一辈子冇碰到过地震。”
我说：“我这一辈子没遇到过地震。”

别人问我，都讲唉，“我都不蛮相信。”
人家问我，（我）都说啊，“我都不太相信。”

但是真的嘞自己嘞能够感觉得到嘞。
但是自己呢真的呢能够感觉得到呢。

当时嘞箇个啊，机场的箇些商店里面的箇些产品嘞真的都在摇。
当时呢这个啊，机场的那些商店里的那些产品呢真的都在摇晃。

但是最有点后悔的嘞，就是当时嘞冇意识到汶川地震的严重性，
但是有一点最后悔的呢，就是当时呢没意识到汶川地震的严重性，

就有点后悔嘞，就会觉得当时嘞，想进川，真正去，呃，尽自家一点力，
就有点后悔呢，就是觉得当时呢，想入川，真正去，呃，尽自己一点力，

但是自己嘞也冇得一技之长，真的要是到得汶川去哒，
但是自己呢也没有一技之长，真的要是到了汶川去了，

是不是讲，还不晓得是别个救我，还是我救别个。
是不是说，还不知道是别人救我，还是我救别人。

之后嘞，在五月十四号嘞，我们就飞机回到长沙哒，回到株洲。
之后呢，在五月十四号呢，我们就（坐）飞机回到长沙了，回到株洲。

呃，因为是再不回来的话嘞，就会出不了川，也出不了渝哒，
呃，因为再不回来的话呢，就会出不了四川，出不了重庆了，

就回不来哒，就冇得飞机哒。呃，后背我跟我堂客是在。
就回不来了，就没有飞机了。呃，后来我跟我堂客是在（一起）。

后背是一一年的时候嘞，唉，株洲嘞，我骑自行车嘞，后面就受哒伤。
后来是一一年（二〇一一年）的时候呢，啊，（在）株洲呢，我骑自行车呢，后来就受了伤。

受哒伤之后嘞，我当时是记得，我堂客她是正好毕业回株洲的当天晚上，
受了伤之后呢，我当时是记得，我老婆她是正好毕业回株洲的当天晚上，

她等于是从毕咖业回到株洲之后，还冇回去嘞，

她等于是从毕了业回到株洲之后，还没回家呢，

就到医院来，先来招呼我，搞咖上十天。

就到医院来，先来照顾我，搞了十多天。

然后就是一一年，一一年后背我伤好咖之后嘞，

然后就是一一年，一一年后来我伤好了之后呢，

我就自己开始在长沙嘞就创业，

我然后自己开始在长沙呢然后创业，

呃，我堂客就一直在株洲，但是我们生活嘞还是生活在株洲。

呃，我老婆就一直在株洲，但是我们生活呢还是生活在株洲。

我读高中的时候嘞，还有一个就是，呃，当时是在二中，

我读高中的时候呢，还有一个就是，呃，当时是在二中，

对面嘞是炎帝广场，现在已经变化成了神农城。

对面呢是炎帝广场，现在已经变成了神农城。

以前炎帝广场大是有蛮大，但是冇得现在神农城箇么漂亮。

以前的炎帝广场大是挺大，但是没有现在（的）神农城这么漂亮。

嗯，然后就感觉到哒株洲嘞当时嘞，也冇得现在神农城箇么热闹。

嗯，然后就是感觉到了株洲呢当时呢，也没有现在（的）神农城这么热闹。

嗯，后面就，后背我们就一四年在株洲嘞就结婚，

嗯，后来就是，后来我们就是一四年在株洲呢就结婚（了），

举办，在华天办的婚礼。

举办，在华天（大酒店）办的婚礼。

在一七年就生的细伢子，现在崽就两岁了。

在一七年然后生的小孩子，现在儿子呢两岁了。

然后，我就，呃，我有个堂姐，

然后，我然后，呃，我有个堂姐，

呃，一直是我们屋里嘞，呃，读书啊的一只榜样。

呃，一直是我们家里呢，呃，读书啊的一个榜样，

当时在株洲读完书之后，在一中读完初中，她就是保送到哒雅礼中学，

当时在株洲读完书之后，在一中读完初中，她就保送到了雅礼中学，

雅礼中学读完两年嘞，她就保送到哒清华。

雅礼中学读完两年呢，她就保送到了清华。

然后嘞就，我姐夫也是清华的同学，

然后呢就是，我姐夫也是（她）清华的同学，

他们两个之后嘞都在加州理工嘞读硕博，

他们两个之后呢都在（美国）加州理工（大学）呢读硕士博士，

现在他们一个是在谷歌，就一个在 Facebook。

现在他们一个是在谷歌，然后一个在 Facebook。

呃，我妹妹嘞她是在，也是跟我一个学校，

呃，我妹妹呢她是在（二中），也是跟我一个学校，

在二中，后背在西安音乐学院，

在二中，后来在西安音乐学院（读本科），

后背在意大利嘞读五年研究生，专门学美声。

后来在意大利呢读（了）五年研究生，专门学美声。

我还有一个堂老兄，现在自己开哒一个快递公司。

我还有一个堂兄，现在自己开了一个快递公司。

他每次自己都策自家，意思是讲，

他每次都开自己的玩笑，意思是说，

呃，我们爷爷之前是邮政局，唉，骑单车送信的，

呃，我们爷爷以前是邮政局，啊，骑自行车送信的，

现在他嘞接到箇一脚，也送快递唉箇些方面。

现在他呢继承了这一职业，也（做）送快递啊这方面（的事情）。

箇是我屋里一些，嗯，亲戚唉朋友的一些基本情况。

这是我家里一些，嗯，亲戚啊朋友的一些基本情况。

然后嘞，当时是在零几年的时候，

然后呢，当时是在零几年的时候，

在零几年的时候嘞就参加哒箇只架子鼓的等级考试，

在零几年的时候嘞（我）就参加了这个架子鼓的等级考试，

军鼓跟架子鼓嘞，都是过的十级。但是当时父亲对我的要求嘞，

军鼓和架子鼓呢，都是过的十级。但是当时父亲对我的要求呢，

也冇想过要我嘞去从事箇一个专业的路线，只是把它当做一只爱好。

也没想过要我呢去从事这一个专业的（发展）路线，只是把它当作一个爱好。

后背读完大学，箇只架子鼓嘞就后面就冇打哒，

后来读完大学，这个架子鼓呢就是后来就没打了，

只是讲在平时休息的时候嘞，可能当做一只业余爱好。

只是说在平时休息的时候呢，可能当做一个业余爱好。

我屋里教育我嘞，教育方式嘞是，

我家里教育我呢，教育方式呢是，

宁愿让我在未成年之前嘞多受一些挫折，
宁愿让我在未成年之前呢多受一些挫折，

以便我嘞在三十岁进入社会之后嘞，经历太多箇种挫折。
以便我呢在三十岁进入社会之后呢，（能）经历很多这种挫折。

所以我给我自家的箇只，送我自家的一句话就是：
所以我给我自己的这个，送（给）我自己的一句话就是：

“人在挫折中成长，在成长中坚强。”
“人在挫折中成长，在成长中坚强。”

感觉到自家现在也喊①上有老下有小，呃，不管遇到多么大的事情嘞，
感觉到自己现在也是上有老下有小（的人），呃，不管遇到多么大的事情呢，

也都是非常坚强，心态也是非常好。
也都非常坚强，心态也非常好。

呃，我不晓得今天嘞，要来录箇只视频，
呃，我不知道今天呢，要来录这个视频，

虽然讲现在我还不晓得会要录好久，
虽然说现在我还不知道将要录多久，

嗯，所以嘞我反正嘞尽我自家的能力把株洲嘞，
嗯，所以呢我反正呢尽我自己的能力把株洲呢，

能够有所改变的地方嘞能够讲出来。

① “喊[$xã^{41}$]是”具有替代系词功能。

能够有所改变的地方呢能够说出来。

唉，以前嘞株洲是喊，那里有个奔龙公园，现在喊神农公园。

啊，以前呢株洲是叫，那里有个奔龙公园，现在叫神农公园。

中心广场啊，原先是一只那种喷泉样的圆转盘，

中心广场啊，原先是（有）一个那种喷泉样的圆转盘，

转盘后背拆咖以后嘞，就变咖现在的箇只十字路口，中心广场。

转盘后来拆了以后呢，就变成现在的这个十字路口，（就是）中心广场。

感觉现在中心广场唯一还能够留下原先的一些记忆的，

感觉现在（的）中心广场唯一还能够留下原先的一些记忆的，

就是那只“马踏飞燕”还留得那里，还冇拆，在一桥头。

就是那个“马踏飞燕”（雕像）还留在那里，还没拆，在一桥头。

呃，像芦淞区在徐家桥那一块嘞，因为冇生活过，

呃，像芦淞区在徐家桥那一带呢，因为没生活过，

所以嘞，就是只是在那里，平时嘞，可能在那里偶尔的过生唻，

所以呢，就只是在那里，平时呢，可能在那里偶尔地过生日啊，

可能在那里吃饭唉，或者么子的，

可能在那里吃饭啊，或者什么的，

就会偶尔的看下那，我们自己那栋祖屋。

就会偶尔地看看那，我们自家那栋祖屋。

现在那里面祖屋嘞，就，呃，因为住着环境也非常差，

现在那里头（的）祖屋呢，就，呃，因为住着环境也非常差，

所以那套屋子嘞现在嘞也是租咖哒。

所以那套房子呢现在呢也租了。

呃，现在目前嘞来讲，我们屋里嘞也冇得人住得那里哒。

呃，现在目前呢来说，我们家里呢也没有人住在那里了。

当时，呃，是在两千年的时候嘞，好像后面嘞又重新改建哒。

当时，呃，是在两千年（二〇〇〇年）的时候呢，好像后来呢又重新改建了。

在以前的那种老式的房子，然后被砌成哒四层楼的房子。

在以前的那种老式的房子（地基上），然后被砌成了四层楼的房子。

后背就天元区箇边嘞，以前的工业大学嘞，

后来就是天元区这边呢，以前的工业大学呢，

呃，箇边好像还都是农村。

呃，这边好像还都是农村。

当时在二中读书的时候嘞，到哒明月湖箇里嘞，

当时在二中读书的时候呢，到了明月湖这里呢，

箇只路——泰山西路就冇得了，打止哒。

这条路——泰山西路就没有了，到此为止了。

然后就是感觉到株洲嘞，特别是近十年来的变化嘞就越来越大，

然后就是感觉到株洲呢，特别是近十年来的变化呢是越来越大，

人均消费水平越来越高，感觉株洲的箇种商业综合体也越来也多。

人均消费水平越来越高，感觉株洲的这种商业综合体也越来越多。

以前好像大家要消费，像要唱歌好像是西路，

以前好像大家要消费，像要唱歌好像是（在七一）西路，

唉，购物就在中心广场的株洲百货大楼。

啊，购物就在中心广场的株洲百货大楼。

你像现在的话嘞 KTV 好像全城每个地方都会有，
像现在的话呢 KTV 好像全城每个地方都会有，

不一定硬要到固定的垱上，一定要到西路，
不一定硬要到固定的地方，一定要去（七一）西路，

然后，就购物的话，天元区每个地方都有自家的商场，包括商业综合体。
然后，就购物的话，天元区每个地方都有自己的商场，包括商业综合体。

我们读书的时候，周末最喜欢大家聚到一起坐哒聊天的地方嘞，
我们读书的时候，周末大家最喜欢聚在一起坐着聊天的地方呢，

是在体育路那里那只茶仙坊，
是在体育路那里那个茶仙坊，

当时各个学校里面的学生都是在周末的时候，大家都喜欢聚到那里，
当时各个学校里的学生都是在周末的时候，大家都喜欢聚在那里，

在二中的咻，四中的，八中的，不同学校里的都聚到那里，
在二中的啊，四中的，八中的，不同学校里的（学生）都聚在那里，

一起在那里唉喝茶哪聊天。
一起在那里啊喝茶哪聊天。

后背在我们高中毕业之后，那个地方嘞在体育路那里，好像也拆咖哒。
后来在我们高中毕业之后，那个地方呢在体育路那里，好像也拆掉了。

然后现在的第二中学嘞，现在也改建为哒株洲市建宁中学，
然后现在的第二中学（的地盘）呢，现在也改建成了株洲市建宁中学，

二中也搬迁到了武广西站。
二中也搬迁到了武广西站。

所以我们以前读书的那些记忆嘞，就越来越淡，越来越浅。

所以我们以前读书的那些记忆呢，就越来越淡，越来越浅。

像我还有些同学，唉，他们现在嘞基本上在外地读咖书唉，
像我还有些同学，啊，他们现在呢基本上在外地读了书啊，

箇方方面面，不管是在美国的英国的，包括在北京读书的，
这方方面面，不管是在美国的英国的，包括在北京读书的，

很多同学嘞基本上嘞都愿意回到株洲。
很多同学呢基本上呢都愿意回到株洲。

觉得自家是土生土长的株洲人，所以还是愿意回到株洲，
觉得自己是土生土长的株洲人，所以还是愿意回到株洲，

呃，不管是在外地嘞混得好或者不好，反正都愿意回到株洲，
呃，不管是在外地呢混得好或者不好，反正都愿意回到株洲，

在株洲尽自家的一点绵薄之力，为株洲的发展尽点自家的心。
在株洲尽自己的一点绵薄之力，为株洲的发展尽点自己的心。

然后就在我的一些同学朋友肚里嘞，我的生活圈，交往起来嘞，
然后就在我的一些同学朋友里呢，我的生活圈中，交往起来呢，

不管箇个人屋里，呃，家庭背景怎么样，
（我是）不管这个人家里，呃，家庭背景怎么样，

也不管箇只人自己的能力有多么大，
也不管这个人自己的能力有多大，

我都不在乎，首先箇个人，首先是要孝顺，人要好，
我都不在乎，首先这个人，首先是要孝顺，人要好，

所以我感觉我的朋友圈嘞，目前来看嘞，正能量嘞还是满满的。
所以我感觉我的朋友圈呢，目前来看呢，正能量呢还是满满的。

大家如果是讲，朋友兄弟肚里嘞有么子事情嘞，能帮的嘞，
大家如果说，朋友兄弟当中呢有什么事情呢，能帮的呢，

那大家都会齐心协力的帮忙。
那大家都会齐心协力地帮忙。

呃，慢慢慢慢的感觉自家嘞箇么多年过来啰，
呃，慢慢（地）慢慢地觉得自己呢这么多年过来吧，

很多同学一路走过来，想当年我们自己都是小朋友，都是学生，
很多同学一路走过来，想当年我们自己都是小朋友，都是学生，

看到大家都是成家立业在株洲，买房成家，
看到大家都是在株洲成家立业，买房成家，

一步一步的过来，感觉我们箇只圈子嘞也越来越成熟。
一步一步地（走）过来，感觉我们这个圈子呢也越来越成熟。

呃，后面嘞就在创业的过程当中嘞肯定也经历了很多的挫折，
呃，后来呢就在创业的过程当中呢肯定也经历了很多的挫折，

但是嘞箇些东西，有些话嘞，
但是呢这些事情，有些话呢，

是自己闷到心里，也不愿意向别个讲。
是自己憋在心里，也不愿意向别人说。

只是讲在创业的道路当中嘞，肯定冇得那么一帆风顺。
只是说在创业的道路之中呢，肯定没有那么一帆风顺。

我堂客她现在嘞，也是在广铁集团的文化广告总公司，
我老婆她现在呢，也是在广铁集团的文化广告总公司（工作），

呃，负责的嘞是广铁局旗下的箇个高铁的广告。

呃，负责的呢是广铁局(集团）旗下的那高铁的广告。

她们的工作嘞也是比较辛苦，
她们的工作呢也比较辛苦，

所以我的细伢子嘞现在是给哒外公外婆带，
所以我的小孩子呢现在是给了外公外婆带，

我们夫妻能够争取嘞，是晚上能够自己带崽，带细伢子，
我们夫妻能够争取呢，是晚上能够自己带儿子，带小孩子，

然后周末嘞多陪伴他。
然后周末呢多陪伴他。

呃，因为自己感觉小朋友还是要父母的陪伴，
呃，因为（我们）自己觉得小朋友还是要父母的陪伴，

会比爷爷奶奶外公外婆带嘞会要好一些，因为他们都太溺爱他哒。
会比爷爷奶奶外公外婆带呢会要好一些，因为他们都太溺爱他了。

所以我们讲，特别是我教育我崽，是么子嘞，
所以我们说，特别是我教育我儿子，是什么呢，

呃，该硬的就硬，该骂的要骂，不能对细伢子太溺爱。
呃，该硬的就硬，该骂的要骂，不能对小孩子太溺爱。

但是嘞，在教育的过程当中嘞，
但是呢，在教育的过程当中呢，

肯定会有一些像长辈啦，外公外婆啦，他们就会不高兴。
肯定会有一些像长辈啦，外公外婆啦，他们就会（因我打骂小孩子而）不高兴。

然后就，在今天嘞，我给自家做一个简单的介绍。

然后就是，在今天呢，我给自己做一个简单的介绍。

然后就，呃，你像我有一些同学，

然后就是，呃，像我有一些同学，

在长沙读书的时候的一些同学，他人是怀化的，

在长沙读书的时候的一些同学，他本人是怀化的，

呃，我就比较欣赏跟佩服他，他嘞也比较羡慕我。

呃，我就比较欣赏和佩服他，他呢也比较羡慕我。

因为他觉得我们屋里条件好一点，我就可以少奋斗好多年，

因为他觉得我家里条件好一些，我就可以少奋斗很多年，

他觉得他不管是奋斗十年二十年，

他觉得他不管是奋斗十年二十年，

可能还只是刚刚奋斗到我屋里现在的箇只家庭条件。

可能还只是刚刚奋斗到我家里现在的这个家庭条件。

但是他并冇想到我，唉，也比较羡慕他，

但是他并没想到我，啊，也比较羡慕他，

因为他只要稍微一点努力，他对于他屋里来讲，

因为他只要稍微（做出）一点努力，他对他家里来说，

就是进一大步，就会有改变。

就是前进一大步，就会有改变。

有可能像我，可能不管付出多么大的努力，

有可能像我，可能不管付出多么大的努力，

可能屋里都冇得太多的感觉。

可能家里都没有太多的感觉。

所以现在我们箇一代人，在三十岁哒也在不断的努力，
所以现在我们这一代人，在三十岁了也在不断地努力，

也希望为屋里能够带来稍微一点点改变，
也希望能够为家里稍微带来一点点改变，

也希望我的下一代，也能够过上比较舒适的生活。
也希望我的下一代，也能够过上比较舒适的生活。

（五）惬意人生

讲述人：张阳

大家好，我叫张阳，是株洲土生土长的株洲妹坨，今年三十岁了。
大家好，我叫张阳，是株洲土生土长的株洲女孩，今年三十岁了。

嗯，我是株洲妇幼保健院出生的。
嗯，我是（在）株洲妇幼保健院出生的。

那时候我自己看到了自己的那个出生证，出生证是一张纸，
那时候我自己看到了自己的那个出生证，出生证是一张纸，

纸上面写的，是由妇幼保健院某个医生接生的。
纸上写的，是由妇幼保健院某个医生接生的。

嗯，现在的出生证是一个绿色的本本，我觉得非常的不一样。
嗯，现在的出生证是一个绿色的本子，我觉得非常地不一样。

嗯，出生了以后，我是跟爸爸妈妈住在织布厂那一块子，
嗯，出生了以后，我是跟爸爸妈妈住在织布厂那一片，

那时候爸爸妈妈是在上班。嗯，我小时候，爸爸妈妈由于要上班的话，
那时候爸爸妈妈是在上班。嗯，我小时候，爸爸妈妈由于要上班的话，

他就请了一个保姆带着我长大。后面到了上幼儿园的年纪，
他就请了一个保姆带着我长大。后来到了上幼儿园的年纪，

也就在爸爸妈妈厂里面的幼儿园上学，上幼儿园。
也就在爸爸妈妈厂里的幼儿园上学，上幼儿园。

那个时候上幼儿园还蛮好玩的。
那个时候上幼儿园还挺好玩的。

小朋友都是爸爸妈妈同事，都玩得特别好。
小朋友都是爸爸妈妈同事（的孩子），都玩得特别好。

然后，后面就是也是上了同一个小学，小学是株董路小学。
然后，后来也就上了同一个小学，小学是株董路小学。

株董路小学是在芦淞区，芦淞区那个徐家桥附近，
株董路小学是在芦淞区，芦淞区那徐家桥附近，

小学一年级到三年级的上半个学期，都是在那里上的。
小学一年级到三年级的上半个学期，都是在那里上的。

嗯，那时候上小学的时候，都是自家脖子上挂一串钥匙，
嗯，那时候上小学的时候，都是（在）自己脖子上挂一串钥匙，

然后放学了，就自己带哒钥匙自己开门，回去做作业，
然后放学了，然后自己带着钥匙自己开门，回去做作业，

还蛮好玩的，跟现在细伢子完全不一样。
还挺好玩的，跟现在（的）小孩子完全不一样。

那时候，小学的时候根本就冇得什么培训班呀，
那时候，小学的时候根本就没有什么培训班呀，

特长班呀，兴趣班好像都冇得。

特长班呀，兴趣班好像都没有。

嗯，到了三年级下半个学期以后，就转到了河西的泰山小学，

嗯，到了三年级下半个学期以后，就转到了河西的泰山小学，

泰山小学跟河东的小学就完全不一样。

泰山小学跟河东的小学就完全不一样。

那时候我刚进泰山小学的时候，

那时候我刚进泰山小学的时候，

好，我就记得我是，嗯，上了几天，然后就满头的虱婆子回去了。

好，我然后记得我是，嗯，上了几天，然后就是（弄得）满头的虱子回家了。

我妈妈就急死哒，然后带哒我到理发店去烫头发了。

我妈妈然后急死了，然后带着我到理发店去烫头发了。

要把头上的那个虱婆子给烫掉，烫死才行。

要把头上的那虱子给烫掉，烫死才行。

啊，那时候一个月要烫个一两次头发，

啊，那时候一个月要烫个一两次头发，

啊，连哒烫咖几个月以后，才不长那个东西的。

啊，连着烫了几个月以后，才不（会）长那东西。

妈妈那时讲是别的小朋友头上有，才传给我的。

妈妈那时说是别的小朋友头上有（虱子），才传给我的。

因为那时候班上，河西的班上的小朋友，有女同学的头发比较长。

因为那时候班上，河西的班上的小朋友，有（些）女同学的头发比较长。

所以我妈妈讲，唉，她们洗头发洗得比较少，所以才会长箇个东西。

所以我妈妈说，啊，她们洗头发洗得比较少，所以才会长这个东西。

后面好像大家都比较注意卫生了以后就冇得哒。

后来好像大家都比较注意卫生了以后就没有了。

嗯，当时的河东跟河西差别还是蛮大的，河东比较像城市的感觉，

嗯，当时的河东和河西差别还是挺大的，河东比较像城市的感觉，

从来冇得什么，唉，给人感觉不干净唉，个人卫生不好。

从来没有什么，啊，给人感觉不干净啊，个人卫生不好。

河西还是比较有点城郊的感觉，还是完全不一样。

河西还是比较有点城郊的感觉，还是完全不一样。

但是随着时间的慢慢过去，后面还是很好了。

但是随着时间的慢慢（地）过去，后来还是（变得）很好了。

然后到现在河西跟河东完全就是，差不多，都发展得蛮好的。

然后到现在河西跟河东完全是，差不多（了），都发展得挺好的。

到了泰山小学以后，然后我们班主任老师要求我报一个特长班，

到了泰山小学以后，然后我们班主任老师要求我报一个特长班，

每个周末会要到学校去上。

每个周末会要到学校去上（课）。

当时报的是一个西洋乐器，叫长笛，那时候还比较另类。

当时报的是一个西洋乐器，叫长笛，那时候还比较另类。

因为那个长笛当时就要八百多块钱还是九百，将近九百的样子。

因为那长笛当时就要八百多块钱还是九百，将近九百左右。

班上然后还有其他班上的学萨克斯呀，小号呀，长号箇些，

（培训）班上然后还有其他班上的学萨克斯呀，小号呀，长号之类，

我们就组成了一个乐队。

我们就组成了一个乐队。

嗯，因为那时候河西普遍收入可能冇得那么高，

嗯，因为那时候河西普遍收入可能没有那么高，

当时报的人并不多，但是还是可以成立一个乐队。

当时报的人并不多，但是还是可以成立一个乐队。

那时候学校一有重大的活动的时候，都是我们上台表演节目。

那时候学校一有重大的活动的时候，都是我们上台表演节目。

嗯，那时候小朋友都好小的，但是学得也还都蛮认真的，

嗯，那时候小朋友都很小的，但是学得也都还挺认真的，

可以吹很多很多的那种，嗯，比较喜庆的歌曲，

可以吹很多很多的那种，嗯，比较喜庆的歌曲，

然后有好多家长下面看到还蛮开心的。

然后有很多家长（在）下面看到（时）还挺开心的。

到了后面，后面上初中以后就冇学了，

到了后来，后来上初中以后就没学了，

那时候学校好像也冇得学箇个的。

那时候学校好像也没有学这个的。

在外面好像也冇得班报，然后箇个特长就箇样，

在校外好像也没有班（可以）报，然后这个特长就这样，

慢慢的就忘记哒，现在也不会吹了。

慢慢地就忘记了，现在也不会吹了。

嗯，小学毕业以后就选择到了二中，

嗯，小学毕业以后就选择到了二中，

当时二中还是在炎帝广场箇里，现在已经搬走了。

当时二中还是在炎帝广场这里，现在已经搬走了。

那时候的二中有得现在的箇么大，比较小。

那时候的二中没有现在的这么大，比较小。

嗯，那时候老师，我记得班主任是姓陈，男士，

嗯，那时候老师，我记得班主任是姓陈，男士，

陈老师是我们的班主任，教数学。

陈老师是我们的班主任，教数学。

刚进二中的时候，嗯，我觉得，因为比小学开始长大了以后，

刚进二中的时候，嗯，我觉得，因为比小学开始长大了以后，

进到初一以后，跟小学就完全不一样。

进入初一以后，跟小学就完全不一样（了）。

初中的同学就比较喜欢攀比哒，因为来自各个地方，

初中的同学就比较喜欢攀比了，因为来自各个地方，

嗯，那时候也有跟爸爸妈妈住一起了，

嗯，那时候也没跟爸爸妈妈住（在）一起了，

所以就，成绩就慢慢的下降，一直在中间徘徊。

所以就是，成绩然后慢慢地下降，一直在中档徘徊。

嗯，初中印象并有得特别深的，但是有几个发小玩得比较好，

嗯，初中印象并没有特别深的（事情），但是有几个发小玩得比较好，

嗯，因为我们都住在一起。

嗯，因为我们都住在一起。

但是发小，后面因为自己都分开了以后，

但是发小，后来因为自己（和她们）都分开了以后，

也有怎么联系，但是现在微信还是有。

也没怎么联系，但是现在微信还是有。

初中毕业以后，因为自己的原因，

初中毕业以后，因为自己的原因，

后面就选择了职高，选择了工业大学。

后来就选择了职高，选择了（湖南）工业大学。

在工业大学的五年，我觉得是非常快乐的。

在工业大学的五年，我觉得是非常快乐的。

因为那时候在学校寄宿，认识了非常多的朋友，

因为那时候在学校寄宿，认识了非常多的朋友，

嗯，有几个特别好的，现在还一直在保持联系，

嗯，有几个特别好的，现在还一直在保持联系，

经常约得一起，现在是非常好的闺蜜。

经常约在一起，现在是非常好的闺蜜。

嗯，在职高的时候，工业大学的时候，

嗯，在职高的时候，工业大学的时候，

嗯，非常好玩，每一年的运动会，都是特别的有趣。

嗯，非常好玩，每一年的运动会，都是特别地有趣。

因为我们班比较特别，有一个特别的班主任，

因为我们班比较特别，有一个特别的班主任，

他是属于那种放养式的教我们。

他是属于那种放养式地教我们。

嗯，每年的运动会，我们都会想出不一样的表演节目，

嗯，每年的运动会，我们都会想出不一样的表演节目，

跟别个那种走过场的形式完全不一样。

跟别人那种走过场的形式完全不一样。

我们头一年的运动会，扮的是野人，然后吸引了全校的注意力，

我们头一年的运动会，扮的是野人，然后吸引了全校的注意力，

当时我们班已经成为了热点班级，全校讨论的话题。

当时我们班已经成为了热点班级，全校讨论的话题。

第二年我们就扮演的是将士，哦，那一次也非常的轰动。

第二年我们然后扮演的是将士，哦，那一次也非常地轰动。

嗯，寄宿还是非常好玩的，

嗯，寄宿还是非常好玩的，

因为一个房间里有八个还是十个女生去了，忘记了，我们每天热闹非凡。

因为一个房间（宿舍）里有八个还是十个女生了，忘记了，我们每天热闹非凡。

我觉得寄宿也是一种比较另类的，唉，怎么讲，比较另类的学习方式，

我觉得寄宿也是一种比较另类的，啊，怎么说，比较另类的学习方式，

可以在每个人身上学到不一样的东西。

可以在每个人身上学到不一样的东西。

现在的闺蜜群都是那个时候，在学校寄宿的同一个寝室的朋友，

现在的闺蜜群都是那个时候，在学校寄宿的同一个寝室的朋友，

然后一起长大，一起结婚，一起生崽，还蛮有味的。

然后一起长大，一起结婚，一起生孩子，还挺有趣的。

嗯，从学校毕业以后，是〇九年就开始上班，

嗯，从学校毕业以后，是〇九年就开始上班，

那时候上班的话，什么都不懂。

那时候上班的话，什么都不懂。

然后在那个九天国际里面当那个播音员，

然后在那九天国际里当那播音员，

那时候也还蛮好玩的，认识了很多的新朋友，

那时候也还挺好玩的，认识了很多的新朋友，

都是各个年龄层次的，然后每个地方都有。

都是各个年龄层次的，然后每个地方（的）都有。

嗯，九天国际比较大，那时候是一个市场，

嗯，九天国际比较大，那时候是一个市场，

嗯，好玩的地方也非常多，虽然工资不多。

嗯，好玩的地方也非常多，虽然工资不多。

嗯，上班了以后就认识了，认识了我老公，

嗯，上班了以后就认识了，认识了我老公，

认识了三年以后结的婚，然后第四年就有崽了。

认识了三年以后结的婚，然后第四年就有孩子了。

那时候结婚也有被催着买房子，被岳母娘催得买房子，才准结婚。

那时候结婚也有被催着买房子（的事情），被岳母娘催着买房子，才准结婚。

然后我们买的第一套房子在天鹅花园，

然后我们买的第一套房子在天鹅花园，

那时候也冇到处去看房子，只是别个介绍的，然后就在那里买了。

那时候也没到处去看房子，只是别人介绍的，然后就在那里买了。

当时买房子比现在要便宜很多，当时买房子三千多块，

当时买房子比现在要便宜很多，当时买房子三千多块（一个平方），

三千一百块钱一个平方买的，那时候房子只要四十万，

三千一百块钱一个平方买的，那时候房子只要四十万，

嗯，我们自己付的首付，嗯，冇问家里面要钱。

嗯，我们自己付的首付，嗯，没问家里要钱。

买完房子，第二年结的婚。

买完房子，第二年结的婚。

嗯，结婚的时候，都是自己出的钱，并没有问屋里要钱。

嗯，结婚的时候，都是自己出的钱，并没有问家里要钱。

不像现在好多小朋友，

不像现在很多小孩子，

买房子付首付要求爸爸妈妈付，买车付首付要求爸爸妈妈付。

买房子付首付要求爸爸妈妈付，买车付首付要求爸爸妈妈付。

我们那时候，我觉得我们自己还蛮厉害的。

我们那时候，我觉得我们自己还挺厉害的。

到了一二年的时候，发现了自己怀孕了以后，就冇上班了。

到了一二年（二〇一二年）的时候，发现了自己怀孕了之后，就没上班了。

嗯，因为刚开始有点先兆流产，后面就在家里休息，然后就冇上班。

嗯，因为刚开始有点先兆流产，后来就在家里休息，然后就没上班。

嗯，当时公司也有点人事变动，然后就不太有人情味，

嗯，当时公司也有点人事变动，然后就是不太有人情味，

然后就冇选择上班，在家里待产。

然后就没选择上班，在家里待产。

到了一二年十一月九号的时候，我崽就出生，

到了一二年十一月九号的时候，我儿子就出生（了），

我怀孕的过程还比较好，冇得什么特别大的反应，

我怀孕的过程还比较好，没有什么特别大的反应，

也冇得哪里不适，冇得哪里有什么问题。

也没有哪儿不舒服，没有哪儿有什么问题。

就是头三个月的时候在家里躺着，后面就都还蛮好，一直到生。

就头三个月的时候在家里躺着，后来就是都还挺好（的），一直到（孩子）出生。

嗯，生崽的时候印象还特别深。那时候是羊水破了。

嗯，生孩子的时候印象还特别深。那时候是羊水破了。

羊水破了以后就比较着急，我妈妈。

羊水破了以后就比较着急，我妈妈。

然后就去问，是不是要到医院去。

然后就去问，是不是要到医院去。

然后就，到了医院以后还冇得床位，然后还是在产后区，

然后就是，到了医院以后还没有床位，然后还是（待）在产后区，

就是别个生完毛毛以后休息的地方，在那里睡了一晚。

就是别人生完宝宝以后休息的地方，在那里睡了一晚。

然后因为到了第二天我也冇得反应，然后就选择的剖腹产。

然后因为到了第二天我也没有反应，然后就选择的剖腹产。

剖腹产那个过程我觉得还是比较有点恐怖，

剖腹产那个过程我觉得还是比较有点恐怖，

因为它要在你的背上打一针，

因为它要在你的背上打一针，

那一针扎下去非常的痛，然后那好像是打麻药。

那一针扎下去非常地痛，然后那好像是打麻药。

打完麻药以后，然后就，人是清醒的，身上是冇得感觉，

打完麻药以后，然后就是，人是清醒的，身上是没有感觉（的），

就只听到医生拿刀哇叉啊在你身上划来划去的。

就只听见医生拿刀哇叉啊在你身上划来划去的（声音）。

然后剖腹产手术，崽出来得还是蛮快的，

然后剖腹产手术，孩子出来还是挺快的，

大概也就打完麻药以后半个小时就出来了。

大概也就是打完麻药以后半个小时就出来了。

嗯，缝针要缝蛮久，崽出去以后，一两个小时以后，自己才能出来。

嗯，缝针要缝很久，孩子出去以后，一两个小时以后，自己才能出来。

出来以后，整个人都是在发抖的，

出来以后，整个人都是在发抖的，

箇给我印象特别深，抖咖好几个小时，一直在抖。

这给我印象特别深，抖了好几个小时，一直在抖。

嗯，医生讲箇是正常现象。

嗯，医生说这是正常现象。

嗯，我崽出来的时候，不像看到别个小朋友，

嗯，我儿子出来的时候，不像看到别的小朋友，

身上有那种脏东西什么的，他比较抻敨[$ts^{h}\text{ə}n^{33}t^{h}\text{ə}u^{41}$]。

身上有那种脏东西什么的，他比较漂亮。

身上什么都冇得，干干净净的，洗得。

身上什么都没有，干干净净的，洗得。

然后皮肤也是很光滑的那种，不是皱皱的那种小猴子一样的。

然后皮肤也是那种很光滑的，不是皱皱的（像）那种小猴子一样的（皮肤）。

嗯，崽出来我记得第一句，医生抱给我看的时候，

嗯，孩子出来（后）我记得第一句，医生抱给我看的时候，

我问了一句是男孩还是女孩，然后那个护士让我自己看，

我问了一句是男孩还是女孩，然后那个护士让我自己看，

然后是个男孩，其实我自己本身是蛮想要个女孩子的，

然后是个男孩，其实我自己本身是挺想要个女孩子的，

嗯，男孩子拿出去，他爸爸估计是非常高兴的，

嗯，男孩子抱出去，他爸爸估计是非常高兴的，

然后还有他奶奶也是非常高兴的。

然后还有他奶奶也是非常高兴的。

嗯，我看到我老公他叔叔唉伯伯唉，

嗯，我看到我老公他叔叔啊伯伯啊，

他们生的都是孙女，非常想要男孩子。

他们生的都是孙女，非常想要男孩子。

想尽各种办法，要男孩子，生了一个生二个，生了二个生三个。

想尽各种办法，要男孩子，生了一个生两个，生了两个生三个。

所以我屋里崽每次回湖北去，都是比较受重视的，因为他是长孙。

所以我儿子每次回湖北去，都是比较受重视的，因为他是长孙。

在那个什么家谱上是长孙。

在那个什么家谱上是长孙。

崽生出来以后，屋里就比较热闹了，

儿子生出来以后，家里就比较热闹了，

嗯，我基本上都是跟我妈妈一路带，然后还有我爸爸。

嗯，（孩子）我基本上都是跟我妈妈一起带，然后还有我爸爸。

嗯，一个人带崽也带过几个月，但是我觉得一个人带崽非常的累，

嗯，（我）一个人带孩子也带过几个月，但是我觉得一个人带孩子非常地累，

嗯，但是比较适合减肥。

嗯，但是比较适合减肥。

生完以后，会胖好多，胖了大概二三十斤的样子，

生完以后，会胖很多，胖了大概二三十斤左右，

一个人带崽，带哒慢慢慢慢就瘦下来了。

一个人带孩子，带着慢慢（地）慢慢（地）就瘦下来了。

自己带了两三个月，带了一个夏天，那时候就瘦得非常快。

自己带了两三个月，带了一个夏天，那时候就瘦得非常快。

看着崽慢慢的慢慢的长大以后，嗯，觉得自己可以出来上班了。

看着孩子慢慢地慢慢地长大以后，嗯，觉得自己可以出来上班了。

那时候崽三岁还差几个月的时候，我就把他送到幼儿园了。

那时候孩子三岁还差几个月的时候，我就把他送到幼儿园了。

因为我还是想要有自己的空间，然后自己赚点钱，上点班，

因为我还是想要有自己的空间，然后自己赚点钱，上点班，

可以打发一下时间，也可以学到新的东西。

可以打发一下时间，也可以学到新的东西。

然后就到了现在的那个环球国际旅行社上班。

然后就到了现在的那个环球国际旅行社上班。

嗯，因为之前学的专业也不是旅游专业，

嗯，因为之前学的专业也不是旅游专业，

所以对箇一行就是完全不明白，完全要重新学。

所以对这一行就完全不清楚，要全部重新学。

嗯，旅游箇一行的话，上手还是比较快，

嗯，旅游这一行的话，上手还是比较快，

但是中间要摸索的东西太多哒也，要学习的东西太多了，

但是中间要摸索的东西也太多了，要学习的东西太多了，

也花了一段时间，才慢慢慢慢的学上手。

也花了一段时间，才慢慢（地）慢慢地学会上手（了）。

嗯，崽上幼儿园的话就基本上不需要操什么心了。

嗯，孩子上幼儿园的话就基本上不需要操什么心了。

只是下午接回去以后，带着他一起玩。

只是下午接回去以后，带着他一起玩。

然后吃饭东西、睡觉还是必须要妈妈在，
然后吃饭之类（事情）、睡觉还是必须要妈妈在，

嗯，箇一点他每天都是要跟我一起睡才行。
嗯，这一点他每天都是要跟我一起睡才行。

现在，下半年要上一年级的话，就打算给他自己睡了。
现在，下半年要上一年级的话，就打算给他自己睡了。

嗯，我崽①男孩子啊，我觉得他算比较听话的，嗯，不是很调皮。
嗯，我孩子（作为）男孩子，我觉得他算比较听话的，嗯，不是很调皮。

然后他性格也非常的好，比较活泼开朗。
然后他性格也非常地好，比较活泼开朗。

可能也是因为从细跟爸爸妈妈，然后外公外婆一起生活。
可能也是因为从小跟爸爸妈妈，还有外公外婆一起生活。

嗯，小孩子上学以后的话，我觉得还是可以一大家子住在一起。
嗯，小孩子上学以后的话，我觉得还是可以一大家住在一起。

嗯，我崽现在上学的话，应该是在河西的银海小学。
嗯，我儿子现在上学的话，应该是在河西的银海小学。

因为我爸妈没住箇边，所以到时候就打算搬到一起来，
因为我爸妈没住这边，所以到时候就打算搬到一起来，

大家住一起，箇样就比较方便。
大家住（在）一起，这样就比较方便。

① 此处“崽[tsai^{41}]”为“孩子”义。

因为我们自己并不住河西，上下学的话就冇得那么方便，

因为我们自己并不住（在）河西，上下学的话就没有那么方便，

怕堵车，万一上课迟到什么的，因为现在上幼儿园就是每天迟到。

怕堵车，万一上课迟到什么的，因为现在上幼儿园就是每天（都）迟到。

嗯，细伢子在幼儿园的生活还是蛮快乐的，每天跟小朋友一起玩。

嗯，小孩子在幼儿园的生活还是挺快乐的，每天跟小朋友一起玩。

现在幼儿园也能学到蛮多东西，

现在幼儿园也能学到很多东西，

不像我们小时候，幼儿园就是玩，什么都学不到。

不像我们小时候，幼儿园就是玩，什么都学不到。

现在幼儿园学拼音啦，数学啦，画画啦，还有各种的特长班。

现在幼儿园学拼音啦，数学啦，画画啦，还有各种各样的特长班。

特长班报了什么武术、篮球，然后还有足球，还有主持人箇些。

特长班报了什么武术、篮球，然后还有足球，还有主持人之类。

他们每一年的毕业典礼，都会在你报过的箇些特长班里面需要表演节目，

他们每一年的毕业典礼，都要在报过的这些特长班里需要表演节目，

有些小孩子一场毕业典礼下来要表演七八个节目。

有些小孩子一场毕业典礼下来要表演七八个节目。

然后额外的，周末还报了一些兴趣班。

然后额外地，周末还报了一些兴趣班。

现在小孩子比我们小时候还是要累好多。

现在小孩子比我们小时候还是要累很多。

我们小时候基本上就是，每个周末就是玩，作业也比较少。

我们小时候基本上就是，每个周末就是玩，作业也比较少。

现在小孩子，我崽每天要给他做作业，要算数学，要写字，要写拼音，

现在小孩子，我儿子每天要给他做作业，要算数学，要写字，要写拼音，

还要写英语，箇是他每天必须做的。

还要写英语，这是他每天必须做的。

嗯，其实也不想他太累，但是现在小朋友都是箇样子，冇得办法。

嗯，其实也不想他太累，但是现在小朋友都是这样，没有办法。

嗯，因为我崽的话，他爸爸是湖北的，

嗯，因为我儿子的话，他爸爸是湖北的，

我们每年过年都会要到湖北那乡里面过年。

我们每年过年都会到湖北那乡里过年。

嗯，乡里面过年的话，比我们在株洲城市里面还是要热闹很多。

嗯，（在）乡里过年的话，比我们在株洲城市里还是要热闹很多。

乡里面能走的地方也比较多，会在各个家亲戚吃饭。

乡里能走动的地方也比较多，会在各家亲戚（家里）吃饭。

他们那边的风俗跟我们箇边的风俗也不一样，

他们那边的风俗跟我们这边的风俗也不一样，

嗯，他们过年期间每来一个人都会放鞭炮。

嗯，他们过年期间每来一个人都会放鞭炮。

然后每家每户都会去吃饭，我们一般都很少在自己家里吃饭，

然后每家每户都会去吃饭，我们一般都很少在自己家里吃饭，

反正都是箇个叔叔唉，那个伯伯唉，

反正都是这个叔叔啊，那个伯伯啊，

然后舅妈唉，姨妈家唉，中午吃完晚上吃。

然后（还有）舅妈啊，姨妈家啊，中午吃完晚上吃。

然后吃的东西也不一样，他们那边的菜都是用那种吊锅，

然后吃的东西也不一样，他们那边的菜都是用那种吊锅，

吊锅的形式，上面一个锅，下面一个火。

吊锅的形式，上面一个锅，下面一个火。

嗯，口味也不一样，他们那边的东西都不太辣，

嗯，口味也不一样，他们那边的东西都不太辣，

都是那种腊菜，腊猪脚，腊羊肉，腊牛肉，

都是那种腊菜，腊猪脚，腊羊肉，腊牛肉，

嗯，腊肉，都是腊菜，新鲜菜比较少。

嗯，腊肉，都是腊菜，新鲜菜比较少。

但是他们自己有种小菜，还是可以自给自足。

但是他们自己种有蔬菜，还是可以自给自足。

嗯，过年他们那边，还有就是要杀猪，对，杀猪，

嗯，过年他们那边，还有就是要杀猪，对，杀猪，

一整头猪下来，我有看到过，呃，他们杀那个①一整头猪。

一整头猪下来，我看到过，呃，他们杀一整头猪。

像株洲箇边的话，我从小到大都冇看过有，

像株洲这边的话，我从小到大都没看过有（杀猪的风俗），

因为我们生活在这个城市里面，根本就冇得养猪的地方。

① “那个[$lei^{45}ko^{45}$]”为话题标记。

因为我们生活在这个城市里，根本就没有养猪的地方。

种菜的话，小时候外公外婆有种菜，那还是非常有印象。

种菜的话，小时候外公外婆种有蔬菜，那还是非常有印象（的）。

外婆外公那时候担到那个水去饮菜，嗯，离家里还比较远。

外婆外公那时候挑着那水去浇菜，嗯，离家里还比较远。

我们每次上学回来的路上，都可以看到外公外婆在饮菜。

我们每次（在）上学回来的路上，都可以看到外公外婆在浇菜。

不像在湖北，就是出门后面，

不像在湖北，就是（在）出门（的）后边，

后门那里就是一只超大的院子，就是种的都是菜。

后门那里就是一个超级大的院子，然后种的都是菜。

然后前面门口也是一大片，都是种的自己家的菜。

然后前面门口也是一大片，都是种的自己家的菜（地）。

还种了树什么的，嗯，还有柿子树，梨子树，板栗树，有好多。

还种了树什么的，嗯，还有柿子树，梨树，板栗树，有很多。

像我们城里面的话根本就冇得地方种箇些，

像我们城里的话根本就没有地方种这些（果蔬），

有时候还蛮羡慕乡里面的生活的。

有时候还挺羡慕乡里的生活的。

第六章　口头文化

一、歇后语

01. 扯哒胡子打秋千——牵须。

ts^{h}ɑ^{41}tᴀ$^{\cdot 21}$fu^{13}tsɿ$^{\cdot 33}$tɑ^{41}tɕ^{h}iəɯ^{33}tɕ^{h}iĩ^{33}——tɕ^{h}iĩ^{33}ɕy^{33}。

扯着胡须打秋千——牵须（谦虚）。

02. 吃哒秤砣——铁哒心。

tɕ^{h}iᴀ^{24}tᴀ$^{\cdot 21}$ts^{h}ən^{45}to^{13}——t^{h}iɛ^{24}tᴀ$^{\cdot 21}$ɕin^{33}。

吃了秤砣——铁了心。

03. 到哒黄山想泰山——箇山望得那山高。

tɑu^{24}tᴀ$^{\cdot 21}$xoŋ^{13}sã^{33}ɕioŋ^{41}t^{h}ai^{45}sã^{33}——kei^{24}sã^{33}oŋ^{21}tei$^{\cdot 33}$lai^{24}sã^{33}kɑu^{33}。

到了黄山想泰山——这山望着那山高（指人心不足）。

04. 二郎神的慧眼——有远见。

ai^{21}loŋ^{13}sən^{13}ti$^{\cdot 33}$fei^{45}ŋã^{41}——iəɯ^{41}yẽ^{41}tɕiĩ^{45}。

二郎神的慧眼——有远见。

05. 高粱秆子担水——担当不起。

kɑu^{33}lioŋ^{13}kã^{41}tsɿ$^{\cdot 33}$tã^{33}ɕy^{41}——tã^{33}toŋ^{33}pu^{24}tɕ^{h}i^{41}。

高粱秆挑水——担当不起。

06. 抓到和尚借梳子——强人所难。

tsᴀ^{33}tɑu$^{\cdot 21}$xo^{13}ʃoŋ^{21}tɕiᴀ^{45}səɯ^{33}tsɿ$^{\cdot 41}$——tɕioŋ^{13}zən^{13}so^{41}lã^{13}。

抓着和尚借梳子——强人所难。

07. 狗龇吕洞宾——不识好人心。

kɛ^{41}ŋɑ^{45}lei^{41}toŋ^{21}pin^{33}——pu^{24}ʃʅ^{24}xɑu^{41}zən^{13}ɕin^{33}。

狗咬吕洞宾——不识好人心。

08. 含冰糖讲好话——甜言蜜语。

xã^{13}pin^{33}tɑŋ^{13}kɑŋ^{41}xɑu^{41}uɑ^{21}——tiĩ^{13}ȵiĩ^{13}mi^{24}y^{41}。

含冰糖说好话——甜言蜜语。

09. 狐狸装猫叫——想图鸡。

fu^{13}li^{13}tsoŋ^{33}mɑu^{33}tɕiɑu^{45}——ɕioŋ^{41}təɯ^{13}tɕi^{33}。

狐狸装猫叫——想图鸡（投机）。

10. 黄连锅里煮人参——从苦水里熬出来的。

xoŋ^{13}liĩ^{13}ko^{33}li$^{\cdot 33}$tɕy^{41}zən^{13}sən^{33}——tsəŋ^{13}kʰu^{41}ʃuei^{41}li$^{\cdot 33}$ŋɑu^{13}tɕʰy^{24}lai^{13}ti$^{\cdot 33}$。

黄连锅里煮人参——从苦水里熬出来的。

11. 老艄公撑船——看风使舵。

lɑu^{41}sɑu^{33}kən^{33}tsʰɑŋ^{33}tɕyɛn^{13}——kʰã^{45}xəŋ^{33}ʃʅ^{41}to^{21}。

老艄公撑船——看风使舵。

12. 木匠的刨子——爱打刨不平。

mo^{24}tɕioŋ^{21}ti$^{\cdot 33}$pɑu^{21}tsɿ$^{\cdot 33}$——ŋai^{45}tɑ^{41}pɑu^{21}pu^{24}piã^{13}。

木匠的刨子——爱打刨（抱）不平。

13. 拿哒草帽当锅盖——乱扣帽子。

lɑ^{33}tᴀ$^{\cdot 21}$tsɑu^{41}mɑu^{21}toŋ^{33}ko^{33}kai^{45}——lẽ^{21}kʰəɯ^{45}mɑu^{21}tsɿ$^{\cdot 33}$。

拿着草帽当锅盖——乱扣帽子。

14. 牛郎约织女——后会有期。

ȵiəɯ^{13}loŋ^{13}io^{24}tʃʅ^{24}ȵy^{41}——xɛ^{21}fei^{21}iəɯ^{41}tɕi^{13}。

牛郎约织女——后会有期。

15. 藕炒黄豆子——无孔不入。

ŋε^{41}tsʰɑu^{41}oŋ^{13}tε^{21}tsɿ$^{\cdot33}$——u^{13}kʰəŋ^{41}pu^{24}y^{24}。

藕炒黄豆子——无孔不入。

16. 汽车上的喇叭——不用吹。

tɕʰi^{45}tɕʰiɑ^{33}ʃoŋ$^{\cdot21}$ti$^{\cdot33}$lɑ^{21}pɑ^{33}——pu^{24}iəŋ^{21}tɕʰy^{33}。

汽车上的喇叭——不用吹。

17. 见人先作揖——礼多人不怪。

tɕiĩ^{45}zən^{13}ɕiĩ^{33}tso^{24}i^{24}——li^{41}to^{33}zən^{13}pu^{45}kuai^{45}。

见人先作揖——礼多人不怪。

18. 枯藤缠大树——生死相依。

kʰu^{33}tiĩ^{13}tsõ^{13}tai^{21}ɕy^{21}——sən^{33}sɿ^{41}ɕioŋ^{33}i^{33}。

枯藤缠大树——生死相依。

19. 老包断案——脸黑心不黑。

lɑu^{41}pɑu^{33}tõ^{21}ŋã^{45}——liĩ^{41}xæ^{24}ɕin^{33}pu^{45}xæ^{24}。

老包断案——脸黑心不黑。

20. 骑兵打胜仗——马到成功。

tɕi^{13}pin^{33}tɑ^{41}sən^{45}tʃɑŋ^{45}——mɑ^{41}tɑu^{45}tʃən^{13}kəŋ^{33}。

骑兵打胜仗——马到成功。

（发音人：曹恒祺）

二、歌谣

（一）《今年子我就满哒八十八》

今年子我就满哒八十八，

tɕin^{33}ȵiĩ^{13}tsɿ$^{\cdot33}$ŋo^{41}tɕiəɯ^{21}mã^{41}tᴀ$^{\cdot21}$pɑ^{24}sɿ^{45}pɑ^{24}，

今年我就满了八十八，

从来冇吃过那鸡和鸭。

tsən^{13}lai^{13}mɑu^{21}tɕʰiᴀ^{24}ku^{45}lᴀ^{21}tɕi^{33}xo^{13}ŋɑ^{24}。

从来没吃过那鸡和鸭。

对门那张大嫂，送我一只鸭，

tei^{45}mən^{13}lᴀ^{21}tsɑŋ^{33}tɑ^{45}sɑu^{41}，sən^{45}ŋo^{41}i^{24}tsɑ^{24}ŋɑ^{24}，

对门那张大嫂，送我一只鸭，

我杀又不晓得杀。

ŋo^{41}sɑ^{24}iəɯ^{21}pu^{24}ɕiɑu^{41}tei$^{·33}$sɑ^{24}。

我杀又不知道杀。

我左手拿把刀，右手提只鸭。

ŋo^{41}tso^{41}səɯ^{41}lɑ^{33}pɑ^{41}tɑu^{33}，iəɯ^{21}səɯ^{41}tiᴀ^{13}tsɑ^{24}ŋɑ^{24}。

我左手拿把刀，右手提只鸭。

那刀又钝，鸭又踹，

lᴀ^{45}tɑu^{33}iəɯ^{21}tən^{21}，ŋɑ^{24}iəɯ^{21}tʃʰuai^{45}，

那刀又钝，鸭又蹬，

一杀就杀到那手指脑。

i^{24}sɑ^{24}tɕiəɯ^{21}sɑ^{24}tɑu^{45}lᴀ^{45}səɯ^{41}tsɿ^{41}lɑu^{41}。

一切就切到那手指头。

我烂布子包，麻绳子缔，

ŋo^{41}lã^{21}pu^{45}tsɿ$^{·21}$pɑu^{33}，mɑ^{13}sən^{13}tsɿ$^{·33}$tʰiɑ^{24}，

我（用）烂布包，（用）麻绳扎，

血又是箇滴，鸭又冇吃得鸭。

ʃuai^{24}iəɯ^{21}ʃʅ^{21}ko^{45}tiᴀ^{24}，ŋɑ^{24}iəɯ^{21}mɑu^{21}tɕʰiᴀ^{24}tɤ^{24}ŋɑ^{24}。

血又一直滴，鸭又没吃到鸭。

今生今世，我不杀鸡鸭。

tɕin^{33}sən^{33}tɕin^{33}ʃʅ^{45}，ŋo^{41}pu^{24}sɑ^{24}tɕi^{33}ŋɑ^{24}。

今生今世，我不杀鸡鸭。

箇命又是箇只命，

ko^{24}miã^{21}iəɯ^{21}ʃʅ^{21}ko^{24}tsɑ^{45}miã^{21}，

命又是这个命，

苦得箇半天，还冇吃到鸭。

k^{h}u^{41}tei$^{\cdot 41}$kei^{45}pȭ^{45}t^{h}iĩ^{33}，xai^{13}mɑu^{21}tɕ^{h}iᴀ^{24}təɯ^{45}ŋɑ^{24}。

辛苦了这半天，还没吃到鸭。

各位大家好，今年子冇得宝，

ko^{24}uei^{21}tai^{21}tɕiᴀ^{33}xɑu^{41}，tɕin^{33}ȵiĩ^{13}tsɿ$^{\cdot 33}$mɑu^{21}tei$^{\cdot 45}$pɑu^{41}，

各位大家好，今年没搞头，

所以我叫大家一起来炒。

so^{41}i^{41}ŋo^{41}tɕiɑu^{45}tai^{21}tɕiᴀ^{33}i^{24}tɕ^{h}i^{41}lai^{13}ts^{h}ɑu^{41}。

所以我叫大家一起来炒。

（发音人：何敏捷）

（二）《乡里人的口味》

乡里人的口味，

ɕiɑŋ^{33}li$^{\cdot 33}$zən^{13}ti$^{\cdot 33}$k^{h}əɯ^{41}uei^{45}，

乡里人的口味，

是扎头裤最好穿呃，

ʃʅ^{45}tsɑ^{24}təɯ^{13}k^{h}u^{45}tsei^{45}xɑu^{41}tɕ^{h}yȭ^{33}ŋei$^{\cdot 21}$，

是扎头裤最好穿啊，

扎头裤最好穿。

tsɑ^{24}təɯ^{13}k^{h}u^{45}tsei^{45}xɑu^{41}ts^{h}ɵ̃^{33}。

扎头裤最好穿。

左边穿，右边穿，

tso^{41}piĩ^{33}ts^{h}ɵ̃^{33}，iəɯ^{45}piĩ^{33}ts^{h}ɵ̃^{33}，

左边穿，右边穿，

翻过来还可以穿。

fã^{33}ku^{45}lai^{13}xai^{13}ko^{41}i^{41}ts^{h}ɵ̃^{33}。

翻过来还可以穿。

又省钱来又省事，

iəɯ^{21}sən^{41}tɕiĩ^{13}lai^{13}iəɯ^{21}sən^{41}sɿ^{21}，

又省钱来又省事，

裤裆做得宽。

k^{h}u^{45}tã^{33}tsəɯ^{45}tei$^{\cdot 33}$k^{h}ɵ̃^{33}。

裤裆做得宽。

（发音人：何敏捷）

（三）《蹁子蹁》

蹁子蹁，蹁上街，捡个钱，买草鞋。

pai^{33}tsɿ$^{\cdot 33}$pai^{33}，pai^{33}sɑŋ^{21}kai^{33}。tɕiĩ^{41}ko^{45}tɕiĩ^{13}，mai^{41}ts^{h}ɑu^{41}xai^{13}。

瘸子瘸，瘸上街，捡个钱，买草鞋。

草鞋一角一，蹁子走路不性急。

ts^{h}ɑu^{41}xai^{13}i^{24}tɕio^{24}i^{24}，pai^{33}tsɿ$^{\cdot 33}$tsəɯ^{41}ləɯ^{21}pu^{24}ɕin^{45}tɕi^{24}。

草鞋一角一，瘸子走路不着急。

草鞋一角二，蹁子走路还打嗝。

tsʰɑu^{41}xai^{13}i^{24}tɕio^{24}ai^{21}，pai^{33}tsɿ$^{\cdot33}$tsəɯ^{41}ləɯ^{21}xai^{13}tɑ^{41}kai^{21}。

草鞋一角二，瘸子走路还打嗝。

草鞋一角三，蹁子去爬山。

tsʰɑu^{41}xai^{13}i^{24}tɕio^{24}sã^{33}，pai^{33}tsɿ$^{\cdot33}$kʰɤ^{45}pɑ^{13}sã^{33}。

草鞋一角三，瘸子去爬山。

草鞋一角四，蹁子打赤膊。

tsʰɑu^{41}xai^{13}i^{24}tɕio^{24}sɿ^{45}，pai^{33}tsɿ$^{\cdot33}$tɑ^{41}tsʰɑ^{24}pu^{45}。

草鞋一角四，瘸子打赤膊。

草鞋一角五，蹁子会跳舞。

tsʰɑu^{41}xai^{13}i^{24}tɕio^{24}u^{41}，pai^{33}tsɿ$^{\cdot33}$fei^{21}tʰiɑu^{45}u^{41}。

草鞋一角五，瘸子会跳舞。

草鞋一角六，蹁子上街买腊肉。

tsʰɑu^{41}xai^{13}i^{24}tɕio^{24}ləɯ^{24}，pai^{33}tsɿ$^{\cdot33}$sɑŋ^{21}kai^{33}mai^{41}lɑ^{24}zəɯ^{24}。

草鞋一角六，瘸子上街买腊肉。

草鞋一角七，蹁子出门倒垃圾。

tsʰɑu^{41}xai^{13}i^{24}tɕio^{24}tɕʰi^{24}，pai^{33}tsɿ$^{\cdot33}$tɕʰy^{24}mən^{13}tɑu^{45}lɑ^{24}tɕi^{24}。

草鞋一角七，瘸子出门倒垃圾。

草鞋一角八，蹁子走路光滑滑。

tsʰɑu^{41}xai^{13}i^{24}tɕio^{24}pɑ^{24}，pai^{33}tsɿ$^{\cdot33}$tsəɯ^{41}ləɯ^{21}kuɑŋ^{33}uɑ^{24}uɑ^{24}。

草鞋一角八，瘸子走路光溜溜。

（发音人：何敏捷）

（四）《一根竹竿容易弯》

一根那个竹竿容易哟弯，

i^{24}kən^{33}lᴀ^{45}ko^{45}tʃəɯ^{24}kã^{41}iəŋ^{13}i^{21}io$^{\cdot33}$uã^{33}，

一根那个竹竿容易哟弯，

三缕呀麻纱呀扯脱难。

sã^{33}ly^{13}iᴀ$^{\cdot45}$mɑ^{13}sɑ^{33}iᴀ$^{\cdot21}$tsʰɤ^{41}tʰo^{24}lã^{13}。

三缕呀麻纱呀扯断难。

猛虎啊落在呀平阳地哟，

məŋ^{41}fu^{41}ŋᴀ$^{\cdot45}$lo^{24}tsai^{45}iᴀ$^{\cdot21}$pin^{13}iɑŋ^{13}ti^{45}io$^{\cdot33}$，

猛虎啊落在呀平阳地哟，

蛟龙唉无水呀困沙滩。

tɕiɑu^{33}ləŋ^{13}ai$^{\cdot33}$u^{13}ʃuei^{41}iᴀ$^{\cdot21}$kʰuən^{45}sɑ^{33}tʰã^{33}。

蛟龙啊无水呀困沙滩。

索啦咿嗞咙噔，咙噔咿嗞哟，

so^{33}lᴀ^{45}i^{33}tsɿ^{33}ləŋ^{21}təŋ^{33}， ləŋ^{21}təŋ^{33}i^{21}tsɿ^{45}io^{33}，

索啦咿嗞咙噔，咙噔咿嗞哟，

不怕胆小怕孤单哪，众人合伙金不换，

pu^{45}pʰɑ^{45}tã^{41}ɕiɑu^{41}pʰɑ^{45}ku^{33}tã^{33}lᴀ$^{\cdot33}$， tʃəŋ^{45}in^{13}xo^{24}xo^{41}tɕin^{33}pu^{45}xuã^{21}，

不怕胆小怕孤单哪，众人合伙金不换，

众人那个合伙金不换！

tʃəŋ^{45}in^{13}lᴀ^{45}ko^{45}xo^{24}xo^{41}tɕin^{33}pu^{45}xuã^{21}！

众人那个合伙金不换！

一根那个竹竿容易弯啰，

i^{24}kən^{33}lᴀ^{45}ko^{45}tʃəɯ^{24}kã^{41}iəŋ^{13}i^{21}uã^{33}lo$^{\cdot 33}$，

一根那个竹竿容易弯啦，

三缕呀麻纱呀扯脱难。

sã^{33}ly^{13}iᴀ$^{\cdot 45}$mɑ^{13}sɑ^{33}iᴀ$^{\cdot 21}$ts^{h}ɤ^{41}t^{h}o^{24}lã^{13}。

三缕呀麻纱呀扯断难。

猛虎呀落在呀平原哪上，

məŋ^{41}fu^{41}iᴀ$^{\cdot 33}$lo^{24}tsai^{45}iᴀ$^{\cdot 21}$pin^{13}yɛn^{13}lᴀ$^{\cdot 33}$ʃɑŋ^{45}，

猛虎呀落在呀平原哪上，

蛟龙唉无水呀困沙滩。

tɕiɑu^{33}ləŋ^{13}ai$^{\cdot 33}$u^{13}ʃuei^{41}iᴀ$^{\cdot 21}$k^{h}uən^{45}sɑ^{33}t^{h}ã^{33}。

蛟龙啊无水呀困沙滩。

索哪咿嗞咙噔，咙噔咿嗞哟，

so^{33}lᴀ^{45}i^{33}tsɿ^{33}ləŋ^{21}təŋ^{33}，ləŋ^{21}təŋ^{33}i^{21}tsɿ^{45}io^{33}，

索哪咿嗞咙噔，咙噔咿嗞哟，

不怕力小怕孤单哪，众人合伙金不换，

pu^{45}p^{h}ɑ^{45}li^{24}ɕiɑu^{41}p^{h}ɑ^{45}ku^{33}tã^{33}lᴀ$^{\cdot 33}$，tʃəŋ^{33}in^{13}xo^{24}xo^{41}tɕin^{33}pu^{45}xuã^{21}，

不怕力小怕孤单哪，众人合伙金不换，

众人那个合伙金不换，众人那个合伙金不换！

tʃəŋ^{45}in^{13}lᴀ^{45}ko^{45}xo^{24}xo^{41}tɕin^{33}pu^{45}xuã^{21}，tʃəŋ^{45}in^{13}lᴀ^{45}ko^{45}xo^{24}xo^{41}tɕin^{33}pu^{45}xuã^{21}！

众人那个合伙金不换，众人那个合伙金不换！

（发音人：曹恒祺）

（五）《党的号召要拥护啊》①

党的号召要拥护唉，

toŋ^{41}ti$^{\cdot 33}$xɑu^{45}tʃɑu^{45}iɑu^{45}ioŋ^{41}xu^{45}ai$^{\cdot 21}$，

党的号召要拥护啊，

唉嗨哟唉嗨哟；

ai^{33}xai^{45}io^{33}ai^{33}xai^{21}io^{33}；

唉嗨哟唉嗨哟；

修堤筑坝为民生唻，

ɕiəɯ^{33}ti^{13}tʃəɯ^{24}pɑ^{45}uei^{13}min^{13}sən^{33}lai$^{\cdot 21}$，

修堤筑坝为民生啊，

唉嗨哟唉嗨哟；

ai^{33}xai^{45}io^{33}ai^{13}xai^{21}io^{33}；

唉嗨哟唉嗨哟；

打起精神唻鼓足劲唻，

tɑ^{41}tɕ^{h}i^{41}tɕin^{33}sən^{13}lai$^{\cdot 21}$ku^{41}tsəɯ^{24}tɕin^{45}lai$^{\cdot 21}$，

打起精神啊鼓足劲啊，

唉嗨唉嗨唉嗨哟。

ai^{24}xai^{45}ai^{45}xai^{21}ai^{33}xai^{45}io^{33}。

唉嗨唉嗨唉嗨哟。

（发音人：曹恒祺）

① 此歌谣为劳动号子。

三、花鼓戏《讨学钱》片段

角色：

张：张夫子

陈：陈大嫂

张：唉呀，到咖哒。陈大嫂哎，开门啰。

ai^{45}iᴀ^{33}，tɑu^{45}kai$^{\cdot 21}$tai$^{\cdot 21}$。tsən^{13}tɑ^{45}sɑu^{41}ei$^{\cdot 33}$，kʰai^{33}mən^{13}lo$^{\cdot 33}$。

张：哎呀，到了。陈大嫂啊，开门啊。

陈：来哒，来哒咧。

lai^{13}tᴀ$^{\cdot 21}$，lai^{13}tᴀ$^{\cdot 21}$liɛ$^{\cdot 33}$。

陈：来了，来了呢。

我在厨房忙不赢，忽听到门外叫高声。

ŋo^{41}tsai^{45}tɕʰy^{13}fɑŋ^{13}mɑŋ^{13}pu^{45}in^{13}，fu^{24}tʰin^{45}tɑu^{45}mən^{13}uai^{45}tɕiɑu^{45}kɑu^{33}ʃən^{33}。

我在厨房忙活不过来，忽然听到门外高声叫喊。

用手开开门来看，哎呀咧，原来是张先生到来临喃。

iəŋ^{21}ʃəɯ^{41}kʰai^{33}kʰai$^{\cdot 33}$mən^{13}lai^{13}kʰã^{45}，ai^{45}iᴀ^{21}liɛ^{24}，ȵiĩ^{13}lai^{13}ʃʅ^{21}tʃɑŋ^{33}ɕiĩ^{33}sən^{33} tɑu^{45}lai^{13}lin^{13}lã$^{\cdot 13}$。

用手打开门来看，哎呀呀，原来是张先生光临哪。

张夫子哎，你今天到我屋里来有何贵干啰？

tʃɑŋ^{33}fu^{33}tsɿ$^{\cdot 33}$ei$^{\cdot 45}$，li^{41}tɕin^{33}tʰiĩ^{33}tɑu^{45}ŋo^{41}u^{24}li$^{\cdot 33}$lai^{13}iəɯ^{41}xo^{13}kuei^{45}kã^{45}lo$^{\cdot 33}$？

张夫子啊，你今天到我家里来有何贵干哪？

张：无事不登三宝殿，有事才到贵府啊门。

u^{13}ʃʅ^{45}pu^{45}tən^{33}sã^{33}pɑu^{41}tiĩ^{45}，iəɯ^{41}ʃʅ^{21}tsʰai^{13}tɑu^{45}kuei^{45}fu^{41}ᴀ$^{\cdot 21}$mən^{13}。

张：无事不登三宝殿，有事才到贵府门。

群弟子，记善言，我特到你屋里讨学钱哪。

tɕyn^{13}ti^{45}tsɿ^{41}，tɕi^{45}ʃã^{45}iĩ^{13}，ŋo^{41}t^{h}ɤ^{24}tau^{45}li^{41}u^{24}li$^{\cdot 33}$t^{h}ɑu^{41}ʃo^{24}tɕiĩ^{13}lᴀ$^{\cdot 33}$。

群弟子，记善言，我特意到你家里讨学钱哪。

陈：你莫提学钱尤小可，提起箇只学钱就伤哒我的心。

li^{41}mo^{24}t^{h}i^{13}ʃo^{24}tɕiĩ^{13}iəɯ^{13}ɕiɑu^{41}k^{h}o^{41}，t^{h}i^{13}tɕ^{h}i^{41}kai^{24}tsɑ^{24}ʃo^{24}tɕiĩ^{13}tɕiəɯ^{21}ʃɑŋ^{33} tᴀ$^{\cdot 21}$ŋo^{41}ti$^{\cdot 33}$ɕin^{33}。

陈：你不提学钱尤尚可，提起这个学钱就伤了我的心。

我毛伢子，在你的学堂中，读书就有三春，

ŋo^{41}mɑu^{41}ŋɑ^{13}tsɿ$^{\cdot 41}$，tsai^{21}li^{41}ti$^{\cdot 33}$ʃo^{24}t^{h}ɑŋ^{13}tsəŋ^{33}，təɯ^{24}ɕy^{33}tɕiəɯ^{21}iəɯ^{41}sã^{33} tɕ^{h}yn^{33}，

我小儿子，在你的学堂里，读书就有三月，

一个“一”字不认得，那“上”字“下”字分不唉清。

i^{24}ko^{45}i^{24}tsɿ^{21}pu^{45}ʒən^{21}tɤ^{24}，lᴀ^{45}ʃɑŋ^{21}tsɿ^{21}ɕiᴀ^{21}tsɿ^{21}fən^{33}pu^{24}ai$^{\cdot 21}$tɕ^{h}in^{33}。

一个“一”字不认识，那“上”字“下”字分不啊清。

朝如斯，夕如斯，教你的混账！教摆子哪！

tʃɑu^{33}y^{13}sɿ^{33}，ɕi^{24}y^{13}sɿ^{33}，tɕiɑu^{45}li^{41}ti$^{\cdot 33}$fən^{21}tʃɑŋ^{45}！tɕiɑu^{45}pai^{41}tsɿ$^{\cdot 33}$lᴀ$^{\cdot 33}$！

早上这样，晚上这样，教你的混账！教什么鬼书哪！

张：哎哎，陈大嫂哇，哪个“一”字一横都不认得唻！

ei^{33}ei^{33}，tsən^{13}tɑ^{45}sɑu^{41}uᴀ$^{\cdot 21}$，lᴀ^{41}ko^{45}i^{24}tsɿ^{21}i^{24}xən^{13}təɯ^{33}pu^{45}ʒən^{21}tɤ$^{\cdot 33}$lai$^{\cdot 41}$！

张：哎哎，陈大嫂哇，谁“一”字一横都不认识啊！

陈：那“二”字嘞？

lᴀ^{45}ɤ^{21}tsɿ^{21}lei$^{\cdot 33}$？

陈：那“二”字呢？

张：二横。

ɣ^{21}xən^{13}。

张：两横。

陈："三"字嘞？

sã^{33}tsɿ^{21}lei$^{\cdot 33}$？

陈："三"字呢？

张：三横。

sã^{33}xən^{13}。

张：三横。

陈：那"四"字嘞？

lᴀ^{45}sɿ^{45}tsɿ^{21}lei$^{\cdot 33}$？

陈：那"四"字呢？

张：四横。

sɿ^{45}xən^{13}。

张：四横。

陈：碰得你娘的鬼哟！"四"字是四横唻？

pʰəŋ^{45}tei$^{\cdot 33}$ȵi^{41}ȵiaŋ^{13}ti$^{\cdot 33}$kuei^{41}io$^{\cdot 33}$！ sɿ^{45}tsɿ^{21}ʃʅ^{21}sɿ^{45}fən^{13}lai$^{\cdot 21}$？

陈：碰了你娘的鬼啊！"四"字是四横啊？

张：哎，陈大嫂喂，箇只"四"字四横那硬是你逼出来的唻！

ei^{33}，tsən^{13}tɑ^{45}sɑu^{41}uei$^{\cdot 45}$，ko^{45}tsɑ^{24}sɿ^{45}tsɿ^{21}sɿ^{45}xən^{24}lᴀ^{45}ŋən^{21}ʃʅ^{21}li^{41}pi^{24}tɕʰy^{24}lai^{13}ti$^{\cdot 33}$lai$^{\cdot 33}$！

张：哎，陈大嫂啊，这个"四"字四横那硬是你逼出来的啊！

陈：你看啰，他净认白眼字，

ȵi^{41}kʰã^{45}lo$^{\cdot 45}$，tʰɑ^{33}tɕin^{21}zən^{21}pɣ^{24}ŋã^{41}tsɿ^{21}，

陈：你看哪，他全认白字，

还到我屋里讨学费，我“呸啾”！

xai^{13}tɑu^{45}ŋo^{41}u^{24}li$^{·33}$tʰɑu^{41}ʃo^{24}fei^{45}，ŋo^{41}pʰei^{41}tɕʰio^{41}！

还到我家里讨学费，我“呸啾（极为讨厌）”！

四时八节你无人请，唯有我家请先生，

sɿ^{45}ʃʅ^{13}pɑ^{24}tɕiɛ^{24}ȵi^{41}u^{13}ʒən^{13}tɕʰin^{41}，uei^{13}iəɯ^{41}ŋo^{41}tɕiᴀ^{33}tɕʰin^{41}ɕiĩ^{33}sən^{33}，

一年四季你无人请，只有我家请先生，

干鱼腊肉你混起吃，误人子弟你吃冤枉喃！

kã^{33}y^{13}lɑ^{24}ȵiəɯ^{24}li^{41}fən^{21}tɕʰi$^{·21}$tɕʰiᴀ^{24}，u^{45}ʒən^{13}tsɿ^{41}ti^{45}li^{41}tɕʰiᴀ^{24}yɵ̃^{33}uɑŋ^{33}lã$^{·33}$！

干鱼腊肉你混着吃，误人子弟你吃白食啊！

读书须用意，一字值千金。

təɯ^{24}ɕy^{33}ɕi^{33}iəŋ^{21}i^{45}，i^{24}tsɿ^{21}tʃʰʅ^{24}tɕʰiĩ^{33}tɕin^{33}。

读书须用意，一字值千金。

“日、曰、妙、沙”，“日、曰、妙、沙”你分不清，

ʒʅ^{24}、yɛ^{24}、miɑu^{45}、sᴀ^{33}，ʒʅ^{24}、yɛ^{24}、miɑu^{45}、sᴀ^{33}li^{41}fən^{33}pu^{24}tɕʰin^{33}，

“日、曰、妙、沙”，“日、曰、妙、沙”你分不清，

怎能开馆教学生喃！

tsən^{41}lən^{13}kʰai^{33}kuã^{41}tɕiɑu^{45}ʃo^{24}sən^{33}lã$^{·33}$！

怎么能开馆教学生哪！

张：毛伢子，在我的学堂中，读书有三春，

mɑu^{13}ŋɑ^{13}tsɿ^{41}，tsai^{21}ŋo^{41}ti$^{·33}$ʃo^{24}tɑŋ^{13}tʃoŋ^{33}，təɯ^{24}ɕy^{33}iəɯ^{41}sã^{33}tɕʰyn^{33}，

张：（你）小儿子，在我的学堂中，读书有三月，

“一”字不认得，还反怪我先生。

i^{24}tsɿ^{21}pu^{45}ʒən^{21}tɤ^{24}，xai^{13}fã^{41}kuai^{45}ŋo^{41}ɕiĩ^{33}sən^{33}。

（连）“一”字都不认识，还反倒怪我（这当）先生（的）。

你毛伢子还骂哒我的娘哪。

li^{41}mau^{13}ŋa^{13}tsɿ$^{\cdot 33}$xai^{13}ma^{21}tᴀ$^{\cdot 21}$ŋo^{41}ti$^{\cdot 33}$ȵiã^{13}lᴀ$^{\cdot 33}$。

你小儿子还骂了我的娘呢。

陈：怪不得毛伢子骂哒你的娘，只怪你猴子冇得规章喃。

kuai^{45}pu^{24}tɤ$^{\cdot 33}$mau^{13}ŋa^{13}tsɿ$^{\cdot 33}$ma^{21}tᴀ$^{\cdot 21}$li^{41}ti$^{\cdot 33}$ȵiaŋ^{13}，tʃʅ^{24}kuai^{45}li^{41}xəɯ^{13}tsɿ$^{\cdot 33}$mau^{21}tei^{24}kuei^{33}tʃaŋ^{33}lã$^{\cdot 33}$。

陈：怪不得小儿子骂了你的娘，只怪你这猴子没有规章哪。

唐高祖，起义师，刮你几只耳巴子喃。

taŋ^{13}kau^{33}tsəɯ^{41}，tɕʰi^{41}ȵi^{45}sɿ^{33}，kua^{24}li^{41}tɕi^{41}tʃa^{24}ɤ^{41}pa$^{\cdot 33}$tsɿ$^{\cdot 33}$lã$^{\cdot 33}$。

唐高祖，起义师，（要）打你几个耳光呢（言伸张正义）。

张：啊呀，陈大嫂，打人哪你还！

ᴀ^{45}iᴀ^{33}，tsən^{13}ta^{45}sau^{41}，ta^{41}ʒən^{13}lᴀ$^{\cdot 33}$li^{41}xai^{13}！

张：啊呀，陈大嫂，你还打人啊！

陈：老娘要把你赶出门咹。哦是$^{=}$！

lau^{41}ȵiaŋ^{13}iau^{45}pa^{41}li^{41}kã^{41}tɕʰy^{24}mən^{13}ã$^{\cdot 33}$。o^{45}ʃʅ^{21}！

陈：老娘要把你赶出门呢。哦是$^{=}$（驱赶动物的声音）！

张：啊呀，好恶啊！那只鬼婆冇想到比我文化水平还高些唉，

ᴀ^{45}iᴀ^{33}，xau^{41}o^{24}ᴀ$^{\cdot 33}$！lai^{45}tsa^{24}kuei^{41}po^{13}mau^{21}ɕiaŋ^{41}tau^{45}pi^{41}ŋo^{41}uən^{13}fa^{45}ʃuei^{41}pin^{13}xai^{13}kau^{33}ɕiɛ^{33}iai$^{\cdot 33}$，

张：啊呀，好凶啊！那个鬼婆娘没想到比我文化水平还高些啊，

唉，回去补习文化去啰。

ai^{41}，fei^{13}kʰɤ^{45}pu^{41}ɕi^{24}uən^{13}fa^{45}kʰɤ^{45}lo$^{\cdot 33}$。

唉（叹气），回去补习文化去哪。

陈：人逢喜事精神爽，毛伢子进哒好学堂。

ʒən^{13}fən^{13}ɕi^{41}sɿ^{21}tɕin^{33}sən^{13}ʃuaŋ^{41}，mau^{13}ŋa^{13}tsɿ$^{\cdot 33}$tɕin^{45}tᴀ$^{\cdot 33}$xau^{41}ʃo^{24}t^{h}aŋ^{13}。

陈：人逢喜事精神爽，小儿子进了好学堂。

心想培养出状元郎，为国为民作栋梁喃。

ɕin^{33}ɕiaŋ^{41}p^{h}ei^{13}iaŋ^{41}tɕ^{h}y^{24}tsaŋ^{45}yõ^{13}laŋ^{13}，uei^{13}kuo^{24}uei^{13}min^{13}tso^{24}təŋ^{45}liaŋ^{13} lã$^{\cdot 33}$。

心想（着）培养出状元郎，为国为民做栋梁啊。

张：改革的春风啊吹进哒门，准是花开又一春。

kai^{41}kɤ$^{\cdot 24}$ti$^{\cdot 33}$tɕ^{h}yn^{33}fən^{33}ŋᴀ$^{\cdot 21}$tʃ^{h}uei^{33}tɕin^{45}tᴀ$^{\cdot 21}$mən^{13}，tɕyn^{41}ʃɿ^{45}xua^{33}k^{h}ai^{33}iəɯ^{45} i^{24}tɕ^{h}yn^{33}。

张：改革的春风啊吹进了门，准是花开又一春。

我自修补习做志愿者，传播文化育后人。

ŋo^{41}tsɿ^{45}ɕiəɯ^{33}pu^{41}ɕi^{24}tsəɯ^{45}tʃɿ^{45}yõ^{45}tsɤ^{41}，tɕyõ^{13}po^{33}uən^{13}fa^{45}y^{45}xəɯ^{21}ʒən^{13}。

我自学补习做志愿者，传播文化教育后人。

今日不到别家去，陈大嫂家中走一程哪走一程。

tɕin^{33}ʒɿ^{24}pu^{24}tau^{45}p^{h}iɛ^{24}tɕiᴀ^{33}tɕ^{h}y^{45}，tsən^{13}ta^{45}sau^{41}tɕiᴀ^{33}tʃoŋ^{33}tsəɯ^{41}i^{24}tʃ^{h}ən^{13} lᴀ$^{\cdot 33}$tsəɯ^{41}i^{24}tʃ^{h}ən^{13}。

今天不到别人家去，陈大嫂家中走一程哪走一程。

陈大嫂喂，我又来也啊。

tsən^{13}ta^{45}sau^{41}uei$^{\cdot 33}$，ŋo^{41}iəɯ^{45}lai^{13}iɛ^{41}ᴀ$^{\cdot 33}$。

陈大嫂哎，我又来了啊。

陈：张夫子哎，你何解又来得啰？

tʃaŋ^{33}fu^{33}tsɿ$^{\cdot 33}$ei$^{\cdot 45}$，li^{41}o^{13}kai^{41}iəɯ^{21}lai^{13}tei$^{\cdot 33}$lo$^{\cdot 33}$？

陈：张夫子啊，你怎么又来了啊？

张：哎哎，陈大嫂唉，

ei^{33}ei^{33}，tsən^{13}tɑ^{45}sɑu^{41}ai$^{\cdot 21}$，

张：哎哎，陈大嫂啊，

喋，把箇只书唉放到你屋里去，再跟你慢慢讲啰。

tiɛ^{24}，pɑ^{41}ko^{24}tsɑ^{24}ɕy^{33}ai$^{\cdot 21}$fɑŋ^{45}tɑu^{45}li^{41}u^{24}li$^{\cdot 33}$kʰɤ^{45}，tsai^{45}kən^{33}li^{41}mã^{21}mã^{21}tɕiã^{41}lo$^{\cdot 33}$。

给，把这个书啊放到你家里去，再跟你慢慢说啊。

陈：么子唉，你还敢到我屋里来呀！

mo^{41}tsɿ$^{\cdot 33}$ai$^{\cdot 45}$，li^{41}xai^{13}kã^{41}tɑu^{45}ŋo^{41}u^{24}li$^{\cdot 33}$lai^{13}iᴀ$^{\cdot 21}$！

陈：什么啊，你还敢到我家里来呀！

冇看到你心里蛮痛快，看见箇只啜巴子我心烦。

mɑu^{21}kʰã^{45}tɑu^{45}li^{41}ɕin^{33}li$^{\cdot 33}$mã^{13}tʰəŋ^{45}kʰuai^{45}，kʰã^{45}tɕiĩ^{45}kai^{24}tʃɑ^{24}tsʰo^{24}pɑ$^{\cdot 33}$tsɿ$^{\cdot 33}$ŋo^{41}ɕin^{33}fã^{13}。

没看到你心里很痛快，看到这个骗子我（就）心烦。

你误人子弟害人不轻，我毛伢子好多字才搞清。

li^{41}u^{45}ʒən^{13}tsɿ^{41}ti^{45}xai^{21}ʒən^{13}pu^{24}tɕʰin^{33}，ŋo^{41}mɑu^{13}ŋɑ^{13}tsɿ$^{\cdot 33}$xɑu^{41}to^{33}tsɿ^{21}tsʰai^{13}kɑu^{41}tɕʰin^{33}。

你误人子弟害人不浅，我小儿子好多字才弄清。

我顺手拿根打狗棒，打断你的狗腿爬出门咹！

ŋo^{41}ʃən^{21}ʃəɯ^{41}lᴀ^{13}kən^{33}tɑ^{41}kəɯ^{41}pɑŋ^{45}，tɑ^{41}tuã^{21}li^{41}ti$^{\cdot 33}$kəɯ^{41}tʰuei^{41}pʰɑ^{13}tɕʰy^{24}mən^{13}ã$^{\cdot 33}$！

我顺手拿根打狗棒，打断你的狗腿爬出门呢！

张：嘿，陈大嫂，你莫发神经，我是志愿者送书上门。

xei^{41}，tsən^{13}tɑ^{45}sɑu^{41}，li^{41}mo^{24}fɑ^{24}sən^{13}tɕin^{33}，ŋo^{41}ʃʅ^{21}tʃʅ^{45}yẽ^{45}tsɤ^{41}sən^{45}ɕy^{33}ʃɑŋ^{21}mən^{13}。

张：嘿，陈大嫂，你别发神经，我是志愿者送书上门。

如今的治安在打恶霸，你乱发神经会抓起的。

y^{13}tɕin^{33}ti$^{\cdot 33}$tʃʅ^{45}ŋã^{33}tsai^{21}tɑ^{41}o^{24}pɑ^{45}，li^{41}lõ^{21}fɑ^{24}sən^{13}tɕin^{33}fei^{21}tʃuᴀ^{33}tɕ^{h}i^{41}ti$^{\cdot 33}$。

如今的治安在打恶霸，你乱发神经会（被）抓起来的。

陈：原来是志愿者献爱心。

ȵiĩ^{13}lai^{13}ʃʅ^{21}tʃʅ^{45}yõ^{45}tsɤ^{41}ɕiĩ^{45}ŋai^{45}ɕin^{33}。

陈：原来是志愿者献爱心。

张先生嘞，你莫见怪啰，我陈大嫂本是一个堂客们喃。

tʃɑŋ^{33}ɕiĩ^{33}sən^{33}lei$^{\cdot 33}$，li^{41}mo^{24}tɕiĩ^{45}kuai^{45}lo$^{\cdot 33}$，ŋo^{41}tsən^{13}tɑ^{45}sɑu^{41}pən^{41}ʃʅ^{21}i^{24}ko^{45} tɑŋ^{13}k^{h}ɤ^{24}mən^{13}lã$^{\cdot 33}$。

张先生啊，你别见怪啊，我陈大嫂本是一个女人家啊。

张先生嘞，箇就要谢谢你唻，替我毛伢子送书来哪。

tʃɑŋ^{33}ɕiĩ^{33}sən^{33}lei$^{\cdot 33}$，ko^{24}tɕiəɯ^{21}iɑu^{45}ɕiɛ^{45}ɕiɛ^{45}li^{41}lai$^{\cdot 45}$，t^{h}i^{45}ŋo^{41}mɑu^{13}ŋɑ^{13}tsʅ$^{\cdot 33}$ səŋ^{45}ɕy^{33}lai^{13}lᴀ$^{\cdot 45}$。

张先生啊，这就要谢谢你啊，替我小儿子送书来啦。

张：唉，陈大嫂喂，要谢就谢党和国家的好政策。

ai^{33}，tsən^{13}tɑ^{45}sɑu^{41}uei$^{\cdot 33}$，iɑu^{45}ɕiɛ^{45}tɕiəɯ^{21}ɕiɛ^{45}tɑŋ^{41}xo^{13}kuo^{24}tɕiᴀ^{33}ti$^{\cdot 33}$xɑu^{41} tsən^{45}ts^{h}ɤ^{24}。

张：哎，陈大嫂啊，要谢就谢党和国家的好政策。

这正是和谐社会创和谐，科学发展育人才。

tsɤ^{24}tsən^{45}ʃʅ^{21}xo^{13}ɕiɛ^{13}sɤ^{45}fei^{45}ts^{h}uɑŋ^{45}xo^{13}ɕiɛ^{13}，k^{h}o^{33}ʃo^{24}fɑ^{24}tsã^{41}y^{45}ʒən^{13} ts^{h}ai^{13}。

这正是和谐社会创和谐，科学发展育人才。

张、陈：举国上下齐努力，梦想成真创辉煌，创辉煌！

tɕy^{41}kuo^{24}ʃɑŋ^{21}ɕiᴀ^{21}tɕ^{h}i^{13}ləɯ^{41}li^{24}，məŋ^{45}ɕiɑŋ^{41}tsən^{13}tsən^{33}tʃ^{h}uɑŋ^{45}xuei^{33}xuɑŋ^{13}，tʃ^{h}uɑŋ^{45}xuei^{33}xuɑŋ^{13}！

张、陈：举国上下齐努力，梦想成真创辉煌，创辉煌！

（发音人：陈立新、邱桂南）

四、故事

（一）《牛郎和织女》

在很久很久以前，在一个乡村的山沟里唉，

tsai^{21}xən^{41}tɕiəɯ^{41}xən^{41}tɕiəɯ^{41}i^{41}tɕiĩ^{13}，tsai^{21}i^{24}ko^{45}ɕioŋ^{33}ts^{h}ən^{33}ti$^{\cdot 33}$sã^{33}kəɯ^{33}li$^{\cdot 41}$ai$^{\cdot 21}$，

在很久很久以前，在一个乡村的山沟里啊，

有一栋破烂的茅草屋。

iəɯ^{41}i^{41}təŋ^{45}p^{h}o^{45}lã^{45}ti$^{\cdot 33}$mɑu^{13}ts^{h}ɑu^{41}u^{24}。

有一栋破烂的茅草屋。

茅草屋里面嘞，住得一个青年和一头老牛。

mɑu^{13}ts^{h}ɑu^{41}u^{24}li^{41}miĩ^{21}lei$^{\cdot 33}$，tɕy^{21}tei$^{\cdot 33}$i^{24}ko^{45}tɕ^{h}in^{33}ȵiĩ^{13}xo^{13}i^{24}təɯ^{13}lɑu^{41}ȵiəɯ^{13}。

茅草屋里呢，住了一个青年和一头老牛。

青年嘞从小就失去了父母双亲，

tɕ^{h}in^{33}ȵiĩ^{13}lei$^{\cdot 33}$tsoŋ^{13}ɕiɑu^{41}tɕiəɯ^{21}sɤ^{24}tɕ^{h}y^{45}lᴀ$^{\cdot 21}$fu^{45}mu^{41}soŋ^{33}tɕ^{h}in^{33}，

青年呢从小就失去了父母双亲，

自己嘞就全靠和那牛相依为命。

tsɿ^{21}tɕi^{41}lei$^{\cdot 33}$tɕiəɯ^{21}tɕiĩ^{13}k^{h}ɑu^{45}xo^{13}lᴀ^{45}ȵiəɯ^{13}ɕioŋ^{33}i^{33}uei^{13}min^{45}。

自己呢就全靠和那（头）牛相依为命。

每天嘚，用那牛耕地，作得的庄稼勉强养活自己和这条牛。

mei41tʰiĩ33tei·33，in21lᴀ45ȵiəɯ13kən33ti45，tso24tei24ti·33tsoŋ33tɕiᴀ45miĩ41tɕʰioŋ41 ioŋ41xo24tsɿ21tɕi·33xo13tsei24tiɑu13ȵiəɯ13。

每天吧，用那（头）牛耕地，收获的庄稼勉强养活自己和这头牛。

这条牛嘞，它实际是天上面的唉金牛星下凡，

tsɤ45tiɑu13ȵiəɯ13lei·33，tʰɑ33ʃʅ24tɕi45ʃʅ21tʰiĩ33ʃoŋ21miĩ21ti·33iai·21tɕin33ȵiəɯ13ɕin33 ɕiᴀ21fã13，

这头牛呢，它实际上是天上的啊金牛星下凡，

牛郎他并不知道，他对它很好的。

ȵiəɯ13loŋ13tʰɑ33pin45pu24tʃʅ33tɑu45，tʰɑ33tei45tʰɑ33xən41xɑu41ti·33。

牛郎他并不知道，他对它很好的。

这个金牛星嘞，它有心帮牛郎，让他成个家，

tsɤ24ko45tɕin33ȵiəɯ13ɕin33lei·33，tʰɑ33iəɯ41ɕin33poŋ33ȵiəɯ13loŋ13，ioŋ21tʰɑ33tsən13 ko45tɕiᴀ33，

这个金牛星呢，它有心帮牛郎，（想）让他成个家，

找个老婆，结个婚，生个孩子，接得箇条代。

tsɑu41ko45lɑu41po13，kei24ko45fən33，sən33ko45xai13tsɿ41，tɕiɛ24tei·33kei24tiɑu13tai21。

讨个老婆，结个婚，生个孩子，接了这个代。

有一天晚上，金牛星嘞，就托梦给箇牛郎唉，

iəɯ41i24tʰiĩ33uã41ʃoŋ·21，tɕin33ȵiəɯ13ɕin33lei·33，tɕiəɯ21tʰo24moŋ45kei41ko45ȵiəɯ13 loŋ13ai·21，

有一天晚上，金牛星呢，就托梦给那牛郎啊，

他讲，你明天早上起来，到东边山下那个湖里面去看，

tʰɑ33kɑŋ41，ȵi41miĩ13tʰiĩ33tsɑu41ʃoŋ21tɕʰi41lai13，tɑu45toŋ33piĩ33sã33ɕiᴀ21lᴀ24ko45 fu13li41miĩ21tɕʰy45kʰã45，

他说，你明天早上起来，到东边山下那湖里去看，

有几个仙女在那里游泳嬉戏，

iəɯ^{41}tɕi^{41}ko^{45}ɕiĩ^{33}ȵy^{41}tsai^{21}lᴀ^{45}li$^{\cdot33}$iəɯ^{13}yn^{45}ɕi^{33}ɕi^{45}，

有几个仙女在那里游泳嬉戏，

你在箇个树上，她们衣服就挂得树上，

ȵi^{41}tsai^{21}ko^{24}kei$^{\cdot33}$ɕy^{21}ʃoŋ$^{\cdot21}$，t^{h}ɑ^{33}mən^{33}i^{33}fu^{24}tɕiəɯ^{21}kuɑ^{45}tai^{21}ɕy^{21}ʃoŋ$^{\cdot21}$，

你（会看到）在那树上，她们（的）衣服就挂在树上，

你就嘞拿一件粉红色的衣服，往家里跑，不要回头。

ȵi^{41}tɕiəɯ^{21}lei$^{\cdot33}$lᴀ^{33}i^{24}tɕiĩ^{21}fən^{41}xoŋ^{13}sɛ^{24}ti$^{\cdot33}$i^{33}fu^{24}，oŋ^{41}tɕiᴀ^{33}li$^{\cdot33}$p^{h}ɑu^{41}，pu^{24} iɑu^{45}fei^{13}təɯ^{13}。

你就呢拿一件粉色的衣服，往家里跑，不要回头。

牛郎嘞，早上一醒来嘞，

iəɯ^{13}loŋ^{13}lei$^{\cdot33}$，tsɑu^{41}ʃoŋ$^{\cdot21}$i^{41}ɕin^{41}lai^{13}lei^{33}，

牛郎呢，早上一醒来呢，

记起这个梦嘞，又相信又有点怀疑，

tɕi^{45}tɕ^{h}i$^{\cdot21}$tsɤ^{24}ko^{45}məŋ^{21}lei$^{\cdot33}$，iəɯ^{21}ɕioŋ^{33}ɕin^{45}iəɯ^{21}iəɯ^{41}tiĩ^{41}fai^{13}ȵi^{13}，

想起这个梦呢，又相信又有点怀疑，

但是嘞，他还是照做了。

tã^{21}ʃʅ^{21}lei$^{\cdot33}$，t^{h}ɑ^{33}xai^{13}ʃʅ^{21}tʃɑu^{45}tsəɯ^{45}lᴀ$^{\cdot21}$。

但是呢，他还是照做了。

他跑到那个东边山下那个湖边上一看，哎哟，

t^{h}ɑ^{33}p^{h}ɑu^{41}tɑu^{45}lᴀ^{45}ko^{45}toŋ^{33}piĩ^{33}sã^{33}ɕiᴀ^{21}lᴀ^{24}ko^{45}fu^{13}piĩ^{33}ʃoŋ$^{\cdot21}$i^{41}k^{h}ã^{45}，ei^{45}io^{45}，

他跑到那东边山下那湖边上一看，哎呀，

果然有几个女的在那里游泳咻！

ko^{41}iĩ^{13}iəɯ^{41}tɕi^{41}ko^{45}ȵy^{41}ti$^{\cdot 33}$tsai^{21}lᴀ^{45}li$^{\cdot 33}$iəɯ^{13}yn^{45}lai$^{\cdot 33}$！

果然有几个女的在那里游泳呢！

他就取了一件粉红色衣服，头也不回，就往家里跑。

t^{h}ɑ^{33}tɕiəɯ^{21}tɕ^{h}i^{41}lᴀ$^{\cdot 33}$i^{24}tɕiĩ^{21}xuən^{41}xoŋ^{13}sɛ^{24}i^{33}fu^{24}，təɯ^{13}iɛ^{41}pu^{24}fei^{13}，tɕiəɯ^{21}uoŋ^{41}tɕiᴀ^{33}li$^{\cdot 33}$p^{h}ɑu^{41}。

他就取了一件粉红色衣服，头也不回，就往家里跑。

到了晚上，只听见门声，轻轻的有敲门声，

tɑu^{45}lᴀ$^{\cdot 33}$uã^{41}ʃoŋ$^{\cdot 21}$，tʃʅ^{24}t^{h}in^{45}tɕiĩ^{45}mən^{13}ʃən^{33}，tɕ^{h}in^{33}tɕ^{h}in^{33}ti$^{\cdot 21}$iəɯ^{41}tɕ^{h}iɑu^{33}mən^{13}ʃən^{33}，

到了晚上，只听见（敲）门声，有轻轻的敲门声，

他就出来一开门，一看，

t^{h}ɑ^{33}tɕiəɯ^{21}tɕ^{h}y^{24}lai^{13}i^{24}k^{h}ai^{33}mən^{13}，i^{41}k^{h}ã^{45}，

他就出来一开门，一看，

哦呀，一个漂亮的仙女唉！

o^{41}iɑ^{13}，i^{24}ko^{45}p^{h}iɑu^{45}liɑŋ^{45}ti$^{\cdot 33}$ɕiĩ^{33}ȵy^{41}ai$^{\cdot 21}$！

啊呀，一个漂亮的仙女啊！

他就把她接进屋里，从这晚上，他们就成了夫妻，

t^{h}ɑ^{33}tɕiəɯ^{21}pɑ^{41}t^{h}ɑ^{33}tɕiɛ^{24}tɕin^{45}u^{24}li$^{\cdot 33}$，tsəŋ^{13}tsɤ^{45}uã^{41}ʃoŋ$^{\cdot 21}$，t^{h}ɑ^{33}mən$^{\cdot 33}$tɕiəɯ^{21}tsən^{13}lᴀ$^{\cdot 33}$fu^{33}tɕ^{h}i^{33}，

他就把她接进家里，从这晚上（起），他们就成了夫妻，

生活得很愉快，很幸福，

sən^{33}xo^{24}tɤ^{24}xən^{41}y^{13}k^{h}uai^{45}，xən^{41}ɕin^{45}fu^{24}，

生活得很愉快，很幸福，

生儿育女，生得两个孩子。

sən^{33}ai^{24}iəɯ^{24}ȵy^{41}，sən^{33}tei$^{\cdot 33}$lioŋ^{41}ko^{45}xai^{13}tsɿ^{41}。

生儿育女，生了两个孩子。

这样就一直，转眼就三年时间过去了。

tsɤ^{45}ioŋ^{21}tɕiəɯ^{21}i^{24}tʃʰʅ^{24}，tɕyə̃^{41}iĩ^{41}tɕiəɯ^{21}sã^{33}ȵiĩ^{13}ʃʅ^{13}kã^{33}ko^{45}tɕʰy^{45}lᴀ$^{\cdot 33}$。

就一直这样，转眼三年时间就过去了。

突然有一天咪，天上乌云盖顶，

tʰəɯ^{24}yə̃^{13}iəɯ^{41}i^{41}tʰiĩ^{33}lai$^{\cdot 33}$，tʰiĩ^{33}ʃoŋ$^{\cdot 21}$u^{33}yn^{13}kai^{45}tin^{41}，

突然有一天啊，天上乌云笼罩，

闪电雷鸣，大雨纷飞。

ʃə̃^{41}tiĩ^{45}lei^{13}min^{13}，tɑ^{45}y^{41}fən^{33}fei^{33}。

电闪雷鸣，大雨纷飞。

突然，牛郎一看，没有看到箇织女咑，到处寻咪。

tʰəɯ^{24}iĩ^{13}，ȵiəɯ^{13}loŋ^{13}i^{41}kʰã^{45}，mei^{24}iəɯ^{41}kʰã^{45}tɑu^{45}ko^{45}tʃʅ^{24}ȵy^{41}tai$^{\cdot 33}$，tɑu^{45}tɕʰy^{45} tɕin^{13}lai$^{\cdot 33}$。

突然，牛郎一看，没有看到那织女了啊，到处找啊。

这上哪里去得嘞？怕出事咪，箇大的风雨。

tsɤ^{45}ʃoŋ^{45}lᴀ^{41}li$^{\cdot 33}$tɕʰy^{45}tei$^{\cdot 33}$lei$^{\cdot 33}$？pʰɑ^{45}tɕʰy^{24}sɿ^{21}lai$^{\cdot 33}$，ko^{24}tai^{21}ti$^{\cdot 33}$fən^{33}y^{41}。

这到哪里去了呢？怕出事啊，这么大的风雨。

到处寻，到处喊，没有人。

tɑu^{45}tɕʰy^{45}tɕin^{13}，tɑu^{45}tɕʰy^{45}xã^{41}，mei^{24}iəɯ^{41}ʒən^{13}。

到处寻找，到处呼喊，没有（找到）人。

两个小孩嘞，哭着要找妈妈，牛郎他也没办法咪。

lioŋ^{41}ko^{45}ɕiɑu^{41}xai^{13}lei$^{\cdot 33}$，kʰu^{24}tʃo$^{\cdot 41}$iɑu^{45}tsɑu^{41}mɑ^{33}mɑ^{33}，ȵiəɯ^{13}loŋ^{13}tʰɑ^{33}iɛ^{41} mei^{24}pã^{45}fɑ^{24}lai$^{\cdot 33}$。

两个小孩呢，哭着要找妈妈，牛郎他也没办法啊。

在这个关键的时候，这头老牛开口说话了，老牛对他讲嘞：

tsai^{21}tsɤ^{45}ko^{45}kuã^{33}tɕiĩ^{45}ti$^{·33}$ʃʅ^{13}xəɯ^{21}，tsɤ^{45}təɯ^{13}lɑu^{41}ȵiəɯ^{13}kʰai^{33}kʰəɯ^{41}so^{33} xuɑ^{45}lA$^{·21}$，lɑu^{41}ȵiəɯ^{13}tei^{45}tʰɑ^{33}koŋ^{41}lei$^{·33}$：

在这个关键的时候，这头老牛开口说话了，老牛对他说呢：

“你的妻子，被神仙接上天去哒。

ȵi^{41}ti$^{·33}$tɕʰi^{33}tsʅ^{41}，pei^{21}ʃən^{13}ɕiĩ^{33}tɕiɛ^{24}ʃoŋ^{21}tʰiĩ^{33}kʰɤ^{45}tA$^{·21}$。

“你的妻子，被神仙接上天去了。

因为嘞她违背了天条，玉皇大帝派兵把她接回去了。”

in^{33}uei^{13}lei$^{·33}$tʰɑ^{33}uei^{13}pei^{45}lA$^{·21}$tʰiĩ^{33}tiɑu^{13}，y^{45}xoŋ^{13}tɑ^{45}ti^{45}pʰai^{45}pin^{33}pɑ^{41}tʰɑ^{33} tɕiɛ^{24}xuei^{13}kʰɤ^{45}lA$^{·21}$。

因为呢她违背了天条，玉皇大帝派兵把她接回去了。”

为什么她违反得天条三年时间，玉皇大帝不晓得嘞？

uei^{13}sən^{21}mo$^{·33}$tʰɑ^{33}uei^{13}fã^{41}tei$^{·33}$tʰiĩ^{33}tiɑu^{13}sã^{33}ȵiĩ^{13}ʃʅ^{13}kã^{33}，y^{45}xoŋ^{13}tɑ^{45}ti^{45}pu^{45} ɕiɑu^{41}tɤ^{24}lei$^{·45}$？

为什么她违反了天条三年时间，玉皇大帝不知道呢？

因为这个里面，天上的时间和人间的时间，有只时间差，

in^{33}uei^{13}tsɤ^{24}ko^{45}li^{41}miĩ^{21}，tʰiĩ^{33}ʃoŋ$^{·21}$ti$^{·33}$ʃʅ^{13}kã^{33}xo^{13}in^{13}kã^{33}ti$^{·33}$ʃʅ^{13}kã^{33}，iəɯ^{41} tʃɑ^{24}ʃʅ^{13}kã^{33}tsʰɑ^{33}，

因为这里面（有原因），天上的时间和人间的时间，有个时间差，

“天上方七日，地下几千年”唻。

tʰiĩ^{33}ʃoŋ$^{·21}$foŋ^{33}tɕʰi^{24}i^{24}，ti^{21}ɕiA^{21}tɕi^{41}tɕʰiĩ^{33}ȵiĩ^{13}lai$^{·33}$。

“天上方七日，地下几千年”啊。

天上一日，和我们地下嘞是大不相同唉，

tʰiĩ33ʃoŋ·21i24i24，xo13ŋo41mən·33ti21xɑ21lei·33ʃʅ21tai21pu24ʃoŋ33tən13ŋai·33，

天上一天，与我们凡间呢是大不相同啊，

它七天，提得我们几千年。

tʰɑ33tɕʰi24tʰiĩ33，tiai13tei·33ŋo41mən33tɕi41tɕʰiĩ33ȵiĩ13。

它（天上）七天，抵得我们（凡间）几千年。

你去算下看啰，箇里三年时间，算什么哪？

ȵi41tɕʰiɛ45sõ45xɑ21kʰã45lo·33，ko24li·33sã33ȵiĩ13ʃʅ13kã33，sõ45sən21mo·33lᴀ·33？

你去算算看吧，这里三年时间，算什么呢？

那就天上等于是，分钟计算的时间。

lɑ45tɕiəɯ21tʰiĩ33ʃoŋ·21tən41y13ʃʅ21，fən33tʃəŋ33tɕi45sõ45ti·33ʃʅ13kã33。

那就天上来说等于是，（用）分钟计算的时间（罢了）。

所以几分钟冇看得，箇是正常现象。

so41i41tɕi41fən33tʃəŋ33mɑu21kʰã45tei·45，ko24ʃʅ21tʃən45tʃʰoŋ13ɕiĩ45ʃoŋ45。

所以几分钟没看到（织女），这是正常现象。

所以发觉他个①女唉不在得唻，一询问，

so41i41fɑ24tʃo24tʰɑ33kei·33ȵy41ai·33pu24tsai21tei·33lai·33，i24sən13uən45，

所以（玉皇大帝）发觉他的女儿啊不在了啊，一询问，

结果是，她已经和在凡间的一个叫牛郎的成了亲哒。

kei24ko41ʃʅ21，tʰɑ33i41tɕin33xo13tsai21fã13kã33ti·33i24ko45tɕiɑu45ȵiəɯ13loŋ13ti·33tsən13lᴀ·21tɕʰin33tᴀ·21。

结果是，她已经和在凡间的一个叫牛郎的成了亲了。

箇玉帝他就发怒得唻，天上的神仙怎么和凡人结婚嘞？

ko24y45ti45tʰɑ33tɕiəɯ21fɑ24ləɯ45tei·33lai·33，tʰiĩ33ʃoŋ·21ti·33sən13ɕiĩ33tsən41mo·33xo13

① “个[kei·33]的”为结构助词。

fã^{13}zən^{13}tɕiɛ^{24}fən^{33}lei$^{\cdot 45}$？

那玉帝他就发怒了啊，天上的神仙怎么（能）和凡人结婚呢？

犯了天规！打发天兵天将，去把她捉回来！

fã^{21}lᴀ$^{\cdot 33}$tʰiĩ^{33}kuei^{33}！tɑ^{41}fɑ^{24}tʰiĩ^{33}pin^{33}tʰiĩ^{33}tɕioŋ^{45}，kʰɤ^{45}pɑ^{41}tʰɑ^{33}tso^{24}fei^{13}lai^{13}！

犯了天规！派遣天兵天将，去把她抓回来！

所以箇样把她接走哒。

so^{41}i^{41}ko^{24}ioŋ^{21}pɑ^{41}tʰɑ^{33}tɕiɛ^{24}tsəɯ^{41}tᴀ$^{\cdot 21}$。

所以这样把她接走了。

在箇种情况下，箇只金牛星唻，

tsai^{21}ko^{24}tʃoŋ^{41}tɕin^{13}kʰoŋ^{45}ɕiᴀ^{21}，ko^{24}tʃɑ^{24}tɕin^{33}ȵiəɯ^{13}ɕin^{33}lai$^{\cdot 21}$，

在这种情况下，这个金牛星啊，

他就开口说话，告诉他："你不要急，你把我头上两个角取下来，

tʰɑ^{33}tɕiəɯ^{21}kʰai^{33}kʰəɯ^{41}so^{24}xuɑ^{21}，kɑu^{45}səɯ^{45}tʰɑ^{33}：ȵi^{41}pu^{24}iɑu^{45}tɕi^{24}，ȵi^{41}pɑ^{41} ŋo^{41}təɯ^{13}ʃoŋ$^{\cdot 21}$lioŋ^{41}ko^{45}ko^{24}tɕʰi^{41}xɑ^{21}lai^{13}，

他就开口说话，告诉他："你不要急，你把我头上两个角取下来，

变成两个箩筐，你担着两个孩子，就上天堂去追她。"

piĩ^{45}tsən^{13}lioŋ^{41}ko^{45}lo^{13}kʰuɑŋ^{33}，ȵi^{41}tã^{33}tʃo$^{\cdot 24}$lioŋ^{41}ko^{45}xai^{13}tsɿ^{41}，tɕiəɯ^{21}ʃoŋ^{45} tʰiĩ^{33}toŋ^{13}tɕʰiɛ^{45}tʃuei^{33}tʰɑ^{33}。

变成两个箩筐，你挑着两个孩子，就上天堂去追她。"

牛郎心里想唉，我把你角搞下来，你不痛啊？

ȵiəɯ^{13}loŋ^{13}ɕin^{33}li$^{\cdot 33}$ʃoŋ^{41}ŋai$^{\cdot 33}$，ŋo^{41}pɑ^{41}ȵi^{41}ko^{24}kɑu^{41}xɑ^{21}lai^{13}，ȵi^{41}pu^{24}tʰoŋ^{45} ŋᴀ$^{\cdot 21}$？

牛郎心里想啊，我把你（的）角弄下来，你不痛啊？

那怎么受得了嘞？良心上过不去唻。

lᴀ^{24}tsən^{41}mo$^{\cdot 33}$səɯ^{21}tei$^{\cdot 33}$liɑu^{41}lei$^{\cdot 33}$？ lioŋ^{13}ɕin^{33}ʃoŋ$^{\cdot 21}$ko^{45}pu^{24}tɕ^{h}y^{45}lai$^{\cdot 33}$。

那怎么受得了呢？良心上过不去啊。

刚刚在想的箇时候，箇只金牛星的两个角啊，

koŋ^{33}koŋ^{33}tsai^{21}ʃoŋ^{41}ti$^{\cdot 33}$ko^{45}ʃʅ^{13}xəɯ^{21}，ko^{24}tʃɑ^{24}tɕin^{33}ȵiəɯ^{13}ɕin^{33}ti$^{\cdot 33}$lioŋ^{41}ko^{45} ko^{24}ᴀ$^{\cdot 21}$，

刚刚在想的这个时候，那金牛星的两个角啊，

就自己掉下来哒，成了两个箩筐。

tɕiəɯ^{21}tsʅ^{21}tɕi$^{\cdot 33}$tiɑu^{45}xɑ^{21}lai^{13}tᴀ$^{\cdot 21}$，tsən^{13}lᴀ$^{\cdot 33}$lioŋ^{41}ko^{45}lo^{13}k^{h}uɑŋ^{33}。

就自己掉下来了，变成了两个箩筐。

牛郎嘞，看到箇样的情况，

ȵiəɯ^{13}loŋ^{13}lei$^{\cdot 33}$，k^{h}ã^{45}tɑu^{45}ko^{24}ioŋ^{21}ti$^{\cdot 33}$tɕin^{13}k^{h}oŋ^{45}，

牛郎呢，看到这样的情况，

就赶快把两个孩子唉，一头放一个箩筐里面，

tɕiəɯ^{21}kã^{41}k^{h}uai^{45}pɑ^{41}lioŋ^{41}ko^{45}xai^{13}tsʅ^{41}ai$^{\cdot 21}$，i^{24}təɯ^{13}xoŋ^{45}i^{24}ko^{45}lo^{13}k^{h}uɑŋ^{33}li^{41} miĩ^{21}，

就赶快把两个孩子啊，一边箩筐里放一个，

找根扁担，放得肩上，慢慢挑着去追。

tsɑu^{41}kən^{33}piĩ^{41}tã^{45}，xɑŋ^{45}tei^{33}tɕiĩ^{33}ʃoŋ$^{\cdot 21}$，mã^{45}mã^{45}t^{h}iɑu^{33}tʃo$^{\cdot 24}$tɕ^{h}y^{45}tʃuei^{33}。

找根扁担，放在肩上，挑着慢慢去追。

正在这个时候嘞，一身感到轻松，飘飘然，

tsən^{45}tsai^{21}tsɤ^{45}ko^{45}ʃʅ^{13}xəɯ^{21}lei$^{\cdot 33}$，i^{24}sən^{33}kã^{41}tɑu^{45}tɕ^{h}in^{33}səŋ^{33}，p^{h}iɑu^{33}p^{h}iɑu^{33} iĩ^{13}，

正在这个时候呢，一身感到轻松，飘飘然，

不知不觉，两个箩筐带哒他，自然往天上飞，

pu^{24}tʃʅ^{33}pu^{24}tɕ^{h}io^{24}，lioŋ^{41}ko^{45}lo^{13}k^{h}uɑŋ^{33}tai^{45}tᴀ$^{\cdot 21}$t^{h}ɑ^{33}，tsɿ^{45}iĩ^{13}uoŋ^{41}t^{h}iĩ^{33}ʃoŋ$^{\cdot 21}$ fei^{33}，

不知不觉，两个箩筐带着他，自然而然（地）往天上飞，

飞呀飞呀，眼看前面看到了织女唉，在前面唻，快要追上了。

fei^{33}iᴀ$^{\cdot 33}$fei^{33}iᴀ$^{\cdot 33}$，iĩ^{41}k^{h}ã^{45}tɕiĩ^{13}miĩ^{21}k^{h}ã^{45}tɑu^{45}lᴀ$^{\cdot 33}$tʃʅ^{24}ȵy^{41}ai$^{\cdot 33}$，tsai^{21}tɕiĩ^{13}miĩ^{21} lai$^{\cdot 33}$，k^{h}uai^{45}iɑu^{45}kuei^{33}ʃoŋ$^{\cdot 21}$lᴀ$^{\cdot 21}$。

飞呀飞呀，眼看前面看到了织女啊，在前面啊，快要追上了。

在箇关键的时候，天上的王母娘娘，

tsai^{21}ko^{24}kuã^{33}tɕiĩ^{45}ti$^{\cdot 33}$ʃʅ^{13}xəɯ^{21}，t^{h}iĩ^{33}ʃoŋ$^{\cdot 21}$ti$^{\cdot 33}$uɑŋ^{13}mo^{41}ȵioŋ^{13}ȵioŋ^{13}，

在这关键的时候，天上的王母娘娘，

发觉得一个问题唉，那怎么能让他追上嘞？

fɑ^{24}tɕio^{24}tei$^{\cdot 33}$i^{24}ko^{45}uən^{45}ti^{13}ai$^{\cdot 33}$，lɑ^{45}tsən^{41}mo$^{\cdot 33}$liĩ^{13}ioŋ^{21}t^{h}ɑ^{33}tʃuei^{33}ʃoŋ^{21}lei$^{\cdot 45}$？

发现了一个问题啊，那怎么能让他追上呢？

在头上取得个金簪，在他们两个人中间划了一线，马上成了个天河，

tsai^{21}təɯ^{13}ʃoŋ$^{\cdot 21}$tɕ^{h}i^{41}tei$^{\cdot 33}$ko^{45}tɕin^{33}tsã^{33}，tsai^{21}t^{h}ɑ^{33}mən$^{\cdot 13}$lioŋ^{41}ko^{45}in^{13}tʃəŋ^{33}kã^{33} fɑ^{21}lᴀ$^{\cdot 33}$i^{24}ɕiĩ^{45}，mɑ^{41}ʃoŋ$^{\cdot 21}$tsən^{13}lei$^{\cdot 33}$ko^{45}t^{h}iĩ^{33}xo^{13}，

（于是）在头上取了个金簪，在他们两个人中间划了一（条）线，马上变成了一条天河，

汹涌澎湃，双方看不见，那怎么办嘞？

ɕioŋ^{33}ioŋ^{41}pən^{13}pai^{45}，soŋ^{33}xoŋ^{33}k^{h}ã^{45}pu^{24}tɕiĩ^{45}，lɑ^{45}tsən^{41}mo$^{\cdot 33}$pã^{21}lei$^{\cdot 33}$？

汹涌澎湃，双方看不见，那怎么办呢？

正在此时，天上有个喜鹊王，它在①这里经过，

tsən^{45}tsai^{21}ts^{h}ɿ^{41}ʃʅ^{13}，t^{h}iĩ^{33}ʃoŋ$^{\cdot 21}$iəɯ^{41}ko^{45}ɕi^{41}tɕ^{h}io^{24}uɑŋ^{13}，t^{h}ɑ^{33}tsai^{21}tsɤ^{24}li$^{\cdot 33}$tɕin^{33}

① 此处“在从”为经由介词。

ko^{45}，

正在此时，天上有个喜鹊王，它从这里经过，

看到这个情况，它非常同情这两口子，就一声号令唻，

k^{h}ã^{45}tɑu^{45}tsɤ^{45}ko^{45}tɕin^{13}k^{h}oŋ^{45}，t^{h}ɑ^{33}fei^{33}ʃoŋ^{13}təŋ^{13}tɕin^{13}tsɤ^{24}lioŋ^{41}k^{h}əɯ^{41}tsɿ$^{\cdot33}$，

tɕiəɯ^{21}i^{24}sən^{33}xɑu^{45}lin^{45}lai$^{\cdot21}$，

看到这个情况，它非常同情这两口子，就一声号令啊，

把天下所有的喜鹊召集起来，

pɑ^{41}t^{h}iĩ^{33}ɕiᴀ^{21}so^{41}iəɯ^{41}ti$^{\cdot33}$ɕi^{41}tɕ^{h}io^{24}tʃɑu^{33}tɕi^{13}tɕ^{h}i^{41}lai^{13}，

把天下所有的喜鹊召集起来，

马上成群结队唉，成千百万的喜鹊来了，

mɑ^{41}ʃoŋ$^{\cdot21}$tsən^{13}tɕyn^{13}kɛ^{24}tei^{45}ai$^{\cdot21}$，tʃən^{13}tɕ^{h}iĩ^{33}pei^{24}uã^{45}ti$^{\cdot33}$ɕi^{41}tɕ^{h}io^{24}lai^{13}lᴀ$^{\cdot33}$，

马上成群结队啊，成千上万的喜鹊来了，

就每个喜鹊就含着尾巴，一个一个接起来，

tɕiəɯ^{21}mei^{41}ko^{45}ɕi^{41}tɕ^{h}io^{24}tɕiəɯ^{21}xã^{13}tʃo$^{\cdot24}$uei^{41}pɑ$^{\cdot33}$，i^{24}ko^{45}i^{24}ko^{45}tɕiɛ^{24}tɕ^{h}i^{41} lai^{13}，

然后每个喜鹊就含着（前面喜鹊的）尾巴，一个一个接起来，

连成了一座桥，就“喜鹊搭桥”。

liĩ^{13}tsən^{13}lei$^{\cdot33}$i^{24}tso^{45}tɕiɑu^{13}，tɕiəɯ^{21}ɕi^{41}tɕ^{h}io^{24}tɑ^{24}tɕiɑu^{13}。

连成了一座桥，就（称作）“喜鹊搭桥”。

正好这天嘞，箇只日子嘞，就是农历的七月初七，

tsən^{45}xɑu^{41}tsɤ^{24}t^{h}iĩ^{33}lei$^{\cdot33}$，kei^{24}tʃɑ^{24}i^{24}tsɿ$^{\cdot33}$lei$^{\cdot33}$，tɕiəɯ^{21}ʃʅ^{21}loŋ^{13}li^{45}ti$^{\cdot33}$tɕ^{h}i^{24}yæ^{45} ts^{h}əɯ^{33}tɕ^{h}i^{24}，

正好这天呢，这个日子呢，就是农历的七月初七，

所以嘞它们搭成桥，让他们夫妻俩在箇桥上经过，

so^{41}i^{41}lei$^{\cdot 33}$t^{h}ɑ^{33}mən$^{\cdot 13}$tɑ^{24}tsən^{13}tɕiɑu^{13}，ioŋ^{21}t^{h}ɑ^{33}mən$^{\cdot 13}$fu^{33}tɕ^{h}i^{33}lioŋ^{41}tsai^{21}ko^{24}tɕiɑu^{13}ʃoŋ$^{\cdot 21}$tɕin^{33}ko^{45}，

所以呢它们搭成桥，让他们夫妻俩在这（座）桥上经过，

经过箇条河唉，两个人就会面。

tɕin^{33}ko^{45}ko^{24}tiɑu^{13}xo^{13}ai$^{\cdot 21}$，lioŋ^{41}ko^{45}ȵin^{13}tɕiəɯ^{21}fei^{45}mĩ^{45}。

经过这条河啊，两个人就会面。

所以箇只故事嘞，就是讲农历七月初七，

so^{41}i^{41}ko^{24}tʃɑ^{24}ku^{45}sɿ^{45}lei$^{\cdot 33}$，tɕiəɯ^{21}ʃʅ^{21}koŋ^{41}loŋ^{13}li^{24}tɕ^{h}i^{24}yæ^{45}ts^{h}əɯ^{33}tɕ^{h}i^{24}，

所以这个故事呢，就是说农历七月初七，

牛郎织女会面，喜鹊搭桥，就是这样来的。

ȵiəɯ^{13}loŋ^{13}tʃʅ^{24}ȵy^{41}fei^{45}mĩ^{45}，ɕi^{41}tɕ^{h}io^{24}tɑ^{24}tɕiɑu^{13}，tɕiəɯ^{21}ʃʅ^{21}tsɤ^{45}ioŋ^{45}lai^{13}ti$^{\cdot 33}$。

牛郎织女会面，喜鹊搭桥，就是这样来的。

大家听了以后有什么感想嘞？

tɑ^{21}tɕiᴀ^{33}t^{h}in^{45}lei$^{\cdot 33}$i^{41}xəɯ^{21}iəɯ^{41}sən^{21}mo$^{\cdot 33}$kã^{41}ɕioŋ^{41}lei$^{\cdot 45}$？

大家听了以后有什么感想呢？

只要你有真心，夫妻之间，还是有相会的日子。

tʃʅ^{24}iɑu^{45}ȵi^{41}iəɯ^{41}tsən^{33}ɕin^{33}，fu^{33}tɕ^{h}i^{33}tʃʅ^{33}kã^{33}，xai^{13}ʃʅ^{21}iəɯ^{41}ɕioŋ^{33}fei^{45}ti$^{\cdot 33}$i^{24}tsɿ$^{\cdot 33}$。

只要你有真心，夫妻之间，还是有相会的日子。

故事就到箇里。

ku^{45}sɿ^{45}tɕiəɯ^{21}tɑu^{45}ko^{24}li$^{\cdot 33}$。

故事就到这儿。

（发音人：曹恒祺）

（二）《两个老表》

很久很久以前，有两个老表，

xən^{41}tɕiəɯ^{41}xən^{41}tɕiəɯ^{41}i^{41}tɕiĩ^{13}，iəɯ^{41}lioŋ^{41}ko^{45}lɑu^{41}piɑu^{41}，

很久很久以前，有两个老表，

一个是湖南的唉，一个是江西的。

i^{24}ko^{45}ʃʅ^{21}fu^{13}lã^{13}tei$^{\cdot 33}$ai$^{\cdot 33}$，i^{24}ko^{45}ʃʅ^{21}tɕioŋ^{33}ɕi^{33}tei$^{\cdot 33}$。

一个是湖南的啊，一个是江西的。

为什么江西和湖南人喊老表嘞？自古嘞有个故典的。

uei^{13}sən^{21}mo$^{\cdot 33}$tɕioŋ^{33}ɕi^{33}xo^{13}fu^{13}lã^{13}in^{13}xã^{41}lɑu^{41}piɑu^{41}lei$^{\cdot 45}$？tsʅ^{45}ku^{41}lei$^{\cdot 33}$ iəɯ^{41}ko^{45}ku^{45}tiĩ^{41}ti$^{\cdot 33}$。

为什么江西和湖南人叫老表呢？自古呢有个典故的。

以前唻，有个老表，小时候他来到了湖南嘞，

i^{41}tɕiĩ^{13}lai$^{\cdot 21}$，iəɯ^{41}ko^{45}lɑu^{41}piɑu^{41}，ɕiɑu^{41}ʃʅ^{13}xəɯ^{21}tʰɑ^{33}lai^{13}tɑu^{45}lᴀ$^{\cdot 21}$fu^{13}lã^{13}lei$^{\cdot 33}$，

以前哪，有个老表，小时候他（从江西）来到了湖南呢，

两个小时候就爱游泳，爱洗澡。

ȵioŋ^{41}ko^{45}ɕiɑu^{41}ʃʅ^{13}xəɯ^{21}tɕiəɯ^{21}ŋai^{45}iəɯ^{13}yn^{45}，ŋai^{45}ɕi^{41}tsɑu^{41}。

两个小时候就喜欢游泳，喜欢洗澡。

就得箇只河里嘞，就去摸鱼。

tɕiəɯ^{21}tei^{21}ko^{24}tʃɑ^{24}xo^{13}li$^{\cdot 33}$lei$^{\cdot 33}$，tɕiəɯ^{21}tɕʰiɛ^{45}mo^{33}y^{13}。

就在这条河里呢，就去摸鱼。

一摸鱼唉，摸得最后嘞，江西这个老表嘞就摸了个蛋，

i^{24}mo^{33}y^{13}ai$^{\cdot 21}$，mo^{33}tei^{33}tsei^{45}xəɯ^{21}lei$^{\cdot 33}$，tɕioŋ^{33}ɕi^{33}tsɤ^{24}ko^{45}lɑu^{41}piɑu^{41}lei$^{\cdot 33}$ tɕiəɯ^{21}mo^{33}lei$^{\cdot 33}$ko^{45}tã^{21}，

一摸鱼啊，摸到最后呢，江西这个老表呢就摸了一个蛋，

当时他们肚子唉饿咖哒，不晓得是什么蛋嘞，啊，

toŋ^{33}ʃʅ^{13}tʰɑ^{33}mən$^{\cdot33}$təɯ^{41}tsɿ$^{\cdot33}$ai$^{\cdot33}$ŋo^{21}kᴀ$^{\cdot33}$tᴀ$^{\cdot21}$，pu^{24}ɕiɑu^{41}tei$^{\cdot33}$ʃʅ^{21}sən^{21}mo$^{\cdot33}$tã^{21} lei$^{\cdot33}$，ᴀ^{24}，

当时他们肚子啊饿了，不知道是什么蛋呢，啊，

反正老表嘞就吃哒箇只蛋。

fã^{41}tsən^{45}lɑu^{41}piɑu^{41}lei$^{\cdot33}$tɕiəɯ^{21}tɕʰiᴀ^{24}tᴀ$^{\cdot21}$ko^{24}tʃɑ^{24}tã^{21}。

反正老表呢就吃了这个蛋。

江西老表唉，把蛋吃下去得嘞，

tɕioŋ^{33}ɕi^{33}lɑu^{41}piɑu^{41}ai$^{\cdot21}$，pɑ^{41}tã^{21}tɕʰiᴀ^{24}xɑ^{21}kʰɤ^{45}tei$^{\cdot33}$lei$^{\cdot33}$，

江西老表啊，把蛋吃下去了呢，

突然就觉得一身发痒唉，难受唉，发热唉，

tʰəɯ^{24}yɛn^{13}tɕiəɯ^{21}tɕio^{24}tei^{24}i^{24}sən^{33}fɑ^{24}ioŋ^{41}ŋai$^{\cdot21}$，lã^{13}səɯ^{45}uai$^{\cdot21}$，fɑ^{24}yɛ^{24}ai$^{\cdot21}$，

突然就感到全身发痒啊，难受啊，发热啊，

身上慢慢慢慢长出鳞来吠。

sən^{33}ʃoŋ$^{\cdot21}$mã^{21}mã^{21}mã^{21}mã^{21}tʃoŋ^{41}tɕʰy^{24}lin^{13}lai^{13}tai$^{\cdot33}$。

身上慢慢（地）慢慢（地）长出鳞来了啊。

结果是，越长越多，结果就成了一条龙唉，一条孽龙唉。

tɕiɛ^{24}ko^{41}ʃʅ^{21}，yɛ^{24}tʃoŋ^{41}yɛ^{24}to^{33}，tɕiɛ^{24}ko^{41}tɕiəɯ^{21}tsən^{13}liɑu$^{\cdot41}$i^{24}tiɑu^{13}loŋ^{13}ŋai$^{\cdot33}$，i^{24}tiɑu^{13}ȵiɛ^{24}ləŋ^{13}ŋai$^{\cdot33}$。

结果是，越长越多，结果就变成了一条龙啊，一条孽龙啊。

突然它就作怪唻，兴风作浪唉，

tʰəɯ^{24}yɛn^{13}tʰɑ^{33}tɕiəɯ^{21}tso^{24}kuai^{45}lai$^{\cdot21}$，ɕin^{33}fəŋ^{33}tso^{24}lɑŋ^{45}ŋai$^{\cdot21}$，

突然它就作怪啊，兴风作浪啊，

把箇只稻田箇什么都，呃，屋里到处的箇些①东西呃，搅得一团糟，

pɑ^{41}ko^{24}tʃɑ$^{\cdot 24}$tɑu^{45}tiĩ^{13}ko^{24}sən^{21}mo$^{\cdot 33}$təɯ^{33}，ei^{33}，u^{24}li$^{\cdot 33}$tɑu^{45}tɕ^{h}y^{45}ti$^{\cdot 33}$ko^{24}ɕiɛ^{33} toŋ^{33}ɕi^{33}ei$^{\cdot 33}$，tɕiɑu^{41}tei$^{\cdot 24}$i^{24}tɵ̃^{13}tsɑu^{33}，

把这个稻田什么的都，呃，家里所有的东西呢，搅得一团糟，

这湖南箇里就遭得箇只水劫唉，箇怎么办嘞？②

tsɤ^{24}fu^{13}lã^{13}ko^{24}li$^{\cdot 33}$tɕiəɯ^{21}tsɑu^{33}tei$^{\cdot 33}$ko^{24}tʃɑ^{24}ʃuei^{41}tɕiɛ^{24}ai$^{\cdot 21}$，ko^{24}tsən^{41}mo$^{\cdot 33}$ pã^{21}lei$^{\cdot 33}$？

这湖南这里就遭了那水灾啊，这怎么办呢？

天上的观音菩萨她看到哒，看到下面啊③一片受苦受难哪，

t^{h}iĩ^{33}ʃoŋ$^{\cdot 21}$ti$^{\cdot 33}$kɵ̃^{33}in^{33}pu^{13}sɑ^{41}t^{h}ɑ^{33}k^{h}ã^{45}tɑu^{45}tᴀ$^{\cdot 21}$，k^{h}ã^{45}tɑu^{45}ɕiᴀ^{21}miĩ^{21}lᴀ$^{\cdot 33}$i^{24} p^{h}iĩ^{45}səɯ^{21}k^{h}u^{41}səɯ^{21}lã^{21}lᴀ$^{\cdot 33}$，

天上的观音菩萨她看到了，看到下面啊遍地受苦受难哪，

哭娘叫爹，嚎天痛哭哇，她就发哒慈善之心，

k^{h}u^{24}ȵioŋ^{13}tɕiɑu^{45}tiɛ^{33}，xɑu^{13}t^{h}iĩ^{33}t^{h}əŋ^{45}k^{h}u^{24}uᴀ$^{\cdot 33}$，t^{h}ɑ^{33}tɕiəɯ^{21}fɑ^{24}tᴀ$^{\cdot 33}$tsɿ^{13}sɵ̃^{45} tʃʅ^{33}ɕin^{33}，

哭爹叫娘，嚎天痛哭哇，她就发了慈悲之心，

就告诉箇只湖南的她箇只儿子唉，

tɕiəɯ^{21}kɑu^{45}səɯ^{45}ko^{24}tʃɑ^{24}fu^{13}lã^{13}ti$^{\cdot 33}$t^{h}ɑ^{33}ko^{24}tʃɑ^{24}ɤ^{13}tsɿ^{41}ai$^{\cdot 21}$，

就告诉这个湖南的她（指娘）这个儿子啊，

意思嘞，呃，儿子的娘啊，要她……

i^{45}sɿ^{21}lei$^{\cdot 33}$，ei^{21}，ɤ^{13}tsɿ^{41}ti$^{\cdot 33}$ȵioŋ^{13}ŋᴀ$^{\cdot 21}$，iɑu^{45}t^{h}ɑ^{33}……

---

① 此句“箇只[tʃɑ$^{\cdot 24}$]、箇、箇些”都是话题标记。“只”也读[tsɑ^{24}]或[tsɑ$^{\cdot 45}$]。

② 句中的“这、箇只那”是话题标记，“箇里、箇”是代词，此句意译为“湖南这里就遭了水灾啊，这怎么办呢”。

③ “啊”因顺同化，声母发音近[n]。

意思呢，呃，儿子的娘呢，要她……（指下碗面条给江西老表吃）

他虽然成了龙，但是嘞，

tʰɑ^{33}sei^{33}iĩ^{13}tsən^{13}lei$^{\cdot33}$loŋ^{13}，tã^{21}ʃʅ^{21}lei$^{\cdot33}$，

（这个老表）他虽然变成了龙，但是呢，

他到时还可以复原回生，到他自己成为人。

tʰɑ^{33}tɑu^{45}ʃʅ^{13}xai^{13}kʰo^{41}i^{41}fu^{24}ɵ̃^{13}fei^{13}sən^{33}，tɑu^{45}tʰɑ^{33}tsʅ^{21}tɕi$^{\cdot33}$tʃən^{13}uei^{13}in^{13}。

他到时还可以还原恢复生命，（直）到他自己（还原）成为人。

他一成龙就成龙，到时候；一不成龙的时候，休息了以后又变得人。

tʰɑ^{33}i^{24}tʃən^{13}ləŋ^{13}tɕiəɯ^{21}tʃən^{13}ləŋ^{13}，tɑu^{45}ʃʅ^{13}xəɯ^{21}；i^{24}pu^{45}tʃən^{13}ləŋ^{13}ti$^{\cdot33}$ʃʅ^{13}xəɯ^{21}，ɕiəɯ^{33}ɕi^{24}lei$^{\cdot33}$i^{41}xəɯ^{21}iəɯ^{21}piĩ^{45}tei$^{\cdot33}$in^{13}。

到时候，他一旦变成龙就成（了）龙；一旦不变成龙的时候，休息了以后又变成了人。

她就嘞要他吃碗面，下碗面把他吃，

tʰɑ^{33}tɕiəɯ^{21}lei$^{\cdot33}$iɑu^{45}tʰɑ^{33}tɕʰiᴀ^{24}ɵ̃^{41}miĩ^{21}，xɑ^{21}ɵ̃^{41}miĩ^{21}pɑ^{41}tʰɑ^{33}tɕʰiᴀ^{24}，

她然后呢要他吃碗面条，下碗面条给他吃，

要箇嘞湖南的娘啊，下碗面把他吃。

iɑu^{45}ko^{24}lei$^{\cdot33}$fu^{13}lã^{13}ti$^{\cdot33}$ȵioŋ^{13}ŋᴀ$^{\cdot21}$，xɑ^{21}uã^{41}miĩ^{21}pɑ^{41}tʰɑ^{33}tɕʰiᴀ^{24}。

要这（个）呢湖南（儿子）的娘啊，下碗面条给他吃。

结果他两兄弟都回来呔，回来肚子饿咖得唻，

tɕiɛ^{24}ko^{41}tʰɑ^{33}lioŋ^{41}ɕiəŋ^{33}ti^{21}təɯ^{33}fei^{13}lai^{13}tai$^{\cdot33}$，fei^{13}lai^{13}təɯ^{41}tsʅ$^{\cdot33}$ŋo^{21}kᴀ$^{\cdot33}$tei$^{\cdot33}$lai$^{\cdot33}$，

结果他两兄弟都回来了啊，回来肚子饿了啊，

就发哒碗面，一个吃碗面。

tɕiəɯ^{21}fɑ^{24}tᴀ$^{\cdot21}$ɵ̃^{41}miĩ^{21}，i^{24}ko^{45}tɕʰiᴀ^{24}ɵ̃^{41}miĩ^{21}，

（娘）就下了碗面条，每人吃碗面条，

结果嘞江西老表箇只老弟嘞，吃哒箇碗面嘞，

tɕiɛ^{24}ko^{41}lei$^{\cdot 33}$tɕioŋ^{33}ɕi^{33}lɑu^{41}piɑu^{41}ko^{24}tʃɑ^{24}lɑu^{41}ti^{21}lei^{33}，tɕ^{h}iᴀ^{24}tᴀ$^{\cdot 21}$ko^{24}ɵ̃^{41}miĩ^{21} lei$^{\cdot 33}$，

结果呢江西老表这个弟弟呢，吃了这碗面条呢，

就是观音菩萨化的，施了法，就是铁链子，

tɕiəɯ^{21}ʃʅ^{21}kɵ̃^{33}in^{33}pu^{13}sɑ^{41}fɑ^{45}ti$^{\cdot 33}$，ʃʅ^{33}lᴀ$^{\cdot 21}$fɑ^{24}，tɕiəɯ^{21}ʃʅ^{21}t^{h}iɛ^{24}liĩ^{21}tsɿ$^{\cdot 33}$，

就是观音菩萨变的，施了法术，（实际）就是铁链子，

他一吃到肚子里，突然就难受唉，

t^{h}ɑ^{33}i^{24}tɕ^{h}iᴀ^{24}tɑu^{45}təɯ^{41}tsɿ$^{\cdot 33}$li$^{\cdot 33}$，t^{h}əɯ^{24}iĩ^{13}tɕiəɯ^{21}lã^{13}səɯ^{45}uai$^{\cdot 21}$，

他一吃到肚子里，突然就难受啊，

在地下打滚咻，捆起痛起哭唉。

tsai^{21}ti^{21}xɑ^{21}tɑ^{41}kuən^{41}lai$^{\cdot 21}$，k^{h}uən^{41}tɕ^{h}i$^{\cdot 21}$t^{h}əŋ^{45}tɕ^{h}i$^{\cdot 21}$k^{h}u^{24}uai$^{\cdot 21}$。

在地上打滚哪，捆得痛得哭啊。

它的结果是面条就变成只铁链，把他锁住哒。

t^{h}ɑ^{33}ti$^{\cdot 21}$tɕiɛ^{24}ko^{41}ʃʅ^{21}miĩ^{21}tiɑu^{13}tɕiəɯ^{21}piĩ^{45}tsən^{13}tʃɑ^{24}t^{h}iɛ^{24}liĩ^{21}，pɑ^{41}t^{h}ɑ^{33}so^{41}tɕy^{21} tᴀ$^{\cdot 21}$。

它的结果是面条就变成一条铁链，把他锁住了。

锁住了怎么办嘞？

so^{41}tɕy^{21}lei$^{\cdot 33}$tsən^{41}mo$^{\cdot 33}$pã^{21}lei$^{\cdot 33}$？

锁住了怎么办呢？

最后就发动箇些老百姓咻，就专门在一个潭里唉，

tsei^{45}xəɯ^{21}tɕiəɯ^{21}fɑ^{24}təŋ^{45}ko^{24}ɕiɛ^{33}lɑu^{41}pɤ^{24}ɕin^{45}lai$^{\cdot 33}$，tɕiəɯ^{21}tsɵ̃^{33}mən^{13}tsai^{21} i^{24}ko^{45}tã^{13}li^{41}ai$^{\cdot 21}$，

最后就发动这些老百姓呢，就专门在一个潭（实指井）里啊（把龙锁住），

砌得箇井边上，把一个铁柱子架到箇只井上面，

tɕʰi^{45}tei^{24}ko^{45}tɕin^{41}piĩ^{33}ʃoŋ$^{\cdot 21}$，pɑ^{41}i^{24}ko^{45}tʰiɛ^{24}tɕy^{21}tsɿ$^{\cdot 33}$kɑ^{45}tɑu^{45}ko^{24}tʃɑ^{24}tɕin^{41} ʃoŋ^{21}miĩ^{21}，

砌在那井边上，把一个铁柱子架在那个井上，

把那个龙嘞就放得箇只井肚里，

pɑ^{41}lᴀ^{45}kei$^{\cdot 33}$ləŋ^{13}lei$^{\cdot 33}$tɕiəɯ^{21}xoŋ^{45}tei^{33}ko^{24}tʃɑ^{24}tɕin^{41}təɯ^{21}li$^{\cdot 33}$，

把那龙呢就放在这个井里，

把铁链子嘞就链了，挂得箇只铁柱子高处。

pɑ^{41}tʰiɛ^{24}liĩ^{21}tsɿ$^{\cdot 33}$lei$^{\cdot 33}$tɕiəɯ^{21}liĩ^{21}lᴀ$^{\cdot 21}$，kuɑ^{45}tei^{33}kei^{24}tʃɑ^{24}tʰiɛ^{24}tɕy^{21}tsɿ$^{\cdot 33}$kɑu^{33} tɕʰy^{45}。

把铁链子呢就锁了，挂在这个铁柱子上。

箇只龙它就求情啰，跟①观音菩萨门口，

ko^{24}tʃɑ^{24}ləŋ^{13}tʰɑ^{33}tɕiəɯ^{21}tɕiəɯ^{13}tɕin^{13}lo$^{\cdot 33}$，kən^{33}kẽ^{33}in^{33}pu^{13}sɑ^{41}mən^{21}kʰɛ^{41}，

这条龙它就求情啊，在观音菩萨面前，

意思就是：“箇锁得我在这里怎么？

i^{45}sɿ^{21}tɕiəɯ^{21}ʃʅ^{21}：ko^{24}so^{41}tei$^{\cdot 33}$ŋo^{41}tai^{21}tsɤ^{24}li$^{\cdot 33}$tsən^{41}mo$^{\cdot 33}$？

意思就是：“在这里锁着我怎么（回事）？

又不自由啊，箇要到何年何月才能出得来嘞？”

iəɯ^{21}pu^{45}tsɿ^{45}iəɯ^{13}uᴀ$^{\cdot 33}$，ko^{24}iɑu^{45}tɑu^{45}xo^{13}ȵiĩ^{13}xo^{13}yɛ^{24}tsai^{13}lən^{13}tɕʰy^{24}tei^{24}lai^{13} lei$^{\cdot 45}$？

又不自由啊，那要到何年何月才能出来呢？”

观音菩萨就答复它，意思就是说嘞：

① 此处“跟在”为处所介词。

kɵ̃^{33}in^{33}pu^{13}sɑ^{41}tɕiəɯ^{21}tɑ^{24}fu^{24}tʰɑ^{33}，i^{45}sɿ^{21}tɕiəɯ^{21}ʃʅ^{21}so^{33}lei$^{\cdot 33}$：

观音菩萨就答复它，意思就是说呢：

"你要想出来，就非要等哒铁树开花。"

ȵi^{41}iɑu^{45}ɕioŋ^{41}tɕʰy^{24}lai^{13}，tɕiəɯ^{21}fei^{33}iɑu^{45}tən^{41}tᴀ$^{\cdot 21}$tʰiɛ^{24}ɕy^{21}kʰai^{33}fɑ^{33}。

"你要想出来，就非要等到铁树开花。"

箇条龙老表嘞，它的意思铁树开花，箇还有点盼头啊：

kei^{24}tiɑu^{13}loŋ^{13}lɑu^{41}piɑu^{41}lei$^{\cdot 33}$，tʰɑ^{33}ti$^{\cdot 21}$i^{45}sɿ^{21}tʰiɛ^{24}ɕy^{21}kʰai^{33}fɑ^{33}，ko^{24}xai^{13}iəɯ^{41}tiĩ^{41}pʰã^{45}təɯ^{13}ᴀ$^{\cdot 24}$：

这条龙老表呢，他的意思（是）铁树开花，那还有点盼头啊：

箇到时候只要铁树开得花，我还是可以出来。

ko^{24}tɑu^{45}ʃʅ^{13}xəɯ^{21}tʃʅ^{24}iɑu^{45}tʰiɛ^{24}ɕy^{21}kʰai^{33}tei$^{\cdot 21}$fɑ^{33}，ŋo^{41}xai^{13}ʃʅ^{21}kʰo^{41}i$^{\cdot 33}$tɕʰy^{24}lai^{13}。

那到时候只要铁树开了花，我还是可以出来。

箇就过哒若干年。

ko^{24}tɕiəɯ^{21}ko^{45}tᴀ$^{\cdot 21}$io^{24}kã^{33}ȵiĩ^{13}。

就这样过了若干年。

有一个行夜路子的，他打哒个亮壳子，在那经过啊，

iəɯ^{41}i^{41}ko^{45}ɕin^{13}iɛ^{21}ləɯ^{21}tsɿ$^{\cdot 33}$ti$^{\cdot 33}$，tʰɑ^{33}tɑ^{41}tᴀ$^{\cdot 21}$ko^{45}lioŋ^{21}kʰo^{24}tsɿ$^{\cdot 33}$，tsai^{21}lᴀ^{45}tɕin^{33}ko^{45}ᴀ$^{\cdot 24}$，

有一个走夜路的，他打了个灯笼，在那儿经过呢，

他看箇垱有只井哪，口干，正好想搞点水吃下看，

tʰɑ^{33}kʰɵ̃^{45}ko^{24}tɑŋ^{45}iəɯ^{41}tʃɑ^{24}tɕin^{41}lᴀ$^{\cdot 33}$，kʰəɯ^{41}kã^{33}，tʃən^{45}xɑu^{41}ɕioŋ^{41}kɑu^{41}tiĩ^{41}ɕy^{41}tɕʰiᴀ^{24}xɑ^{21}kʰɵ̃^{45}，

他看（到）这里有口井哪，口渴，正好想试着弄点水喝，

就拿得箇亮壳子嘞，挂得箇只锁龙的箇只铁柱子上面。

tɕiəɯ^{21}lɑ^{33}tei$^{\cdot 33}$ko^{24}lioŋ^{21}kʰo^{24}tsɿ$^{\cdot 33}$lei$^{\cdot 33}$，kuɑ^{45}tei$^{\cdot 33}$ko^{24}tʃɑ^{24}so^{45}ləŋ^{13}ti$^{\cdot 33}$ko^{24}tʃɑ^{24}tʰiɛ^{24}tɕy^{21}tsɿ$^{\cdot 33}$ʃoŋ^{21}miĩ^{21}。

就拿着那灯笼呢，挂在这个锁龙的这个铁柱子上。

箇只龙它看到时，哎呀，铁树开花哒咪！

ko^{24}tʃɑ^{24}ləŋ^{13}tʰɑ^{33}kʰã^{45}tɑu^{45}ʃʅ$^{\cdot 21}$，ei^{45}iᴀ^{45}，tʰiɛ^{24}ɕy^{21}kʰai^{33}fɑ^{33}tei$^{\cdot 33}$lai$^{\cdot 33}$！

这条龙它看到呢，哎呀，铁树开花了啊！

它就意思是，已经可以放它出来哒，马上就准备出来。

tʰɑ^{33}tɕiəɯ^{21}i^{45}sɿ^{21}ʃʅ^{21}，i^{41}tɕin^{33}kʰo^{41}i^{33}xõ^{45}tʰɑ^{33}tɕʰy^{24}lai^{13}tᴀ$^{\cdot 21}$，mɑ^{41}ʃoŋ$^{\cdot 21}$tɕiəɯ^{21}kuən^{41}pei^{45}tɕʰy^{24}lai^{13}，

它然后意思是，已经可以放它出来了，马上就准备出来。

只看得箇井里啊，翻腾倒海，地动山摇，

tʃʅ^{24}kʰã^{45}tei$^{\cdot 45}$kei$^{\cdot 45}$tɕin^{41}li$^{\cdot 21}$ᴀ$^{\cdot 13}$，fã^{33}tən^{13}tɑu^{41}xai^{41}，ti^{45}toŋ^{45}sã^{33}iɑu^{13}，

只看到那井里啊，翻江倒海，地动山摇，

箇只吃水、过路的箇行人，他吓咖哒啰，

ko^{24}tʃɑ^{24}tɕʰiᴀ^{24}ɕy^{41}、ko^{45}ləɯ^{21}ti$^{\cdot 33}$ko^{24}ɕin^{13}in^{13}，tʰɑ^{33}xɑ^{24}kᴀ$^{\cdot 33}$tᴀ$^{\cdot 33}$lo$^{\cdot 33}$，

这个喝水、过路的这行人，他吓着了啊，

哦，箇是什么情况来哆①？

o^{24}，ko^{24}ʃʅ^{21}sən^{21}mo$^{\cdot 33}$tɕin^{13}kʰoŋ^{45}lai^{13}to$^{\cdot 33}$？

哦，这是什么情况来了啊？

吓起不得了，取得箇只亮壳子就起大鹏②，

xɑ^{24}tɕʰi$^{\cdot 21}$pu^{24}tɤ^{24}liɑu^{41}，tɕʰi^{41}tei$^{\cdot 33}$ko^{24}tʃɑ^{24}lioŋ^{21}kʰo^{24}tsɿ$^{\cdot 33}$tɕiəɯ^{21}tɕʰi^{41}tai^{21}pəŋ^{13}，

---

① “哆[to$^{\cdot 33}$]”是实现体貌助词“得[tei$^{\cdot 33}$]了”与语气词“哦[o$^{\cdot 33}$]啊”的合音。

② “起大鹏”的字面意思是起飞，这里指飞跑。“鹏”可单用为动词，“跑”义，如“你又鹏到哪里去哒啰你又跑到哪里去了啊”。

吓得不得了，取了这个灯笼就飞跑（起来），

赶快走！头也不回就走咖哒。

kã^{41}kʰuai^{45}tsəɯ^{41}！təɯ^{13}iɛ^{41}pu^{45}fei^{13}tɕiəɯ^{21}tsəɯ^{41}kᴀ$^{\cdot 45}$tᴀ$^{\cdot 21}$。

赶快走！头也不回就走了。

箇[①]等到走咖得，哎，斢脸一看，

ko^{24}tiĩ^{41}tɑu^{45}tsəɯ^{41}kᴀ$^{\cdot 33}$tei$^{\cdot 33}$，ei^{45}，tʰiɑu^{41}liĩ^{41}i^{41}kʰã^{45}，

等到走了，哎，（再）回头一看，

有得动静哒唻，又便恢复得平静唻。

mɑu^{21}tei^{24}toŋ^{45}tɕin^{45}tᴀ$^{\cdot 21}$lai$^{\cdot 33}$，iəɯ^{21}piĩ^{21}fei^{33}fu^{24}tei$^{\cdot 33}$pin^{13}tɕin^{45}lai$^{\cdot 33}$。

没有动静了呢，便又恢复了平静哪。

所以箇只情况嘞，他亮壳子一拿走，

so^{41}i^{33}ko^{24}tʃɑ^{24}tɕin^{13}kʰoŋ^{45}lei$^{\cdot 33}$，tʰɑ^{33}lioŋ^{21}kʰo^{24}tsʅ$^{\cdot 33}$i^{24}lᴀ^{33}tsəɯ^{41}，

所以这个情况呢，他灯笼一拿走，

箇只东西它又出不来，它不是铁树开花，它还不能出来。

ko^{24}tʃɑ^{24}təŋ^{33}ɕi^{33}tʰɑ^{33}iəɯ^{21}tɕʰy^{24}pu^{45}lai^{13}，tʰɑ^{33}pu^{24}ʃʅ^{21}tʰiɛ^{24}ɕy^{21}kʰai^{33}fɑ^{33}，
tʰɑ^{33}xai^{13}pu^{24}lən^{13}tɕʰy^{24}lai^{13}。

这个东西它又出不来，它（指灯笼光）不是铁树开花，它还不能出来。

所以箇只故事就讲嘞，箇湖南嘞后背嘞，就达到了安宁。

so^{41}i^{33}ko^{24}tʃɑ^{24}ku^{45}sʅ^{45}tɕiəɯ^{21}tɕioŋ^{41}lei$^{\cdot 33}$，ko^{41}fu^{13}lã^{13}lei$^{\cdot 33}$xəɯ^{21}pei^{45}lei$^{\cdot 33}$，
tɕiəɯ^{21}tɑ^{24}tɑu^{45}lᴀ$^{\cdot 21}$ŋã^{33}ȵin^{13}。

所以这个故事就说呢，这湖南呢后来呢，便达到了安宁（状态）。

如果箇只龙出来了哪，它又会作怪，

y^{13}ko^{41}ko^{24}tʃɑ^{24}ləŋ^{13}tɕʰy^{24}lai^{13}lei$^{\cdot 33}$lᴀ$^{\cdot 21}$，tʰɑ^{33}iəɯ^{21}fei^{21}tso^{24}kuai^{45}，

① “箇[ko^{24}]”为话题标记。

如果这条龙出来了呢，它还会作怪，

所以一直到现在，它铁树冇开花，它也出不来。

so^{41}i^{41}i^{24}tʃʅ^{24}tɑu^{45}ɕiĩ^{45}tsai^{45}，tʰɑ^{33}tʰiɛ^{24}ɕy^{21}mɑu^{21}kʰai^{33}fɑ^{33}，tʰɑ^{33}iɛ^{21}tɕʰy^{24}pu^{45}lai^{13}。

所以一直到现在，铁树它没开花，它也出不来。

所以故事就在箇里，所以平平安安的，一直到现在，

so^{41}i^{41}ku^{45}sɿ^{45}tɕiəɯ^{21}tsai^{21}ko^{24}li$^{\cdot 33}$，so^{41}i^{41}pin^{13}pin^{13}ŋã^{33}ŋã^{33}ti$^{\cdot 33}$，i^{24}tʃʅ^{24}tɑu^{45}ɕiĩ^{45}

tsai^{45}，

所以故事就到这儿，所以平平安安的，一直到现在，

是吧，湖南还是比较安宁，

ʃʅ^{21}pA$^{\cdot 33}$，fu^{13}lã^{13}xai^{13}ʃʅ^{21}pi^{41}tɕiɑu^{45}ŋã^{33}ȵin^{13}，

是吧，湖南还是比较安宁，

虽然发了水，冇那么大水，很大的洪水还是冇得。

sei^{33}iĩ^{13}fɑ^{24}lA$^{\cdot 21}$ʃuei^{41}，mɑu^{21}lA^{45}mo$^{\cdot 33}$tai^{21}ʃuei^{41}，xən^{41}tai^{21}ti$^{\cdot 33}$xəŋ^{13}ʃuei^{41}xai^{13}

ʃʅ^{21}mɑu^{21}tiɛ^{24}。

虽然发了洪水，没那么大（的）洪水，很大的洪水还是没有。

所以箇是个民间传说故事，是真是假，是唉，箇大家去分析啊。

so^{41}i^{41}ko^{24}ʃʅ^{21}ko^{45}min^{13}kã^{33}tsõ^{13}ɕyɛ^{24}ku^{45}sɿ^{45}，ʃʅ^{21}tsən^{33}ʃʅ^{21}tɕiɑ^{45}，ʃʅ^{21}ai$^{\cdot 33}$，ko^{24}

tai^{21}tɕiA^{33}tɕʰiɛ^{45}fən^{33}ɕi^{24}A$^{\cdot 24}$。

所以这是个民间传说故事，是真是假，是吧，这大家去分析啊。

我就讲到箇里。

ŋo^{41}tɕiəɯ^{21}tɕioŋ^{41}tɑu^{45}ko^{24}li$^{\cdot 33}$。

我就讲到这儿。

（发音人：曹恒祺）

（三）《童趣故事》

我觉得唉，我们株洲的本地方言，特别的有味，

ŋo^{41}tɕyɛ^{24}tei$^{\cdot 33}$ai$^{\cdot 33}$，ŋo^{41}mən$^{\cdot 13}$tɕy^{33}tsəɯ^{33}ti$^{\cdot 33}$pən^{41}ti^{21}faŋ^{33}iĩ^{13}，tʰɤ^{24}piɛ^{24}ti$^{\cdot 33}$ iəɯ^{41}uei^{21}。

我觉得啊，我们株洲的本地方言，特别地有趣，

我唉，讲几句给大家听下子啰。

ŋo^{41}ai$^{\cdot 21}$，kɑŋ^{41}tɕi^{41}tɕy^{45}kei^{41}tɑ^{21}tɕiᴀ^{33}tʰin^{45}xɑ^{21}tsɿ$^{\cdot 33}$lo$^{\cdot 33}$。

我啊，说几句给大家听一下吧。

我唉，记得嘞我细时候，我屋里姆妈唉要我去买盐，

ŋo^{41}ai$^{\cdot 21}$，tɕi^{45}tei$^{\cdot 33}$lei$^{\cdot 33}$ŋo^{41}ɕi^{45}sɿ^{13}xəɯ^{21}，ŋo^{41}u^{24}li$^{\cdot 33}$m̩^{41}mɑ^{33}ai$^{\cdot 21}$iɑu^{45}ŋo^{41}kʰɤ^{45} mai^{41}iĩ^{13}，

我啊，记得呢我小时候，我妈妈呢要我去买盐，

顺便嘞拿哒箇只香干子票。

ɕyn^{21}piĩ^{45}lei$^{\cdot 33}$lɑ^{33}tᴀ$^{\cdot 21}$ko^{24}tsɑ^{24}ɕiæ̃^{33}kan^{33}tsɿ$^{\cdot 33}$pʰiɑu^{45}。

顺便呢拿了那香干子票（去买香干）。

我筑到袋公里唉，硬是冒哒大雪，

ŋo^{41}tsəɯ^{24}tɑu^{45}tai^{21}kəŋ$^{\cdot 45}$li$^{\cdot 33}$ai$^{\cdot 21}$，ŋən^{21}sɿ^{21}mɑu^{45}tᴀ$^{\cdot 33}$tai^{21}ʃuɛ^{24}，

我塞在袋子里啊，硬是冒着大雪，

跑得那只贺家土南货店，买起回来唉，

pʰɑu^{41}tei^{33}lᴀ^{45}tsɑ^{24}xo^{45}tɕiᴀ^{33}tʰəɯ^{41}lã^{13}xo^{45}tiĩ^{45}，mai^{41}tɕi$^{\cdot 21}$fei^{13}lai^{13}iai$^{\cdot 21}$，

跑到那个贺家土南货店，买回来啊，

那~子①，鞋子唻，蹚底唻，打得嗟=湿的，

---

① “那~[lᴀː^{45}]子那阵儿”为省合长音，由“那下子[lᴀ^{45}xɑ^{21}tsɿ$^{\cdot 33}$]”省合“下一阵”而成。

lᴀː^{45}tsɿ$^{\cdot 33}$，xai^{13}tsɿ$^{\cdot 33}$lai$^{\cdot 33}$，tʰɑŋ^{45}ti^{41}lai$^{\cdot 33}$，tɑ^{41}tei$^{\cdot 33}$tɕiɛ^{45}ʃʅ^{24}ti$^{\cdot 33}$，

那阵子，鞋子啊，鞋垫啊，打得很湿，

唉，跑得一身的汗。

ai^{33}，pʰɑu^{41}tei$^{\cdot 33}$i^{24}sən^{33}ti$^{\cdot 33}$xã^{21}。

啊，跑得全身是汗。

我屋里爸爸嘞，就拿到那毛巾唉：

ŋo^{41}u^{24}li$^{\cdot 33}$pɑ^{24}pɑ$^{\cdot 45}$lei$^{\cdot 33}$，tɕiəɯ^{21}lɑ^{33}tɑu$^{\cdot 45}$lᴀ^{45}mɑu^{13}tɕin^{33}ŋai$^{\cdot 33}$：

我爸爸呢，就拿着那毛巾啊：

“你唉把他汗滓咖唻，莫感冒哒，换咖衣，准备吃饭。”①

li^{41}iai$^{\cdot 21}$pɑ^{41}tʰɑ$^{\cdot 33}$xã^{21}tsʰei^{45}kᴀ$^{\cdot 33}$lai$^{\cdot 33}$，mo^{24}kã^{41}mɑu^{45}tᴀ$^{\cdot 21}$，xɵ̃^{21}kai$^{\cdot 33}$i^{33}，tɕyn^{41}pei^{45}tɕʰiɑ^{24}fã^{21}。

“你啊把汗擦掉啊，别感冒了，换掉衣服，准备吃饭。”

我嘞，嗨，可能是跑烈⁼哒，

ŋo^{41}lei$^{\cdot 33}$，xai^{41}，kʰo^{41}lən^{13}sɿ^{21}pʰɑu^{41}liɑ^{24}tᴀ$^{\cdot 21}$，

我呢，嗨，可能是跑累了（想睡觉），

还吃饭！饭~②有吃，那眼睛就打垛③唉，坐哒瞌睡嘞就是箇栽⁼。

xai^{13}tɕʰiɑ^{24}fã^{21}！fãː^{21}mɑu^{21}tɕʰiɑ^{24}，lᴀ^{45}ŋã^{41}tɕin$^{\cdot 45}$tɕiəɯ^{21}tɑ^{41}to^{21}ai$^{\cdot 21}$，tso^{21}tᴀ$^{\cdot 21}$kʰo^{24}ʃuei^{45}lei$^{\cdot 33}$tɕiəɯ^{21}sɿ^{21}ko^{24}tsai^{33}。

还（说）吃饭！饭都没吃，那眼皮就打架啊，坐着瞌睡呢就一直窜。

那唉，我屋里爷娘嘞，一看哒嘞就发飙：

lᴀ^{45}ai$^{\cdot 21}$，ŋo^{41}u^{24}li$^{\cdot 33}$iɑ^{13}ȵiæ̃^{13}lei$^{\cdot 33}$，i^{24}kʰã^{45}tᴀ$^{\cdot 21}$lei$^{\cdot 33}$tɕiəɯ^{21}fɑ^{24}piɑu^{33}：

---

① “把他[pɑ^{41}tʰɑ$^{\cdot 33}$]把”为介代型处置标记，“他”的发音轻短。另本故事中“吃[tɕʰiɑ^{24}]”的主元音为[ɑ]。

② “饭~[fãː^{21}]饭都”为省合长音，由“饭下[fã^{21}xɑ^{21}]饭都”组合省合副词“下都”而成。

③ 垛，动词，“叠”义。

然后啊，我爹娘呢，一看到呢就发飙：

“吃饭打么子瞌睡唉？肿①饭唻！”

tɕʰiɑ^{24}fã^{21}tɑ^{41}mo^{41}tsɿ$^{\cdot 33}$kʰo^{24}ʃuei^{45}ai$^{\cdot 33}$？tʃəŋ^{41}fã^{21}lai$^{\cdot 21}$！

“吃饭打什么瞌睡啊？吃饭啊！”

我嘞逮到箇一赫嘞，我就醒咖哒，

ŋo^{41}lei$^{\cdot 33}$tai^{41}tɑu$^{\cdot 45}$ko^{24}i^{24}xɤ^{24}lei$^{\cdot 33}$，ŋo^{41}tɕiəɯ^{21}ɕin^{41}kᴀ$^{\cdot 33}$tᴀ$^{\cdot 21}$，

我呢被这一吓呢，我就醒了，

扒几口唉，扒嘞我也扒得几口嘞，我又睡着哒。

pɑ^{13}tɕi^{41}kʰəɯ^{41}ai$^{\cdot 33}$，pɑ^{13}lei$^{\cdot 33}$ŋo^{41}iɛ^{41}pɑ^{13}tei$^{\cdot 33}$tɕi^{41}kʰəɯ^{41}lei$^{\cdot 33}$，ŋo^{41}iəɯ^{21}ʃuei^{45} tso^{24}tᴀ$^{\cdot 21}$。

扒几口（饭）呢，扒呢我也扒了几口呢，我又睡着了。

箇嘞，我屋里娘老子又喊，筷子一蹾，眼睛一鼓：“肿饭唻！”

ko^{24}lei$^{\cdot 33}$，ŋo^{41}u^{24}li$^{\cdot 33}$ȵiæ̃^{13}lɑu^{41}tsɿ$^{\cdot 33}$iəɯ^{21}xã^{41}，kʰuai^{45}tsɿ$^{\cdot 41}$i^{24}tən^{45}，ŋã^{41}tɕin$^{\cdot 45}$i^{24} ku^{41}：tʃəŋ^{41}fã^{21}lai$^{\cdot 33}$！

这样呢，我母亲又喊，筷子一敲，眼睛一鼓：“吃饭啊！”

我又赫醒哒，我又吃饭唻。

ŋo^{41}iəɯ^{21}xɤ^{24}ɕin^{41}tᴀ$^{\cdot 21}$，ŋo^{41}iəɯ^{21}tɕʰiɑ^{24}fã^{21}lai$^{\cdot 33}$。

我又吓醒了，我又（继续）吃饭啊。

总赫咖几回，就扒得几口饭唉，

tsən^{41}xɤ^{24}kᴀ$^{\cdot 33}$tɕi^{41}fei^{13}，tɕiəɯ^{21}pɑ^{13}tei$^{\cdot 33}$tɕi^{41}kʰo^{41}fã^{21}ŋai$^{\cdot 21}$，

总共吓了几次，就扒了几口饭啊，

总算箇碗饭吃完哒嘞，菜都冇顾得吃。

tsən^{41}suã^{45}ko^{24}uã^{41}fã^{21}tɕʰiɑ^{24}yõ^{13}tᴀ$^{\cdot 21}$lei$^{\cdot 33}$，tsʰai^{45}təɯ^{33}mɑu^{21}ku^{45}tei^{24}tɕʰiɑ^{24}。

① “肿”为“吃”的詈语。

总算（把）这碗饭吃完了呢，菜都没顾得（上）吃。

唉呀，想起箇只细时候唉，是特别的唉有意思。

ai^{41}iᴀ^{33}，ɕiɑŋ^{41}tɕʰi$^{\cdot 21}$ko^{24}tsɑ^{24}ɕi^{45}ʃʅ^{13}xəɯ^{21}uai$^{\cdot 21}$，sɿ^{21}tʰɤ^{24}piɛ^{24}ti$^{\cdot 33}$ai$^{\cdot 24}$iəɯ^{41}i^{45}sɿ$^{\cdot 21}$。

哎呀，想起这个小时候啊，是特别地啊有意思。

特别我屋里爷娘嘞，下是箇只本地株洲人唻，讲的一口的箇家乡话嘞。

tʰɤ^{24}piɛ^{24}ŋo^{41}u^{24}li$^{\cdot 33}$iɑ^{13}ȵiæ^{13}lei$^{\cdot 33}$，xɑ^{21}sɿ^{21}ko^{24}tsɑ^{24}pən^{41}ti^{21}tɕy^{33}tsəɯ^{33}zən^{13}lai$^{\cdot 33}$，kɑŋ^{41}ti$^{\cdot 33}$i^{24}kʰo^{41}ti$^{\cdot 33}$kei^{24}tɕiᴀ^{33}ɕiɑŋ^{33}fɑ^{21}lei$^{\cdot 33}$，

特别（是）我爹娘呢，都是这株洲本地人呢，（能）讲的一口（地道）的这家乡话呢。

箇是回忆下子童趣的箇只事情。

ko^{24}sɿ^{21}fei^{13}i^{45}xɑ^{21}tsɿ$^{\cdot 33}$təŋ^{13}tɕʰy^{45}ti$^{\cdot 33}$kei^{24}tsɑ^{24}sɿ^{21}tɕin^{13}。

这是回忆一下（有关）童趣的这个事情。

有一回嘞，我哥哥，我屋里爸爸，

iəɯ^{41}i^{41}fei^{13}lei$^{\cdot 33}$，ŋo^{41}ko^{33}ko^{33}，ŋo^{41}u^{24}li$^{\cdot 33}$pɑ^{24}pɑ$^{\cdot 45}$，

有一次呢，我哥哥，（和）我爸爸，

好，带哒我们①嘞，去唉篓鱼。

xɑu^{21}，tai^{45}tᴀ$^{\cdot 33}$ŋo^{41}n̩$^{\cdot 33}$lei$^{\cdot 33}$，kʰɤ^{45}ai$^{\cdot 21}$ləɯ^{45}y^{13}。

好，带着我们呢，去啊抓鱼。

因为河后面那只渔场里唉干塘，

in^{33}uei^{21}xo^{13}xəɯ^{21}miĩ^{21}lᴀ^{45}tsɑ^{45}y^{13}tsɑŋ^{13}li$^{\cdot 33}$ai$^{\cdot 33}$kã^{33}tɑŋ^{13}，

因为河后边那个渔场里呢干塘，

篓鱼嫩子唻，我屋里娘老子嘞，

ləɯ^{45}y^{13}lən^{45}tsɿ$^{\cdot 33}$lai$^{\cdot 33}$，ŋo^{41}u^{24}li$^{\cdot 33}$ȵiæ̃^{13}lɑu^{33}tsɿ$^{\cdot 33}$lei$^{\cdot 33}$，

① 此“们”读弱化音[n̩$^{\cdot 33}$]。

（我们）去抓小鱼仔啊，我母亲呢，

呃，扎哒那虾搭子，还有那滤箕，

ei^{21}，tsɑ^{24}tA$^{\cdot 21}$lA^{45}xɑ^{33}tɑ^{24}tsɿ$^{\cdot 33}$，xai^{13}iəɯ^{41}lA^{45}li^{24}tɕi^{33}，

呃，扎了那虾笼子，还有那筲箕，

我们拿哒嘞，就到那只泥巴塘肚里去篓鱼唉，那特别有味。

ŋo^{41}mən$^{\cdot 13}$lɑ^{33}tA$^{\cdot 21}$lei$^{\cdot 33}$，tɕiəɯ^{21}tɑu^{45}lA^{45}tsɑ^{24}ȵi^{13}pɑ$^{\cdot 33}$tɑŋ^{13}təɯ^{21}li$^{\cdot 33}$k^{h}ɤ^{45}ləɯ^{45}y^{13}ai$^{\cdot 21}$，lA^{45}t^{h}ɤ^{24}piɛ^{24}iəɯ^{41}uei^{21}。

我们拿着呢，就到那个泥塘里去抓鱼啊，那特别有趣。

那唉，我们篓咖好多，有一脚盆嘞！

lA^{45}ai$^{\cdot 21}$，ŋo^{41}mən$^{\cdot 13}$ləɯ^{45}kA$^{\cdot 33}$xɑu^{41}to^{33}，iəɯ^{41}i^{24}tɕio^{24}pən^{13}lei$^{\cdot 33}$！

然后啊，我们抓了很多，有一澡盆呢！

那鱼嫩子唻，泥鳅唻，鳝鱼唻，

lA^{45}y^{13}lən^{45}tsɿ$^{\cdot 33}$lai$^{\cdot 33}$，ȵi^{13}tɕ^{h}iəɯ^{33}lai$^{\cdot 33}$，ʃɵ̃^{45}y^{13}lai$^{\cdot 33}$，

那小鱼仔啊，泥鳅啊，鳝鱼啊（都有），

那在那下邻居肚里唉，我们算篓得最多的唻。

lA^{45}tsai^{21}lA^{45}xɑ^{21}lin^{13}tɕy^{33}təɯ^{21}li$^{\cdot 33}$ai$^{\cdot 21}$，ŋo^{41}mən$^{\cdot 13}$sɵ̃^{45}ləɯ^{45}tei$^{\cdot 33}$tsei^{45}to^{33}ti$^{\cdot 33}$lai$^{\cdot 21}$。

那在那上下邻居里啊，我们（家）算抓得最多的呢。

那一身嘞搞得猫污唧样的唉，那黏糊打糊的，

lA^{45}i^{24}sən^{33}lei$^{\cdot 33}$kɑu^{41}tei$^{\cdot 33}$mɑu^{45}u^{33}tɕi$^{\cdot 45}$iɑŋ^{21}ti$^{\cdot 33}$iai$^{\cdot 33}$，lA^{45}ȵiɑ^{13}fu^{33}tɑ^{41}fu^{33}ti$^{\cdot 33}$，

那全身呢弄得（和）脏猫儿一样的啊，那（身上）黏黏糊糊的，

那唉，我嘞望哒我屋里哥哥的那只脸嘞，

lA^{45}ai$^{\cdot 21}$，ŋo^{41}lei$^{\cdot 33}$uɑŋ^{21}tA$^{\cdot 33}$ŋo^{41}u^{24}li$^{\cdot 33}$ko^{33}ko^{33}ti$^{\cdot 33}$lA^{45}tsɑ^{24}lĩ^{41}lei$^{\cdot 33}$，

然后啊，我呢看着我哥哥的那张脸呢，

他就只救哒两只白眼睛珠子，

tʰɑ^{33}tɕiəɯ^{21}tʃʅ^{24}tɕiəɯ^{45}tᴀ$^{\cdot 33}$liɑŋ^{41}tsɑ^{24}pɤ^{24}ŋã^{41}tɕin$^{\cdot 45}$tɕy^{33}tsɿ$^{\cdot 33}$，

他就只剩（下）了两个白眼珠，

那啊，白眼睛珠子黑眼睛珠子哩鼓哩鼓的唉，是箇转唉。

lɑ^{24}ᴀ$^{\cdot 21}$，pɤ^{24}ŋã^{41}tɕin$^{\cdot 45}$tɕy^{33}tsɿ$^{\cdot 33}$xɤ^{24}ŋã^{41}tɕin$^{\cdot 45}$tɕy^{33}tsɿ$^{\cdot 33}$li^{45}ku^{41}li^{45}ku^{41}ti$^{\cdot 33}$ai$^{\cdot 21}$，sɿ^{21}kei$^{\cdot 33}$tɕyə̃^{45}ŋai$^{\cdot 21}$。

然后啊，白眼珠（和）黑眼珠滴溜溜的啊，一直转啊。

我望哒，扪哒肚子笑嘞。

ŋo^{41}uɑŋ^{21}tᴀ$^{\cdot 21}$，mən^{41}tᴀ$^{\cdot 21}$təɯ^{45}tsɿ$^{\cdot 33}$ɕiɑu^{45}lei$^{\cdot 33}$。

我看着，捂着肚子笑呢。

我屋里哥哥咧望哒我唻，就只看到我笑嘞，

ŋo^{41}u^{24}li$^{\cdot 33}$ko^{33}ko^{33}liɛ$^{\cdot 33}$uɑŋ^{21}tᴀ$^{\cdot 21}$ŋo^{41}lai$^{\cdot 33}$，tɕiəɯ^{21}tʃʅ^{24}kʰã^{45}təɯ^{45}ŋo^{41}ɕiɑu^{45}lei$^{\cdot 33}$，

我哥哥呢看着我啊，就只看着我笑呢，

只救一排大白牙嘞，也是笑起只背都抻不直。

tʃʅ^{24}tɕiəɯ^{45}i^{24}pai^{13}tai^{21}pɤ^{24}iɑ^{13}lei$^{\cdot 33}$，iɛ^{41}sɿ^{21}ɕiɑu^{45}tɕi$^{\cdot 21}$tsɑ^{24}pei^{45}təɯ^{33}tsʰən^{33}pu^{45}tʃʅ^{24}。

只剩（下）一排大白牙呢，也是笑得背都伸不直。

他就讲唉："呃，你看啰，箇只鱼唉，

tʰɑ^{33}tɕiəɯ^{21}kɑŋ^{41}ŋai$^{\cdot 33}$：ei^{21}，ȵi^{41}kʰã^{45}lo$^{\cdot 45}$，ko^{24}tsɑ^{24}y^{13}ai$^{\cdot 45}$，

他就说啊："呃，你看啊，这鱼啊，

呃，你是'肚脐眼往下走'，你唉是，呃，'卵上鹏'①唉。"

ei^{21}，ȵi^{41}sɿ^{21}təɯ^{21}tɕi^{45}ŋã^{41}uɑŋ^{41}ɕiᴀ^{21}tsəɯ^{41}，ȵi^{41}ai$^{\cdot 33}$sɿ^{21}，ei^{33}，lə̃^{41}ʃɑŋ^{21}pən^{13}ŋai$^{\cdot 21}$。

呃，你（指鱼）是（俗话所说的）'肚脐眼往下走'，你啊是，呃，'卵上

① "卵上鹏"指鱼无处可逃。鹏，动词，"跑"义。

鹏’啊。”

唉，这又讲唻：“鱼箇里①等下倒哒锅子里唉，

ai^{21}，tsɤ^{24}iəɯ^{21}kaŋ^{41}lai$^{\cdot 33}$：y^{13}ko^{24}li$^{\cdot 33}$təŋ^{41}xɑ^{21}tɑu^{45}tᴀ$^{\cdot 21}$ko^{33}tsɿ$^{\cdot 33}$li$^{\cdot 33}$ai$^{\cdot 33}$，

啊，这又（可以）说啊：“鱼呢等会儿倒在锅里啊，

也是‘裤裆里的黄泥巴——箇②不是屎（死）也是屎（死）’唻。”

iɛ^{41}sɿ^{21}kʰu^{45}taŋ^{33}li$^{\cdot 33}$ti$^{\cdot 33}$uaŋ^{13}ȵi^{13}pɑ$^{\cdot 33}$——ko^{24}pu^{24}sɿ^{21}sɿ^{41}iɛ^{41}sɿ^{21}sɿ^{41}lai$^{\cdot 33}$。

也是（歇后语所说的）‘裤裆里的黄泥巴——不是屎（死）也是屎（死）’啊。”

唉呀，我们时笑起是箇滚。

ai^{41}iᴀ^{33}，ŋo^{41}mən$^{\cdot 13}$sɿ$^{\cdot 21}$ɕiɑu^{45}tɕʰi$^{\cdot 21}$sɿ^{21}kei$^{\cdot 33}$kuən^{41}。

啊呀，我们呢笑得直打滚。

箇后面嘞，箇一到屋里嘞，

ko^{24}xo^{21}miĩ^{45}lei$^{\cdot 33}$，ko^{24}i^{24}tɑu^{45}u^{24}li$^{\cdot 33}$lei$^{\cdot 33}$，

这后来呢，这一到家呢，

一唉吃咖饭，喊洗咖澡，

i^{24}ai$^{\cdot 33}$tɕʰiɑ^{24}kᴀ$^{\cdot 33}$fã^{21}，xã^{41}ɕi^{41}kᴀ$^{\cdot 33}$tsɑu^{41}，

一吃完饭啊，（妈妈）叫（我们）洗完澡，

呃，到下做作业唻，那只时候，定不记得去要做作业哒。

ei^{33}，tɑu^{45}xɑ^{21}tsəɯ^{45}tso^{24}iɛ^{24}lai$^{\cdot 33}$，lᴀ^{24}tsɑ^{24}sɿ^{13}xəɯ^{21}，tin^{21}pu^{24}tɕi^{45}tei^{24}kʰɤ^{45}iɑu^{45}tsəɯ^{45}tso^{24}iɛ^{24}tᴀ$^{\cdot 21}$。

呃，等会儿做作业（的时候）啊，那个时候，真不记得要去做作业了。

① 此“箇里”为后置话题标记。另“箇里这里”还常用为代词，如：因为箇里，株洲发展很快因为这里，株洲发展很快。

② “箇”为话题标记。

那邻居细伢子下一伴嘞就去玩，

lᴀ^{45}lin^{13}tɕy^{33}ɕi^{45}ŋɑ^{13}tsɿ$^{\cdot 33}$xɑ^{21}i^{24}pɵ̃^{21}lei$^{\cdot 33}$tɕiəɯ^{21}kʰɤ^{45}uã^{13}，

那邻居（家的）小孩子都一（起）相伴呢就去玩，

唉，我们嘞玩唻，

ai^{21}，ŋo^{41}mən$^{\cdot 13}$lei$^{\cdot 33}$uã^{13}lai$^{\cdot 33}$，

啊，我们呢玩啊，

呃，就喊的喊踢筒筒的唻，玩躲摸子的唻，

ei^{33}，tɕiəɯ^{21}xã^{41}ti$^{\cdot 33}$xã^{41}tʰi^{24}təŋ^{13}təŋ$^{\cdot 45}$ti$^{\cdot 33}$lai$^{\cdot 33}$，uã^{13}to^{41}mo^{33}tsɿ$^{\cdot 33}$ti$^{\cdot 33}$lai$^{\cdot 33}$，

呃，然后叫的叫踢筒筒的啊，玩躲猫猫的啊，

唉，箇只①细伢子嘞就玩那打板唻，

ei^{21}，kei^{45}tsɑ$^{\cdot 45}$ɕi^{45}ŋɑ^{13}tsɿ$^{\cdot 33}$lei$^{\cdot 33}$tɕiəɯ^{21}uã^{13}lᴀ^{45}tɑ^{41}pã^{41}lai$^{\cdot 33}$，

呃，那小男孩呢就玩那打纸板啊，

啊呀，还有跳橡皮筋的唻，跳房子的唻，

ᴀ^{41}iᴀ^{33}，xai^{13}iəɯ^{41}tʰiɑu^{45}ɕiɑŋ^{45}pi^{13}tɕin^{33}ti$^{\cdot 33}$lai$^{\cdot 33}$，tʰiɑu^{45}fɑŋ^{13}tsɿ$^{\cdot 33}$ti$^{\cdot 33}$lai$^{\cdot 33}$，

啊呀，还有跳橡皮筋的啊，跳房子的啊，

那就玩起一身的臭汗，

lᴀ^{45}tɕiəɯ^{21}uã^{13}tɕʰi$^{\cdot 21}$i^{24}sən^{33}ti$^{\cdot 33}$tsʰəɯ^{45}xã^{21}，

然后玩得（出了）一身的臭汗，

那时候害得箇只爷娘嘞洗唉洗得要死。

lᴀ^{45}sɿ^{13}xəɯ^{21}xai^{21}tei$^{\cdot 33}$ko^{24}tsɑ^{24}iɑ^{13}ȵiæ̃^{13}lei$^{\cdot 33}$ɕi^{41}ai$^{\cdot 33}$ɕi^{41}tei$^{\cdot 33}$iɑu^{45}sɿ^{41}。

那时候害得那爹娘呢洗（衣服）啊洗得累死（了）。

唉呀，箇是现在想起来嘞，

ai^{41}iᴀ^{21}，ko^{24}sɿ^{21}ɕiĩ^{21}tsai^{45}ɕiæ̃^{41}tɕʰi^{41}lai^{13}lei$^{\cdot 41}$，

① “箇只”为话题标记。

啊呀，这是现在想起来呢，

箇只细伢子唉，那真的，呃，也幸福嘞。

ko^{24}tsɑ^{24}ɕi^{45}ŋɑ^{13}tsɿ$^{\cdot 33}$ai$^{\cdot 21}$，lᴀ^{45}tsən^{33}ti$^{\cdot 33}$，ei^{21}，iɛ^{45}ɕin^{45}fu^{24}lei$^{\cdot 33}$。

那小孩子啊，那真的，呃，也幸福呢。

我们那只细时候嘞，生活条件嘞，都不是赫好，

ŋo^{41}mən$^{\cdot 13}$lᴀ^{45}tsɑ^{24}ɕi^{45}sɿ^{13}xəɯ^{21}lei$^{\cdot 33}$，səŋ^{33}xo^{24}tiɑu^{13}tɕiĩ^{45}lei$^{\cdot 33}$，təɯ^{33}pu^{24}sɿ^{21} xɤ^{41}xɑu^{41}，

我们那小时候啊，生活条件呢，都不是很好，

但是嘞，还是，呃，充满哒童心，非常的快乐。

tã^{21}sɿ^{21}lei$^{\cdot 33}$，xai^{13}sɿ^{21}，ei^{21}，ts^{h}əŋ^{33}mã^{41}tᴀ$^{\cdot 21}$təŋ^{13}ɕin^{33}，fei^{33}tsɑŋ^{13}ti$^{\cdot 33}$k^{h}uai^{45}lo^{24}。

但是呢，还是，呃，充满了童心，非常地快乐。

现在的细伢子嘞，唉，也是嘞，屋里爷娘带得好唉，

ɕiĩ^{21}tsai^{45}ti$^{\cdot 33}$ɕi^{45}ŋɑ^{13}tsɿ$^{\cdot 33}$lei$^{\cdot 33}$，ai^{21}，iɛ^{41}sɿ^{21}lei$^{\cdot 33}$，u^{24}li$^{\cdot 33}$iɑ^{13}ȵiæ̃^{13}tai^{45}tei$^{\cdot 33}$xɑu^{41} uai$^{\cdot 33}$，

现在的小孩子呢，啊，也是呢，家里爹娘带得好啊，

社会条件也好唉，是吧，也过得幸福。

sɤ^{45}fei^{45}tiɑu^{13}tɕiĩ^{45}iɛ^{41}xɑu^{41}uai$^{\cdot 21}$，sɿ^{21}pᴀ$^{\cdot 33}$，iɛ^{41}ko^{45}tei$^{\cdot 33}$ɕin^{45}fu^{24}。

社会条件也好啊，是吧，也过得幸福。

就是嘞，唉，我嘞是用箇只方言土话嘞，

tɕiəɯ^{21}sɿ^{21}lei$^{\cdot 33}$，ai^{21}，ŋo^{41}lei$^{\cdot 33}$sɿ^{21}in^{21}ko^{24}tsɑ^{24}fɑŋ^{33}iĩ^{13}təɯ^{41}fɑ^{21}lei$^{\cdot 33}$，

就是呢，啊，我呢是用这个方言土话呢，

唉，讲一点啊$^{=}$子箇号细时候的童趣故事。

ai^{21}，tɕiɑŋ^{41}i^{24}tiĩ^{41}ŋei^{45}tsɿ$^{\cdot 33}$ko^{24}xɑu^{21}ɕi^{45}sɿ^{13}xəɯ^{21}ti$^{\cdot 33}$təŋ^{13}tɕ^{h}y^{45}ku^{45}sɿ^{45}。

啊，讲一点儿那小时候的童趣故事。

唉，祝大家嘞，唉，下有幸福的童年嘞，也有美好的晚年。

ai^{21}，tsəɯ^{24}tai^{21}tɕiᴀ^{33}lei$^{·33}$，ai^{33}，xɑ^{21}iəɯ^{41}ɕin^{45}fu^{24}ti$^{·33}$təŋ^{13}ȵiĩ^{13}lei$^{·33}$，iɛ^{41}iəɯ^{41} mei^{41}xɑu^{41}ti$^{·33}$uã^{41}ȵiĩ^{13}。

啊，祝大家呢，啊，都有幸福的童年呢，也有美好的晚年。

唉，祝大家也幸福！

ai^{21}，tsəɯ^{24}tɑ^{21}tɕiᴀ^{33}iɛ^{21}ɕin^{45}fu^{24}！

啊，祝大家幸福！

我话嘞就讲到箇里哒，啊。

ŋo^{41}fɑ^{21}lei$^{·33}$tɕiəɯ^{21}tɕiæ̃^{41}tɑu^{45}ko^{24}li$^{·33}$tᴀ$^{·21}$，ᴀ^{33}。

我话呢就讲到这儿了，啊（好吧）。

（发音人：陈立新）

后 记

我从1999年开始独自背着行囊跑田野，到后来带着团队做调查，至今已有二十多年了。在这二十多年的调查生涯中，特别值得一说的是2019年启动的语保工程株洲方言项目，在整个调查研究过程中，存在着“一难二多”的情况：

一是找发音人难。我们确定的调查点为株洲市老城区——芦淞区解放街、建宁街一带。我是湖南汨罗人，从毕业参加工作一直到2019年调查之时，已“坐镇”株洲快30年了，株洲成为我的第二故乡。满以为在第二故乡找几位发音人是件不太难的事情，然而网络发文寻找了两个月后仍然没有着落，这下就傻眼了。于是决定求助万能的朋友圈，随即在“响应计划”微信公众号推出《急寻株洲方言发音人!》的微文，并发动家人一起疯狂地转发！果不其然，很快就找到了老派发音人代表何敏捷先生——建宁老街徐家桥一带正宗的“桥窝里居民”。非常巧合的是，何先生居然还是我们家的老朋友呢。因为我们只知道他是株洲人，但并不清楚他就是我们“踏破铁鞋无觅处”的发音人代表。热心开朗的何先生利用自己的“桥民”身份，又很快找到了两三位老街坊来担任方言发音人。之后，芦淞区教育局言知老师、湖南工业大学原同事周娟老师、好友李纯女士和我先生陈志鸿又帮忙找到了几位方言和口头文化发音人。至此发音人已全部遴选到位，共8位：何敏捷、黄熙涵、曹恒祺先生和王曦勤、郭翠娥、张阳、陈立新、邱桂南女士。后来，随着调查内容的增加，又增选了刘利民先生担任发音人。另外，好友罗争浪先生作为地道的株洲人和拍摄爱好者，自告奋勇地承担了部分核音任务，并帮我们拍摄了一些株洲风物照片。

为什么发音人如此难找呢？因为株洲是座“火车拉来的城市”，本土居民很少。1949 年解放时，株洲还是个小镇，人口只有七八千。2019 年株洲城区人口达到 124 万，原小镇居民已被稀释得难觅踪影，要找到合适的发音人自然是难上加难了。我们知道，随着城市化和人口流动的不断加速，方言资源流失严重，发音人难找已是共性问题了。

二是转写语料多。采集语料贪多一直是我的“癖好”，株洲方言调查也不例外。拿长篇话语来说，比语保工程项目规定内容多录了两段，一段是多人对话，一段是个人讲述，两段总时长 43 分钟。其中，前者（《老城记忆》）长达 23 分 27 秒，全部进行了方言、国际音标和普通话翻译三项转写。而音频语料的三项转写，虽然现在有“语保标注软件”可以使用，比传统手工要快很多倍，但也全部需要人工操作才能完成。有时为了听清一个语速很快而又带有吞音的句子颇费周章，听上个十来遍甚至二十遍是家常便饭；有时方言说法只可意会，不可言传，故而要找到一句恰当的翻译也相当地消耗智商，由此不得不发出“只道方言易写，岂知语句难工”的慨叹！据估算，1 分钟的生语料要完全转写出来，需要 5 个小时左右的时间，以至于今年还在跟发音人核对方言说法，而他们都会很诧异地问一句：“调查都五年了，还要核对啊？书还没出来啊？”殊不知，比起材料整理研究的时间，调查时间只是很短很短的一部分。不妨自己爆料一下，还有 20 多年前的调查材料因为忙碌而至今无暇问津。

三是参与人员多。这与转写语料多直接相关。《株洲方言》是一份凝聚着诸多成员辛勤汗水的“众人拾柴”型成果，参与项目调查研究的成员有 20 余位师生，其中以湘潭大学和湖南工业大学居多，具体分工分组如下：

（一）田野调查和材料录入：负责人为陈山青，主要参与者有合作博士后朱福妹，硕士研究生王小军、吴凯、蔡晨、赵练红，本科生唐美芳、曾伊、刘睿。其中，吴凯、唐美芳、曾伊三位同学出力甚多。

（二）音视频采集：湖南大众传媒职业技术学院教师尹好好、徐珏琪等。

（三）语料转写和复核：除第一组人员外，还有陈仁东、郅舒涵、张甜、邹珊珊、段强、姚思凡、薛杨、阳萌娟、张俏、李秀云、付婷婷和贺海艳同学。

（四）排版、校对和统稿：陈山青、朱福妹以及王小军、叶梦珍同学。概说、语音和口头文化部分由王小军负责，词汇部分由叶梦珍负责，语法和长篇话语部分由朱福妹负责。全书由陈山青担任总负责人，包括确定编写大纲、体例（参考了“浙江方言资源典藏”丛书，特此致谢）和书稿内容，依据音视频和纸质调查记录多次逐字逐音修改审校所有调查材料，并统稿定稿。其中，王小军在核音、排版方面做了大量工作。另外，博士生李冠男也参与了后期校对工作。

回首万山起伏，抬头云淡风轻，有了全体项目成员的团结协作，《株洲方言》当仁不让地成为我所有调查点中成书最快的“长跑冠军”。这要衷心感谢所有热情参与、积极配合的发音人代表，所有参与项目调查研究的团队成员，所有关心支持调查研究的学校院处领导、同事、师友和家人！

在语保工程株洲方言调查项目预验收、正式验收以及口头文化转写验收过程中，邓玉荣教授、严修鸿教授等多位专家提出了中肯的修改意见；在《中国语言资源集•湖南》编写期间，湖南语保工程首席专家鲍厚星教授和核心专家罗昕如教授、陈晖教授等就株洲方言词汇、语法50例句和入编口头文化材料提出了宝贵的修改意见，一并致以诚挚的谢意！

《株洲方言》的调查和出版得到教育部、国家语委中国语言资源保护工程项目“湖南汉语方言调查 • 株洲”（YB1904A012），湖南省社科基金重大项目“湖南方言口传文化采辑及语料库建设研究”（20ZDAJ011）和中国博士后科学基金第 70 批面上资助一等项目“汉语体范畴的泛时比较研究”（2021M700116）的共同资助，特此鸣谢！

“细雨湿衣看不见”，株洲方言调查研究一路走来，投入的时间和心血有多少，除了家人外，即使关系密切的亲友也是没法看到的，我总是说忙，他们则总是奇怪我在忙什么，或者为什么要这么忙（忙是高校教师的常态）。原因很简单，学问之事无止境，像滚雪球，越滚越多；学问之事没有最好，只有更好。就后者而言，我们经常会为了一篇小文章，或者一叠小书稿，翻来覆去改上个数十遍，的确也越来越满意了，最后也发表或者出版了，可总会留下些许遗憾。基于此，加之水平有限，本书所存不足和欠缺，就要恳请方家和读者不吝指教了。

陈山青

2023 年 11 月

图书在版编目（CIP）数据

株洲方言 / 陈山青等著. -- 湘潭 : 湘潭大学出版社, 2023.12
ISBN 978-7-5687-1284-2

Ⅰ. ①株… Ⅱ. ①陈… Ⅲ. ①湘语－方言研究－株洲 Ⅳ. ①H174

中国国家版本馆 CIP 数据核字（2023）第 203629 号

株洲方言

ZHUZHOU FANGYAN

陈山青 朱福妹 王小军 等著

责任编辑：王正杰
封面设计：李 平
出版发行：湘潭大学出版社
社 址：湖南省湘潭大学工程训练大楼
电 话：0731-58298960 0731-58298966（传真）
邮 编：411105
网 址：http://press.xtu.edu.cn/
印 刷：长沙创峰印务有限公司
经 销：湖南省新华书店
开 本：710 mm×1000 mm 1/16
印 张：25.75
字 数：394 千字
版 次：2023 年 12 月第 1 版
印 次：2023 年 12 月第 1 次印刷
书 号：ISBN 978-7-5687-1284-2
定 价：88.00 元